GEORG BRUNOLD ■ EIN HAUS BAUEN

DIE ANDERE BIBLIOTHEK

Begründet von Hans Magnus Enzensberger

GEORG BRUNOLD ▪ EIN HAUS BAUEN

BESUCHE AUF FÜNF KONTINENTEN

Eichborn Verlag Frankfurt am Main 2006

ISBN 3-8218-4570-8

INHALT

VORWORT ■ *Identitätsfieber*

Ein Grundmotiv verbindet die fünfundzwanzig sonst so unterschiedlichen Geschichten in diesem Buch. Die Welt der Gegenwart ist von einer pandemischen Obsession befallen, die man Identitätsfieber nennen könnte. Kollektiven setzt sie noch wüster zu als Individuen. Außer in lebensgefährlicher Überhitzung einer befallenen Gemeinschaft manifestiert sich die Infektion in Anfällen hysterischer Konvulsionen. Wie steht es um Herkunft, Heimat oder – ja, eben: um die Identität des Erregers?

Seit dem Zerfall der beiden Blöcke zu Beginn der neunziger Jahre finden wir uns alle als Angehörige von Völkerschaften wieder, die wie zuvor schon in (mehr oder weniger souveränen) Nationalstaaten leben. Unüberhörbar können manche Zeitgenossen davon nicht genug bekommen. Sollten wir nicht hoffen dürfen, daß damit wenigstens unsere staatsbürgerlichen Identitäten ausreichend gefestigt wären? Aber damit nicht genug, darüber hinaus und selbst im engeren, heimatlichen Rahmen hätte die Herkunft uns alle mit dem unschätzbaren Artikel einer Identität ausgestattet, die in einem einzigen Wort oder Flurnamen aufbewahrt oder jedenfalls auf Befehl daraus hervorzuzaubern wäre? Der Schwarzwald und die Schorfheide in Deutschland, Vorarlberg und das Kleine Walsertal in Österreich oder die exotischen Ritzen Appenzell Innerrhodens und Obwaldens im tiefen Inneren der Schweiz. Exemplarisch auf dem Balkan haben verschiedene ethnische Slawen, nicht zu vergessen auch die Skipetaren, erst in jüngerer Zeit erkennen lassen, wodurch sie sich am meisten unterscheiden: nämlich, so könnte man giftig sagen, durch die sie alle gleichermaßen prägende Gemeinsamkeit, daß sie allesamt nicht wie gegenwärtige Ex-Jugoslawen, sondern lieber wie Kalifornier leben möchten und unter Gouverneur Schwarzenegger. Bloß sind sie nicht bereit, diese Identität einander auch wechselseitig zuzubilligen. Aus der ersten Gemeinsamkeit ist wie durch ein Wunder diese zweite hervorgegangen. Da aber der sie einende Wunschtraum sich nicht oder nur verhalten materialisiert, festigt er bis auf weiteres nur ihre Gespaltenheit.

Die Auflösung der Blöcke hat doch zugleich eine offenere Welt zurückgelassen. Haben wir darin eine Identität, hat diese in der Tat mehr von einer Gemeinsamkeit als von unterscheidenden Merkmalen, und allenthalben wird ihr Kern darin bestehen, daß nämlich erstens keiner so recht weiß, wer er ist. Nicht nur bleibt die Gemeinschaft eine Antwort schuldig, womöglich ist dieses Wissen zweitens gar niemandes letzte Sorge. Sondern doch eher, was aus ihm noch einmal werden möchte. Wo, wie, mit wem, woraufhin wir zu leben meinen und was wir dafür zu unternehmen im Begriff stehen, ist Brennpunkt unseres Interesses. Blut, Erde, Sprache, Glaube und anderes Stammeserbgut: Den Proviant an Identität, mit dem wir einst aufgebrochen sind, werden wir wie bisher und meistenteils, ohne es zu bemerken, aus dem vielfältigen ortsüblichen Angebot erneuern und aufbessern. Auch die physikalische Materie schließlich, aus der wir gemacht sind, tauschen wir mühelos in einem Zeitraum von nicht mehr als sieben Jahren vollständig mit der Umwelt aus. Bis auf weiteres werden wir darauf vertrauen, daß die Zukunft von den Banden und Stricken der Herkunft und Vergangenheit nicht erdrosselt wird.

Nur wo unsere beständige Erneuerung und Verwandlung den anvisierten Zielen entgegen gründlich schiefgeht, wo Not am Mann und jemand gar niemand ist, kommt irgendein zeitgemäßer, fundamentalistischer Wer-ich-wirklich-bin-und-was-ich-soll-Behelf zum Zug. Die Sekte ist der universale Lumpensammler und in aller Regel von der Natur des vollends unproduktiven Parasiten. Schade, warum nur könnte nicht auch sie – zumindest in der einen oder anderen Ausführung – unser beklagenswertes moralisches Mittelmaß zuweilen übertreffen? Weil dann ihr Zugang zur Wahrheit nicht der exklusive, ihr allein vorbehaltene sein könnte, der all ihren Formen gemeinsam ist und sie definiert. Ist die Falle einmal zugeschnappt, gebärdet sich das Opfer um so frommer, eifriger, militanter und – wie bei allen Surrogaten – um so übergeschnappter und verzweifelter, je offenkundiger die gewählte Ideologie, Ersatzreligion oder universale Nation und Heilsgemeinschaft sich als hohl und der identitätsstiftende Zauber der Zugehörigkeit als faul erweist. Nichts am Menschen ist gefährlicher und explosiver als angestaute, komprimierte Frustration, und ohne Zukunft läßt sich eine höchst unersprießliche Vergangenheit weder verändern noch ungeschehen machen, bloß jetzt – zu diesem überfälligen und ersehnten Zeitpunkt! – endlich beenden.

Unser lebensfroheres Tun und Lassen derweil ist *work in progress* und zumindest der Absicht nach mehr Zukunft als Herkunft. Gleichzeitig unterläuft es die berühmte Alternative von Haben oder Sein – eine falsche ohnehin, wie man schon dem leicht gezwungenen »oder« anhört, das seinen Job an das erstbeste »und« abtreten möchte. Sein und Haben, diese zwei Steigbügel, welche die landläufige Psychologie dem Klepper unserer Identität freundlicherweise unter den Sattel gehängt hat, stehen uns nicht wie Gut oder Böse zur Auswahl, sondern ergänzen sich durchaus zur Momentaufnahme, zum jeweiligen Zwischenstand auf unserem langen Marsch. Von den ferneren Elysien, den Beglaubigungen, Vergütungen und Wonnen, zu denen dieser uns führen soll, sieht man der Mehrheit zu dieser Stunde noch nicht viel an. Augenfällig aber suchen wir alle weniger wir selber als vielmehr andere zu werden, was eben heißt, unsere Lage in die Hand zu nehmen und zum Erfreulicheren zu verändern. Kam nicht schon Voltaires Candide zu der Weisheit letztem Schluß, wir hätten alle endlich unseren Garten zu bestellen? Soweit bleibt sich also alles gleich: überall auf dem gesamten Planeten. In der Folge wirkt unser Tun und Lassen sich allerdings oft mehr auf die Umstände anderer als auf die eigenen aus. So daß wir uns alsbald, statt um uns selber, um die betroffenen anderen zu kümmern haben, was wir sogleich nach Kräften zu tun bestrebt sind – wie diese anderen sich ihrerseits postwendend um uns. Mit und gegen einander bauen wir und bauen wir um an den eigenen und fremden Zukunftsschlössern und Abbruchobjekten, nie zu müde zum nächsten Sprung, uns darin einzunisten und daraus andere zu vertreiben.

Ein Wort nur zum journalistischen Handwerk: Vom Romanschriftsteller unterscheidet einen Reporter sein Beruf. Er ist nicht freier Künstler, sondern arbeitet in aller Regel im Auftrag. Er pflegt liebste Kinder, die in seiner Bibliothek Regale füllen, vergießt Herzblut in Geschichten, deren Schauplätze er in zwanzig Jahren ungezählte Male aufgesucht hat. An einen anderen Ort verschlägt es ihn zum erstenmal im Leben, und von allem, was er sieht, begreift er weit weniger, als ein mit dem Stoff bereits vertrauter Leser. Im einen wie im anderen Fall ist der Reporter ein Erzähler wahrer Geschichten, der laut denken, Fragen nachgehen und über die Antworten rätseln, der zweifeln, staunen und verwundert sein darf, sich von den vorgegebenen Gegenständen mitunter sogar entfernen wird. Nicht alles ist Reportage, aber es gibt kein definiertes Genre namens Reportage (auch da kann man sich getrost auf das soeben zum Stichwort »Identität« Gesagte verlassen). Das offene, ungepflügte und von allerhand Findlingen durchsetzte Gelände lehrt den Reporter den improvisierenden Umgang mit einer reichen Formenvielfalt von Erzählung, Essay, Aperçu, Glosse. Auch im Handwerk ist seine Erfahrung – und der Leitfaden seiner Experimente – die Grenzüberschreitung.

Nairobi, Februar 2006

1 ■ MZEE WAHOME

Ein Begleiter aus dem Basislager

»Oh! If you think like that, Sir«, sagte Mzee Wahome, »then even I support you.« – Ach so! Ja, wenn Sie so denken, Sir, dann unterstütze sogar ich Sie! Er schien seine Sätze zuerst im Kopf zu formulieren, wie jemand, der sie auf einer Schreibmaschine zu tippen hat, bevor er, ein Wort bewußt hinter das vorhergehende setzend, sie aussprach. Sein Englisch hatte er als junger Mann und Hilfsbutler gelernt, und er artikulierte nicht ganz ohne Anstrengung, doch klar und mit Lippenbewegungen von einer Ausdrücklichkeit, daß ihn ein geschulter Tauber gewiß verstanden hätte. »Nach dem Mittagessen werde ich also Mr. Mukiri anrufen.« Mit etwas besorgter Miene hatte er mir die Schraubenzieher hochgereicht, als ich die Lampen selber anschloß und die verbundenen Drahtenden an den Pappmachéplatten befestigte. Ich versicherte ihm, als ich von der Klappleiter stieg, daß ich das schon oft getan hätte, daß er aber, weil in diesem Haus die Zimmerdecken so wunderbar brennen würden, jetzt, nach getaner Arbeit, seinen Elektriker rufen solle, um zu kontrollieren, ob alles seine Ordnung habe.

Wir sollten noch öfter einvernehmlich zusammenarbeiten. Erst aber setzte Mzee Wahome sein Studium des ausgepackten Hausrats fort, in dessen Wirrwarr das rund hundert Quadratmeter große Wohneßzimmer noch während mehrerer Tage nur sehr beschränkt begehbar blieb. Bei einigen Gegenständen vermochten ihn meine Erklärungen nicht zu befriedigen. »Hair humidifier?« – Haarbefeuchter, hatte er zweifelnd nachgesprochen. Nun, vielleicht würde er ja sehen, was ein Luftbefeuchter ist. Schon bei den kenianischen Zollbeamten hatte dieser Eintrag im Inventar der Umzugsfirma zu Kopfschütteln Anlaß gegeben und den informellen Tarif für den Gesamtinhalt des Gott sei Dank ungeöffnet geklärten Containers in die Höhe getrieben.

Abends bereiteten wir das Essen zu, er sein Ugali, den unabänderlichen Maisbrei ohne Salz oder Gewürze, und meinen Kartoffelstock, ich den Salat und das Steak. Ab und zu kochte er für mich afrikanisch. Als das dritte Irio nach Mzee Wahomes Art fertig war, eine abgewandelte Form des traditionellen kenianischen Gerichts mit braunen Bohnen anstelle der Erbsen, mit denen er, wie er sagte, als Mann nicht zurechtkommen könne, rief er mich in die Küche. »Excuse me, Sir. Ich weiß nicht, Sir, schauen Sie, Sir«, sagte er, »diese ganz kleinen schwarzen Dinger. Ich weiß nicht, Sir, ob Sie sie sehen können.« Er grub mit dem Kochlöffel in der Pfanne. »Unsere Bohnen sind oft voll davon. Ich habe sie vorher alle herausgelesen. Aber es sind immer noch einige drin. Wir essen sie, wenn sie gekocht sind. Uns machen sie nichts.« Es waren Käfer, wenig größer als Flöhe, die, wie es aussah, immer in großer Zahl in Erscheinung traten. »Sie müssen selber sehen, Sir«, fügte er hinzu, »Sie können es stehen lassen, dann werde ich es essen, Sir.«

Ich versuchte das Irio, und er hatte recht gehabt mit seiner Versicherung, am Geschmack änderte dieser Proteinzusatz nichts. Natürlich war, das gehörte sich nicht anders, viel davon übrig, schließlich hatte er reichlich davon gekocht, und als am folgenden Abend die Ehefrau meines Vorgängers in Mzee Wahomes Haus, die sich noch in der Stadt aufhielt, zum Essen kam, stellte ich, zur Auswahl nur, eine Schüssel von Mzee Wahomes aufgewärmtem Irio auf den Tisch, freilich nicht, ohne seine warnenden Erklärungen weiterzugeben. Doris hatte kaum einen Blick auf die Bohnen geworfen, als sie sich auch schon in Richtung Küche aufmachte, wo er noch in seinem Ugali rührte. »Mzee!« hob sie die Stimme, und es klang routiniert, »bei mir wäre so etwas nicht vorgekommen.« Aber noch während sie es sagte, mußte sie lachen. Niemand hätte darüber lange im unklaren sein können: Man würde noch öfter Grund haben, sich über dies und jenes zu ärgern, wie über die Unbill der Witterung etwa, aber nicht eigentlich über ihn selber.

»Mzee« – gesprochen nicht mit gedehntem, sondern mit wenn auch kaum merklich gedoppeltem »e-e« – hieß soviel wie Meister, entsprach ungefähr dem arabischen Sheikh, der Anrede für einen Mann mit etlichen Kindern und der Portion Autorität, die eine gestandene Existenz ab den mittleren Jahren verlieh. Mzee Wahome wurde zu Recht mit Mzee angesprochen. Aber gerecht wurde man ihm damit noch in keiner Weise. Jedenfalls schien es unvorstellbar, ihm gegenüber laut zu werden. Ärger von Besuchern hätte man ebensowenig zu fürchten, er entwaffnete alle, auch die, über die er selber sich noch ärgern würde, wenn sie etwa, von der Straße aus zu bestaunen, nur mit einem Badetuch um die Lenden im Garten herumstolzierten. Von meinen weißen Gästen, die in Kenia lebten, wurde ich in dem Haus an der Olekejuado Road beneidet, schon beim ersten Besuch, und dies um Mzee Wahomes willen.

Bald fand ich mich mit Mzee Wahome in längere Gespräche verwickelt, besonders nach meinen regelmäßigen Reisen. War ich am Vormittag aus Mogadischu zurückgekehrt, dann wurde ich, wenn ich mit ihm alleine im Haus war, am selben Abend spätestens in der Küche gestellt: »Excuse me, Sir«, sagte er, und ich wußte, daß ich nicht sogleich essen würde. »Excuse me, Sir« – lange Zeit irritierte und beschämte mich dieses Gefälle von ihm zu mir, das er durch diese Präambel eingerichtet hatte. »Mzee«, pflegte ich meinerseits anfangs ihn anzusprechen, um ohne abzusetzen meine Frage oder meinen Wusch anzubringen, woraufhin ich mein Anliegen meistens noch einmal vorzutragen hatte. Gesittete Menschen wie er fielen nicht unangemeldet über einen Gesprächspartner her, sondern versicherten sich zuerst der Empfangsbereitschaft des Angesprochenen. Mit der Zeit machte ich Fortschritte, ging dazu über, nach meinem »Mzee«, wobei ich das zweite »e« fragend leicht anhob, innezuhalten, bis die Antwort kam: »Yes, Sir«, sagte Mzee Wahome dann, und die Ampel stand auf Grün.

»Excuse me, Sir«, sagte er also in der Küche nach vollendetem Tagwerk, »da Sie aus Mogadischu kommen, möchte ich Ihnen eine Frage stellen.« Er hielt einen Augenblick inne, wie um sicherzustellen, daß ich in der Küche auch wirklich zum Stillstand gekommen war und mich nicht etwa auf dem Weg hinaus durch die Hintertür zum Auto befand. »Excuse me, Sir, can you tell me one thing?« – Können Sie mir eins verraten: »Why are they still fighting, Sir?« Ich war in eine für mich neuartige Schule eingetreten. Zum erstenmal fühlte ich mich zu einem ernsthaften Versuch genötigt, auf die Frage, wie sie von Journalisten eigentlich hätte gestellt werden müssen, eine halbwegs eingängige Antwort zu finden. Die Situationen waren unterschiedlicher Art. Beim nächsten Mal hieß die Frage vielleicht: »Excuse me, Sir!« – »Yes, Mzee?« – »As you are coming from Zaire, I would like to ask you a question«, und – nach geziemender Kunstpause –, »how is the situation there, in Zaire?« Dann konnte ich vielleicht mit der Erklärung beginnen, daß dort seit mindestens drei oder fünf Jahren, wenn nicht schon seit längerer Zeit, die meisten Straßen unpassierbar waren, daß ein LKW für eine Strecke wie die von Mombasa nach Nairobi nicht wie hier zehn Stunden, sondern zwei Wochen brauchte, Leute überall zwar Transistorradios, aber an vielen Orten seit Jahren keine Batterien mehr hatten, daß man am Bahnhof von Likasi in Katanga derzeit die Schienen einschmolz und daraus Holzherde fertigte und die neuen Banknoten höchstenfalls akzeptiert würden, wenn, nein, nicht einfach Armeeangehörige, sondern eine der seltenen Gruppen Bewaffneter unter ihnen damit zu zahlen versuchten. Verhältnismäßig einfach war es, wenn es angemessen erschien, ein Bild der Marktlage in der Provinz zu zeichnen, wie vielleicht im Nachbarland Uganda. Mzee Wahome wurde dann nicht müde nachzufragen, wodurch er mir beibrachte, nächstes Mal etwas aufmerksamer hinzuschauen. Er war dann rascher zufrieden, wenn ich das Bild noch etwas vervollständigte und vielleicht anfügte, daß immer noch mitten aus vielen Häusern hohe Bäume wüchsen.

Aber: »Why are they still fighting?« Das war eine anspruchsvollere Frage, und ich hatte nicht den Raum, den mir die *Neue Zürcher Zeitung* bot, um die Geschichte Somalias aufzurollen. Hier in der Küche hätten wir nie mehr zu Mzee Wahomes Frage zurückgefunden. Ich mußte mir andere Auswege aus den Wirren von Mogadischu einfallen lassen. »Ich glaube«, fing ich zögernd an, und ob es zutraf oder nicht, es erschien mir fast wie ein Geistesblitz: »Ich glaube, sie kämpfen immer noch, weil alle die Hauptstadt wollen.« – »Oh«, sagte er, »wenn es so ist, Sir, dann kann es lange Zeit so weitergehen«, und in der Folge hatte ich rasch das Gefühl, über Somalia mehr von ihm zu erfahren als er von mir. »Und wer ist jetzt dort, Sir?« setzte er nach. Da lag der Hund begraben: »Die, die jetzt dort am mächtigsten sind, gehören dort nicht hin.« Mzee Wahome schwieg einen Augenblick. »Bei uns ist kein Krieg«, fuhr er dann fort, »und die meisten von uns sind keine Nomaden. Aber wir kennen das auch bei uns. Als Kenyatta an der Macht war, nahmen wir den anderen ihr Land weg. Jetzt nehmen andere uns unser Land weg.«

Mit dem Sturz Siad Barres hatte in Somalia die Stunde der Revanche geschlagen. Doch in dem Machtvakuum, das die Autokratie hinterlassen hatte, kam nicht nur der Kreislauf der Revanche zu keinem Ende. Er verwandelte sich unversehens und überzog als ein Reigen von Eroberungskriegen und neuen Vertreibungen das Land der Nomaden. Bei mindestens einem Dutzend Clans von militärischer Bedeutung wäre dieser um sich greifende Brand nicht so schnell zu löschen, zumal das Wechselspiel der Allianzen die Möglichkeiten der Kombinatorik weitgehend ausschöpfte.

Wir unterhielten uns eine Stunde oder länger, tranken je eine Flasche Bier oder zwei – Mzee Wahomes Fragefluß hemmte das nicht. Er weigerte sich konsequent, sich im Haus zu setzen. Während seiner ganzen fünfunddreißig Jahre *on the job* habe er das nie getan. Es gab nur eine Ausnahme: wenn seine erste Frau zu Besuch kam. Dann setzte er sich in der Veranda oder, wenn der Regen zu stark war, sogar im Wohnzimmer zu ihr, und ich durfte den Tee auftragen. In viereinhalb Jahren trat dieser Fall vier oder fünf Mal ein. In jungen Jahren, vor der Unabhängigkeit, hatte er drei Jahre im Gefängnis zugebracht, ob schuldig im Sinn des kolonialen

Gesetzes oder nicht, mit Sicherheit zu Unrecht. Manchmal hätten sie bis zu drei Wochen nichts zu essen bekommen, und manchmal habe er danach nicht mehr stehen können.

Im zweiten Jahr lud mich Mzee Wahome zu einem Besuch auf sein Gut ein. Er besuchte seine Familie in Nyeri nicht öfter als drei bis vier Mal im Jahr, vielleicht auch nur zwei Mal. Nicht wegen der Fahrt von drei oder dreieinhalb Stunden. Es hing ab von seiner jeweils zurückgelegten Barschaft, denn was ihn an Bedürfnissen und Ansprüchen auf seinem Anwesen erwartete, war erheblich. Bei meinem ersten Besuch zählte er zweiundfünfzig Angehörige, für deren Wohl er mehr oder weniger direkte Verantwortung trug, Brüder und deren Nachwuchs im ersten und zweiten Glied, sowie Söhne, Töchter und Enkel seiner eigenen zwei Frauen. Nyaga, sein ältester Sohn, war etwa fünfzig, und drei Jahre später wäre sein jüngster, Mwangi, ein Jahr alt. »Ungefähr sechzehn müssen es sein«, sagte er auf die Frage nach der Zahl seiner direkten Nachkommen, die er nicht zählte, da kein rechter Angehöriger seines Stammes, der Kikuyu, diese zählen durfte.

Am Fuß einer kleinen Hügelkuppe, vielleicht fünfzig Meter unterhalb seines Hauses, wo wir den Wagen parkten, saß auf einem Baumstamm, einen schweren Stock zwischen den Knien, ein Mann, der so alt aussah, wie man in Europa heute keine Menschen mehr findet. Mzee Wahome begrüßte ihn, und nachdem der Mann sich an dem Stock aufgerichtet hatte, um mir die rechte Hand hinzustrecken, sagte Mzee Wahome: »Das ist mein Vater.« Mzee Wahome bestand darauf, daß er selber die Siebzig deutlich überschritten habe, und er sei nicht der Erstgeborene. Als wir sein Haus erreichten, saß neben der Tür eine Frau. Auch sie schien einem Gemälde von Goya entstiegen zu sein: »Das ist meine Mutter«, sagte Mzee Wahome.

Während die Frauen das Irio zubereiteten, das richtige mit den Erbsen, begab sich Mzee Wahome mit meinen beiden Begleiterinnen aus der Schweiz und mit mir auf den Rundgang, zuerst zum Haus seiner zweiten Frau, die ich ebenfalls schon aus Nairobi kannte, und anschließend durch die Pflanzungen. Wir betrachteten seinen Kaffee, den Mais, die Bohnen, Kartoffeln und Süßkartoffeln. »Fühlen Sie sich frei, Sir«, sagte er nach einer Weile. »Sie können auch Fragen stellen.« Das Irio war natürlich das beste, das ich in Kenia gegessen habe, und danach wurde Sprudelwasser, Fanta und Coca-Cola gereicht. Wir überließen es den Kindern als Belohnung dafür, daß sie die ganze Zeit stillgesessen hatten. Seit unserer Ankunft war Mzee Wahome von niemandem angesprochen worden. Außer als ihm mitgeteilt wurde, daß das Essen bereit stand, war die Aufnahme eines Gesprächs in jedem Fall ihm vorbehalten. Als wir nach dem Phototermin die Heimreise antraten, hatten wir ihn ein Stück mitzunehmen, zu Verwandten, sagte er, die er besuchen wolle, solange er noch etwas Geld in der Tasche habe. Vor einem der Bierlokale am Stadteingang von Nyeri wollte er abgesetzt werden.

Der Alkohol teilte die große Mehrheit der Afrikaner in zwei Kategorien: Sie tranken entweder gar nicht oder aber nie genug, sondern höchstens zuviel. Zu den ersteren gehörte Mzee Wahome sonntags bis freitags, zu den letzteren samstags. Hatte er die richtigen Freunde getroffen, dann legten sie, wie er erklärte, zusammen und tranken, statt jeder sein teures Bier, gemeinsam eine oder zwei Flaschen Wodka, den in Kenia gebrannten Smyrnow. Spätabends zu Hause an der Olekejuado Road konnte ich, mit einem Gast auf der Veranda sitzend, manchmal das Resultat betrachten, das in der Tat etwas Bewundernswertes hatte. Man hätte sich den Verlauf weniger berechenbar vorgestellt. Doch Mzee Wahomes Gang vom Gartentor zum Haus glich weniger einem *random walk,* wie die Kernphysiker die Bewegungen eines Teilchens bezeichnen, das den zufälligen Stößen der Moleküle ausgesetzt ist, sondern dem mechanisch minutiös determinierten Zickzack einer Nähmaschine, die in extremer Zeitlupe arbeitet. So, wie er sich in zwar kurzen, aber äußerst eng geführten Serpentinen vorwärts arbeitete, hatte er eine beträchtliche Wegstrecke zurückzulegen, ehe er am seitlichen Torbogen der Veranda haltmachte, um nach kurzer Pause beherzt die drei Schritte zu dem vielleicht siebzig Zentimeter hohen Gartentisch, an dem wir saßen, in Angriff zu nehmen. Da stand er, eine Handbreit vor dem Tisch, und bei seiner kurzen Statur erreichte er mit nach unten vorgestrecktem Arm genau die Kante, auf der er sich nun mit seinem rechten Zeigefinger abstützte. »How are you, Sir?« sagte er mit noch etwas stärker geschürzten Lippen als sonst. »Fine, Mzee. And you?« – »I am very well, thank you, Sir«, sagte er, und nachdem wir uns eine gute Nacht gewünscht hatten, drehte er sich, den Zeigefinger auf der Tischkante, um neunzig Grad und setzte, wie beschrieben, den Weg zu seinem Quartier auf der Rückseite des Hauses fort.

Sonntag- und Samstagnachmittag arbeitete er nicht. Ansonsten kam es in viereinhalb Jahren kein einziges Mal vor, daß er nicht mit den Zeitungen unter dem Arm, für die er zuvor zwanzig Minuten zu gehen hatte, um acht Uhr früh die Hoftür zur Küche aufgesperrt hätte, um sich mit seinem Lappen als erstes den Tisch im Wohnzimmer vorzunehmen.

Es geschah, daß Mzee Wahome bei seinen Besorgungen etwas vergaß. Aber ich konnte mir nicht vorstellen, daß er von dem, worüber wir in den vier Jahren und zwei Monaten gesprochen hatten, jemals ein Wort vergessen hätte. Lange schon hatte mich der Gedanke gereizt, aber die Zeit war mir noch nicht reif erschienen. So waren mindestens zwei Jahre vergangen, seit ich mit seiner Hilfe die Lampen angeschlossen hatte. »Mzee?« sagte ich, nachdem ich mir irgendeinen seiner Vorschläge – ich weiß nicht mehr, worum es diesmal ging – ausführlich überlegt hatte, während er vor mir stand. »Yes, Sir?« Die Zeit war gekommen: »Wenn Sie so denken, Mzee«, sagte ich, »dann unterstütze sogar ich Sie.« Sein Bauch hüpfte, diese rundeste aller Kugeln, und laut lachend ging er hinaus in die Küche, wo er sich noch eine ganze Weile nicht beruhigen wollte. Ebensowenig hätte ich daran zu zweifeln vermocht, daß jedes Wort, das Mzee Wahome je von einem Gast zu hören bekommen hatte, in seinem grauhaarigen Kopf aufbewahrt blieb.

Meine Gäste an der Olekejuado Road schätzte Mzee Wahome nämlich nicht nur, weil sie ihm für seine Dienste bei der Wäsche und für die eine oder andere Erledigung auf seinem allmorgendlichen Botengang sein Gehalt etwas aufbesserten. Da sie oft mehr Zeit hatten als ich, waren sie willkommene Gesprächspartner bereits vor Feierabend. »Excuse me, Madam«, sagte Mzee Wahome, »wie lange schon haben Sie in Europa Kühlschränke?« Mir kam das zupaß, denn auch bei unseren feierabendlichen Gesprächen hatten sich die Themen nicht lange auf Afrika beschränkt, und schon bald nach meinem Einzug hatte ich mich auf Mzee Wahomes Fragen hin regelmäßig hinter die Bücher zu setzen und ab und zu auch, um mich kundig zu machen, meine schwierige Faxverbindung mit Europa zu testen. Natürlich hatte er in seinen Unterhaltungen mit Gästen aus Europa auch auf Gegenverkehr gefaßt zu sein: »Mzee«, fragte eine Schweizer Rundfunkjournalistin eines Morgens den siebzigjährigen kenianischen Ehrenmann: »Spielen auch Sie manchmal mit den Hunden?« Mzee Wahome maß sie von oben bis unten und anschließend von unten bis oben, wie er es unter gar keinen gewöhnlichen Umständen getan hätte. Dann schürzte er die Lippen und sagte: »Not always, Madam.«

In Hundeangelegenheiten sprang Mzee Wahome, nur wenn es die Not gebot, über seinen Schatten. Hunde, soviel stand fest, gehörten bei jedem Haus eines Weißen ins Sicherheitsdispositiv. Zudem waren bei Einbrüchen die Hausangestellten in ihren gar nicht oder weniger solide vergitterten Quartieren zuerst in Gefahr. Mzee Wahome hätte darauf keinesfalls verzichten mögen, Hunde waren nicht wegzudenken – oder wenigstens ein Hund, *mbwa,* das lautmalerische Kisuaheli-Wort, machte da keinen Unterschied, stand für Hund im Singular wie im Plural. Für mich pflegte ich *mbwa* mit »Gebell« zu übersetzen, in Anlehnung an das »Gestüt« vielleicht, und worauf es ankam, war tatsächlich nur, daß es in jedem Garten ein überzeugendes Gebell gab, denn die überwiegende Mehrzahl der Kenianer wurde von Hunden in dermaßen unerhörte Ängste versetzt, daß alles übrige, Zahl, Größe, Rasse oder gar Nuancen der Abrichtung, kaum eine

Rolle spielten. Gemessen am Einkommen von Einheimischen kamen Hunde im Unterhalt zwar empörend teuer, aber waren sie erst einmal gefüttert, hatte man weiter nicht viel mit ihnen zu schaffen, außer die Flöhe drangen wieder einmal von der Veranda ins Haus ein, obschon die Hunde selber dort nichts zu suchen hatten. Und ob nun Gefahr nahte oder auch nicht, nächtens machten sämtliche Hunde nicht nur an der Olekejuado Road, sondern in ganz Kileleshwa klar, worum es sich bei ihnen handelte: Das war unzweifelhaft *mbwa,* »Gebell«.

Auch gegen die Impfung von Tieren hatte kein Bauer etwas einzuwenden. So mochte es sogar mit Hunden geschehen, obschon Mzee Wahome nicht ohne europäische Begleitung Hunde in die von Indern betriebene Tierklinik zur Impfung gebracht hätte. Auf seine Hilfe war dennoch zu zählen, denn schließlich konnte es bei der Tollwut auch um die eigene Gesundheit gehen. Als aber die kenianischen Behörden mit den Hundemarken und der Hundesteuer ernst machten, vermochte Mzee Wahome seinen Widerstand nicht zu unterdrücken. Im Unterschied etwa zur Begleichung der Parkbußen blieb der Auftrag, beim City Council die Hundemarken zu besorgen und dafür zu bezahlen, während Monaten unerledigt, bis eines schönen Tages eine Gruppe von Polizisten unbefugt in den Garten eindrang, einen der Hunde mitnahm und bis zur Regelung der Angelegenheit in einem Tierheim unterbrachte, wo der Hundetag das Doppelte eines Betts im Missionsspital kostete. Mzee Wahome war bekehrt.

Aber doch mit Einschränkungen. Auf meiner letzten Reise hatte neben mir, im Flugzeug von Harare nach Luanda, ein Inder gesessen, Mr. Nemez Vaz aus dem ehemals portugiesischen Goa, wie schon sein Name verriet. Wie sich herausstellte, war auch Mr. Vaz in Nairobi zu Hause. Von welchem Stamm mein – so seine Bezeichnung – »houseboy« sei? »Oh, Kiuk!« rief er aus. *Kiuk* war eine koloniale, leicht abschätzige Kurzform für Kikuyu. »Seien Sie auf der Hut, Kiuks sind die einzigen, der einzige Stamm in Kenia, die imstande sind, einen Weißen umzubringen.« Sofort nach meiner Rückkehr hatte ich Mzee Wahome von Mr. Vaz und seiner Warnung erzählt. Er hatte gelacht. Einige Tage später waren wir gemeinsam mit den Hunden zur Tierklinik der Inder unterwegs, im Auto von Kileleshwa hinab nach Westlands. Nach drei, vier Kurven fing hinten im Wagen der erste der Hunde zu erbrechen an. Der zweite tat es ihm sogleich nach. Auf dem Parkplatz vor der Klinik standen wir nun Seite an Seite an der geöffneten Hecktür, in den Laderaum des Troopers hineingebeugt, und mit einem Eimer Wasser aus der Klinik putzten wir brüderlich die Sauerei auf. Als wir uns danach vor dem Wagen wiederum trafen, um die Hunde von der vorderen Stoßstange loszubinden, sagte Mzee Wahome: »Wissen Sie was, Sir?« Und nach doppelter Kunstpause, ohne aufzublicken: »Was dieser Inder Ihnen da gesagt hat, Sir, erinnern Sie sich, der hatte ganz recht, Sir. Ganz recht.«

Mir wäre nichts dergleichen in den Sinn gekommen, aber womöglich erschien es Mzee Wahome, als wollte ich in gewisser Weise Rache nehmen, als ich ihm am selben Abend widersprach, obschon in einer ganz anderen Angelegenheit. Ich wollte, ich weiß nicht mehr was, einen gefrorenen Fruchtsalat oder ähnliches auftauen und stellte den Backofen auf fünfzig Grad. Er meinte, das sei bereits zu heiß für diesen Zweck. »Aber nein, Mzee«, sagte ich, »das ist nicht heiß, bei fünfzig Grad können Sie Ihren Kopf in den Ofen halten.« Ganz kurz schaute er auf und entgegnete: »Ausgenommen nur, Sir, daß Sie ihn dann nicht schließen können.«

Er sprach nicht ungern von sich, allerlei Gelegenheiten konnten ihm willkommen sein. Worüber er dagegen nicht gerne sprach, war der Gärtner, der einem anderen Stamm angehörte und von dessen Bräuchen er dies und das ablehnte. So verstand er es manchmal auch, wenn vom Gärtner die Rede war, die Sprache auf sich selber zu bringen. Ich hatte am Tag zuvor den Landlord, den Hausbesitzer, getroffen und ihm gesagt, daß mein Gärtner ein ausgezeichneter Schreiner sei. »Was!« war es Mr. Oyango entfahren. »Und Sie lassen ihn die Bäume stutzen?! Passen Sie auf, ein Schreiner sieht in den Bäumen nur das Holz!« Mzee Wahome lachte, als er am Abend davon hörte. »Well, Sir«, sagte er, »und ich? You see, ich habe Ihnen schon gesagt, daß ich ein Bauer bin. Was, denken Sie, sieht ein Bauer in einem Garten?«

Auf seinen Botengängen entwickelte sich Mzee Wahome, der Bauer, zum unerreichten Meister selbst für schwierigste Fälle. Sogar bei der französischen Botschaft, die Visa für einige westafrikanische Länder ausstellte, hatte er sich den ihm gebührenden Namen gemacht. Madame am Schalter hatte ihn mehrmals wegen eines fehlenden Dokuments wieder nach Hause geschickt und ihn schließlich mit ihrem unnachahmlichen Akzent wissen lassen: Nicht nur verstehe er kein Englisch, er könne es auch nicht sprechen, sein Englisch, wenn das Englisch sei, sei unverständlich. Aber auf gewisse Dinge verstand sich nicht nur Madame am Schalter der Kanzlei einer französischen Botschaft, und von da an wußte Mzee Wahome sicherzustellen, daß nicht länger er allein es war, der bei jedem Visumsantrag mehrmals mit ihr zu tun hatte, sondern daß fortan vielmehr sie es war, die es jedesmal mehrmals mit ihm zu tun bekäme und obendrein sie mit ihm etwas länger als er mit ihr.

Auch ganz Unmögliches erledigte er im Handumdrehen. Da für Faxgeräte die Preise in Nairobi zu Beginn der neunziger Jahre noch wahrhaft prohibitiv waren, über 4000 Mark, beschloß ich, ein Faxgerät im Handgepäck zu importieren. Selbst wenn ich es ordnungsgemäß verzollte, wie ich beabsichtigte, wäre das immer noch wesentlich günstiger gewesen. Nur hatte ich mich natürlich nicht darum gekümmert, welche Typen in Kenia zugelassen waren, und wie es sich gab, war der, den ich bei mir hatte, nicht zugelassen. Also wurde er am Jomo Kenyatta International Airport zurückbehalten, bis ich mit einem »letter of type approval« von der KP&T das Gerät einlösen käme. »Wenden Sie sich an die Generaldirektion«, hatte man mir auf die Frage geraten, wo ein solches Dokument zu bekommen sei. Ich hatte keine Ahnung, wie man das machen sollte, sich an die Generaldirektion der KP&T wenden, und daher sagte ich Mzee

Wahome und schrieb es ihm noch auf einen Zettel, er solle beim Post Office »a letter of type approval« für ein Telefaxgerät verlangen. Mzee Wahome, der ebensowenig wußte, was ein Telefaxgerät war wie ein »letter of type approval«, machte sich auf den Weg.

Er blieb ungewöhnlich lange aus. Ich machte mir schon langsam Sorgen, als endlich das Telefon klingelte. »Sind Sie Mr. George Brunold?! Was stellen Sie bloß an mit Ihrem Mzee?!!« schimpfte eine sehr entschieden klingende afrikanische Frauenstimme. »Wieso, was hat er denn gemacht?« fragte ich wie ein Schuljunge. »Well«, klang es schon etwas milder, »er sitzt hier bei mir im Büro und trinkt Tee.« – »Und wer, bitte, spricht?« erholte ich mich von meinem Schrecken. »Die Sekretärin des Generaldirektors der KP&T«, hörte ich wieder streng. Er habe gezählt, sagte Mzee Wahome, als er mit gut zwei Stunden Verspätung wieder zu Hause war, in ungefähr 68 Büros habe er gefragt, mit meinem Zettel, und zuletzt hätten ihn 37 Postangestellte begleitet, immer höher hinauf in dem Gebäude des General Post Office von Nairobi. Bis er im Büro des Generaldirektors angekommen sei. Die Sekretärin des Generaldirektors sei eine Kikuyu aus Nyeri. Mzee Wahome hatte einen Brief von ihr dabei, der mich anwies, als erstes für das Verfahren der Typenprüfung die Summe von 1800 Dollar auf ein Konto der KP&T einzuzahlen. Es sei das gleiche Verfahren wie jenes zur Erlangung einer Importlizenz, gab Mzee Wahome ihre Erklärung wieder, und es sei mit einer Verfahrensdauer von einem halben bis zu einem ganzen Jahr zu rechnen. Auch er war nicht traurig, als ein Inder von einer Import-Export-Firma das Faxgerät am folgenden Tag nach Uganda reexportierte und bei uns an der Olekejuado Road ablieferte. »Sehen Sie, Mzee, jetzt ist diese schwierige Maschine hier also in Uganda, wo sie hingehört«, erklärte ich ihm, während ich mit dem Faxgerät in Richtung Büro aufbrach und Mzee Wahome lachend in der Küche stehen ließ.

Natürlich unterhielten wir uns über solcherart Dinge ausführlich und wiederholt. Mzee Wahome lachte auch jedesmal viel und gerne, wenn ich ihn wieder einmal fragte, was er an Kommission erhalte von den Männern, die unsere im Abonnement verstopfte Kanalisation reinigten oder die Bäume schnitten, die wenigstens im eigenen unbestechlichen Rhythmus nachwuchsen.

Einmal sammelte ich für ein Buchprojekt während einiger Monate deutsche Sprichwörter, und da war immer etwas für Mzee Wahome dabei. »Wo kommen die Anwälte hin ...«, so der Wortlaut im *Wander,* meinem fünfbändigen Sprichwörterlexikon von 1865, doch ich erlaubte mir gewisse Freiheiten in der Übersetzung. »Mzee?« sagte ich. »Yes, Sir.« – »Wo kommen die kenianischen Politiker hin, wenn es die Hölle nicht gibt?« Er dachte eine Weile nach. Schließlich schüttelte er den Kopf und sagte: »Excuse me, Sir, es kann sie nur geben.« Und da ich gerade bei der Hölle war, stieß ich auch auf den Teufel. »Mzee«, rief ich aus dem Wohnzimmer in die Küche. »Sie sagten doch, Sie sind ein Bauer. Ich habe hier noch ein altes deutsches Sprichwort für Sie.« Ich hörte seine schlurfenden Schritte, und schon stand er in der Tür. »Es lautet: ›Eine Bauersfrau sagt: Wenn zwei Teufel heizen, wird der Ofen heiß.‹« Mir schien, Mzee Wahome mache ein etwas bestürztes Gesicht. »Was für eine Bauersfrau war das?« sagte er.

Nairobi, Mai 1996

2 ▪ PHÖNIX AUS DER ASCHE

Vietnam oder Bollwerke der Vergangenheit schleifen

H*anoi, Hue, Saigon, Weihnachten 1996.* – Nein, B-52 wird im ganzen Lande getrunken. Es handelt sich nicht um ein Kuriosum der Hotelbar im Metropole Hanoi. B-52 – die prägnante Signatur des Langstreckenbombers der US Air Force wird noch öfter ins Auge springen, sie hebt diese besondere Mischung auf der Liste der Cocktails heraus. Es sind noch keine zwei Stunden vergangen seit der Landung auf dem Noi Bai International Airport, dem Flughafen der vietnamesischen Hauptstadt. Die Vergangenheit hat sich unfehlbar eingefunden.

Sie ist im Metropole Hanoi, dem ehrwürdigen französischen Kolonialhotel, ohnehin nicht absent, überall auf der Welt ist sie gegenwärtig, auch in den Steinen und Baumstümpfen unbewohnter Gegenden. Aber in Vietnam ist die Vergangenheit, die selten lange ausbleiben kann, eine dem Land eigene und unverwechselbare. Bei einer ersten Begegnung wie an dieser Hotelbar wird ihre Ankunft für einige Augenblicke hörbar im Raum nachhallen. Wer könnte sich der Wirkung des makaberen Scherzes ganz entziehen und um die Frage herumkommen, ob – in der konventionellen Bedeutung des Wortes – Humor am Werk ist und was für eine Art davon, wenn in Vietnam Langstreckenbomber selbst auf den Speise- und Getränkekarten ihre Spuren hinterlassen haben. Sogleich jedenfalls hat man sich darauf eingestellt und gefaßt gemacht, daß die vietnamesische Vergangenheit mit Deformationen aufwartet, die den Blick zurück unfehlbar auf ein und denselben Brennpunkt lenken werden.

Einstweilen bleibt keine Wahl, als sich einen Ruck zu geben, darüber hinwegzugehen und entschlossen in der Gegenwart aufzutauchen. Die Menschen bewegen sich vorwärts, und erste Erkenntnisse über das hochmobile Vorankommen ihrer Gesellschaft, die sich noch vor den aus Vietnams Vergangenheit wiederkehrenden Langstreckenbombern eingestellt haben, werden präsent bleiben und sich vertiefen, während der ganzen Reise durch Stadt und Land, von der Ausfahrt des Flughafens Noi Bai bis zum kambodschanischen Grenzposten, wo die Landstraße von Saigon nach Phnom Penh sich mit einem Schlag nahezu vollständig leeren wird: Vietnam ist ein Land, das von Heeren auf Zweirädern bevölkert wird. Die Stadt hat den Zufluß des Highway eingelassen, zerteilt und in Kanäle geleitet. Zur einen Hälfte bereits mechanisiert und die Luft verpestend, zur anderen Hälfte noch in einer Welt vor der Entwicklung des Motors, vom ersten Dämmerlicht in der Frühe bis nach dem Einbruch der Dunkelheit abends: Unter leisem, beharrlichem, nie nachlassendem Gehupe rückt die Flut in der Hanoier Altstadt nach. Was ihre Verkehrswege bildet, sind nicht eigentlich die Straßen, es ist das Element dieser Ströme.

Nichts deutet darauf hin, das Bild scheint es im Gegenteil auszuschließen, daß in diese immerwährende Umwälzung äußere Einflüsse hineinwirken könnten. In den Kriegsromanen der Hanoier Schriftstellerin Duong Thu Huong und des ehemaligen Offiziers Bao Ninh liest man, wie vor dreißig oder fünfundzwanzig Jahren Meldungen von der Front oder Aufrufe an die Bevölkerung Hektik in den Straßenverkehr der Hauptstadt bringen konnten. Doch vor Ort wird klar, daß er selbst in solchen Fällen nur seinen eigenen Gesetzen gehorchen konnte. Zu beiden Seiten der Straßen ist die rollende Masse solide eingefaßt von den Spalieren der Bäuerinnen unter dem vietnamesischen Wahrzeichen des Schulterjochs.

Vier Fünftel der siebzig Millionen Vietnamesen leben auf dem Land, in den weit hingestreckten, mehrere Weiler umfassenden Dörfern. Die vietnamesische Großstadt ist jung. So jung, wie sie ist, hat sie einen Großteil ihrer Erfahrung aus Quellen zu ziehen, die nicht innerhalb ihrer selbst liegen. Ihr Gedächtnis muß weit vor ihre Geburt zurückreichen, und während Jahrtausenden eingeübt sind ihre Bewegungen. Professor Vuong wird noch genauere Hinweise geben dazu und auch zu Vietnams langem Weg zur Gegenwart.

Taxiservice leistet der *cyclo,* ein Dreirad mit zwei Rädern vorn unter dem Rollstuhl, worin der Fahrgast sitzt. Dahinter, die Hände auf der Rücklehne, die die Stelle der Lenkstange einnimmt, die Füße in den Pedalen, den Rücken gekrümmt, schwitzt auf dem Sattel der *cyclo-pousse.* Der Fahrgast vorn fühlt sich eventuell etwas nackt, wenn einer der schwarzen Armeelastwagen auf der Kreuzung plötzlich die Richtung wechselt. Aber das legt sich, ganz zu Recht. Denn Hanoi ist zwar eine ausdauernde, aber eine gemächliche und gemütliche Stadt. In dem kleinen, acht Zimmer zählenden Hotel in der Altstadt zeigen über dem Ausgang fünf Uhren von links nach rechts die Zeit in London, New York, Hanoi, Hongkong und Sydney an, wobei die Uhr in der Mitte – Hanoi – zwanzig Minuten nachgeht. Von der städtebaulichen Zukunft, die vor der Tür stehen muß, hat sich noch fast nichts bemerkbar gemacht.

Doch draußen in den Gassen dieser wohl größten Trödelbude Asiens finden sich Vorboten, kosten zwischen dem künstlich gealterten Silber, den Büffelbeinwaren und Jadebuddhas die fernöstlichen Raub-CDs bloß noch zwei Dollar fünfzig – nicht nur Michael Jackson, sieh an, die Beatles mit *Sgt. Pepper's Lonely Hearts Club Band* und die Rolling Stones mit *Their Satanic Majesty's Request,* genau zum selben Preis wie die mehrheitlich schluchzende einheimische Volksmusik. Ob das wirklich wahr ist, wird der Fremde vielleicht nicht beim ersten Besuch entscheiden können, doch sicher wird er schon in den ersten Tagen sagen hören, im selben Maß wie heroisch seien die Vietnamesen pathetisch und sentimental. Vielleicht stand das in einem Zusammenhang damit, wenn manche von ihnen mit den Russen gern um die Wette tranken.

Professor Tran Quoc Vuong ist Kulturanthropologe und hat einen Lehrstuhl an der Universität von Hanoi. Es ist Samstag, wir sitzen in einem Restaurant bei Nudelsuppe, Frühlingsrollen und in dünne Streifen geschnittenem Rindfleisch an *sauce citronelle.* Die Sekretärin hat den Professor mit dem Motorrad in der Hanoier Altstadt abgesetzt. Zwischen dem grauen Jackett und dem weißen Hemd mit Krawatte trägt er eine Weste besonderer Art, ein einziges kunstvolles Flickwerk, genäht aus lauter Taschen unterschiedlichen Formats und von verschiedensten Größen, teils übereinander liegend oder untereinander verborgen, im Inneren der Taschen weitere Taschen, kleinste und noch kleinere Taschen.

Die Hand des Professors kehrt mit einem Bleistiftstummel aus dem Reich seiner Weste zurück und zeichnet in mein Notizbuch die Küstenlinie des südchinesischen Meeres: von Norden nach Süden, zuerst den Golf von Tonkin mit der chinesischen Insel Hainan, dann den nach Osten gewölbten Bauch Indochinas mit seinem etwas zu weit nach unten geratenen Nabel in der Mündungsbucht des Saigon River, darunter das Mekongdelta, das sich mit seiner scharfen Spitze nach Südwesten, in den Golf von Siam hinein, abwendet. 3200 Kilometer Küste, notiert er, und im Durchschnitt alle dreißig Kilometer eine Flußmündung. Etwas über 330000 Quadratkilometer mißt Vietnams Fläche, und auf jeden Quadratkilometer, so der Professor, kommt mehr als ein Kilometer Flußlauf. »Sie sehen«, sagt er kauend, »der Verkehr in Vietnam wickelt sich zur Hauptsache nicht auf dem Land ab. Die Leute bewegen sich auf dem Wasser fort.«

Vuong hat vom Nahverkehr des Bauernalltags gesprochen – und, so dämmert mir, wahrscheinlich auch von den rollenden Fluten in den Straßen Hanois. Doch auch im größeren Rahmen findet sich das Muster, das die klaren, einfachen Striche des Professors in meinem Notizbuch hervorheben, eindrücklich untermauert durch eine Zahl der offiziellen Transportstatistik, wonach im Frachtverkehr die Binnenwasserwege einen Anteil von rund vierzig Prozent belegen, gut doppelt soviel wie die Eisenbahn und fast ebensoviel wie die Straßen.

2500 Kilometer lang, wenig mehr als einhundert Kilometer breit: Wie seine Vergangenheit wird das Land auch seine besondere Gestalt noch öfter in Erinnerung rufen. Die Gebirgszüge, die parallel zur Küste den Westrand des dünnen Streifens von Schwemmland markieren, liegen zum größeren

Teil bereits drüben in Laos. Dort oben, nahe der Grenze, hat Professor Vuong vorige Woche mit seinen Studenten Berggeister studiert. Davon gibt es zahlreiche, wie auch von Vietnams ethnischen Minderheiten, die es in ihrer Geschichte nie einfach hatten. Von den siebzig Millionen Vietnamesen stellen sie alle zusammen einen Anteil von zwölf oder dreizehn Prozent, und seinen fünfzig oder sechzig Bergvölkern zum Trotz liegt Vietnam, wie wohl kein anderes Land, so gut wie auf der ganzen Linie am Meer, wenn man einmal von den 13677 Inseln Indonesiens absieht.

Die Hauptstadt ist Vietnams einzige größere Stadt ohne Hochseehafen, aber auch sie liegt auf Schwemmland, am Roten Fluß, und ihr Name Ha Noi bedeutet »zwischen den Wassern«. Die Regenzeit ist eben zu Ende gegangen, und erst vor wenigen Tagen noch blieb der Nachtzug von Hanoi nach Süden vor Hue im Wasser stecken. Auch in der kommenden Woche würde es dort nur einmal, aber durchgehend regnen. In London regnet es 612 Millimeter im Jahr, in Saigon 1960 Millimeter, in Hue 3200 Millimeter, nahezu doppelt soviel wie am Kongoknie im Regenwald Afrikas. Die Fischschwärme ziehen über die Reisfelder landeinwärts, das Land selber schwimmt, und was immer sich davon an der Oberfläche zeigt, scheint sich ohne weiteres von der Stelle bewegen zu können.

Die Welt glänzt und leuchtet und scheint dazu nicht einmal eine Sonne zu benötigen, von der in diesem Land zu keiner Jahreszeit viel zu sehen ist. In dieser Jahreszeit gleichen auch nördliche Küstenabschnitte der großartigen Welt des Mekongdeltas. Dort können die Straßen, die sofort auf einen der vielfachen Arme des Mekong treffen, diesem nur folgen, wogegen doch der heutige Landverkehr nur eine Richtung kennt: quer durch das Delta, nach der angehenden Megacity Saigon. So haben die Ströme der Menschen und Waren auf zwei und mehr Rädern ausgreifende Haken zu schlagen, und in diesem langwierigen Zickzack der Straßen in Richtung Saigon sind die Transportmittel, von denen jedes Vorankommen abhängt, die ungezählten Flußfähren.

Aber nicht so sehr klimatischen Fragen als solchen und auch nicht Fragen des vietnamesischen Transportwesens gilt die Aufmerksamkeit in Professor Vuongs Ausführungen. Er leitet damit nur seine Betrachtungen zum Wesen seiner Landsleute, der *Viet,* ein. Das Wort »Indochina« ist ein beliebter Ausgangspunkt für allerhand Erläuterungen die vietnamesische Identität betreffend. Das ist kein Wunder bei einem Namen, der – so lapidar wie klingend – zwei Giganten mehrtausendjähriger Hochkultur zusammenschließt und ihre vereinten Schätze auftürmt. Auch Professor Vuong läßt dieses Schlüsselwort fallen. »Schmelztiegel«, fügt er lakonisch ein zweites hinzu und liefert damit nebenhin einen Teil der Erklärung, weshalb Vietnam das kulinarische Paradies auf Erden ist, was wiederum auch die vietnamesische Ethnologie mit einer Fülle von Nahrung versorgt. Das schwimmende Land seiner Skizze, eine Art Negativ einer Inselwelt, weist in eine dritte Richtung, welche in der Bezeichnung Indochina nicht enthalten ist. »Im Vietnamesischen finden sich sechstausend Vokabeln melanesischen Ursprungs«, sagt der Professor, und kühn entwirft er frühgeschichtliche Bilder von seinen Urahnen als Verwandten der pazifischen Hochseenomaden, die von der Küste Indochinas bis nach Australien fuhren und weiter.

Die Beschwörung maritimer Wurzeln gehört sonst mehr zu den Gepflogenheiten im Süden, und in Saigon wird Son Nam, ein Berufskollege Professor Vuongs, davon ein Beispiel geben. Im hohen Norden Hanois mag das mehr wie Stoff ferner Legenden anmuten. Doch der Gedanke an die Tragödie von Vietnams *boat people* kann nicht ausbleiben. Von den späten siebziger bis in die frühen neunziger Jahre versuchten eineinhalb Millionen vietnamesische Flüchtlinge in untüchtigen, überladenen Fischerbooten ihr Glück auf hoher See. Von der ersten halben Million, zum Hauptteil in Südvietnam ansässige Hoa-Chinesen, die 1978 und 1979 aufbrachen, blieb rund ein Viertel verschollen.

Als politischer Begriff bedeutet Indochina das Gebiet der ehemaligen südostasiatischen Besitzungen Frankreichs. Die

Kolonie Cochinchina von 1879, mit der Hauptstadt Saigon im Süden, wurde um die beiden Protektorate Annam (mit der Hauptstadt Hue) im Zentrum und Tonkin (mit der Hauptstadt Hanoi) im Norden erweitert und 1887 mit Kambodscha zur Indochinesischen Union zusammengeschlossen, der sich sechs Jahre später auch Laos einverleibt fand. Indochina als geographischer Begriff dagegen schließt Burma, Malaysia und Thailand ein, bezeichnet die gesamte auch Hinterindien genannte Halbinsel östlich des Golfs von Bengalen. In diesem Indochina kam Vietnam auf die Indien abgewandte Seite zu liegen, wo das auf den Pazifik hinausschauende Land in einer Sonderstellung blieb, klar abgesetzt nicht nur gegen den Westen Südostasiens, sondern ebenfalls gegenüber den Nachbarn Kambodscha und Laos; desto näher dafür dem großen Nachbarn im Norden.

»Ihr springt und hüpft herum wie die Wilden; wir haben von Pferden gezogene Karossen. Ihr trinkt mit euren Nasen, wir haben Reis und Wein; laßt uns eure Sitten ändern ... Wenn ihr sprecht, tönt ihr wie Vögel, wir haben Wissenschaft und Bücher; laßt uns euch Kenntnisse und richtige Gesetze beibringen. Wollt ihr aus dem Dasein der wilden Bewohner ferner Inseln herausfinden und euch das Haus der Zivilisation anschauen? Wollt ihr eure Umhänge aus Gras und Blättern ablegen und geblümte Gewänder tragen, bestickt mit Bergen und Drachen? Habt ihr verstanden?« Der chinesische Kaiser wird in seinem Brief deutlicher: »Macht keinen tödlichen Fehler! Wir rüsten Kriegswagen, Pferde und Soldaten ... Unser Befehl wird lauten, eure Leichen zu zerschneiden, eure Knochen zu zermalmen und eure Heimat in ödes Grasland zurückzuverwandeln.«

Haben die Vietnamesen verstanden? Die Schriftstellerin Duong Thu Huong und Le Dat, einer von Vietnams hochverehrten Lyrikern, haben den Besucher schon gleich zu Beginn des Spaziergangs in ihre Mitte genommen, um ihn durch Hanois Zweiradströme zu manövrieren. »Wir schenken Ihnen Vertrauen«, sagt Frau Huong, »aber nicht weil Sie stark sind«, lacht sie. »Wir schenken Ihnen Vertrauen, weil

Sie so schwach sind.« Das französische *fort* in ihrem liebenswürdigen Kompliment läßt sich ebensogut mit »mächtig« übersetzen, und was die Mächtigen oder wenigstens fremde Mächtige betrifft, so sind – das ist weltbekannt – die Vietnamesen störrisch wie die Esel. »Aber das ist nicht alles«, sagt Le Dat, der Poet. »Ja, Vietnam ist eine bittere Pille für China, und dies deshalb, weil wir bei allen Lektionen in chinesischer Schurkerei und Betrügerei unsere Hausaufgaben immer so gründlich gemacht haben. Weil wir uns während tausend Jahren mit ihren Mitteln gegen sie zu behaupten verstanden.«

So ließ der vietnamesische König Le Hoan sich durch den zitierten Brief nicht einschüchtern, und die Expeditionsarmee des chinesischen Kaisers zog sich eine schmähliche Niederlage zu. Das war im Jahr 981, zweiundvierzig Jahre nachdem sich Vietnam des chinesischen Jochs zu entledigen vermocht hatte. Die Pille Vietnam mußte für China in der Tat bitter sein, denn es handelte sich nicht allein um einen erfolglosen Eroberungsversuch. Das Land der Viet war während mehr als einem Jahrtausend chinesisches Gebiet und der imperialen Kultur und Herrlichkeit teilhaftig gewesen.

Zu sechzig Prozent ist der Wortschatz der vietnamesischen Sprache chinesischer Herkunft, hat Professor Vuong gesagt, und man darf die Viet als das einzige chinesische Volk charakterisieren, das sich der Eingliederung ins Reich widersetzt hat. Im dreizehnten Jahrhundert wehrten die Viet sich unter Tran Hung Dao erfolgreich gegen drei Invasionen Kublai Khans und besiegten 1287 am Roten Fluß ein Mongolenheer von 300000 Mann. Bei einem weiteren chinesischen Anlauf zur Rückgewinnung der verlorenen Südprovinz früh im fünfzehnten Jahrhundert gelang es in beinahe zehnjährigem Ringen nicht, den Widerstand zu brechen, den Le Loi in seiner Guerilla organisiert hatte. Auf der Insel im Hoan-Kiem-See in Hanoi steht ein Tempel, und darin ist ein Altar Buddha geweiht, ein zweiter einem Erd- und Wassergott und der dritte Tran Hung Dao. In jeder vietnamesischen Stadt ist eine der Hauptstraßen nach Le Loi benannt, und an der Le-Loi-Straße, die in Hue dem Parfum-Fluß folgt, steht das Ho-Chi-Minh-Museum, das sich in jeder Stadt findet.

Es ist viel Vergangenheit gegenwärtig in Vietnam, nicht nur von jener besonderen Vergangenheit, an die der Drink bei der Ankunft im Metropole Hanoi erinnerte. »Die amerikanische Armee hat in diesem Land einen Krieg verloren, weil sie unsere Vergangenheit nicht kannte«, das ist heute eine wenig umstrittene Schulbuchweisheit, die kaum zitiert zu werden bräuchte. Doch auch am Tag des Spaziergangs mit Le Dat und Duong Thu Huong ist der Satz ausgesprochen worden, zwar nicht von der Schriftstellerin oder vom Dichter, dafür aber von Oberst Huyn Van Trinh, dem Direktor für auswärtige Beziehungen bei der Kriegsveteranenvereinigung Vietnams. Noch im Gedächtnis der Lebenden ist Krieg in Vietnam nicht gleichbedeutend mit dem, was bei uns Vietnamkrieg heißt. Das Land befand sich im Zweiten Weltkrieg unter japanischer Besetzung, während der acht folgenden Jahre im Krieg gegen Frankreich, nach einer Pause von drei Jahren ab 1957 im Bürgerkrieg, der 1965 zum achtjährigen Krieg gegen die USA führte und nach dem amerikanischen Abzug von 1973 für weitere zwei Jahre fortdauerte, schließlich von Ende 1978 bis 1989 im Krieg gegen die Roten Khmer in Kambodscha und im Frühjahr 1979 das bisher letzte Mal im Krieg gegen China.

Der Preis der Unabhängigkeit muß besonders groß sein für einen Nachbarn Chinas, des Kolosses, der beides: die Weltrevolution und die Gegenwehr, den Stalinismus und das amerikanische *containment,* nach Ostasien gebracht hat. Vietnam allein, ohne die Infektionsgefahr durch die Nachbarschaft Chinas, hätte noch keinen Dominostein abgegeben in der so berühmten und folgenreichen Domino-Theorie der späten fünfziger Jahre, deren Urheber Präsident Eisenhower war. Fiele Vietnam an den Kommunismus, so hieß es für die kommenden eineinhalb Jahrzehnte, dann risse oder – gemäß dem eingängigen Bild der Dominosteine – stieße dies durch eine Kettenreaktion alle südostasiatischen Staaten, bis hinunter nach Indonesien, in denselben weltgeschichtlichen Abgrund.

»O weh«, seufzen die Schriftstellerin Duong Thu Huong und der Dichter Le Dat im Chor, »noch so ein Besucher vom Mond. Nein«, fährt Le Dat fort, »in unserem Land gibt es keinerlei Möglichkeit, ein Buch in Eigeninitiative zu verlegen, es gibt keine privaten Druckereien.« Und wie fast jedesmal, nachdem er gesprochen hat, nicht nur wenn es um die Chinesen geht, schüttelt sich der Dichter vor Lachen. »In Europa haben sie den Kommunismus vergessen«, fügt Frau Huong, an ihn gewandt, hinzu. In der Tat spricht ein Mann wie Ulrich Golaszinski aus einer bizarren Ferne, aus der Tiefe jener Zeit sozusagen, die nicht in Jahren, sondern in Epochen gemessen wird. Wenn er als ostdeutscher Vertreter einer Parteistiftung der heutigen Bundesrepublik das vietnamesische Verhältnis von Staat und Gesellschaft beschreibt, dann scheint in seinem Büro in Hanoi die DDR für einen Augenblick noch einmal aufzuleben, ja gar nie untergegangen zu sein. Gewiß, ein autoritärer Staat ist in Ostasien nicht die Ausnahme, und man braucht in Indonesien, Malaysia oder Singapur keinen Leninismus, um Pluralismus und Demokratie zu disqualifizieren. Wenn jedoch Vietnam an der Parteidiktatur festhält, dann geschieht dies nicht bloß um der Ordnung willen und weil sich auf absehbare Fristen niemand eine gangbare Alternative auszumalen vermöchte. Es geschieht, weil hier der Sozialismus verwirklicht wird, wenn auch nicht in alter Manier mit dem Werkzeug der Planwirtschaft, sondern heutzutage mit den überlegenen Kräften des freien Marktes. Ulrich Golaszinski gibt sich überzeugt, daß alles auf dem besten Weg dahin sei.

Vielleicht erinnern wir uns aber an Osteuropa wenigstens so weit, daß man im Sozialismus die Schriftsteller und ihr Los nie vergessen sollte, und Vietnam ist, wie jeder *news-stand* mit seinen Dutzenden von Zeitungen und Zeitschriften es demonstriert, ein Land passionierter Leser, zu denen auch der wartende *cyclo-pousse* gehört. Unter den Guerillakämpfern im Maquis wurden Postillen mit Nationalliteratur aus dem

17. Jahrhundert verteilt. Trotz des Sieges gegen die stärkste Militärmacht der Welt zählt Vietnam noch immer zu den zehn ärmsten Ländern der Welt, und rund die Hälfte der Bevölkerung lebt in absoluter Armut, doch die Alphabetisierungsrate liegt nach Maßstäben der Dritten Welt in einsamen Höhen: bei über neunzig Prozent für die Altersklassen bis 45 Jahre und selbst für die über 65jährigen noch immer bei gut fünfzig Prozent.

Drei Romane von Duong Thu Huong sind in englischer, französischer und sogar deutscher Übersetzung zu lesen, aber in Vietnam ist kein Buch von ihr zu kaufen. 1991 war sie während sieben Monaten in Haft, ohne Gerichtsverfahren. Die Polizei hat ihre sämtlichen Manuskripte beschlagnahmt. Le Dat, in den späten vierziger Jahren persönlicher Sekretär von Ho Chi Minh, wurde wenige Jahre später mit dem Bann belegt, »als Vietnams reaktionärster Dichter«, prustet er fröhlich. Vor kurzem wurde er vom Schriftstellerverband rehabilitiert, als eines der Gründungsmitglieder und als »ein Frontmann von Vietnams lyrischer Avantgarde«, prustet er weiter. Dabei habe er die ganze Zeit über immer dasselbe gemacht, von damals bis heute.

Täte sich demnach doch etwas am politischen Horizont? Dafür kann nicht die Hauptstadt allein maßgebend sein, dazu sind Stimmen im fernen Süden anzuhören. Ein klein wenig mehr Diskurs gibt es, wird in Saigon ein amerikanischer Vietnamologe sagen. Wenn eine internationale Kapazität wie der Australier David Marr sich zu einem Historikerkongreß in Saigon einfindet, dann darf er dort neuerdings seine Ansicht äußern, wonach zwischen 1945 und 1954 in Vietnam keine Revolution stattgefunden habe. Es habe zwei Machtwechsel gegeben, bei deren erstem aufständische Bauern von den Franzosen zurück in die Wälder getrieben wurden, aus denen sie dann beim zweiten siegreich wieder herausgekommen seien. Doch von einer Revolution zu reden sei nicht gerechtfertigt.

Ein Vietnamese, der so spricht, oder einer, der statt von einem Befreiungskrieg etwa von einem vergangenen Bürgerkrieg zwischen Nord- und Südvietnam redet, riskiert auch 1997 hohe Gefängnisstrafen. Son Nam, Professor Vuongs Berufskollege in Saigon, wird es bestätigen. Son Nam weiß, wovon er spricht, er war aus solchen Gründen im Gefängnis. Seit zwei Jahren arbeitet der 71jährige Ethnologe als Reiseführer beim staatlichen Reisebüro Saigon Tourist. Die Reiseführer stellen in der kulturellen Elite Vietnams eine wichtige und verhältnismäßig unabhängige Fraktion, nicht ganz unähnlich etwa den Taxifahrern in manchen afrikanischen Ländern: Während es beim afrikanischen Taxifahrer die professionelle Mobilität ist, die zu einem privilegierten Wissensstand verhilft, ist es beim vietnamesischen Fremdenführer der exklusive Umgang mit der Außenwelt.

»Das Land braucht alle seine Künstler«, sagt Diem Phung Thi. Die Bildhauerin ist 1993 nach 45jährigem Exil in ihre Geburtsstadt Hue zurückgekehrt. Eine Stiftung hat für ihr Lebenswerk ein eigenes Museum eingerichtet, worin sie auch eine Schule für taubstumme Kinder unterhält. Diem Phung Thi hat in Frankreich, dem Land der Revolution, das metrische System weitergedacht und sieben Bausteine entwickelt, durch deren Kombination sie alle zehntausend Dinge zwischen Himmel und Erde spielend hervorzuzaubern versteht. Im Medium der bildenden Kunst darf mehr Rationalismus und Aufklärung praktiziert werden als im Medium des Wortes.

»Presse- und Meinungsfreiheit gibt es nicht bei uns, ebensowenig das Versammlungs- und das Demonstrationsrecht.« So Ho Chi Minh, als er 1920 auf dem Kongreß der französischen Sozialisten in Tours die Situation in Vietnam beschrieb und die französische Kolonialpolitik denunzierte. Doch seine Diagnose trifft die heutigen Zustände genauer als die damaligen. In den zwanziger Jahren gab es die Zeitung *L'Indochine enchaînée,* herausgegeben von André Malraux, und dieser schrieb darin, an den französischen Gouverneur gerichtet: »Sie regieren Cochinchina einzig durch Angst, Geld und die Sicherheitskräfte. Und weil Sie wissen, daß Ihre Methode sich allein auf die zwei Wörter ›Trinkgeld‹ und

›Denunziation‹ verläßt, weil Sie den Haß zu spüren beginnen, der aus den entlegensten Reisfeldern Cochinchinas bis zu Ihnen vorgedrungen ist, deshalb drängt es Sie so sehr, sich zu rechtfertigen und zu beteuern, daß Sie im Grunde – im tiefen Grund Ihrer Tasche – Gefühle des Wohlwollens hegten, von denen aber noch nie jemand etwas zu spüren bekam, denn die angehäuften Piaster verbergen sie wie die Mauern das Innere einer Burg.« 1995, siebzig Jahre später, wurden zwei ehemals führende KP-Mitglieder wegen »Mißbrauchs der Freiheit und Demokratie zum Schaden der nationalen Sicherheit« zu Gefängnisstrafen verurteilt, nachdem sie sich für grundlegende Reformen und eine innere Demokratisierung der KP ausgesprochen hatten.

Amnesty International hat aus Vietnam dennoch verhältnismäßig wenig zu berichten. Anders als die demontierten osteuropäischen Vorbilder hat das sozialistische Parteiregime in Vietnam bis heute nicht eine Mehrheit der Bevölkerung gegen sich. Dissidenz findet wenig fruchtbaren Boden, und entsprechend wenig gibt es davon. Politisch hat die Regierung die Lage, wie man sagt, unter Kontrolle, und diese Lage ist für alle Teilnehmer weitgehend berechenbar. Bei einer wirksamen Dosis Repression ist wenig Willkür am Werk, der Tarif bekannt, und daraus ergibt sich eine Art totalitäres Pendant von Rechtssicherheit. Ähnlich verhält es sich mit der Korruption, die als Übel erkannt ist und mit drakonischen Strafen bekämpft wird. Der unliebsame Nebeneffekt dieser Behandlung der Korruption liegt – in Vietnam wie anderswo – darin, daß Schiebereien sich verteuern, je größer die damit verbundenen Gefahren sind.

Vielleicht haben die Vietnamesen auch die Korruption und die Repression aus China? Den Kommunismus haben sie nicht aus China, sondern aus Europa eingeführt. Aus China stammt jedoch eine Einrichtung mit starker Affinität zum totalen Staat Lenins: das Mandarinat, jene Hoch- und Höchstkultur des Staatsbeamten, jenes letzte Telos des Kulturmenschen im Apparat. Im Apparat der Verwaltung, der – weit über den Wissenschaften – die höchste Kaste der humanen Gattung hervorbringt und reproduziert: die Kaste, die schreibt und vorschreibt. Dieser endgültigen Elite obliegt es, fortwährend immer mehr und gründlicher Ordnung zu schaffen und diese Ordnung in allen Bereichen der Gesellschaft aufrechtzuerhalten. So ist der vietnamesische Staat weniger eine Einrichtung, wo ein Parlament effizient ein Investitionsgesetz verabschieden und die Richtlinien für den Aufbau einer modernen Finanz- und Steuerverwaltung vorgeben könnte. Er ist mehr eine Einrichtung, der die Anwärter auf das Nummernschild für ihr Motorrad über den ganzen Instanzenweg begleitet und, Schritt für Schritt, mit rund vierzig Stempeln betreut. Da er ganz dazu geschaffen ist, hat der Mandarin wenig außer seinem Amt, wofür er leben und was ihm ein Auskommen gewähren könnte.

Unter den vielgerühmten asiatischen Tigern ist Vietnam also gewiß als ein prominenter, doch einstweilen vornehmlich als ein Papiertiger vertreten. Vietnams stolzes Wirtschaftswachstum wiegt vorläufig gering, denn bei einem mittleren Einkommen von 180 bis 190 Dollar pro Jahr machen acht Prozent Zuwachs jährlich noch nicht sogleich eine Tigerökonomie. Die industrielle Basis ist schmal. Über Nahrungsmittel, Bekleidung, Schuhe und Baumaterialien hinaus produziert der drittgrößte Reisexporteur der Welt wenig selber, an Maschinerie nur Dreschmaschinen, Traktoren und ein paar Fernsehgeräte. Es besteht ein großer Unterschied zwischen einem mausarmen Land, in dem sich die Situation – wie langsam auch immer – verbessert, und einem mausarmen Land, in dem sich die Situation rapide und massiv weiter verschlechtert. Vietnam gehört zur ersten Kategorie, und überall im Land ist zu spüren, daß es Teil einer aufsteigenden und nicht einer absteigenden Region ist. Doch es wird in den kommenden Jahren die große Frage bleiben, ob der politische Archaismus dem Land und seiner Wirtschaft den Spielraum für die nötigen Anpassungen läßt, welche im Milieu des so rasanten ostasiatischen Aufschwungs und Wandels unabdingbar sein werden. Bereits ist Vietnam Mitglied der Welthandelsorganisation, und dies in einer Ära, da noch jedes Privatunternehmen mit mehr als zehn Beschäftigten gemäß Verordnung eine Parteizelle unterhält.

Aber ist Vietnam nicht doch immer aus sich und über sich hinausgegangen? Drängt es diese umtriebigen Seelen nicht fortwährend zum Aufbruch? Waren sich Professor Vuong und sein südlicher Berufskollege Son Nam in diesem Punkt nicht einig? Süden war stets die Marschrichtung der Viet, eines Volks mongolischen Ursprungs, das im ersten Jahrtausend vor unserer Zeitrechnung aus dem Norden zugewandert war. Im 15. Jahrhundert noch reichte ihr Gebiet nur bis Danang. Ihr weiterer Vorstoß nach Süden ließ in der Folge von der indisch geprägten Hochkultur und dem Volk der Cham nur Relikte zurück, und unter den Laoten und Khmer, die während Jahrhunderten immer wieder zur Zielscheibe wurden, ist nichts vergessen von der Geschichte der vietnamesischen Expansion. Die historische Schmach, daß in Kambodscha die Khmer sich 1978 durch die vietnamesischen Invasoren von ihrem hausgemachten psychotischen Terrorregime Pol Pots befreien lassen mußten, hat das Verhältnis zwischen den beiden Völkern nicht entspannt. Süden hieß die Marschrichtung noch 1954, als nach der Niederlage Frankreichs eine runde Million nordvietnamesische Katholiken vor dem nördlichen Regime der Demokratischen Volksrepublik Ho Chi Minhs die Flucht ergriffen.

Auch heute blickt Vietnam nach Süden. Der freie Markt, den es im Norden nie gegeben hat, ist im Süden nur für ein Intermezzo von weniger als zwei Jahrzehnten durch den Planstaat ersetzt worden. Saigon, auf eine Bevölkerung von fünf bis sechs Millionen angewachsen, ist heute eine Riesenbaustelle, über der bereits ein Hauch des Hypermodernismus Hongkongs, Singapurs oder Kuala Lumpurs weht. Kein Mensch übrigens nennt die südliche Wirtschaftsmetropole noch Ho-Chi-Minh-Stadt, nicht einmal der Fahrplan im Bahnhof von Hanoi. Die Region Saigon erwirtschaftet vierzig Prozent des vietnamesischen Sozialprodukts. Seit 1980 wuchs der Warenumschlag im Hafen um das Achtfache, was binnen sechzehn Jahren einer Verdoppelung alle fünf Jahre entspricht. Le Van Thao, ein Sprecher der Hafenbehörde und Experte für internationale Beziehungen, erweckt gar nicht den Eindruck, ihm könnte dies große Sorgen bereiten. Die Sorgen, so räumt er lachend ein, beginnen erst außerhalb des Hafens, das heißt auf dem Land.

Dort sind die Wege noch immer weit. Schnell kommt man nicht voran auf den schmalen, zweispurigen Straßen, wo zwischen den Schlaglöchern zwei Wagen oft kaum aneinander vorbei finden. Lastwagen sind, besonders im Norden, weit zahlreicher als Personenwagen. Überall, an jeder Stelle der Nationalstraße N 1, die ganzen 1760 Kilometer von Hanoi nach Saigon, sind Leute auf Fahrrädern und zu Fuß unterwegs. Auf dem Ho-Chi-Minh-Pfad, der im Westen durch die Berge, teils über laotisches und im Süden über kambodschanisches Gebiet führte, dauerte die Reise drei bis vier Monate. Auf dem Ho-Chi-Minh-Pfad haben Vietnams Volkshelden seinerzeit Radwanderungen über Gesamtdistanzen von einer Erdumrundung oder noch mehr zurückgelegt und dabei Dutzende von Tonnen Material über 1500 Kilometer verschoben. Angesichts der besonderen Gestalt des Landes bedurfte es einer außergewöhnlichen Förderung der Mobilität, um die Leute überhaupt erst miteinander bekannt zu machen. Der achtzehnjährige Krieg gegen die stärkste Macht der Welt hat in dieser Hinsicht wohl bleibende Auswirkungen gehabt. Er war, was immer wieder vergessen wird, zugleich ein Bürgerkrieg, der als Preis für die Wiedervereinigung aller Vietnamesen in nur einem Staat zwei bis drei Millionen Menschenleben forderte.

Die materiellen Früchte des Friedens im Lande, die Früchte dessen, was in Vietnam Befreiung genannt wird, ließen während der darauffolgenden zwei Jahrzehnte sehr zu wünschen übrig. Nicht weniger wichtig, vielleicht im Gegenteil um so wichtiger ist die Erfahrung des Kriegs als Reservoir der Hoffnungen geblieben. Weit über die Hälfte der Bevölkerung Vietnams ist nach dem Abzug der amerikanischen Streitkräfte geboren, und doch hat das Gedächtnis des Kriegs in Vietnam heillos starke Stützen: Laut einer offiziellen Aufstellung gibt es in der Altersstufe von 35 bis

45 Jahren etwa doppelt so viele vietnamesische Frauen wie Männer, und die Zahl der Witwen im Land übersteigt die der Witwer um rund das Fünffache.

Und dann gibt es in Vietnam Gedenkstätten besonderer Art, wo ein Besucher aus dem christlichen Abendland sich auch vierundzwanzig Jahre später rasch vor Augen führen kann, was ein Krieg gegen dieses Volk – und dazu noch bei diesem Volk zu Hause – mit sich bringen mußte. Dazu genügt ein Besuch in der Unterwelt der Tunnel von Vinh Moc, nördlich von Quang Tri, an der Südgrenze des ehemaligen Nordvietnam. Die Tunnel sind einen Meter zwanzig breit und teils weniger als einen Meter siebzig hoch. Höchstenfalls zweieinhalb Quadratmeter messen die Nischen, in denen die Familien lebten. Steile Treppen verbinden die drei Ebenen der Anlage mit ihren drei Kilometern Tunnel und den zwölf getarnten Eingängen. Die B-52-Langstreckenbomber vermochten hier wenig Schaden anzurichten. Jahrelang lebten hier 2500 bis 3000 Menschen, gebaren Kinder und zogen sie auf.

In diesen nassen Stollen, wo das Hemd nach dreißig Metern von gelbem Lehm gestärkt ist, stellt sich eine Erinnerung ein an jene Schlüsselepisode aus Francis Ford Coppolas Vietnamfilm *Apocalypse Now.* Kurtz, der überdurchschnittlich talentierte und bewährte amerikanische Offizier, der im kambodschanischen Dschungel untergetaucht ist und sich dort in einem eigenen Schattenreich von Greuel und Gewaltritual eingerichtet hat, schildert kurz vor seinem gewaltsamen Tod eine Episode, die ihm die Augen für die Aussichtslosigkeit des amerikanischen Unterfangens geöffnet habe. Nach einem humanitären Einsatz in einem befriedeten Dorf, in dessen Verlauf unter seinem Kommando die Kinder gegen Kinderlähmung geimpft worden waren, wurde er mit seinen Männern von einem der Dorfbewohner zurückgerufen, um sich anzusehen, was in der Folge geschehen war. Auf einem Haufen wurden die geimpften Arme verbrannt, welche die Dorfbewohner ihren Kindern abgehackt hatten.

Gegen ein Volk, das zu einer solchen Tat – in Kurtz' Worten – die Kraft aufbringe, sei von keiner Macht dieser Welt ein Krieg zu gewinnen. Aber die Erfahrung, daß Menschen auch unter menschenunwürdigen Bedingungen zu überleben vermögen, daß für das Überleben kein Preis unbezahlbar ist, diese Erfahrung hat ihre Ambivalenz, und so gut wie ein unverwüstlicher Optimist darauf bauen kann, tut dies der Fatalist, dessen Auskunft lautet, irgendwie gehe es immer, und ohnehin komme, was kommen möge. Lauert darunter nicht die immer wieder verdrängte, doch wiederkehrende, weil letztlich unabweisliche Frage, ob der Preis am Ende nicht doch zu hoch gewesen sein könnte? Ein Preis zumal, dessen Höhe nach einem weiteren Vierteljahrhundert äußerster Armut noch immer niemand kennt, da niemand weiß noch wissen kann, wann er endlich zur Gänze bezahlt sein wird?

Nichts in Vietnam geht über die eigene Kraft. Sie ist ein und alles, der Name des Landes könnte für sie stehen. Wenn aber ein Land aus eigener Kraft im Frieden nicht mehr zustande bringt als Vietnam seit dem Krieg, dann droht dies trotz allem eines Tages das Vertrauen in diese eigene Kraft zu relativieren. Außer dem Beweis des unüberbietbaren Durchhaltewillens, der schließlich jedoch nichts als durchhält, müßte die Erfahrung des Krieges noch anderes zu bieten haben. Das hat sie in der Tat, und wenn der militärische Erfolg sich nicht in befriedigendem Maß in gesteigerte Lebensqualität ummünzen ließe, so hat er fraglos nicht nur für das vietnamesische Organisationstalent den Beweis erbracht, sondern zudem für eine einzigartige Flexibilität und Anpassungsfähigkeit. Diese Tugenden sind den Vietnamesen nach ihrem Sieg gegen die stärkste Militärmacht der Welt nicht mehr abzusprechen, und sie sind es, die Pessimismus nicht als obligatorisch erscheinen lassen. Landauf, landab sieht man Invalide in weit überdurchschnittlicher Zahl, und angesichts der entstellten Gliedmaßen oder auch Nasen fragt man sich in gewissen Fällen, ob die Lepra oder Napalm am Werk gewesen ist. Versehrte mehren die Fähigkeit einer Gesellschaft, zu improvisieren. Dazu kommt, daß in Vietnam Konfuzius einen stärkeren Einfluß hinterlassen hat als Buddha, und die Nation der Leser kennt auch das Buch *Lun Yü,* die Gespräche des Meisters: »Fehlen, ohne sich zu bessern, das nennt man Fehlen.«

Vietnamesen haben ihre Prinzipien und ihre Doktrinen. Sie gelten nicht nur als große Patrioten, Nahrung findet bei ihnen auch allerhand Xenophobie, selbst wenn sie sich nicht gegen kommunistische Chinesen wendet, sondern gegen südkoreanische, malaysische, taiwanesische Kapitalisten. Aber Vietnams Pragmatismus vermag selbst die Gesetze der Religion ein wenig zu beugen und zu mildern. Sogar im Marximus-Leninismus sah Ho Chi Minh nie die Reinheit der Lehre als den erstrangigen Gesichtspunkt. Die 70000 muslimischen Cham, der kleine Splitter, der vom alten südlichen Reich Champa übrig ist, beten nur am Freitag, und im Fastenmonat Ramadan fasten sie am Anfang, in der Mitte und am Ende je einen Tag. Seit 1992 ist die Religionsfreiheit wieder in der Verfassung verankert, was allerdings Probleme aufwirft, da es zugleich keine legalen Vereinigungen geben kann. Denn entgegen der Auffassung des vietnamesischen Staates ist Religion nicht reine Privatsache, sondern definitionsgemäß Gemeinschaft. Die scharfe Konfrontation zwischen dem Staat und dem buddhistischen Klerus gehört zum kommunistischen Vietnam wie zum ehemaligen Südvietnam, und immer wieder befinden sich Buddhistenführer in Haft.

Doch daraus entsteht nicht der Eindruck, als beeinträchtige dies Vietnams vitale Religiosität. Das kommunistische Land, vor allem der maritime Süden, ist ein Garten der Sekten. Rund zwei Millionen Vietnamesen glauben an den Gott Cao Dai, den »hohen Turm«, der sich 1920 in Tay Ninh, nordwestlich von Saigon, dem Gründer Ngo Van Chieu mit fünf Geboten der Vernunft offenbart hat. Unter den Heiligen Cao Dais finden sich Moses, Jeanne d'Arc, Victor Hugo, Sun Yat Sen, Winston Churchill.

»Vietnams Religion ist der Polytheismus«, hat Professor Vuong gesagt. Dem Synkretismus wird gemeinhin eine eher devitalisierende, die Kräfte einer Kultur zerstreuende und aufzehrende Wirkung nachgesagt. Die Stadt ist wehrlos, lautet die Diagnose in Afrika, denn dort haben sich die Stämme alle gemischt. Dem Volk der Viet dagegen muß der Synkretismus zu einmaliger Stärke verholfen haben, und offenbar kann er nur dem Leben selber abgeschaut sein, diesem einzigen wahren Gesamtkunstwerk Leben, wo man von allem nicht nur das Beste hat, das Beste deswegen aber unter dem vielen anderen doch wenigstens auch haben möchte, wo man jedenfalls keinen Gott entbehren mag, denn nicht die Vielfalt, sondern »die Hierarchie der Götter ist es«, schreibt Pham Thi Hoai, »die den Verstand der Gläubigen verwirrt und ihnen ihre Unbefangenheit raubt.« Für Anhänger jeden Glaubens dieser Welt müssen sich in dem Devotionaliensortiment auf dem Markt der Hanoier Altstadt ganze Schwärme von Ketzereien tummeln, und die einheimische Schriftstellerin sieht mehr als ein Besucher aus dem Okzident. Neben dem Schwein und dem Huhn, der Schildkröte und dem Kranich, neben der Glocke, dem Rosenkranz und dem Taktholz, neben dem büffelhütenden Kind und dem in den Anblick einer Blume versunkenen Mädchen sind da die Mütter, die guten Geister, männliche Feen und chinesische Schriftzeichen wie »Glück«, »langes Leben« und »Lohn des Himmels«, papierene Goldbarren, Jenseitsgeld in vietnamesischer und amerikanischer Währung, Kleidung für die Zeremonie der Anrufung verstorbener Seelen und mit Sicherheit einiges mehr. Pham Thi Hoai hat in ihrer Erzählung *Ein Held* den Tempel, das vietnamesische Gotteshaus beschrieben. Gott ist darin in jeder Gestalt zugegen, »in der ganzen Vielfalt der Wünsche, die wir an ihn richten«: der »König des Dschungels, die heiligen Jungfrauen, die heiligen Jünglinge, die Hung-Könige, seine Exzellenz der Weiße Tiger, die Goldene Schildkröte, der legendäre Hahn, Präsident Ho … in einem Durcheinander von Lampen, Räucherstäbchen, Glöckchen, Gongs, Truhen, Kästchen, Bettgestellen, Thronen, Schirmen, Ahnentafeln, Bannern, Fächern, seidenbebänderten flachen Hüten, Schwertern, Säbeln, Lanzen, Hellebarden, Klebreiskuchen, Bohnenmehlkuchen,

Orangen ... Ganz wie in einem Supermarkt.« Die kollegiale Versammlung der Götter und Geister erzeugt die dem Tempel eigene Aura, und in dem angestammten Kreis tanken einige Zuzügler davon ihre Dosis, ehe sie vielleicht in eine andere heilige Gesellschaft oder zu einem Gönner nach Hause verlegt werden.

Hanoi erinnert nicht an Moskau und Bukarest, ist kein städtebauliches Denkmal des Kommunismus, sondern höchstens seiner einschränkenden Auswirkungen auf die kreativen Kräfte einer rührigen Gesellschaft. So haben die Leute auf dem Grundriß ihrer zwei Zimmer in die Höhe gebaut: auf vierzig Quadratmetern fünf Stockwerke zwanzig Meter hoch in den Himmel und obendrauf in der Sonne den Garten mit dem Wochenendhäuschen. So weit das Auge reicht, reiht die Stadtlandschaft dieser viereckigen Türme eine unverwechselbare Individualität an die andere. Hanoi liegt, man sieht es, im selben Land wie Hoi An, die ehrwürdige Hafenstadt südlich von Danang im alten Annam – eine Stadt von Welt schon im Reiche Champa – irgendwo zwischen Malakka, Hongkong und Sansibar, im Verkehr mit Chinesen, Japanern, Indern, Thai, Malayen, Portugiesen, Holländern, Filipinos, Franzosen.

Wahrhaft heilig aber, um zu Vietnams Religiosität zurückzukehren, sind in Vietnam die Ahnen. Sie werden geehrt, und zum Neujahrsfest *Tet* werden zu Hause im Dorf ihre Gräber aufgesucht. Und in diesem Punkt stößt die Religionsfreiheit an Grenzen, und an ebendiese Grenzen stößt die Verfassung, welche diese vermeintliche Freiheit einräumt und Religion zur Privatsache erklärt. Gegen die Rechte und Ansprüche der Ahnen kam in Vietnam auch der Kommunismus nicht an. Die Partei hat nach ihrem Griff zur Herrschaft über das ganze Land sehr rasch ein Einsehen gezeigt, und die kollektivistischen Abenteuer in der Landwirtschaft gehören eindeutig Vietnams Vergangenheit an. In dieser Frage braucht Son Nam, der Ethnologe in Saigon, kein Blatt vor den Mund zu nehmen. Kollektivierung im Feldbau ist gegen die Moral und gegen den *bon sens.* Vietnam hat unter der Partei gekämpft, aber doch nicht für sie, sondern für das Land. Es gab und gibt Wichtigeres als sie, und unter anderem dies muß damit gemeint sein, wenn es von den Vietnamesen heißt, daß sie große Patrioten sind. Die Heimat ist das Dorf. Dort ist im Reisfeld das Grab der Ahnen.

3 ■ DER FEIND JAPANS IST DAS BESSERE

Seoul Development City

S*eoul, Januar 2000.* – Es gibt nur dieses einzige Wort, das auf beiden Seiten der Trennscheibe verstanden wird. Ich konzentriere mich, und wie ich es von Koreanern höre, sage ich: »Seoul«, mit stimmlosem »s« und geschlossenem, langem »o«, mit gespitztem Mund, heißt das, und, da ich es bin, ich fühle es, mit großen runden Augen. »Seoul« – das Zauberwort hilft weiter. »00-01-23 12:50« steht zuunterst auf dem Ticket, das ich sogleich in der Hand halte. Die Zahlzeichen sind unsere. Weiter oben steht, eine der pittoresken koreanischen Zeilen unterbrechend, »₩ 9300«, so daß ich ohne weiteres mit einer Note zu 10000 Won bezahlen kann. Das übrige geht ohne mich, ohne ein weiteres gesprochenes Wort zumindest, alles steht auf dem Ticket. In der Schalterhalle gibt es keine Anschriften in lateinischen Lettern. Doch es bleibt mir nicht einmal die Zeit, um für einen Augenblick stehenzubleiben und, in der etwas vorgestreckten Hand das Ticket für jeden sichtbar, hilfesuchend um mich zu blicken, eine Frau hat mich bereits zu einem der zwei Ausgänge auf den Carparkplatz geführt, und von dort bringt mich ein Uniformierter zum Gleis Nr. 8. … 12.30 Uhr, 12.40 Uhr, 12.50 Uhr, 13.00 Uhr … Nach Seoul fährt alle zehn Minuten einer, große Reisecars der Marken Hyundai oder Daewoo, acht, elf, vielleicht sogar vierzehn Passagiere an Bord. Ich selber bin aus Seoul gekommen und habe dort soviel begriffen, daß ich auch das Hinreiseticket nach Kangnung nicht drei Tage vorher hätte kaufen müssen.

Nicht nur Seoul, auch die Kleinstadt Kangnung ist ein Magnet, mit ihren 230000 Einwohnern und einigen wenigen, eher unauffälligen Wolkenkratzergruppen, ein Rimini an der koreanischen Pazifikküste. Das immer gleiche Restaurant im unabsehbaren Reihenbau aus dem industriellen

Setzkasten, dieselbe traumhafte Küche in kilometerlangen Batterien, viele der Lokale selbst in dieser Jahreszeit geöffnet. Doch trotz des vorzüglichen Wellengangs ist nichts mit Surfen, auf die Nadelbäume längs der Strandpromenade ist in der Nacht Schnee gefallen. Auch ins Meer ist Schnee gefallen, und wenn er dahin falle, so sagen die Leute hier, dann falle er vergeblich. Die spärlichen Morgenspaziergänger tragen Wollmützen und Handschuhe, einige über Mund und Nase Masken aus weißem oder hellblauem Verbandsmull. Aus dem Café Sinfonie im zweiten Stock des Hotels Richard Strauss braust *Also sprach Zarathustra* in den grauen, leidlich grandiosen Morgenhimmel hinaus. Die Mehrzahl der Gäste an diesem Januarsonntag fährt vermutlich noch heute heim nach Seoul.

Um 12.45 Uhr sitze ich im Car. Er ist gut geheizt, höchstens etwas zu gut, der Reisekomfort läßt nichts zu wünschen übrig, auch während der zehn Minuten Aufenthalt an der Raststätte, wundervoll die gefüllten Teigtaschen, die Fischspieße, die in Ei gebackenen Auberginenplätzchen, gereicht im durchsichtigen Plastikhandschuh, und dies mit der rechten Hand, während die unbehandschuhte Linke für den Zahlungsverkehr zuständig ist. In der Herrentoilette, in der dem Eingang gegenüber gelegenen Ecke, steigen die Pissoirs über sanfte Stufen die Wand entlang, für die Kleinen, für Halbwüchsige und dann Größere bis zur Lebensmitte – und ich stelle mir vor, wie sich jenseits der Mauer die Reihe über absinkende Stufen fortsetzt. Der *expressway,* sechsspurig und vom saubersten Schwarz in der verschneiten, aber ansonsten nicht allzu kompromißlosen Berglandschaft, führt den Car wie auf einem Schienennetz, über eine Weiche auf die Überholspur jetzt, dann wieder zurück, und der Fahrer, nicht in Uniform, sondern im dunklen Anzug mit Krawatte und weißen Handschuhen, hat über das Geschehen nur die Oberaufsicht. Vorne, in einem fest installierten Korb neben dem Ausgang, eine Notration Wasser mit einer Stange Plastikbecher.

Bei der Ankunft wird ein Fremder, der nicht mehr einfach »Seoul« sagen kann, da er in Seoul nun schon ist, womöglich eine weitere kleine Schwierigkeit zu meistern haben. Denn ohne etwas mehr Koreanisch gibt es in Kangnung keine Möglichkeit, zu klären, wo genauer in Seoul die Carfahrt enden wird, in Tong Seoul oder in Kyongbu oder in Sangbong, in Yongdong oder Honam, einer der beiden Stationen Kangnams, oder in Nambu. In Yongsan und in Shinch'on wahrscheinlich nicht. Die Express Bus Terminals liegen teils weit von einander, sicher eine gute Stunde in der Subway, Seouls U-Bahn.

Doch wer Seoul zuvor schon einmal betreten hat, wird nichts fürchten. Die Koreaner, die ihrerseits, die breite Masse wenigstens, in Fremdsprachen nicht brillieren, beweisen dem Fremden dafür um so beflissener, daß es auch ohne geht. Erstens sind Koreaner entgegenkommend, und zweitens zeichnet Seoul sich vor vielen anderen Städten dadurch aus, daß die große Mehrheit der Probleme hier tatkräftig angegangen wird. In Seoul werden täglich 27,2 Millionen Personentransporte abgewickelt, darunter 7,93 Millionen von 8443 Bussen auf 371 Linien, aber mehr noch, nämlich 8,78 Millionen, von der Subway. In Seoul ist *subway* heute ein koreanisches Wort und kaum weniger hilfreich als in Kangnung das Wort »Seoul«. Das Tor zu dieser weitläufigen, gut unterhaltenen Unterwelt wird sich finden. Gewiß, die Stationen haben Namen, die sich ein Fremder nur schwer merken kann. Doch anders als in Peking zum Beispiel sind sie numeriert, und wie die Nummern auf der neuen Linie 5 erwarten lassen, erfordert die Orientierung in Seouls Subway-Netz demnächst Vertrautheit nur mehr mit dem Dezimalsystem. Die erste Stelle »5« steht für die Linie, die weiteren zwei Stellen bezeichnen, aufsteigend von West nach Ost, die Stationen. Oder ist es möglich in Seoul, daß eine derart plausible Verallgemeinerung dieses Prinzips für das gesamte Netz noch nicht beschlossene Sache, sondern erst in Erwägung ist?

»Seoul« – das Wort allein bringt einen hin, oder zumindest sicher zurück nach Seoul. Das ist Magie, und magische Wörter gibt es nicht ohne magische Bedeutung, nicht einmal wenn es Namen sind. »Nein«, sagt die Photographin Cho Sun Hee, mit der ich in Seoul zusammenarbeite, »warum? Und der Name Paris? Hat der eine Bedeutung?« Junge Seouler hören es nicht mehr, aber ein Fachmann sagt, der Name Seoul sei eine altertümliche abgeleitete Form des Worts *shabol* und bedeute Stadt, große Stadt, Hauptstadt. Die Stadt Seoul, so darf man demnach sagen, trägt ihren Namen zu Recht, nicht bloß weil sie schon seit sechshundert Jahren Hauptstadt ist. Noch gibt es Länder, wo nur etwa zehn Prozent der Bevölkerung in Städten leben. Doch neigen die Menschen seit langer Zeit dazu, sich in Städten zu sammeln, beinahe überall auf der Welt. Rund die Hälfte der Menschheit lebt heutzutage in Städten. Das Leben dort ist meist leichter und meist sicherer. Es ist zudem, wie offenbar viele finden, unterhaltender. Damit ist längst nicht alles aufgezählt, was für die Städte spricht, und zur Anziehung, zur Attraktion und Gravitation der Stadt kommt in vielen Weltregionen eine Abstoßung durch ihr Gegenteil – das Land – hinzu.

In Südkorea allerdings, wo über 80 Prozent der Bevölkerung in Städten lebt, ist das Land mittlerweile ebenfalls stark von der Stadt geprägt, erscheint fast als ein Teil von ihr: 20 Nationalparks und 19 Provinzialparks, von denen allen mit koreanischer Zuverlässigkeit, und dies sachgerecht, Gebrauch gemacht wird. Auf Seouls Stadtgebiet mit seinen vier Bergen, von denen drei sich etwa 300 Meter über die Stadt erheben, gibt es zwar ebenfalls 1405 Grünflächen mit einem Gesamtumfang von 154 Quadratkilometern, beinahe 15 Quadratmeter pro Einwohner, aber davon sind fast zwei Drittel ohne Pflege und kein Ort der Erholung. So findet die Stadt mit ihren 2,2 Millionen Motorfahrzeugen – dreimal so viele wie vor zwölf Jahren – innerhalb ihrer Grenzen doch nicht ausreichend frische Luft. Bis vor einem halben Jahrhundert war Korea ein reines Agrarland. Heute beträgt der Anteil der Landwirtschaft an Südkoreas Wirtschaft noch 5,7 Prozent, und die praktizierenden Bauern sind fast alle über sechzig. Muß demnach Seoul nicht etwas jünger sein als Koreas Landbevölkerung?

Seoul, wie man es heute vorfindet, ist in der Tat sehr jung, aus anderen Gründen, ein Unikum weltweit. 1953, nach dem Ende des Koreakriegs, hatte Seoul rund eine Million Einwohner. 1992, auf dem Höchststand, waren es in der Hauptstadt selber elf Millionen, nicht eingeschlossen Seouls elf Satellitenstädte von nahezu einer halben Million im Durchschnitt. Im Großraum der Stadt leben rund 35 Prozent der 46 Millionen Südkoreaner, etwa 16 Millionen. Laut einer Liste des Londoner Nachrichtenmagazins *The Economist* gehört Seoul zu den zehn größten Städten der Welt. Südkorea, das darf man nicht vergessen, ist kaum größer als Ungarn oder Portugal, weniger als zweieinhalb Mal so groß wie die Schweiz, und damit, von einigen Stadtstaaten und Inseln abgesehen, das Land mit der weltweit zweitgrößten Bevölkerungsdichte nach Bangladesch, noch deutlich vor den Niederlanden. Aber eine Verzehnfachung der Bevölkerung einer Stadt in vierzig Jahren, dafür findet sich nur ein einziger Vergleich: Chicago, wo sich in den sechzig Jahren von 1870 bis 1930 die Bevölkerung von 300000 auf 3,5 Millionen verzwölffachte.

1962 lag das durchschnittliche Jahreseinkommen in Südkorea bei 87 Dollar, wie heute in Mosambik, dem ärmsten Land der Welt, 1970 bei 254 Dollar, etwa wie heute in Mali oder Tschad (immer zu Wechselkursen von 1985). Fällt heute der Name Seoul, sollte niemand an urbane Monstren der Art von Mexico City, Kairo oder Bombay denken, giganteske Entwicklungspannen, ins Unermeßliche gewachsen allein durch Landflucht und sinkende Kindersterblichkeit. Denn bis 1999, binnen 37 Jahren, ist Südkoreas Durchschnittseinkommen um das Hundertzwanzigfache gewachsen, was ungefähr einer Verdoppelung alle fünf Jahre entspricht. Seoul ist heute Hauptstadt eines OECD-Staates, mit 6,3 Millionen Telefonleitungen und im Besitz wohl gut eines Drittels der 17,4 Millionen Mobiltelefone in Südkorea. Mit 10500 Dollar pro Kopf und Jahr nähert sich Südkorea dem Niveau Portugals und Griechenlands. Im Straßenbild Seouls, wie könnte das nach allem anders sein, erinnert nichts an das Entwicklungsland der fünfziger und sechziger Jahre.

Was von der beispiellosen Entwicklung zeugt, ist im Gegenteil die Absenz fast jeglicher Vergangenheit. Gewiß, nach den 35 Jahren der japanischen Besetzung und dem Koreakrieg, war von Koreas sechshundert Jahre alter Hauptstadt, die zwischen 1950 und 1953 viermal die Hand wechselte, wenig übriggeblieben. Doch das Seoul, das man als Resultat dieses urknallartigen Entwicklungsschubs – »Big Bang!« wahrhaftig – heute vorfindet, ist unvergleichlich neuer als alles, was man an Städtebau etwa in Deutschland sehen kann. Nicht nur durch die anderen, asiatischen Dimensionen zum Beispiel der siebzehn Straßenbrücken über den Han River, der von Osten nach Westen fließend die Stadt in ihre zwei Hälften teilt und sich dabei natürlich nicht mit der Breite einer Themse oder Seine zufriedengibt, sondern schon eher etwa mit dem Bosporus verglichen werden muß. Auf diesen sechs- bis zwölfspurigen *expressways* hoch über dem Wasser gibt es nirgendwo einen Gehweg für Spaziergänger. Es kann einen beinahe ein Gefühl befallen, wie man es vielleicht bereits aus Japan kennt, Osaka zum Beispiel, wo der Weg in die Stadt über endlos sich hinziehende Hafenanlagen, durch ganze Knäuel von Brückenschlaufen, dreiviertel Stunden lang, hoch am Himmel entlangführt, ehe der Flughafenbus wieder unten auf dem Erdboden anlangt. Ich wiederhole die Frage mehrmals, doch von einem halben Dutzend Seoulern weiß niemand zu sagen, ob es möglich ist, ihren Fluß auf wenigstens einer dieser siebzehn Brücken zu Fuß zu überqueren. Nicht nur diese Brücken sind zur größeren Hälfte weniger als zwanzig Jahre alt, vier weitere Straßenbrücken sind in Bau, und zudem gibt es fünf Eisenbahnbrücken. In Seoul sind auch von 18000 Kilometern an Wasserleitungen nur gerade 3000 älter als fünfzehn Jahre.

Wer mehr Auskünfte dieser Art sucht, braucht sich nur in die *City Hall* zu begeben, wo er im *Public Information Bureau* des *Seoul Metropolitan Government* mit koreanischer Perfektion umfassend mit Zahlenmaterial versorgt werden wird. Südkoreas Hauptstadt funktioniert in jeder ihrer Regungen weit effizienter als München oder Frankfurt, gar nicht zu reden von London, Paris oder Mailand, von der Ankunft bis zum Abflug – kein Vergleich zwischen der Abfertigung in Zürich-Kloten und den traumhaften Zuständen auf dem Flughafen Seoul-Kimpo, der bei 620 Flügen (einem pro Minute) täglich 100 000 Passagiere bedient. Übrigens ist auch die Verbrechensrate der Megacity Seoul niedriger als die Deutschlands oder der Schweiz.

Seoul macht also in vielerlei Hinsicht einen guten Eindruck. Von der sogenannten Asienkrise ist in ganz Südkorea augenblicklich weit und breit nichts zu sehen, die Währung, die die Hälfte ihres Werts verloren hatte, und Koreas Börse haben sich erholt, die Arbeitslosigkeit mit Höchstwerten um 9 Prozent 1998, ist binnen wenig mehr als einem Jahr auf 5,7 gesunken, und die Zentralbank meldete für 1999 ein Wirtschaftswachstum von 8,8 Prozent. Einen guten Eindruck machen, im Kleinen wie im Großen, um alles in der Welt und sooft sich die Gelegenheit bietet, das liegt den Leuten in Seoul am Herzen, und darin haben sie es zu einsamer Meisterschaft gebracht. Schon bei meiner ersten Fahrt in der Subway, ich stand, hatte mir eine ältere Frau die Mappe abgenommen und sie, bis sie mir ihren Sitzplatz vermachte und ausstieg, zusammen mit ihrer Handtasche auf den Knien gehütet. Nein, hatten Bekannte in Seoul mir am Abend darauf versichert, das habe sie nicht für den Fremden getan, das sei ganz normal. Auch jetzt wieder, nachdem ich, zurück aus Kangnung, in Tong Seoul die Subway-Station Kyangbyon, Nr. 14, gefunden habe, kümmert man sich um mich, zuerst um mein Gepäck, dann um einen Sitzplatz. Ein Koreaner kann auf der Bahnhofstraße in Zürich lange seinen Stadtplan studieren, ehe ein Passant ihm seine Hilfe offeriert. Nicht so ein Schweizer in Seoul. In der koreanischen Hilfsbereitschaft ist außer Pflichtschuld auch die Kontaktfreude zu spüren und stets eine Prise Neugier, jener verbindlichen Art, bei der die Frage aus der Sache kommt und nicht vom Verlangen nach einer kleinen Zerstreuung. Sich die Zeit vertreiben können Koreaner alleine.

Vielen, so kommt man nicht umhin zu vermuten, muß noch aus ihrer Jugend ein Schrecken in den Knochen stecken. In Seoul studieren an 43 Universitäten und 15 weiteren Fachhochschulen 443000 Studenten. Und wie! Am schlimmsten ist die Zeit bis zur Hochschulzulassung. Im Korea der republikanisch-egalitären Ära sind noch immer gewisse Aspekte von Stand von Bedeutung, und Bildung genießt ein ungleich höheres Prestige als in Europa heute. Koreas Studenten müssen nicht nur einen guten Eindruck machen, sie müssen zudem die Examen bestehen. Ausbildung und Studium der Kinder lassen sich koreanische Eltern alles kosten, sie arbeiten sich dafür buchstäblich krumm. Das färbt ab. Hat man nicht immer wieder von den hohen Selbstmordraten unter Studenten in Japan gelesen, die in Korea noch höher sein sollen? Zur Zeit der Asienkrise von 1997/1998 las man von Koreanern, die sich zwar nicht mehr zur Arbeit, aber doch jeden Tag zur selben Stunde auf den Weg begaben oder aber ganz von zu Hause wegblieben, weil sie niemandem sagen konnten, daß sie ihren Job verloren hatten. Ein koreanischer Versager ist jedenfalls kein beneidenswerter Mensch, am wenigsten in seinen eigenen Augen.

Haben sie aber eine Stelle und ist für die Ausbildung des Nachwuchses gesorgt, dann machen die Koreaner den allerbesten Eindruck, und dies als nächstes nun mit ihrer Küche. Das Essen in Seoul ist dermaßen vorzüglich, daß dafür ebenfalls kein Preis zu hoch sein kann. Womöglich, weil sie davon überzeugt sind, daß sie eben damit, mit dieser Hochkultur eines Gaumens, der über alles materielle Streben erhaben ist, wie gesagt, den allerbesten Eindruck machen? Daran allein kann es nicht liegen, denn für sie selber, die sie im Jahr vielleicht vier Tage Ferien haben und in allerhand Entbehrung geübt sind, soll – selbst wenn sie keinen guten Eindruck machen müssen – der Verzicht auf eine ihrer drei täglichen Mahlzeiten eine höchst erschreckende Vorstellung sein. Wie durch ein Wunder oder kraft einer koreanischen Fügung jedenfalls ist zudem alles an diesem Essen der Gesundheit äußerst zuträglich, ausgenommen nur der Alkohol, dem Koreaner – ebenso wie andere Asiaten – zusprechen. In Seouls Straßenverkehr können daher Alkoholkontrollen nur allgegenwärtig sein, und das Gesetz schreibt 0,0 Promille vor.

Also behalten Koreaner meist ihre Zielstrebigkeit, Geschäftsmäßigkeit auch nach Feierabend, wenn man sich amüsieren geht. Die multifunktionalen Straßencafés im Universitätsviertel Shinch'on sind zugleich Bibliothek, Video-Kino, Jazzclub – eigentliche Konglomerate, inspiriert vielleicht durch die umstrittenen großen Vorbilder in Koreas Wirtschaft. *Our Slogan is: »Break the impossibility habit!«* steht über der Tür, und wie bestätigt wird, heißt das ungefähr: Macht überall alles möglich! Nicht erst die Zukunft, bereits die Gegenwart gehört den Internet-*links* – und hat Seoul nicht bereits recht viel von der weltweit anbrechenden Hyperrealität? »N« steht für »Net«, und zur N-Generation gehören in Seoul die nach 1977 Geborenen. In Shinch'ons fast schon epidemisch sich vermehrenden Internetcafés verknüpft die N-Generation, situationsgerecht und auf engstem Raum, das Notwendige mit dem Angenehmen und dem Unwiderstehlichen, erledigt die e-Korrespondenz, sucht vielleicht sogar einen anderen Job, chattet mit der N-Welt, macht *e-dating,* Partnersuche, heißt das, in Hawaii, Kalifornien oder London. Oder die N-Generation spielt *online,* sehr gerne zum Beispiel Kriegsspiele, und das heißt – anders als im Video- oder Computergame – gegen reale, lebendige Gegner in aller Welt. So graben Internetcafé und *online-games* den koreanisch-japanisch-kalifornischen Spielautomatenpalästen das Wasser ab.

Aber nicht nur das. Denn in der Nähe der Hongik University gibt es schließlich auch das Blues House, von Huh Chung, und vom Bus Terminal Tong Seoul, führt die Linie 2 der Subway auf direktem Weg dahin. »Slow down!« sagt Chung, er spreche nur sehr wenig Englisch. Chung ist einer der Studenten, die wir in den späten achtziger Jahren, kurz bevor in Europa der eiserne Vorhang riß, in den Fernsehnachrichten aus Seoul demonstrieren sahen, die gegen jene unvergeßlichen Polizistenheere wieder und wieder Schlachten schlugen und unter deren Führung schließlich Südkoreas letzter Militärdiktator Chun Doo Hwan aus dem Amt befördert wurde. Bei seiner gewaltigen Plattensammlung kann Chung im Blues House nur sein eigener DJ sein: Blues von 1910 bis in die neunziger Jahre, von der japanischen Besetzung bis zu Südkoreas Eroberung der Demokratie. Wer aber sind an diesem Abend die vielleicht vierzig Gäste? Ergrauende Mittelschullehrer? Weit gefehlt: bestimmt mehr als zur Hälfte N-Generation, oder vielleicht ein, zwei Jahre vor 1977 geboren. Bis heute hat man in Südkorea nicht soviel Zeit wie junge Europäer, auf keiner Station des Lebenswegs. Die biographische Bestimmung ruft, die man in Korea bis heute fraglos noch hat. Mit 28 hat man verheiratet zu sein, normalerweise jedenfalls, darin stimmen schon 23jährige überein. Dann zwei Kinder, aber bitte nicht nur Töchter! Wie andernfalls sollte Seouls Dynamismus sich wie bisher aus sich selber nicht nur erneuern, sondern steigern? Darauf aber scheint in Korea alles anzukommen, weiterhin. Warum nur? Woher dieser einzigartige Rigor, ja Furor?

Vor der japanischen Okkupation war Seoul fünfhundert Jahre lang Hauptstadt eines Reichs gewesen, in dem die Philosophie des Konfuzius alle Bereiche von Gesellschaft, Politik und Kultur beherrschte. Es ist dies jene fernöstliche und vielleicht älteste Spielart des Rationalismus, die sich das Universum und alles Sein zunächst nicht nach westlichem, cartesianischem Modell als Gesamtmaschine aus Stangen und Zahnrädern zu denken gelernt hat, sondern als allumfassenden Verwaltungsapparat, als Kosmos formalisierter Loyalitäten und Hierarchien, in dem nicht die Mechanik, dafür aber die Disziplin regiert. Das westlich kritische Verhältnis jeglicher Autorität gegenüber mag dem Konfuzianismus fremd sein; was er aber mit der abendländischen Aufklärung teilt, ist der Glaube, daß die Welt vom Menschen verändert werden kann, kraft Vernunft und guten Willens, kraft Strebens nach Erkenntnis und kraft Pflege der Tugenden, vom Schlechteren zum Besseren und zum breiten, gemeinen Wohle aller.

Zu den fünfhundert Jahren der konfuzianischen Disziplin kommen fünftausend Jahre Prüfungen und Härten eines Bauerndaseins, dem Koreas natürliche Gegebenheiten alles abverlangten und wenig Geschenke bereiteten. Im Osten ein Nachbar wie Japan, im Westen ein Nachbar wie China, immer wieder Krieg gegen beide – wer muß da am Ende, wenn er noch lebt, nicht schlechterdings unbezwingbar sein? BESETO steht für den Wirtschaftsgürtel Beijing–Seoul–Tokio, wo sich zu einem guten Teil die Zukunft Nordostasiens entscheiden wird, und dieselbe geschichtsmächtige Konstellation, die Korea jahrtausendelang kulturell befruchtete, jedoch immer wieder auch aufzureiben drohte, hat die südkoreanische Hauptstadt schließlich ins Zentrum befördert. Was also noch mehr? Oder haben die Koreaner nicht insgeheim doch nur ein Ziel, nämlich am Ende die Japaner zu überflügeln? »O nein«, sagt Shim Jae Hoon heiter, »bitte nicht! Das zu versuchen könnte nur heißen, Nordkorea zu imitieren!« Doch, wie er ausführt, sagen andere, und dies nicht ganz ohne Ernst, nur auf diesem Weg sei der Haß gegen die Japaner zu begraben, und erst danach könnten die wohlstandsgestärkten südkoreanischen Seelen womöglich doch eine leichte Entspannung und einige Ferientage zusätzlich ins Auge fassen. Wie dem auch sei, einstweilen atmet Seoul ganz den Geist unserer Zeit, da man bei führenden Mächten ohnehin überall dieselbe globalisierende Auskunft erhält, in der EU ebenso wie in den USA: Die wirtschaftlichen Aussichten sind glänzend, aber je besser es uns geht, um so härter müssen wir ran.

Währenddessen vergißt niemand in Korea, und schon gar nicht in Seoul, daß da ein Krieg zu beenden ist. Und wenn man in Seoul oft dem Eindruck erliegen mag, in Südkorea gäbe es vor allem Seoul und außer – beziehungsweise ohne – Seoul gar nicht so viel, so zeigt sich eben darin ein bedenklicher Aspekt dieser gewaltigen urbanen Konstruktion: Seoul liegt in der Reichweite schwerer Artillerie, nur vierzig Kilometer von einer Grenze entfernt, hinter der in einem total ruinierten Land ein Regime ohne Zukunftsaussichten eine der größten stehenden Armeen der Welt unterhält –

eine Armee, die unter der demilitarisierten Zone hindurch Tunnel von Norden nach Süden treibt, drei davon wurden in den siebziger Jahren entdeckt, 1990 ein vierter, groß genug für Panzer und Lastwagen, Durchmarschkapazität eine Division pro Stunde …

4 ▪ KOKOSNÜSSE, CYBERSPACE, BOMBEN UND AUSSENWELT

Zwischenlandungen in Bangkok, Mumbai, Schiras

K*anchanaburi/Koh Samet, April 2002.* – In Thailand ißt man gerne, besonders wenn die Mahlzeit lecker ist, was häufig vorkommt; wenn nicht, auch so. Notfalls gilt in Thailand für den Appetit beinahe, was für andere echten Sport ausmacht: Er darf alles, nur nicht gesund sein. Gegen diesen starken Sinn fürs leibliche Wohl ist kein Zitronengras und, in Thailand jedenfalls, keine Kokosnuß gewachsen. Die Kochkunst der Thai verhält sich zu der der Kambodschaner und der der Vietnamesen etwa so wie die spanische Küche zu der französischen und der italienischen. Sie ist mit den benachbarten Küchenhochkulturen verwandt, wodurch aber nur desto klarer hervortritt, daß sie keinen Vergleich aushält, so zielsicher und punktgenau, wie sie sich ins Werk setzt. Gourmand oder Gourmet, auf deutsch Schlemmer oder Feinschmecker: Das ist eine Distinktion, die in diesem Land entschieden zu weit führen würde; wie die mit ihr verwandte zwischen Don Juan und Casanova. Der Italiener hat viel von einem Pedanten, der Alben seiner schönsten Eroberungen pflegt, der Spanier dagegen begnügt sich frohgemut mit seiner Liebe zu allen Frauen der Welt schlechterdings. Mit oder ohne entsprechende Absicht, bemerkt oder unbemerkt, arbeitet Thailands überbordende Schlemmerei auch Feinschmeckern in die Hände; wenn auch nicht ständig überall, bedient die Küche doch beiderlei Charaktere.

Jährlich eine Woche lang übergießt die Nation der Thai sich auf allen Straßen aus Kübeln, Schläuchen und Plastikkanonen, ohne die triefende Nässe auf absehbare Zeit leid zu werden. Das Aufwärmen zum Wasserfestival besorgen landesweit mit Rolling Stones, Fleetwood Mac und Eric Burdon Thailands hochvirtuose Rockbands, an der Zahl beinahe so viele, glaubt man, wie vielleicht gute Tischtennisspieler in China, wechselseitig auf Hörweite allemal. Mit dem Ruf des Landes als Touristendestination und mit einschlägig geschultem Personal hat das nichts zu tun. Im Okzident, der während zwei Jahrtausenden an den Schulen alte Griechen paukte, gibt es von jeder Tugend auch ein zu vermeidendes Übermaß. Nichts dergleichen in Thailand. Höchstens ist das sexuelle Verlangen immer wieder einmal zuviel, als daß sich darauf jemand ernsthaft einzulassen bereit wäre. Wer fände im hiesigen Hochbetrieb so richtig Zeit dafür! Diese wiederkehrende Zumutung wird abgeführt durch eine vorbeugende, ja vorauseilende Drangsal. Das Wort »Massage« hat sich dabei für allerhand herzugeben. Zum guten Glück sind Hände flinker als der Rest des Körpers, und notfalls eilt ihnen der Mund zu Hilfe, so daß die Kapitulation auf der Stelle erfolgen kann. »Sodele«, sollen sie in Schwaben sagen. Von Tantra oder einer anderen Technik und Philosophie des Aufschubs, das Verlangen obendrein zu steigern gedacht, findet sich hier bloß das bare Gegenteil. Sogar appetitanregende soll es unter den Nachtlokalen geben, aber dann mit Sicherheit nur, weil in zahllosen anderen die ganze Welt sich vor den niemals ruhenden Schaubühnen überzeugen und in der Endlosschlaufe nochmals vergewissern kann, daß von so etwas Ausgefallenem, das man im Westen im alten Stile einen richtigen Geschlechtsakt nennen würde, in Bangkok höchstens das Gerücht kursiert. Hat davon überhaupt jemand gehört, muß es sich um eine Art von Umarmung handeln, zu der es hierzulande zu keiner dieser täglich vierundzwanzig Stunden Wirklichkeit je hat kommen können oder am Ende gar noch kommen wird. Das oft rein weibliche Ensemble, das sich während der Darbietung mit kondombewehrter Zunge am Hintern der Gespielin, mit glühenden Zigaretten, schlüpfrigen Pingpongbällen und Fröschen, die aus einer Muschi in die Hände des unerschrockenen Nachtclubkunden hüpfen, mit lauter Faxen und noch mehr Faxen über die Gäste im Lokal recht lustig macht – dasselbe Ensemble findet sich nach Schichtende auf der Straße in einem heimatlichen Gedränge wieder, das diese Folklore der strikten und vollkommenen Vergessenheit überläßt. Hatten nicht auch wir Europäer zur Kirchweih auf dem Jahrmarkt so gut wie nackte Menschen schaustehen lassen? »Mann und Weib bei den Naturvölkern«, warb der Ausrufer um die Aufmerksamkeit der Besucherscharen. Wenigstens *post festum* melden wir unseren Anspruch auf ein schlechtes, weil dadurch immerhin christliches Gewissen an. Hier erübrigt sich das, der lippenleckenden Betrachtung bietet man schließlich sich selber feil, oder wenigstens darf das getrost die allgemein geltende Überzeugung bleiben. Außerdem ist das alles Arbeit und nichts sonst, eine langweilige obendrein ohne weltbewegende Resultate. Ist danach nicht alles, wie es vorher war?

Wessen unheilbare Naivität ist es – oder welch besonders menschenverachtender Zynismus –, wenn ein westlicher Besucher eines asiatischen Landes wie dem der Thai diese selber in der so unvorteilhaft umschriebenen Haltung wahrnimmt? Dürfte ein Europäer die Worte nachsprechen, wenn diese korrekt den Eindruck womöglich einer durch Thailand reisenden Afrikanerin wiedergäben? Dürfte er sie nachsprechen, wenn ein mißmutiger Angehöriger desselben Volks, von dem die Rede ist, sich höchstpersönlich in Betrachtungen gleichen Sinns erginge? Gewiß dürfen wir nicht hinzuzufügen versäumen, daß in Anbetracht eines der größten Freudenmärkte auf dem Planeten auch wir vom Elend des Personals etwas ahnen und unsere Ahnung fern davon ist, die Tiefen dieses Elends auszuloten. Aber zugleich gilt die Beobachtung einem anderen Umstand, woraus wir Lehren zu ziehen hätten. Wir dürften den Thai unseren voyeuristischen Exotismus ersparen, selbst wenn ihr industrieller Feierabend nicht ständig gar so arg erscheinen mag wie die Verhältnisse in einer chinesischen Phosphorfabrik. Genauso wenig aber haben sie von einem sozialkritischen Kitsch, der in Pattayas vierundzwanzigstündigen Nächten ein Verbrechen gegen die Menschlichkeit aufdecken will. Sind wir doch, solange wir bloß uns selber die Teilhabe versagen, soviel reineren Herzens als die geilen Saudi-Araber und Kuwaiter, als die reichen indischen und pakistanischen Muslime unter der Kundschaft hier! So wollen unsere Gebete nicht nur uns selber, sondern auch den Gastgebern weismachen. Besser und mit größerem Feingefühl als sie selber wollen wir verstanden haben, welch unerhörter, die Begriffe verhöhnenden Misere sie hier stoisch die Stirne bieten.

Aber nein, so lassen sie sich nicht in ihre geliebte Suppe spucken. Nein, nicht bloß um unserer sentimentalen Selbstveredelung willen. Wenigstens diesen Gefallen bleiben sie uns schuldig, und dazu bräuchten sie wohl nicht einmal Patrioten zu sein. Allem vergänglichen Ekel zum Trotz herrscht hier also doch der Hedonismus, seit alters bekannt als das Credo der ungeschmälerten und höchsten – sowohl kollektiven als auch individuellen – Glückseligkeit der Sinneslust, der über oder auch nur neben ihr kein weiteres moralische Prinzip bekannt ist. Und dieser Hedonismus ist kein halber – selbst wenn er hie und da etwas Verzweifeltes haben kann –, noch hätte er sich als Konklusion aus einer Lebensphilosophie ergeben, aus deren Erwägungen, Argumenten und Empfehlungen. Wie hätte jemals ein anderer Daseinszweck nebst dem sinnlichen Genuß ein Hirn heimsuchen sollen, wenn die einzigen Wege dorthin durch die Sinne führen? Kosmos kann in Thailand nur ein anderes Wort für Fröhlichkeit sein, und diese steht zur Erneuerung ihrer selbst gewiß nicht davon ab, mit einem gerüttelten Maß an Raffgier einherzugehen. Ist sogar in Thailand irgendetwas nicht auf dem Weg der Sinne ins Gehirn gelangt, sind es die Zahlen (und mit ihnen die Tasten der Kasse), die sämtlichen Exemplaren unserer Gattung angeboren zur Verfügung stehen.

Unter solchen Voraussetzungen kann auch die Außenwelt nur in jeder Form willkommen sein. An Thailands Grenzen braucht kein Bewohner dieser Welt ein Visum. Haben die Thai nicht allein dadurch einen Kuß und eine besondere Portion Sympathie verdient, die keinem anderen Land auf dem geduldigen Planeten zusteht? Kommt die Außenwelt aber nach Thailand, erspart sie zunächst den Gang in sie hinaus, mit Auslagen und verbeulten Hosen. Vielleicht ist ihre Anwesenheit im Landesinneren für manchen Thai zudem gemütlicher als ein Aufenthalt draußen, in der Außenwelt? (Thai sind Patrioten, das darf man sagen.) Die Außenwelt aber ist in Thailand ein beliebter Rohstoff, seien es biertrinkende Touristen aus Bayern; seien es Flüchtlinge aus Myanmar, die man beiderlei Geschlechts am liebsten dem Freudenmarkt zuführt; sei es das kriegsgeplagte Nachbarland Kambodscha, dem man Rubinen, Tropenhölzern und, wenn diese zur Neige gehen, dem Kinderhandel zuliebe zwanzig Jahre lang nach Kräften die Rückkehr zum Frieden erschwert. Solange die Welt es hergibt, wird man, was dem eigenen Nutzen frommt, sich nicht entgehen lassen. Schon gar nicht das Erdgas und die Wasserkraft aus Burma, wo die hydroelektrischen Großprojekte in Thailands Diensten die Lebensgrundlage ganzer Landstriche zerstören. Buddha im Tempel hat mit allen Illusionen aufgeräumt und seinerzeit schon ausgesprochen, daß der Sinnesgenuß nur als ewige Wiederkehr denkbar ist. Wieder einmal ist der Regierungschef der reichste Mann im Land, und für das freizeitliche Naturerlebnis seiner Nation bürgt zuverlässig der *department store*, das Kaufhaus, dessen leibhaftes Gedränge auf acht Ebenen zwei Stadtteile verbindet. Der König im Palast spielt Saxophon. Und im Strandcafé unseres Hotels auf der Insel Ko Samet spielt meine Ehefrau Ann mit Sumali schon die halbe Nacht *jenga*, ein beliebtes Spiel in Thailand: Die beiden Kontrahenten messen ihr Fingerspitzengefühl zwar nicht an einem Kartenhaus, dafür aber an diesem Turm, aus dem sie abwechslungsweise Holzklötze zu ziehen haben: mit dem Ziel, das zunehmend fragile Gebilde, das nicht angefaßt werden darf, durch die Hand des Gegners zum Einsturz zu bringen.

■ *Mumbai, März 2004.* – In ein Land kann man in verschiedener Weise eingeführt werden. Im Falle Hollands zum Beispiel besorgte das mein Vater. Aus dem Regal in der

Stube, wo ein, zwei Jahre später aus Anlaß der Winterspiele von Grenoble 1968 der erste Fernseher stehen sollte, zog er ein Album, worin er mit vierzehn oder fünfzehn Jahren Comics gesammelt hatte. Inzwischen hatte ich ungefähr dasselbe Alter. *Peter und Ping* hieß die Serie, ich erinnere mich nicht, aus welcher Zeitschrift. Auf einem Feldweg weist ein Mann auf eine Windmühle am langgezogenen niederländischen Horizont. »Früher standen da zwei Windmühlen«, erklärt er seinem sichtlich jüngeren Begleiter, und im nächsten Bild sieht man jetzt die eine übriggeliebene groß. »Aber«, fügt er aus dem Off hinzu, »da war nicht genügend Wind für zwei, und deshalb haben sie eine weggenommen.«

(Kürzlich hat mir ein Holländer auseinandergesetzt, daß man Windmühlen tatsächlich nicht zu dicht aufeinanderrücken dürfe. Es gebe einen Grenzwert, an dem die gegen die geflügelte Übermacht ankämpfenden atmosphärischen Turbulenzen sich abzuschwächen drohten, wodurch dann auch die Windmühlen an Kraft einbüßen könnten. Der erste Eindruck ist der von einem Teufelskreis, doch hier gehen wir dem nicht weiter nach.)

In Mumbai haben wir am ersten Morgen im Victoria Terminus das wunderbare Kursbuch *Trains at a Glance* erstanden (»Züge auf einen Blick«). Die Ausgabe von Juli 2003 bis Juni 2004 verzeichnet auf 252 Seiten, Format wenig kleiner als DIN A4, die wichtigsten Zugverbindungen zwischen Indiens Großstädten. Nun halten wir nach einem Plätzchen Ausschau, wo wir uns, um einen Blick hineinzuwerfen, für einige Augenblicke hinsetzen könnten. Doch schon hat uns mit der Großmacht Indien ihr tiefstempfundenes Gefühl irdischer Vergeblichkeit verschlungen. Den kleinen Park vor dem viktorianischen Monumentalbau des Terminus umschließt ein hoher Drahtgitterzaun, und was für eine Art von Ticket da Einlaß gewähren kann, bleibt für uns bis auf weiteres eines der zahlreichen Geheimnisse Indiens. Die nächste Sitzgelegenheit findet sich zweifellos im winzigen Zimmer unseres fünfzehn Gehminuten entfernten Hotels. Aber auch Stehenbleiben mit dem offenen Kursbuch in der

Hand ist hier im Herzen Mumbais sowenig eine Option, wie das Auto mitten auf der italienischen Autobahn zu parken, die Mailand oder Neapel umfährt. Wo in der Innenstadt Mumbais auf Straßen und Gehwegen Autos geparkt stehen, wird auf den Dächern vieler davon geschlafen.

Indien: achthundertfünfzig Sprachen im täglichen Gebrauch (und vermutlich etwa ebenso viele Küchen), fast eine im Durchschnitt auf eine Million der 1,05 Milliarden Einwohner. Nur Indonesien hält da einigermaßen mit: etwas über siebenhundert Sprachen (auf wenig über zweihundert Millionen Einwohner). Und ob es dort, auf den 13677 Inseln, eine Außenwelt gibt? Nicht nur auf Bali? Auf einmal dämmert einem, wieso die Thai mit ihren lediglich 76 Sprachen sich beinahe als eine Nation betrachten lassen. In Mumbai sind Eltern unglücklich, wenn ihre Jungen Auswärtige heiraten. In dieser Stadt, so sagen sie, würden sich Ortsfremde ein Leben lang nicht zurechtfinden können. Vielleicht führt von hier aus eine Fährte in die Welt der arrangierten Hochzeiten? Mögen es solche Verhältnisse nicht weise erscheinen lassen, daheim zu bleiben? Also werden die verbotenen Schwestern (des eigenen Blutes) eingetauscht gegen die gerade noch erlaubten (der immer noch so gut wie eigenen Kinderstube): Darin, daß soviel Auslauf unvermeidlich ist, liegt die Melancholie des Inzestverbots.

Wir haben einen zweiten Anlauf hinein ins Innere Mumbais und sachdienliche Hinweise Einheimischer abzuwarten, ehe wir uns in der Gegend des Victoria Terminus für eine halbe Stunde setzen können. Im fernen Süden von Kerala haben wir zuerst an einen europäischen Ausgangspunkt auf dem indischen Subkontinent zurückgefunden: in der St. Francis Church von Cochin, wo 1524 Vasco da Gama für vierzehn Jahre seine vorletzte Ruhestätte fand. Die Gebeine wurden wenig später nach Lissabon überführt, die Grabplatte aber liegt noch da. Folglich muß der Westen doch vor uns schon da gewesen sein. Zwar haben wir weder in Indien noch weiter östlich davon gehört, aber kürzlich war es wieder einmal in einer New Yorker Zeitschrift zu lesen: Erst britische Forscher im frühen neunzehnten Jahrhundert haben die historische Existenz eines Mannes, der Buddha den Namen gab, wissenschaftlich belegt. Hat diese Leistung der westlichen Wissenschaft in Indien eine Spur hinterlassen?

Eine gute Woche später besteigen wir einen Expreßzug in Goa. (Es ist später Vormittag, und unser Ziel Mumbai werden wir gegen Mitternacht erreichen). In unserem Abteil hat sich auch schon die Außenwelt zu uns gesellt: Teresa, die indische Katholikin aus der ehemals portugiesischen Enklave, hat ihre Rückreise nach Israel angetreten, wo sie in Tel Aviv in einem Hotel arbeitet. Sie beklagt ihr Los der Arbeitsemigrantin, fern von der Familie, nicht ohne den Gastgebern ihren Dank auszusprechen. Herumgekommen sind sie ja, das indische Fußvolk des britischen Empire, und infolgedessen in der Außenwelt tüchtig präsent, nicht nur in Asien, sondern von Ostafrika über Sierra Leone bis nach Trinidad und Tobago in der Karibik, wo derzeit ihre Schriftsteller gerne her sind. An den arabischen Küsten des Golfs bestreiten sie heute halbe Volkswirtschaften. Sie haben Fingerspitzengefühl für ihre Nachbarschaft, auch noch westlich Pakistans, die sie tatsächlich etwas angeht. Seit längerem bereitet ihnen die saudi-arabische finanzielle Unterstützung für radikale Muslime auf indischem Boden weit größere Sorgen, als Saddam sie jemals beeindruckt hat, und im Vergleich zum afghanisch-pakistanischen Fundamentalismus erscheint ihnen der iranische hochzivilisiert. Die feine Hydraulik ihrer Außenpolitik in Südwestasien läßt es ihnen unter anderem geraten erscheinen, ihre Dienste als Vermittler zwischen den radikalen Kräften am Golf und den USA anzubieten. Während sie sich auch mit Israel und der Türkei verstehen und seinerzeit mit den Sowjets einen entspannten Umgang pflegten, sind es einzig die Chinesen, mit denen sie es nicht können und an die sich deshalb ein nahe verwandter Nachbarstaat wie Burma hält. Nein, es ist nicht so, daß Indien nicht in der großen weiten Welt zugange wäre; aber diese in Indien? In Indien geht sie spurlos unter. Indien, das unentwegt wächst, auf eigener Erde über sich hinausschießt und in sich hineinwächst, wird notfalls ungebremst sich selbst verschlucken und muß den Weg dahin schon in grauer Vorzeit aufgenommen haben. Ein Gedächtnis davon wahren alle miteinander die schlafwandelnden Magier, in deren Millionenheer wir morgen in Mumbai wieder unterwegs sein werden.

Teresa gegenüber sitzt der unabdingbare *traveller* aus England, der als einziger nicht stündlich seine SMS empfängt und quittiert. Dafür spricht er uns von Alexander Graham Bell, der das Telefon erfand, es 1876 öffentlich vorführte und patentieren ließ. »Sie werden sehen, meine Herren«, verkündete der Kanadier und geborene Schotte dem Publikum, »in weniger als fünfzig Jahren wird jede mittlere Stadt Amerikas eins haben.« Shilpa, die sich uns gegenüber mit untergezogenen Beinen in die Ecke gelümmelt hat, wird uns nicht mehr verlorengehen, schickt uns heute noch wöchentlich ihre SMS und ruft darin aus, wie sehr sie uns vermisse, nur um soviel glücklicher zu sein, uns beieinander zu wissen. Shilpa ist, so der Titel, den sie sich gegeben hat, »CEO« eines Beach-Clubs am Strand von South Goa, und sie besteht darauf, uns da bald wiederzusehen. Zuerst wird sie uns morgen in ihre Heimatstadt Mumbai, das heißt meine Ehefrau Ann in die indische Damenmode einführen. (Es ist doch gut, mit seiner Frau zu reisen.)

Dank Shilpa führt diesmal der Versuch, uns hinzusetzen, schon wenige Schritte vom Victoria Terminus zum Erfolg: in einem der ungezählten Internetcafés, im weiten, ja unbegrenzten Cyberspace zu Mumbai. Browsen dreißig Cents die Stunde. Obschon virtuell, so doch mit einemmal soviel Außenwelt, wie man will, könnte man da denken. Dabei ist das Cybercafé bloß Mumbais *grassroots*-Version der Video-, HollyBollywood- und Vegaskultur, in der nicht nur Indiens leicht aufgeblasene Aufsteigerbourgeoisie sich eingenistet hat. In oder um Mumbai haben schließlich auch internationale Airlines ihre Call Center. Allenfalls ist darin wiederum eine ausgeweitete Präsenz Indiens in der Außenwelt zu erblicken, nicht eigentlich aber eine Präsenz der Außenwelt in Indien, und ganz bestimmt nicht, was das hiesige elektronische Gerät angeht. Computer stammen in Indien nicht aus Kalifornien oder einem anderen Westen, in Indien wachsen Computer auf den Bäumen, sind nicht etwa eine zweite Natur, sondern ganz Teil von Indiens erster. Wer aber Mumbai wieder verlassen will, hat freies Geleit, mag gehen, ohne für zehn oder zwölf Kilo Übergepäck einen Aufpreis zu zahlen. Es sei denn bei der Gesellschaft Swiss International Airlines, die neuerdings der Lufthansa gehört.

■ *Schiras/Isfahan/Teheran, Juni 2005.* – »Jeder Perser feiert seinen Geburtstag als höchsten Feiertag«, lesen wir bei Herodot. »Wein lieben sie sehr. In Gegenwart anderer sich zu erbrechen oder auszutreten ist bei ihnen nicht erlaubt. Daran halten sie sich. Dagegen pflegen sie im Rausch die ernstesten Dinge zu verhandeln. Den Beschluß, den man so gefaßt hat, trägt der Hausherr, bei dem die Beratung stattfindet, am nächsten Tag noch einmal vor, wenn alle nüchtern sind. Gefällt ihnen diese Entscheidung auch in der Nüchternheit, führt man sie aus; wenn nicht, dann läßt man es sein. Was sie nüchtern vorberaten, besprechen sie noch einmal, wenn sie trunken sind.« Darius I., Xerxes I., Artaxerxes I., Darius II. – auf ihren immensen Grabplatten an den Felsklippen von Naqsh-e Rostam bei Persepolis, sechzig Kilometer von Schiras, überdauern die alten Perserkönige die Jahrtausende. Im sechsten vorchristlichen Jahrhundert umfaßte ihr Reich das benachbarte Babylonien, ganz Kleinasien mit den vormaligen Reichen der Meder und der Lyder, Thrakien, Makedonien, Ägypten, Libyen, Nubien und reichte im Osten bis ins Indus-Tal. Bestand es nicht beinahe nur aus Außenwelt? »Die nächsten Nachbarn«, so Herodot, »genießen – nach ihnen selber – das größte Ansehen von allen; dann kommen die entfernteren. Danach ehren sie die anderen, schrittweise abwärts. Am wenigsten gelten ihnen die Völker, die am entferntesten wohnen. Sie sind eben der Überzeugung, sie selbst seien die weitaus besten von allen Menschen, die anderen hielten es entsprechend ihrer Entfernung mit der Tüchtigkeit, die von ihnen fernsten aber seien die geringsten.«

Wie sich die Verhältnisse ändern, ja verkehren können! Was für Nachbarn haben sie doch heute – allen voran die nächsten! Man denke, Araber! Welch kaum zu glaubende Fügung dieses Zufallsspiels namens Geographie. Und dann im Nordwesten diese innerasiatischen Steppenvölkerschaften. Zwar ist die Türkei in der Nato und ein Alliierter nur des einen großen Satans USA, dem man immerhin gemischte Gefühle entgegenbringen kann. Aber Aserbeidschan und die Turkmenen im Nordosten waren unlängst noch benachbarte Vorposten der Sowjetrussen und also Ungläubige und Barbaren von Staats wegen. Wie? An Iran soll ein Land wie Afghanistan grenzen?! Hat man schon so etwas gehört?! Und Flüchtlinge von dort sollen sich im Land aufhalten?! Auch die Belutschen im Südwesten Pakistans übergeht man lieber schweigend, arbeitet bloß im Schmuggel mit ihnen zusammen, und Armenier kennt man lieber nur als Zubringer der alkoholischen Getränke, die bis heute in jedem zweiten Teheraner Haushalt genossen werden.

Da ist kein Zweifel möglich, das abgelegenste aller Länder auf diesem Planeten ist Iran, umgeben und eingeschlossen von eigentlichen Gespensterwelten, und Gott allein mag wissen, falls wirklich er es weiß, womit die Perser sich das Martyrium ihrer jeder Beschreibung spottenden geographischen Lage verdient hätten. Wir sind im Buchladen beim *parking* unterhalb der Palaststätte von Persepolis. Nein? Doch keine Berliner? Für einen Augenblick steht der Frau hinter dem Ladentisch die Enttäuschung ins Gesicht geschrieben. Aber es hellt sich auf. Denn doch nicht Preußen einzig und allein, zur Not zählen auch Schweizer noch zur gleichen »Rasse«. Wie die Iraner sind wir Arier. Daß wir nur Abgesandte eines Kulturvolks sein können, beweist bei Sonnenuntergang, zurück in Schiras, schon der Boden, auf dem wir stehen: im Garten des Mausoleums von Hafis nämlich, dem bedeutendsten Dichter der Menschheitsgeschichte. In Persien war schließlich nicht nur die größere Hälfte der mittelalterlichen Gelehrtenwelt zu Hause: Avicenna, Ghazali, Chwarismi, Biruni, Qazwini. Persien ist zudem die Wiege der Poesie! Auf Gehdistanz vom Schrein des Hafis liegt ein zweiter Unsterblicher aus Schiras begraben: Sadi, Liebesdichter, Moralphilosoph und früher Kritiker der sozialen Verhältnisse Persiens. In einem Zeitraum von sicher tausend Jahren sind nur aus diesem Land vergleichbare lyrische Schwergewichte in die Geschichte eingegangen: Omar-e Chajjam, Mathematiker, Astronom und Dichter in Wein, Rausch und Sinnengenuß überhaupt, Firdausi und Nisam od-Din, die Epiker des glorreichen Vaterlandes, Jalal od-Din Rumi, der Sänger des Liebens und Leidens, des Sehnens nach der Wiedervereinigung mit Gott, seit den neunziger Jahren meistverkaufter Lyriker in den USA! Allen gemeinsam war ihnen, ob im Jahr 980 oder 1360: den macht- und geldgierigen Klerikern im Lande galten sie als Feinde!

Wohin wir unsere Schritte lenken, in Schiras wollen alle mit uns reden. Obwohl Fremde landauf, landab an jeder Ecke mit demselben aufs höflichste vorgetragenen Wunsch empfangen werden, gibt es für junge iranische Damen selbstverständlich keinen besser geeigneten Ort als die letzte Ruhestätte des Hafis, um von der seltenen Gelegenheit Gebrauch zu machen und ein wenig ihr Englisch zu praktizieren. Es ändert nichts, daß ich diesmal nicht in Begleitung meiner Ehefrau unterwegs bin, sondern eines Mannes, mit Peter Gottfried Stocker, Chef der Teheraner Mission des Internationalen Komitees vom Roten Kreuz. Das Emblem, das Stocker in Iran hochhält, wird schützend über dem illegitimen Rendezvous liegen, ist aber eine durchaus entbehrliche Zugabe. In keinem anderen Land spürt man ein derart lebendiges Bedürfnis nach Austausch mit Gästen, wenigstens jenen aus dem Westen, und zuvorderst auf der Zunge drängen sich nicht Belehrungen, sondern Fragen über Fragen. In Iran, das kommt dazu, sind Gäste noch immer rar genug, um untrüglich wahrgenommen zu werden.

Fünfzig Prozent der Leute haben die Schnauze voll von der Islamischen Republik, sagt Ahmed, der mich in Isfahan durch den Teppichbasar führt. Sind es erst einmal sechzig bis siebzig, wird der Wechsel, so Ahmed, nicht mehr lange auf sich warten lassen. Doch zuvor schlägt sich jetzt an der

Staatsspitze ein Mann mit seinesgleichen herum, der als eine zwar etwas barfüßige, aber um nichts weniger authentische Verkörperung nicht nur des Regimes, sondern von dessen ultraorthodoxen Kräften ins Amt gelangt war. Das religiöse Establishment mit seinem gewaltigen Mobilisierungsapparat der Moscheen hat Mahmoud Ahmadinejad in die Stichwahl gemogelt, und diese hätte der Superplutokrat Hashemi Rafsanjani selbst gegen einen Holzprügel verloren. Der Wahlsieger jammert nun wie seine Vorgänger über Leute, die ihm »Stöcke zwischen die Speichen stecken«. Die Islamische Republik hat Zeiten gesehen, als diese Rolle noch einem liberalen Ministerpräsidenten wie Mehdi Bazargan oder einem Reformerpräsidenten wie Mohammad Khatami zufiel. Wird der nächste Präsident die Rolle seines schlimmsten Kontrahenten gleich selbst übernehmen?

Das Märchen aber, wonach, verwaltet durch einen besonders konservativen Klerus, der Islam in Iran die Macht innehat, stammt aus der Küche westlicher Zeitungsorientalisten. Irans Islamische Republik verkörpert nicht den Islam, sondern die Ideologie des Khomeinismus, einen Ultramodernismus, der in anderen Spielformen in der arabischen Welt und auf dem indischen Subkontinent seine Stützpunkte auszubauen bestrebt ist. Iranische Ultras, afghanische Taliban und pakistanische Politmullahs, algerische Salafisten, ägyptische Dschihadisten, al-Qaida: gemeinsam ist ihnen allen, daß für sie die Tradition, nämlich alles was die Religion des Propheten ist und hat, tot und restlos vermodert ist. Wie alle Religionen bedeutete Islam Einschränkung der Macht weltlicher Potentaten. Für die extremen Islamisten der Gegenwart ist Islam ein frei verfügbares Wort für das Gegenteil, für die totale Entmachtung der Traditionen, die allein den Revolutionär total ermächtigen und seiner unumschränkten Gewalt auch die Religion als Manövriermasse überlassen kann. Khomeinis Staatskonstruktion ist ein ultramoderner Import Moskauer Machart: Der diktatorisch herrschende Wächterrat unter dem Höchsten Führer Khamenei entspricht dem Politbüro; das diesem zudienende Zentralkomitee ist Rafsanjanis Versammlung der Experten, als Mittlergremium zwischen dem Wächterrat und dem Parlament. An Moskaus Vergangenheit gemahnt auch ein anderes Wahrzeichen der khomeinistischen Ideologie, nämlich die Härte und Intransigenz, die einer regionalen Macht wie Israel gegenüber jeden Kompromiß ausschließt.

Hinzu kommt ein weiterer Ultramodernismus: der gegenwärtige Ölpreis. Die Springflut der Petrodollars hat 2005 das iranische Jahresbudget binnen sechs Monaten eingespielt. Das Regime hat nicht einmal zu befürchten, daß mit der Armut an den Rändern der Ballungszentren die Unzufriedenheit gefährlich wachsen könnte. Das ist nicht der Fall in Iran, wo sich der Druck auf die Ärmsten im Gegenteil langsam, aber spürbar mildert. Das Experiment kann bezahlt werden, und das viele iranische Geld kommt aus hauseigenen Quellen, anders als etwa in Ägypten, wo es Millionen von Arbeitsmigranten aus den arabischen Ölstaaten nach Hause zu tragen haben.

Mehr noch vielleicht als von Vorstellungen, die sich im Westen mit einer finster entschlossenen fundamentalistischen Reaktion verbinden, sind westliche Karikaturen des Landes vom klangvollen Namen des uralten Kulturlandes Persien inspiriert; von wertvollen Teppichen und der mangelernährten Bevölkerung eines Agrarlandes, die sich von klein auf bei schlechtem Licht daran die Augen kaputtknüpft. Erst vor Ort geht einem auf, daß Iran tatsächlich in mancher Hinsicht Japan näher ist als einem Nachbarland wie Afghanistan. Mehr als die Hälfte der siebzig Millionen Iraner leben in Großstädten, zwischen denen zweistündlich Jumbojets verkehren, und die Versorgungslage auf den Raststätten des Highway von Schiras nach Isfahan und weiter nach Teheran hält beinahe einen Vergleich mit Korea aus.

Ein dritter Ultramodernismus, auf den die maßgebenden Kräfte Irans offenbar ungern verzichten mögen, hat wohl mit dem vielen Geld zu tun, nur eingeschränkt dagegen mit dem Khomeinismus: die Bombe. Direkten Wegs führt sie zurück zur beispiellosen Einsamkeit dieses Landes mit seinem dermaßen einzigartigen Volk – und zu den Nachbarn, von denen es sich dermaßen unverdient umzingelt findet. Wäre denn an der iranischen Außenpolitik, solange man von Israel und der libanesischen Gottespartei Hizbolla, dem iranischen Ziehkind, absieht, jemals ein aggressiver Impuls zu erkennen gewesen? An äußeren Feinden hat es seit den Zeiten Alexanders des Großen und schon vor ihm der Babylonier und Meder nie gefehlt; im Mittelalter folgten auf die türkischen Seldschuken die mongolischen Ilkhane und ihre turkisierten Nachkommen wie Tamerlan, abgelöst von turkmenischen und aserischen Stammesführern, aus denen im sechzehnten Jahrhundert schließlich die neuzeitliche Dynastie der Safaviden Isfahans hervorging, nur um im folgenden Jahrhundert unter dem Ansturm von Ottomanen aus dem Westen und Afghanen aus dem Nordosten wieder zusammenzubrechen. Verteidigt hat sich Persien, soweit die Geschichte zurückreicht, in jüngster Zeit noch gegen die Gelüste des Zaren, seiner Nachfolger im Kreml und der im Weltkrieg mit ihnen verbündeten Rivalen des britischen Empire. Der letzte dem Land von außen bescherte Despot, Pahlevi, vor Khomeini, war ein Satrap der USA, die nach dessen Sturz schließlich an der Seite des Aggressors Saddam in den irakisch-iranischen Krieg eingriffen.

Verteidigen will man sich weiterhin, zum Beispiel gegen einen Nachbarn wie Pakistan, der über die Bombe bereits verfügt. Daß ein iranischer Griff nach diesem ultimativen Druckmittel die Gefahr weiterer nuklearer Proliferation in der Region massiv erhöhen müßte, ist in Iran kein Einwand von durchschlagender Kraft. Angesichts von Irans Nachbarn darf ohnehin nur vom Schlimmsten ausgegangen werden. Daß man die Frage der nuklearen Bewaffnung und Verteidigung des Vaterlandes nicht in Washington entschieden haben mag, hat mit dem Regime nicht allzuviel zu tun. Dessen Hardlinern freilich ist nichts lieber als amerikanische Drohgebärden und auf dem verläßlichsten und kürzesten Weg sind diese mit nuklearen Rüstungsanstrengungen zu haben. Äußere Drohungen sind die billigste Nahrung für vaterländische Gefühle, und der Patriotismus ist kein Ausfluß der khomeinistischen Ideologie. Man hält auf sich in Iran, und »jetzt spielt er den Iraner«, sagt vor meinem Abschied in Teheran Bita, die persische Ehefrau des britischen Journalisten Christopher de Bellaigue. Soeben hat mir Christopher ein Buch geschenkt, das er zweimal bekommen hat. »Die Iraner«, sagt er lachend zur Bemerkung seiner Frau, »sind überzeugt davon, sie hätten die Großzügigkeit erfunden.«

5 ■ EINIGE NENNEN ES DSCHIHAD

Ground Zero, 11. September 2001

O*ktober 2001. – Ainama takunu yudrikumu-'l-mautu wa law kuntum fi burudschin muschajjidatin.* »Wo auch immer ihr sein mögt, wird der Tod euch erreichen, und wäret ihr auch in hochgebauten Türmen.« So sagt es der Koran (4,78), und den Vers murmelte man unter gewöhnlichen Umständen vielleicht auf die Mitteilung eines Freundes hin, ein Onkel oder ein Schwager sei gestorben. Wie auch immer wir uns vorsehen, befestigen oder versichern, gegen den Willen Gottes vermögen wir nichts. Nichts zu machen, weniger pietätvoll ausgedrückt.

Unter gewöhnlichen Umständen hieß »Dschihad« für den Gläubigen ein Bemühen um den rechten Glauben: sowohl individuelle Selbstreinigung als auch kollektive Verteidigung des Islam gegen Einflüsse, fremde oder hausgemachte, die seine friedensstiftende Botschaft verfälschen und um ihre Wirkung bringen. Seine neue, aktuelle Bedeutung erhielt das Wort »Dschihad« im Ersten Weltkrieg, der Weichen für vieles stellte. Die koloniale Administration stachelte einige muslimische Führer Britisch-Indiens dazu auf, den Mittelmächten den Dschihad zu erklären. Diese im Gegenzug erwirkten bei der Hohen Pforte in Istanbul die Ausrufung eines Dschihad gegen die Alliierten. Die Tradition des zeitgenössischen, militanten Verständnisses von »Dschihad« war begründet – Frucht einer Inspiration Londons und der Replik aus Berlin. Im neuen »Heiligen Krieg«, gegen den – naturgemäß, wird man denken müssen – postwendend zum ebenso »Heiligen Krieg« gerufen wurde, behielten die Alliierten die Oberhand, und im Vorderen Orient wurde der Einfluß des Okzidents bestimmend: Die imperiale Hinterlassenschaft der Osmanen kam unter europäische Verwaltung, zur Hauptsache mit britischem, im Falle Syriens und Libanons mit französischem Mandat. Kurz darauf schickten amerikanische Ölgesellschaften sich an, die Arabische Halbinsel zu erobern – mit dem Hause Saud im Osten gegen die von den Briten favorisierten Haschemiten an der Rotmeerküste.

In Europa brauchen wir nicht eigens zu erwähnen, daß wir die politische Geographie unserer Gegenwart als Folge der beiden Weltkriege sehen. Das ist sie auch andernorts, wo wir dies aber nicht in gleicher Weise stillschweigend als selbstverständlich voraussetzen. Im fernen Osten hinterließ das martialische Kaiserreich Japan mit seinem Impetus der »Befreiung« Asiens von westlicher Fremdherrschaft gemischte Stimmungslagen. Für die Opfer – von Burma und Indochina über Malaysia und Indonesien bis zu den Philippinen – war die britische, französische, niederländische Kolonialmacht nicht mehr der einzige moderne Feind. Diese Erfahrung und die Erfolge in den nachfolgenden antikolonialen Aufständen und Befreiungskriegen verbesserten in Südostasien und auf dem Subkontinent die Aussichten auf eine künftige Versöhnung mit dem ehemaligen »Mutterland«.

Anders im Südwesten Asiens und in der arabischen Welt, die vom Zweiten Weltkrieg nur westlich von Suez direkt betroffen wurde. Östlich von Suez, auf asiatischem Boden, wurden die Achsenmächte nicht persönlich vorstellig wie etwa in Ägypten bei Alamein. Die Araber östlich von Suez kannten seit dem Zusammenbruch des Osmanischen Reichs – außer einander gegenseitig und sich selber – nur einen Feind: die europäischen Kolonialmächte. Die Nazis auf der anderen Seite haben sich den Arabern als Verbündete angedient, und Männer wie etwa der ehemalige ägyptische Präsident und Pharao Anwar as-Sadat haben für sie gearbeitet. Man muß es aussprechen dürfen: Ginge es nach den Arabern, wäre der Weltkrieg noch heute lieber vom Deutschen Reich und seinen Verbündeten gewonnen worden. Nicht, oder jedenfalls nicht in erster Linie, weil Israel der deutschen

Niederlage seine Existenz verdankt. Sondern weil der Ausgang des Kriegs die nachkoloniale westliche Vorherrschaft über die arabische Welt gefestigt hat. Natürlich steht Israel dafür, ist Israel der symbolische Stachel im Fleisch.

Doch das Kreuz der amerikanischen Hegemonie ist weder die Existenz des jüdischen Staats noch dessen Besetzung arabischer Erde in Cisjordanien, Gaza und auf dem Golan. Was man von Intellektuellen und Schriftstellern, weltlich orientierten Köpfen, in der arabischen Hauptstadt Kairo hört, unisono fast und soweit im Gleichklang sowohl mit den Muslimbrüdern wie mit linken Oppositionellen, ist der lapidare Befund, daß die USA – ja, unter anderem dank Saddam Hussein – heute die gesamte arabische Welt dominieren. Bis zur Ostgrenze Pakistans, einer Islamistenschmiede übrigens seit den vierziger Jahren, haben sich die Vereinigten Staaten als Nachlaßverwalter der europäischen Kolonialmächte durchgesetzt, wenn auch auf jeweils eigene Weise: Sie haben mit Pakistans General Zia-ul-Haq die Rote Armee aus Afghanistan vertrieben, mit Saddam Hussein den aus dem Ruder gelaufenen Iran Khomeinis in die Schranken gewiesen, mit den arabischen Partnern der großen Koalition von 1990/1991 den Irak aus Kuwait vertrieben, von den saudischen Ölfeldern ferngehalten und – wenn auch nicht zu Lasten des Regimes, sondern der Bevölkerung – für über ein Jahrzehnt in Quarantäne gesetzt.

Im Kalten Krieg war das doch noch ein klein wenig anders gewesen, obwohl schon in den frühen achtziger Jahren ganz Damaskus die amerikanische Serie *Dallas* schaute, und oft ist gesagt worden, daß nur wenige Jahre zuvor die amerikanisch geführte Intervention von 1991 nicht möglich gewesen wäre. Daß der Zusammenbruch der Sowjetunion die Welt mit nur einer Supermacht zurückließ, bekamen die Araber mit besonderem Nachdruck zu spüren.

Das tiefe Unbehagen an dem, was Araber *Pax americana* nennen, gilt zunächst den amerikafreundlichen arabischen Regimes, vielleicht nicht in erster Linie, weil es sich bei ihnen um Feinde von Demokratie, Freiheit und Entwicklung handelt – Ambitionen, die in der Region nicht allenthalben im Vordergrund stehen. Um so entschiedener aber gilt das Unbehagen den einheimischen Vollstreckern westlicher Wirtschaftsinteressen, die die große Mehrheit der Araber um ihren Anteil am gottgegebenen Ölreichtum der Region betrügen. Einen Ersatz für die fehlende Legitimation suchen die Autokraten aus dem Einvernehmen mit auswärtigen Partnern zu gewinnen, was ihrer reaktionären Despotie den Anstrich von Fremdherrschaft gibt. Im Inneren haben sie als Verteidiger himmelschreiender sozialer Ungerechtigkeit längst jede Opposition eliminiert, mit Ausnahme jener, die sich in die Moschee zurückgezogen hat und dort giftige Früchte zu treiben droht. (Waren nicht auch im Ostblock manchenorts fast nur die Kirchen als Orte des Widerstands übrig?) Wo sich gewaltbereite Fanatiker nicht ausschalten lassen, werden sie entweder mit der Geldspritze ruhig gestellt oder außer Landes – an die Front nach Afghanistan – geschafft oder beides.

Was Jerusalem, die »auf ewig Vereinte«, und Palästina angeht, so herrscht in der arabischen Welt ein eklatanter Mangel an Interesse, das Problem zu lösen, außer bei den Palästinensern selber. Erstens: Wer mag sie? Von den Ländern, die 1967 und 1973 gegen Israel Krieg geführt haben, taten es Syrien und Jordanien in eigener Sache. Nur in Ägypten gibt es ein Gefühl, man sei für die Palästinenser in den Krieg gezogen, und dies mehrmals. Man erinnert sich ungern daran, und bis heute würde es kaum jemand wiederholen wollen. Eine entsprechende Erwartung seitens der Palästinenser würde als Anmaßung empfunden. Die Palästinenser ihrerseits, hatten sie nur erst einmal ihre nationalen Ambitionen artikuliert, wurden in Jordanien niedergewalzt, in Syrien gleichgeschaltet, und ihrethalben versank Libanon für fünfzehn Jahre im Krieg.

Zweitens: Wer sind sie eigentlich? »Die Liiiibyer«, hört man in Kairo, »wie viele sind das? Vier Millionen, fünf? So viele Leute haben wir hier hinterm Bahnhof in Shubra.« Die 1,4 Millionen besetzten Palästinenser dagegen und die

2,5 Millionen Flüchtlinge, denen es von den 250 Millionen Arabern – mit Ausnahme der Ölscheichs – fast noch am besten geht? Sogar im libanesischen Flüchtlingslager geht es ihnen besser als dem arabischen »Bruder« in der Vorstadt Kairos. Das ist den Nachbarn nicht entgangen. Sie macht sich unbeliebt, diese selbstgerechte kleine Elite, die das Schicksal der arabischen Nation dem eigenen unterordnen will. Geht es um ihr bißchen Land? Was wäre das für ein Problem, falls überhaupt der Rede wert, wenn es dabei nur um die besetzten Gebiete und nicht um *Israel* ginge, diese jüdische Speerspitze der Vereinigten Staaten!

Und drittens: Was hätte man davon? Erhält Ägypten seine zwei bis zweieinhalb Milliarden Dollar jährlich für den Frieden oder für sein Wohlverhalten im ungelösten Konflikt? Saddam auf der anderen Seite hat für die Palästinenser und ihre Sache etwa ebensoviel übrig wie für die arabische Bevölkerung der iranischen Südprovinzen, die er bei seinem Überfall von 1980 zu befreien versprach und statt dessen dem Erdboden gleichmachte. Oder für die eigenen Landsleute, die er zu Zehntausenden niedermachte. Die arabische Welt braucht die Palästinenser nicht, sie braucht nur den gemeinsamen Feind Israel, der es jedem Staatschef erlaubt, die arabischen Amtskollegen im standhaften Patriotismus zu überbieten. Ohne Israel, diesen einzigen Anhaltspunkt arabischer Solidarität, wäre von ebendieser Tugend wenig übrig, auch keine Solidarität mit den Palästinensern.

Die Araber haben ein anderes Problem. Sie stehen vor der Entscheidung, mit wem sie gehen wollen: entweder mit Saddam Hussein, mit Ghaddhafi, dem Führer eines rassistischen Sklavenhalterstaates, mit den extremen Islamisten und was an pathologischen Amerikahassern mehr ist oder aber mit dem radikal entmündigenden Kindergarten des sklerotischen, bigotten Hauses Saud, mit seinen Handlangerscharen vornehmlich aus Ägypten und eben mit den Amerikanern. Kann diese Alternative jemals Frieden bringen? Durch endlose Demütigung? Man darf bei allem nicht ganz aus den Augen verlieren, daß Osama bin Laden genauso wie vor zehn

Jahren Saddam den arabischen Massen verspricht, endlich in den Genuß ihres Reichtums zu kommen, der ihnen vorenthalten wird. Die Kraft, die sich den USA und ihren mittelöstlichen Verbündeten entgegengestellt hat, sind die arabischen Afghanistan-Freiwilligen, an der Front gegenwärtig etwa 5000 und mit allen Veteranen wohl einige zehntausend Mann. Ihre extremistische Vorhut ist bin Ladens Netzwerk al-Qaida.

Imperialistische Arroganz der westlich dominierten Weltwirtschaft ist eine Sache, eine andere ist die oft gehörte Legende vom arabischen Terrorismus als angeblicher Antwort darauf. Die indische Schriftstellerin Arundhati Roy geht so weit, bin Laden als »dunklen Doppelgänger« und »brutalen Zwilling« des amerikanischen Präsidenten zu bezeichnen. Wortgewaltig ruft sie aus, die amerikanische Außenpolitik habe ein halbes Jahrhundert lang den ganzen Planeten verwüstet. Erinnerungen an das besiegte Hitlerdeutschland und den Stalinismus scheinen Frau Roy wenig zu sagen, und der Weltkrieg bestand für sie zur Hauptsache aus den Bomben von Hiroshima und Nagasaki. Nebenbei fällt auf, daß sie mit ihrer eloquenten Version von Khomeinis Philosophie des »Großen Satans Amerika« viel Beifall in Japan erntet, wo – anders als in Deutschland – viele den Weltkrieg noch heute lieber gewonnen hätten.

Mehr zur Herkunft bin Ladens erfährt man aus dem Leserbrief eines Sudanesen mit Namen Hashem Hassan, der in der unabhängigen, in London erscheinenden arabischen Tageszeitung *Al-Quds Al-Arabi* abgedruckt war: »Wir müssen damit aufhören, ihn als Stiefsohn des amerikanischen und westlichen Hegemonismus darzustellen. Er ist der rechtmäßige Sohn arabisch-muslimischer Ohnmacht. Er ist unser leibliches Kind, das wir in unserer Starrheit aufgezogen haben – ob wir nun Panarabisten, Marxisten, Islamisten oder andere Personen mit Schulbildung sind. Wir haben unsere Heimat und unser Volk so weit zugrunde gerichtet, daß wir zur leichten Beute amerikanischer, israelischer und anderer fremder Interessen wurden. Unsere verlorenen Söhne zu verleugnen und zu versuchen, sie dem Westen auf die Türschwelle zu legen, heißt, uns um die Verantwortung zu drücken. Es wäre besser, wir würden zu unserer Vaterschaft stehen und den Fehler in der Erziehung, die wir ihnen angedeihen ließen, erkennen. Er besteht darin, aus unserer Gesellschaft, aus unseren Schulen und Medien Freiheit und Wissen auszuschließen und uns die Möglichkeit zu nehmen, aus Fehlern zu lernen.« Solche Stimmen und diese Art von Geist sind es, woran die arabische Welt so großen und fatalen Mangel leidet.

Die meisten der Flugzeugentführer vom 11. September stammten aus bin Ladens und des Propheten Heimatland Saudi-Arabien. Das große, leere und um so fragilere Königreich mit dem Schwert auf der Fahne ist um diese dissidenten Söhne weiß Gott nicht zu beneiden. Sie erhalten den nur mühsam unterdrückten Beifall mancher mißmutiger Geistlicher, die angesichts der wissenschaftlich-technischen Dominanz des Westens ihren kulturellen Minderwertigkeitskomplex abarbeiten und dabei etwa auch zum ptolemäischen Weltbild zurückzukehren belieben. Hinzu kommen höchst ungemütliche Nachbarn: im Norden der Irak und im Süden Jemen. Dieses gebirgige Land der Entbehrung und Erbitterung, in dessen moderner Geschichte sich genügend Anlaß zu Revanche findet, ist vielleicht uns, nicht aber Saudi-Arabien fern und könnte eines Tages noch mit bösen Überraschungen aufwarten.

Wenn Saudi-Arabien, das Land des arabischen Reichtums, nicht rechtzeitig die Chance erhält, endlich in Richtung Westen aufzubrechen, wenn statt dessen das Herrscherhaus in Riad dereinst den Weg des iranischen Schah-Regimes nehmen sollte, dann haben wir uns auf einen grundlegend veränderten Mittleren Osten gefaßt zu machen, in dem die Arabische Halbinsel unter einem oder mehreren Regimen nach dem Zuschnitt des irakischen oder desjenigen der Taliban oder einer Kreuzung von beidem leben wird. Das ist bin Ladens Ziel, genau wie dasjenige Saddams. Und in solcher Nachbarschaft könnte es unter anderem schwierig werden, Israel zu verteidigen.

Der Terror ist nicht der Aufschrei der Geknechteten, und die Ungerechtigkeit der Welt und deren Ursachen können ihn ebensowenig erklären wie rechtfertigen. Aber nicht weniger beunruhigend als der Terror ist der Applaus, den er erntet. Zum Krieg, um im alten Stil zu reden, droht erst er zu führen, und Krieg könnte auch das Resultat des neuen »Kriegs gegen den Terrorismus« sein, wenn dieser »Krieg« als einziger geführt wird – an Stelle des »Kriegs« gegen Armut und Unterentwicklung, gegen ethnischen und religiösen Haß, gegen Unterdrückung und Ausbeutung.

6 ■ EIN REICH IN DEN SAND SETZEN

Saudi-Arabien und der schlechte Schlaf der Eroberer

M*anama (Bahrain), September 2002.* – »Mein Name ist Khaled«, er streckt mir die Hand hin. »Und das ist mein Freund Khaled.« Ja, sie sind beide aus Saudi-Arabien, Riad, und an Kontaktfreude fehlt es ihnen offenbar nicht, jedenfalls nicht hier auf dem Außenposten Manama in Bahrain. Ich bin vor einer halben Stunde eingetroffen, habe mein Zimmer zum erstenmal verlassen, und der leise Anflug von Befangenheit ist zweifellos mein Mitbringsel; zwischen den blütenweißen wallenden Gewändern in dem engen Lift des Mittelklassehotels spüre ich, in Hemd und Hose, fast etwas von Nacktheit. Teil einer westlichen Bedrohung scheine ich nicht zu sein. Aber schließlich habe ich schon gehört, daß in Saudi-Arabien auch nicht von Saddam Hussein, ja nicht einmal von George W. Bush die ernsteste Bedrohung und Gefahr für die Zukunft des rechtgläubigen Staates und seiner rechtgläubigen Gesellschaft ausgeht, sondern von der weiblichen Sexualität. Das ist nicht Miesmacherei araberfeindlicher Eurozentriker und geistiger Kreuzritter, das sagen saudi-arabische Geistliche.

Bei seiner Innenwelt, die unter dem Schleier verborgen bleiben muß, ist Saudi-Arabien desto dringender auf eine Außenwelt angewiesen, und auf der Insel Bahrain, die eine Brücke mit der saudi-arabischen Ostprovinz Hasa verbindet, hat jedes größere Hotel drei Nachtclubs, einen russischen, einen fernöstlichen mit Sängerinnen und Tänzerinnen von den Philippinen und einen orientalischen mit Libanesinnen, Christen womöglich auch sie. Khaled und seinen Freund Khaled treffe ich am Abend im russischen Club. Ich hätte nicht gedacht, daß Khaled trotz seiner 36 Jahre bereits zu der rapide wachsenden Zahl jüngerer Männer gehören könnte, die die geforderte Morgengabe nicht mehr aufbringen, vor allem wenn, wie in Khaleds Fall, die Familie der Angebeteten reicher als die eigene ist. Bei beiden Geschlechtern greift die Weigerung um sich, den Lebenspartner von den Eltern auswählen zu lassen. Doch in vielen Fällen scheitern Heiratspläne allein schon an der Wirtschaftslage, die sich in den neunziger Jahren so massiv verschlechtert hat. Ob sie nun nicht können oder bloß nicht wollen: Nach aktuellen Schätzungen werden zwei Drittel von Saudi-Arabiens Frauen zwischen 16 und 30 unverheiratet bleiben.

Der Ausgangspunkt von Khaleds Tragödie liegt bald zehn Jahre zurück. Nein, eine andere Frau habe er seitdem nie heiraten wollen, auch nachdem sie vor fünf, sechs Jahren einen anderen Mann geheiratet habe. Statt dessen verbringt er nun wöchentlich zwei Tage in dieser nahen Außenwelt, und im Bikini wiegt sie sich vor ihm auf der Bühne. Das lange Haar nicht mit Peroxyd entfärbt, sondern pechschwarz fallend, darüber der leichte Bügel des Kopfhörers, vor dem fein geschnittenen Kinn das Mikrophon und in der Hand das Notenblatt, bewegt sie ihre Lippen zu der orientalischen Liebesklage, die aus den Lautsprechern dringt. »Das ist sie«, sagt Khaled, die Wange in der Hand, »die Frau meines Lebens. Genau so sieht sie aus, die beiden wären kaum auseinanderzuhalten.«

Mit dem einstimmigen Votum des UN-Sicherheitsrats, das Saddams Schicksal besiegelt hat und nur die Route seines Abgangs einstweilen noch offenläßt, klopft die Außenwelt, ein zweites Mal nach dem Golfkrieg von 1991, unüberhörbar auch an Saudi-Arabiens eiserne Tore. Was auch der Ausgang sein wird, natürlich kann das saudi-arabische Herrscherhaus keinen Krieg im Irak wollen. Sollte Saddam sich für längere Zeit behaupten, was kaum der Fall sein wird, wäre er fortan der Held der Araber östlich von Suez, und die finanzgestützte Vormacht der Saudi käme ins Wanken. Solange nicht die Revolutionsgardisten iranischer Ayatollahs den Irak – und wer weiß, was danach gleich auch noch? – aufzurollen drohen, können sich die Mächtigen in Riad nur am Anblick des schwächstmöglichen Staatschefs in Bagdad erfreuen und wünschen, daß alles möglichst lange bleibt, wie es in den letzten zwölf Jahren war.

Daß Saddam derzeit nicht nach Bedrohung aussieht, muß nicht heißen, daß sich das bei allseitiger Untätigkeit nicht nochmals ändern könnte. Doch dabei handelt es sich vorläufig um Unkenrufe, während die US-Marines sich leibhaftig nähern. Was sonst sollte es sein als Saddams imperialer Traum, den sich das Weiße Haus anzueignen anschickt? George W. Bush als neuer starker Mann am Tigris: Wohl wäre das, Demokratieverheißungen beiseite, die berechenbarere nuklear untermalte Erpressung als diejenige Saddams. Aber welch beklemmende Aussichten für das saudische Arabien! Die USA und der gesamte Westen wären auf das Bündnis mit den Prinzen nicht länger angewiesen, noch die Weltwirtschaft im bisherigen Maße vom saudi-arabischen Öl abhängig. Was bisher müßige Gedankenspielerei blieb, hat plötzlich Züge einer realistischen Option: nämlich Saudi-Arabiens klerikale Tyrannei ernsthaft mit universalen Menschenrechten zu konfrontieren und überdies mit einer ultimativen Forderung, im »Krieg gegen den Terror« endlich Fahne zu zeigen, kurz: Saudi-Arabien, wenn nötig – oder auch bloß opportun –, zum Feind zu erklären. Das höchste Stadium politischer Hoffnungslosigkeit in den vergangenen Jahrzehnten erreichten Staaten, die das lagerartige Leben ihrer Gesamtbevölkerung aus irgendeinem gottgegebenen Grund *à discrétion* bezahlen konnten: ob in einem tropischen Gulag rund um die weltgrößte Bauxitmine wie etwa in den siebziger Jahren in Sékou Tourés Guinea oder in einem goldenen Hochsicherheitsgefängnis wie in Saudi-Arabien mit seinen tausendjährigen Insassen, die keine anderen neben sich dulden und Frauen seit Jahrhunderten behandeln, als wären sie nur um ihrer Söhne willen auf der Erde.

Wofür werden die durch ihren Reichtum stets bedrohten Saudi sich entscheiden, wenn die Liquidation der neutralisierten Pufferzone Irak angesagt ist? Werden sie sich an den Rat ihres Gründerkönigs Ibn Saud halten, der – noch in den dreißiger Jahren – auf die Meldung seiner Berater hin, es nähere sich ein britischer Kreuzer dem Rotmeerhafen Yanbu, die Frage stellte: »Läßt es sich verhindern? Nein? Dann heißet sie willkommen!« Oder wird sich der wahhabitische Trotz aufbäumen und seinen ganzen Druck auf Fliegengewichte wie Kuwait und Katar ausüben, um einen amerikanischen Angriff auf den Irak nach Möglichkeit zu erschweren?

In dem sehr lesenswerten Artikel über Saudi-Arabien (*Foreign Affairs,* Juli/August 2002) rechnet der französische Orientalist Eric Rouleau vor, daß die Mehrheit der saudiarabischen Bevölkerung vermutlich für einen Reformkurs zu gewinnen wäre, der das Land aus seiner religiös-totalitären Starre erwecken und nach Westen führen könnte. Doch die Zeit läuft aus; und mit dem Rücken zur Wand, ohne Alternative zum Widerstand mit allen Mitteln, bereitet Saudi-Arabien vielleicht doch einer Kraft den Boden, die trotz allem, obschon eine Mißgeburt, sein Kind ist: al-Qaida – mit amerikanischer Geburtshilfe zur Welt gebracht und aufgezogen mit Unterstützung aus Ägypten, der »Mutter der Welt«, woher auf der Arabischen Halbinsel schon immer vieles stammte, nicht nur die Vorhänge der Kaaba in der Großen Moschee von Mekka.

Und eben deshalb: Warum denn, *last but not least,* sollte der Mittlere Osten niemals und in keinem Fall für eine positive Überraschung gut sein? Man denke doch, plötzlich stellte sich heraus, daß irakische Normalverbraucher den Schergen Saddams sogar Texaner vorziehen? Wäre bloß ein Amerika von wahrhaft imperialer Statur in Sicht! Welches selbst bei den Vasallen für ein wenigstens minimales Wohlergehen Sorge tragen wollte, statt die Verantwortung für den erworbenen Einfluß vollständig dem Heißhunger ihrer Energie- und Rüstungswirtschaft zum Opfer zu bringen.

Die pseudoreligiösen Terroristen werden ihre schrecklichen Götter eigenhändig aus der Welt bomben, nicht jedoch die Ungerechtigkeit, durch die sie sich legitimiert wähnen und die ihnen Zulauf bringt. Was den Islam angeht: Nie ist die Religion das Problem, nur ihre politisierenden

Kleriker und die »pro-westlichen« Despoten, die in ihrem Namen herrschen. Die Araber, die ich kenne und unter denen ich vielen für ihre Freundschaft dankbar bin, wollen allesamt nach Westen. Sie werden unterwegs sein an dem Tag, da Gott von dem irdisch-schmutzigen Geschäft des Regierens entbunden sein wird. Und sein geistiges Eigentum freigegeben.

Die rigide Version des sunnitischen Islam in Saudi-Arabien wird im Westen gewöhnlich als wahhabitischer Islam bezeichnet. Ihr Begründer, Scheich Muhammad ibn Abdul Wahhab ibn Sulaiman ibn Ali ibn Muhammad ibn Ahmad ibn Rashid al-Tamimi, wurde 1703 in Ayina nördlich von Riad geboren. Im Alter von zehn Jahren, so die Chronisten, hatte er den Koran auswendig gelernt. Sein Vater, ein Richter, befand ihn daraufhin für fähig, das Gebet der Gemeinde zu leiten, und im selben Jahr verheiratete er ihn. Er studierte insbesondere die Rechtsdogmatik Ahmad ibn Hanbals (780–855), des Begründers der Hanbali-Schule, und die Schriften des Hanbaliten Ibn Taimiya, der im frühen vierzehnten Jahrhundert, nach dem Mongolensturm und der Eroberung Bagdads durch Hülegü (1258) in Syrien lehrte.

Zur Zeit des Kalifen Harun al-Rashid, der seinem Zeitgenossen Karl dem Großen zur Kaiserkrönung einen Elefanten schenkte, hatte Ibn Hanbal in der damaligen Welthauptstadt Bagdad zum Kampf aufgerufen gegen die Gelehrtenaristokratie der Mutaziliten, deren Lehre unter den Nachfolgern Haruns zwei Jahrzehnte lang Staatsreligion war. Ihre rationalistische Theologie hatte nicht nur die Deutung der göttlichen Offenbarung der menschlichen Vernunft unterworfen, sondern bereits den Wortlaut des Korans menschlicher Urheberschaft zugeschrieben. Ibn Hanbal dagegen geißelte den volksfernen Intellektualismus, der zwischen Gott und seinem Wort unterschied und die Bedürfnisse eines einfachen, unanfechtbaren Glaubens nicht zu befriedigen vermochte. Für Ibn Hanbals Anhänger, die verfolgt wurden, war der Koran unerschaffen und ewig, gleichsam in einem Block vom Himmel gesandt. Menschen hatten ihm nichts hinzuzufügen. *Kitab al-Tawhid* sollte neunhundert Jahre später der Titel von Abdul Wahhabs wichtigstem Buch lauten, das »Buch der Einheit«, das von der einfachen Natur Gottes und seiner Offenbarung handelt. Seine Anhänger, die als Wahhabi oder Wahhabiten bezeichnet werden, nennen sich selber al-Muwahhidun: die »Unitarier«.

Die Dynastie Harun al-Rashids hatte ihre Herrschaft auf das ideelle Fundament der *Khilafa* gebaut: der rechtgläubigen weltlichen Herrschaft des Kalifen, legitimiert durch den Konsens der Ulema, der Geistlichkeit. Mit dem Zusammenbruch des abbasidischen Kalifats von Bagdad war die *Khilafa* hinfällig geworden. Bei Scheich al-Islam Ibn Taimiya (gestorben 1328) trat nun an deren Stelle das im Koran geoffenbarte göttliche Gesetz der Scharia. Dies war das zweite Element neben dem Unitarismus, das den heutigen saudiarabischen Islam prägt.

Dazu kam Ibn Taimiyas Diagnose, daß der Islam der Abbasiden in Bagdad sich seine tödliche Schwächung durch fremde Einflüsse zugezogen hatte: zum einen durch die Logik und die empirische Wissenschaft der Griechen und zum anderen durch den Sufismus, die islamische Mystik, in der Ibn Taimiya ebenfalls ein dem Islam feindliches, christliches Element sah. Es galt die Verkündigung des Propheten von allem ihr Äußerlichen zu reinigen. Da nicht nur der mittelöstliche Kulturraum vom Hellenismus und vom Christentum nachhaltig geprägt ist, sondern auch der Koran reichlich von christlichen und alttestamentarischen Motiven zehrt, war und ist das ein ungemein durchgreifendes Programm.

Abdul Wahhab fand seine Gefolgschaft unter den Beduinen seiner Heimat, des Neschd im zentralen heutigen Saudi-Arabien, wo Muhammad ibn Saud 1744 die Lehre als das Bekenntnis seines Clans übernahm. In einem Wechselspiel von eigenen Expansionsgelüsten und Widerstand gegen die Osmanen und deren ägyptische Statthalter machten seine Nachfolger den Nachbarn schwer zu schaffen, überfielen 1802 Kerbela im heutigen Irak und verwüsteten die Grabmoschee Husseins, des Enkels des Propheten. Gott brauchte keine Kultstätten, sein Wort hatte zu genügen, und im selben bilderstürmerischen Furor fielen sie ein Jahr später im Hedschaz an der Rotmeerküste ein, wo sie in Mekka die Kaaba und in Medina die Grabmoschee des Propheten verwüsteten – die Heiligtümer, zu deren Beschützern sie sich im folgenden Jahrhundert aufschwangen. Die ägyptischen Heere Muhammad Alis und seines Sohnes Ibrahim Pascha benötigten sieben Jahre (1811 bis 1818), um die fulminanten Wüstenkrieger zu bändigen und – in Kooperation mit den Briten – deren Führer aus der Arabischen Halbinsel zu vertreiben.

Der moderne Gründerkönig Abdul Aziz ibn Saud, der 1902 seinen Clan aus dem kuwaitischen Exil zurück nach Riad gebracht hatte, fand sich wenig später rivalisierenden Clans aus Buraida und Attawiyah nördlich von Riad gegenüber, die ihm nicht nur die Vorherrschaft über den Neschd, sondern auch Abdul Wahhabs geistliches Erbe streitig machten. Die Ikhwan oder Brüder, wie sich ihre Krieger nannten, hielten denkbar wenig von dem modernen Staat, der Ibn Saud vorschwebte. Während er sich an ihre Spitze zu setzen und ihren Radikalismus zu bezähmen suchte, indem er ihn für sich selbst in Anspruch nahm, lieferten sie ihm lange Jahre Schlachten, was ihn bei der Verwirklichung seiner weitreichenden Pläne aufhielt. Als er 1932 das Königreich Saudi-Arabien ausrief, waren ihm die verbliebenen Rivalen durch seine multiplen Eheschließungen verpflichtet, genauso das geistliche Establishment. Seitdem verlaufen die Fronten im Inneren der Königssippschaft, wo Unzufriedenheit mit der wahhabitischen Führungsspitze wiederum nur im Namen der reinen Lehre Abdul Wahhabs auftreten kann. In ihrem Namen erschoß 1975 ein Neffe König Feisal.

Khomeini auf dem persischen Untergrund des Kulturlandes Iran hätte Vergleichbares nie zustande bringen können. Doch Abdul Wahhabs Lehre aus der Wüste behauptete in mancher Hinsicht ihre Reinheit. Nicht nur gegen fremden kulturellen Einfluß, das heißt vor allem gegen säkulare Wissenschaft auf heiligem Boden. Der 1999 verstorbene Abdul Aziz ibn Baz, führender Geistlicher des Landes, Oberhaupt der Ulema (der geistlichen Gelehrtenschaft), Großmufti und lange Jahre Rektor der Universität Medina, hatte 1966 Kopernikus verdammt und sich für das geozentrische Weltbild ausgesprochen. Die Lehre, die die Frauen vom Lenkrad verbannt, Alkohol, Tabak und in konservativeren Landstrichen auch Gesang, Parfüm und Blumentöpfe verbietet, richtet sich genauso unerbittlich gegen das kulturelle Erbe des islamischen Orients, dessen Charakteristikum und Substanz seine Vielfalt ist. Es brauchen nicht Buddhaskulpturen wie im Afghanistan der Taliban zu sein: Für die Wahhabi gibt es keinen Islam außer ihrem.

Trotzdem sollten, ermutigt von königlich bestallten Geistlichen wie Ibn Baz, auch die Ikhwan wiederkehren. Während der Pilgerfahrt von 1979 brachten sie für zwei Wochen die Große Moschee in Mekka in ihre Gewalt. Die Bin-Laden-Familie, deren Baufirma, die größte im Mittleren Osten, die heiligen Stätten restaurierte, spielte bei der Stürmung eine wichtige Rolle. Fest verankert im royalistischen Establishment, teilt sie das Schicksal der Königsfamilie, nimmt es vielleicht vorweg. In Saudi-Arabien liegt man nicht untereinander, sondern mit sich selber im Clinch. Die Ikhwan aber sandte man von nun an als Mujahedin nach Afghanistan, seit den internen Auseinandersetzungen um das amerikanische Engagement im Golfkrieg vermehrt. Dort – wie bereits in Pakistans Koranschulen – hat Abdul Wahhabs Lehre inzwischen über Saudi-Arabien hinausgegriffen, unter den Zehntausenden von ägyptischen, sudanesischen, algerischen und anderen arabischen Freiwilligen auch an afghanischem Boden gewonnen.

Etwas Einsames mögen die Saudi dennoch behalten haben, in verschiedener Hinsicht, doch allein sind sie auf der Arabischen Halbinsel nicht. Nicht etwa nur, weil von der Wohnbevölkerung ihres großen Landes mehr als ein Viertel Ausländer sind. Vom historischen Arabien geistert ein Bild durch viele Köpfe, da zögen sich endlose Wüsteneien hin, noch zu Großvaters Zeiten fast nur Sand, darin, auf ihren Kamelen unaufhörlich in Bewegung, einige Nomaden, Eigentümer von Sonne, Mond und Sternen. Sonst nichts, vom Golf bis zur Rotmeerküste und vom Südrand des fruchtbaren Mesopotamien bis hinunter zum Indischen Ozean. Womöglich ein paar Berge, höchstenfalls tektonisch interessant. Die Vorstellung ist kaum weniger abwegig als die einer Sahara, die sich hinauf über den algerischen und marokkanischen Atlas bis ans Mittelmeer und an den Atlantik erstreckt und in der ausschließlich Tuareg aufzuspüren wären. Die Ursprünge dieses Bildes von Arabien, so uralt scheinbar wie sein Motiv, wenn nicht vollends außerhalb der Zeit, verlieren sich in der Reiseliteratur des neunzehnten Jahrhunderts, und als Klischee mag es über Bücher Karl Mays oder womöglich Saint-Exupérys seinen Weg in unsere Zeit gefunden haben – die Zeit der Luftfahrt, die einem solchen Bild keine Erfahrung mehr entgegenstellt. Solange der interkontinentale Personenverkehr sich zur See abwickelte und es deshalb noch Küsten gab, solange auch die Pilger noch per Schiff nach Mekka unterwegs waren, lag Arabien in maritimen, der Welt zugewandten Landstrichen, an der Rotmeerküste und am Indischen Ozean, in der Gegend von Maskat und von Aden. Dahinter endete für lange Zeit die Welt, und aus dem tiefen Inneren der Halbinsel war sehr wenig ins Bewußtsein der Außenwelt vorgedrungen, ganz zu schweigen von einem Namen wie Saud.

Wenn aber Nomaden sich in größeren Clanverbänden zusammentun und für einmal geeint wissen, dringen sie in aller Regel über die Grenzen ihrer Stammgebiete hinaus in die Umwelt vor. Neun Mann, berichten die einen, nur sechs, sagen andere, und nochmals andere sagen, 23 oder 15 seien es gewesen, die in der Neumondnacht des 15. Januar 1902, bewaffnet mit Schwertern, Speeren und Vorderladern, in die Wüstenstadt eindrangen und im Morgengrauen die Musmak, die kleine Zitadelle von Riad, stürmten. Abdulaziz, Sohn des Abdulrahman, Sohn des Feisal aus der Familie Saud war damit zu drei Jahrzehnten unablässiger Schlachten um die Vorherrschaft über die Arabische Halbinsel angetreten. Stamm um Stamm unterwarf der neue Emir, erst die weiten Binnenräume des Neschd, ehe er 1913 den Türken die Golfregion Hasa entriß und sich damit einen ersten Küstenzugang sicherte. Seine Zugewinne untermauerte er durch eine äußerst resolute und konsequente Heiratspolitik. Zu Beginn der zwanziger Jahre machte er sich westwärts auf und vertrieb schließlich die Haschemiten aus der westlichen Küstenregion Hedschaz, die bis zum Zusammenbruch des Osmanischen Reiches 1918 ebenfalls der Hohen Pforte in Istanbul tributpflichtig gewesen waren und nach dem Ersten Weltkrieg von der britischen Mandatsmacht mit den Thronen in Bagdad (neuerdings Irak) und Amman (neuerdings Transjordanien) vertröstet wurden. 1926 wurde Abdulaziz – der Außenwelt inzwischen als Ibn Saud bekannt – in Mekka zum König des Hedschaz ausgerufen. Sechs Jahre vor der Proklamation seines Königreichs reichte damit sein Herrschaftsgebiet vom Golf bis ans Rote Meer.

Die komplizierten Gegebenheiten der Halbinsel ließen ihn bald darauf an Grenzen stoßen. Die Hegemonie der saudi-arabischen Erbmonarchie ist noch heute alles andere als unbestritten, und angesichts der Nachbarschaftsverhältnisse kann die Zukunft Ibn Sauds Söhnen und Enkeln keinen ruhigen Schlaf in Aussicht stellen. Dafür bräuchte es nicht einmal einen Nachbarn wie Saddam Hussein und seine Vision einer arabischen Großmacht östlich von Suez, wo ein echter nationaler Führer wie er, der sich gerne mit Sultan Saladin vergleicht, über die demnächst fünfzig Millionen Araber des Iraks, Kuwaits und Saudi-Arabiens gebieten und nahezu die Hälfte der bekannten Erdölweltreserven kontrollieren würde. Sogar südlich der irakischen Grenze finden sich die Saudi in der Minderheit. Zwar umfaßt ihr Territorium ungefähr siebzig Prozent der Halbinsel. Aber an der Gesamtbevölkerung von ungefähr fünfzig Millionen hat Saudi-Arabien einen Anteil von lediglich rund 23 Millionen. Beunruhigend daran ist, daß von den übrigen 27 Millionen nahezu siebzig Prozent auf den einen Nachbarn Jemen entfallen. Zieht man von der saudi-arabischen Wohnbevölkerung die rund sechs Millionen Ausländer (26 bis 27 Prozent der Wohnbevölkerung) ab, ergibt sich, daß die 17 Millionen Saudi-Araber schon allein den 19 Millionen Jemeniten gegenüber in der Minderzahl sind – ein Faktum von großem Gewicht, das zwar nicht in Saudi-Arabien, aber in der Außenwelt gerne übersehen wird.

Jemen, die britische Kronkolonie Aden und die Protektorate an der Südküste: Mit dem Erbe seiner antiken Hochkultur, wovon der Landbau auf den tausendjährigen Terrassen weitgehend intakt geblieben war, mit seiner gestandenen urbanen Kultur und seiner in die tausendundein Nächte zurückreichenden Seehandelstradition hatte Südarabien noch vor achtzig Jahren den Nomaden der tiefen Binnenräume gegenüber einen Entwicklungsvorsprung von Äonen. Doch die kulturellen Gegensätze auf der Arabischen Halbinsel, die kaum markanter sein könnten, prägen auch das Innere Saudi-Arabiens selber. Mit der Eröffnung des Suezkanals 1869 hatte auch der Hedschaz einen rapiden Aufschwung erlebt. Die alten religiösen Zentren Mekka und Medina lagen nun unweit vom neuen Seeweg, der vom Mittelmeer durchs Rote Meer über Aden und Maskat, die Tiefseehäfen am Indischen Ozean, nach Indien führte. An dem osmanischen Erbe des in den zwanziger Jahren eroberten Hedschaz, einer Heimat des gemäßigten sunnitischen Islam mit einer weltlichen Idee politischer Herrschaft, sollten die saudi-arabischen Eroberer noch für Jahrzehnte zu verdauen haben.

Jemens Ackerbauern trennt von viehzüchtenden Beduinen, selbst wenn sie Dialekte der gleichen Sprache sprechen und die Klimaunterschiede nicht ganz so groß sind, nicht viel weniger als kalabresische Ackerbauern von Eskimos. Die einen sind das Gegenteil der anderen. Auch hier milderte der Islam als gemeinsame Religion den Kontrast nicht: Der jemenitische Monarch, der als weltliches und geistliches Oberhaupt den Titel Imam trug, galt in seiner schiitischen Gemeinschaft der Zayiditen als Stellvertreter Gottes auf Erden – für die wahhabitischen Saudi ein Inbegriff von Häresie –, und dies nicht in Persien oder Afrika, sondern nebenan auf dem heiligen Boden der Halbinsel. Auch Jemen stand bis 1918 nominell unter osmanischer Hoheit, war aber nie nachhaltig kolonisiert. Das wehrhafte Volk in seiner schwer zugänglichen Gebirgswelt bereitete den Saudi in ihrem Expansionsdrang ebenso Kopfzerbrechen wie während Jahrhunderten dem Sultan in Istanbul und seit 1839 den Briten, die an der Südküste um ihren strategischen Hafen Aden fürchteten – nach der Eröffnung des Suezkanals von 1869 fast ein Jahrhundert lang einer der wichtigsten der Welt.

Dazu kam, daß der jemenitische Imam wohlbegründete Ansprüche auf Teile des Asir erhob, den Ibn Saud 1920 besetzte, zehn Jahre später annektierte und in weiteren Feldzügen 1932 und 1934 um die nordjemenitischen Städte Najran und Jizan erweiterte. Die regenreiche südwestliche Bergprovinz Asir, wo immerhin rund ein Fünftel der saudiarabischen Bevölkerung lebt, ist heute das einzige Gebiet des Königreichs mit einer nennenswerten ländlichen Bevölkerung. Die große Mehrheit der knapp 15 Prozent Saudi, die nicht in Städten leben, lebt in Asir. Wie sehr dort die Vertreter des Zentralstaates, die Abgesandten seines religiösen Establishments und sein ausländisches, hauptsächlich ägyptisches Personal in den Schulen und im Gesundheitswesen noch bis über die sechziger Jahre hinaus als Fremdherrschaft erlebt wurden, davon hat das wunderbare kleine Buch von Ahmad Abodehman, *Der Gürtel,* Geschichten zu erzählen, die tief blicken lassen. Asir, dessen angestammte Bevölkerung den Jemeniten soviel näher verwandt ist als den Wüstensöhnen des Neschd, ist ein Unruheherd geblieben. (Aus Asir übrigens stammte auch die Mehrzahl der fünfzehn saudiarabischen Flugzeugentführer vom 11. September 2001.)

Die meisten der ungezählten Kleinstaaten an den südlichen und östlichen Küsten der Halbinsel hatten schon zu osmanischen Zeiten engere Bindungen ans britische Empire gesucht und, mit der Ausnahme Omans, früher oder später Protektoratsstatus akzeptiert: 1853 die Trucial States der »Piratenküste« (der sogenannte Trucial Oman, die sieben Scheichtümer der heutigen Vereinigten Arabischen Emirate), Bahrain 1861, Kuwait 1914, Katar 1934 und schließlich in dem längeren Zeitraum von 1839 bis 1967 die rund zwei Dutzend Sultanate, Emirate und Scheichtümer der britischen Protektorate um Aden, die ab 1959 die Federation of South Arabia bildeten, die spätere kommunistische Volksrepublik Südjemen. (Noch in den frühen achtziger Jahren waren dort die Banknoten der britischen Federation im Umlauf.) Obschon der Schutz der Krone primär die britischen Seewege nach Indien zu sichern hatte, galt er angesichts der saudi-arabischen Expansion – wie im vorausgegangenen Jahrhundert den Türken gegenüber – als das kleinere Übel und wurde in sukzessive erweiterten Vertragswerken ausgebaut.

Das Ärgernis dieser christlich-imperialen Fremdpräsenz auf der Halbinsel (nebst einem leicht verschlafenen Foreign Office in London) war der Grund, daß Ibn Saud 1933 seine erste Ölkonzession an Standard Oil of California vergab. Der Zweite Weltkrieg verzögerte den Goldrausch, der den gesamten Mittleren Osten in seinen Strudel reißen und rings um dessen ergiebigste Geldquelle Saudi-Arabien neu gruppieren sollte. Aber die Weichen waren gestellt, und künftig wären es ausgerechnet die ultrakonservativen Saudi, die der Neuen Welt den Weg ins Innerste Arabiens zu bahnen hatten. Nach Kriegsende suchte jener spezielle Westen von jenseits des Atlantiks die Halbinsel in Springfluten heim und katapultierte die weltabgeschiedenen Nomaden des Neschd binnen eines halben Menschenlebens aus den Zeiten des Propheten an die Schwelle des dritten Jahrtausends.

Der Flug durch die Weltzeiten erforderte Personal, und 1990, vor dem Golfkrieg, befanden sich im Land rund fünf Millionen Ausländer, davon: eineinhalb Millionen Jemeniten, eine halbe Million Ägypter, 400000 Pakistaner, fast ebenso viele Inder, 300000 Filipinos, je 150000 Banghladeshi und Thai, 130000 Türken, 30000 US-Bürger, 25000 Europäer und 17000 Koreaner. Was von der introvertierten Gesellschaft der Saudi nur als tödliche Bedrohung ihres ebenso fragilen wie rigiden Traditionsgefüges wahrgenommen werden konnte, war für die Nachbarn an der Südküste des Persisch-Arabischen Golfes seit alters ihre Daseinsberechtigung: nämlich der Austausch mit Fremden. Schon Sindbad der Seefahrer aus *Tausendundeiner Nacht* war, so heißt es, der Sproß einer Händlerfamilie in Basra, der südirakischen Hafenstadt am Mündungslauf des Schatt al-Arab, wenige Kilometer vom Golf. Auch die Seehäfen von Kuwait bis nach Dubai lebten immer Persien und dem Indischen Subkontinent zugewandt, mit dem Rücken zur unwirtlichen Nomadenwelt des Neschd und, südlich davon, der Großen Arabischen Wüste, die auch das »Leere Viertel« heißt. In den Scheichtümern am Golf beträgt der Anteil der Ausländer, die dort nie Fremde waren, nicht wie in Saudi-Arabien 26 bis 27 Prozent, sondern: in Kuwait 62, in den Vereinigten Emiraten 75 und in Katar 90 Prozent. In Bahrain mit seinem vergleichsweise bescheidenen Ölsegen sind es 36 Prozent. Dafür ist dort, im Gegensatz zur Herrscherfamilie der Khalifa, die Mehrheit der Bevölkerung schiitisch, wie ebenfalls die große Mehrheit in der benachbarten saudiarabischen Region Hasa. Deren angestammte Bevölkerung hat historisch engere Bindungen zum Südirak, den Kernlanden der schiitischen Araber, die auch in Khusistan, Irans Grenzprovinz am Golf, die Mehrheit stellen.

Nebst dem Asir sind die Schiiten Hasas der zweite Stachel im Fleisch der wahhabitischen Unitarier Saudi-Arabiens und ein Herd latenter Spannungen bis heute, ausgerechnet auf dem Boden, unter dem nahezu das ganze saudi-arabische Öl konzentriert ist. Bei den kleineren Nachbarn am Golf hängt nur in Katar ein nennenswerter Bevölkerungsanteil dem wahhabitischen Bekenntnis an. In Kuwait und den Emiraten wie auch in Oman ist die Religion der großen Mehrheit ein moderater sunnitischer Islam. Schon die geographische Distanz ist groß: von Riad nach Abu Dhabi 800 Kilometer in der Luftlinie, so weit wie von der saudi-arabischen Hauptstadt ans Rote Meer. Die Nomaden des Neschd sind den maritimen Nachbarn in der Geschichte nicht oft zu nahe gekommen, und auch Ibn Saud gab sich mit den Küsten nördlich Katars und deren Ölquellen zufrieden.

Das Verhältnis des saudi-arabischen Herrscherhauses zu den Briten allerdings war zeit deren Präsenz auf der Halbinsel nicht zu reparieren. Das änderte sich nicht einmal durch die denkwürdige Verkehrung der Allianzen im jemenitischen Bürgerkrieg (1962 bis 1969), in dem die Briten für die von den Saudi finanzierten aufständischen Stämme Partei ergriffen, wohingegen Kennedy das von Nasser unterstützte Militärregime in Sanaa anerkannte und der Republik Nordjemen dadurch den Weg in die Vereinten Nationen ebnete. Im Südosten, im Grenzdreieck Saudi-Arabien–Oman–Abu Dhabi, blieb der Oasenstreifen von Buraimi noch unter Ibn Sauds ersten beiden Nachfolgern Saud ibn Abdulaziz und Feisal umstritten. Eine Regelung erlaubte erst der Abzug der Briten von der Halbinsel: aus Kuwait 1961, aus Aden und den südarabischen Protektoraten 1967, aus Bahrain, Katar und den übrigen Golfscheichtümern 1971. 1974 trat Scheich Zayed von Abu Dhabi große Teile des Gebiets an Saudi-Arabien ab. Der Staatschef der Vereinigten Arabischen Emirate habe dabei Riad ein Stück omanischen Landes überlassen, lautete die Auffassung von Sultan Qabus in Maskat. Die kleinen Nachbarn am Golf sollten bis zum Jahr 2000 warten, bis der Verlauf ihrer Grenzen zu Saudi-Arabien vertraglich bereinigt war, genauso Jemen.

Mit den Nachbarn in Südarabien konnte es das Herrscherhaus in Riad nie gut meinen. Nach dem Militärputsch vom September 1962, der eine Woche nach dem Tod des jemenitischen Monarchen Yahya erfolgte, unterstützte Saudi-Arabien die exilierten Royalisten und die für sie kämpfenden Bergstämme des Nordens gegen die republikanische Armee, an deren Seite zeitweilig bis zu 70000 ägyptische Soldaten kämpften. 1968, kurz vor dem Ende des äußerst blutigen Bürgerkriegs, hatte der Abzug der Briten im Süden einen zweiten jemenitischen Staat entstehen lassen, und in der Folge ließen die Saudi nichts unversucht, die beiden Staaten gegeneinander auszuspielen. Dabei scheuten sie – immer auf dem heiligsten Boden der Halbinsel – selbst den Umgang mit moskautreuen Kommunisten nicht. In der Republik Nordjemen kontrollierte währenddessen die Zentralgewalt noch fünfzehn Jahre nach Kriegsende bestenfalls vierzig Prozent des Staatsgebiets. Gehorsamsverweigerung gegenüber dem Staat ging noch immer mit der Hoffnung auf saudi-arabische Prämien einher. Nach dem Fall des Eisernen Vorhangs suchten die Saudi die Vereinigung der beiden Jemen und die ersten Wahlen zu einer nationalen Abgeordnetenversammlung zu sabotieren.

In der Zwischenzeit hatten sich im Boom der siebziger und achtziger Jahre Millionen von Jemeniten in Saudi-Arabien verdingt, vorwiegend als Bauarbeiter – Heerscharen, die nach Bedarf und Belieben aufgestockt oder wiederum nach Hause geschickt wurden. Zeitweilig bis zu vierzig Prozent der männlichen Bevölkerung des damaligen Nordjemen verdienten ihr Geld im reichen Nachbarland und in den kleineren arabischen Golfstaaten. Die Saudi, die sich ihren auswärtigen Arbeitskräften gegenüber in der Regel nicht als Wohltäter auszeichnen, wissen, weshalb Jemen sich während des Golfkriegs nicht in die große Koalition gegen Saddam Hussein einreihen mochte, sondern sich abseits hielt. In Südarabien hatte Saddams Überfall auf Kuwait zuviel Applaus geerntet, als daß die Regierung auf die Linie Riads hätte einschwenken können. Zur Strafe hatten Hunderttausende von jemenitischen Fremdarbeitern von einem Tag auf den anderen Saudi-Arabien zu verlassen.

Vom Sudan abgesehen ist Jemen mit großem Abstand das ärmste arabische Land. Das Bruttosozialprodukt pro Kopf lag 1999 bei 360 Dollar – wenig mehr als ein Viertel des ägyptischen und wenig mehr als ein Zwanzigstel des saudi-arabischen, das seinerseits seit dem Höhepunkt des Ölbooms von 1980 auf ein Drittel geschrumpft ist. Doch auch ungeachtet solch unerhörter Diskrepanzen versammelt Jemens Geschichte reichlich Stoff für Revanchegelüste Saudi-Arabien gegenüber. (Nach dem 11. September 2001 ließ sich die Staatsgewalt in Sanaa denn auch Zeit, bevor sie sich für die Koranschulen auf jemenitischem Boden interessierte, durch die bekanntermaßen Kader von al-Qaida gegangen waren.)

Das Königreich der Familie Saud, derzeit die arabische Führungsmacht östlich von Suez, ist alles andere als eine natürliche regionale Hegemonie – trotz des runden Viertels an bekannten Erdölweltreserven, die unter seinem Boden lagern. Soviel macht der flüchtigste Blick auf die Geschichte des Mittleren Ostens klar. Doch auch zu Hause auf der Arabischen Halbinsel sieht sich das Land unter strategischen Gesichtspunkten in einer prekären Lage. Im Norden der Hammer Irak; im Süden der Amboß Jemen; Grenzen, die größtenteils kaum zu verteidigen wären, eine Armee, die höchstenfalls dem eigenen Herrscherhaus Angst einflößen kann; eine Staatsführung mit denkbar brüchiger Legitimation, deren Garant, die sklerotische Geistlichkeit, weit weniger für Stabilität als für politische Lähmung sorgt. Der Reichtum, mit dem äußere und innere Bedrohungen sich bisher neutralisieren ließen, hat langfristig keine Sicherheit zu bieten, muß im Gegenteil Aggressorenträume nähren und im Inneren die Erbitterung von Dissidenten und von diskriminierten Minderheiten in Randregionen. Im Ernstfall bleibt einzig die Schutzmacht USA – kein Wunder, wird sie nicht geliebt.

7 ■ AN DER GRENZE ZUR BARBAREI

Europas Erfinder von der traurigen Gestalt

Vor dem Zappeion, einem der drei türkisch-griechischen Gymnasien Istanbuls, sehen wir ihn ganz zufällig wieder. Ein dickes gefaltetes Pflaster aus Verbandsmull ziert sein bares, sonst tadellos glänzendes Haupt. »Drei Stiche«, sagt Mihalis Vasiliades, soeben vom Arzt entlassen, der die Platzwunde vernäht hat. Es handelt sich um den Chefredakteur der *Apoyevmatini,* der ältesten und größten griechischen Zeitung Istanbuls. Frango Karaoglan, die Pressesprecherin des griechischen Generalkonsulats, die mich auf Griechensuche durch Istanbul führt, hat mich vor drei Stunden in ihrem Büro mit ihm bekannt gemacht. »Gegen einen dieser Metallkästen hat er seinen Kopf gerammt«, übersetzt, ihm zuvorkommend, Frango Karaoglan seine Erklärungen. »An der Hauswand«, präzisiert sie, »als er aus dem Auto stieg, gegen einen dieser elektrischen Verteilerkästen mit dem Totenkopf drauf und dem Zickzackblitz.« Starkstrom fürwahr. »Wie sagen wir doch hier bei uns«, sagt Vasiliades lachend, »in Europa sterben sie durch eine Schicksalslaune; hier leben wir dank einer Schicksalslaune.«

Strenggenommen kann so nur ein Grieche in der größten Stadt Europas sprechen. Wer sonst – und wo sonst? – hätte hierzu das beglaubigte Reifezeugnis, wenn nicht ein Nachfahre jener prometheischen Bauern und Seefahrer, Händler und Krieger, Mythologen und Dramatiker, die in alter, vielbesungener Zeit Europa aus der Taufe hoben. Schließlich begnügten sie sich nicht mit einer von zahlreichen entführten Königstöchtern, vom Götterboß Zeus persönlich aus Phönikien nach Kreta verschleppt, um den nördlichen Gestaden des Mittelmeers ihren Namen zu vererben. Als geistige Eigentümer der folgenreichen Erfindung namens Europa, die auch später als ein Kontinent mit einer stattlichen Zahl von Ländern und heftig umstrittenen inneren Grenzen auf ihrem schillernden Ruhm beharren sollte, nahmen sie es obendrein auf sich, ihrer Heimat eine Grenze gegen Asien zu ziehen: nämlich hier am Bosporus.

Ziemlich exakt zweieinhalbtausend Jahre ist das her, also wohlverjährt, und zudem darf es defensiven Motiven zugeschrieben werden, Notwehr beinahe, wenn sich unmittelbar nach den Perserkriegen in den Tragödien des Aischylos die gesamte Weltbevölkerung in Griechen und Barbaren zweigeteilt fand. In der Folge, wie auch schon zuvor, abenteuerten Europas erste Kolonisten allerdings recht munter immer weiter über diese von ihnen offenbar eigens zum Zweck der Überschreitung gezogene Grenze hinaus. In ihrer Stadt am westlichen Ufer der Meerenge, die sie laut Herodot, dem Stammvater ihrer Geschichtsschreibung, im Jahr 658 vor Christus gegründet hatten, würden sie sich auf absehbare Zeit in recht exponierter Lage zu behaupten haben. Hier blieben sie immerhin beisammen und *'stin polis,* »in der Stadt«, wie es der Name *Istanbul* besagt.

Mit Frango Karaoglan setze ich die Griechensuche im Einkaufsviertel Beyoglu fort. Zum Mittagessen hat sie mich zu Georgios ins Restaurant Imroz geschickt, doch Georgios ist nicht da gewesen (und das Essen mindestens so türkisch wie griechisch). Am Gymnasium Zappeion pauken dieses Jahr noch fünf Gymnasiasten, fünf von insgesamt 105 an Istanbuls drei griechischen Gymnasien. An neun Grundschulen werden noch 142 türkisch-griechische Schüler unterrichtet. 1959 brachten die Gymnasien und zwei Dutzend Grundschulen noch rund 11000 Schüler zusammen. Der türkische Staat toleriert private Minderheitenschulen, verweigert aber Ausländern – in den griechischen Schulen zum Beispiel Griechen mit griechischem Paß – den Zugang. Sie bleiben für Schüler türkischer Staatsangehörigkeit reserviert. Zu Gesicht bekommen wir heute keinen, das Zappeion hat Sommerferien.

Istanbul – die größte Stadt Europas? Fünfzehn Millionen müßten dazu reichen, oder wollte jemand als Argument dagegen anführen, daß in Istanbul der Bosporus schließlich auch ein asiatisches Ufer habe und die Bevölkerung allein am europäischen Ufer wohl doch nicht an die Moskaus heranreiche? Ein solcher Einwand taucht vielleicht in Rußland auf, wo unter zwölf Millionen Moskowitern einige auf denselben Ehrentitel scharf sein mögen. Doch weder lebt der Türke in Üsküdar in einer anderen Stadt als der in Sultanahmet, noch wäre er asiatischer als sein Kompatriot in Fener oder auch nur als der Türke, sprich der griechische Muslim, im griechischen Westthrazien. Und das geflügelte Wort, mit dem Mihalis Vasiliadis eben sein Malheur wegsteckte, war fraglos auf dem europäischen Ufer gesprochen. Strecken wir denn mit ihm, dem türkischen Griechen, die Segel in diesem Grenzdisput und sehen in Istanbul bis auf weiteres ganz die asiatische Stadt, geeignet, noch Neapel auszustechen: Die wahre mediterrane Perle Italiens pocht seit Jahrhunderten auf ihren Titel, wonach sie und keine andere die einzige Stadt des Orients ohne ein europäisches Wohnviertel ist.

Da in Beyoglu mit Mihalis Vasiliadis bis jetzt nur ein einziger Grieche in Erscheinung getreten ist, halten wir uns einstweilen an griechische Spuren. An Fassaden spüren wir einige griechische Architektennamen auf, Pasadeos und Fotiadis. Auf der Istiklal Cadessi, Beyoglus Hauptschlagader, ist ansonsten weit mehr franco-libanesische Jugendstilpatisserie des *Dixneuvième* zu bewundern als Monumente der griechischen Geschäftstüchtigkeit, die erst zu Beginn des letzten Jahrhunderts hier richtig Einzug hielt, um dann bis 1955 siebzig Prozent aller Läden zu erobern. Ganze vier davon sollen in griechischer Hand geblieben sein. Frango Karaoglan weist auf den Floristen Sapuntzakis zu unserer Linken, und noch gibt es wenige Schritte weiter Unterwäsche bei Kifidis zu kaufen.

Mit müden Beinen setzen wir uns ins Café Peradox. Pera war der griechische Namen Beyoglus. Nicht, daß das Café Peradox unter griechischer Führung wäre. Solche Spielereien mit Namen seien in den letzten Jahren schick geworden, erklärt Frango Karaoglan. In der Tat mehren sich im religiösen Lager um Premierminister Recep Tayyip Erdogan Stimmen, die das laizistisch-nationalistische Staatsdogma

Atatürks und seiner noch immer mächtigen Erben bei der türkischen Armee durch Reminiszenzen an den Multikulturalismus des Osmanenreichs herauszufordern wagen. Das wirkt außerdem europäisch, und im Hinblick auf die anstehenden Beitrittsverhandlungen ist bei der EU ein wenig multikulturelle Entspannung in der Türkei erwünscht.

So hat sogar die türkische Betreiberfamilie den Namen ihrer Pension von der orthodoxen Kirche gegenüber geliehen: Agia Triada. Den alten Namen hat nicht nur drüben in Sultanahmet die Hagia Sophia behalten, sondern auch andere christliche Kirchen, die allein in Beyoglu mehrere Dutzend zählen. Selbst wenn die Griechen als die ältesten Einwohner dieser Stadt darauf ein besseres Recht geltend machen dürften als die ganz große Mehrheit aller Israeli auf das Territorium ihres Staates, ist es doch weniger die illustre Geschichte der griechischen Kolonisation Kleinasiens, was in der heutigen Türkei mit ihren multiplen Minderheitenproblemen den türkischen Griechen ihren besonderen Stellenwert gibt. Kolonisiert worden ist Kleinasien, heute Anatolien, in allen seinen höchst unterschiedlichen Teilen jahrtausendelang unaufhörlich. Wenn am Bosporus tatsächlich zwei Kontinente aufeinandertreffen, dann vor allem in Gestalt zweier Weltreligionen, deren beider Anhänger am Bosporus mindestens die Festigkeit des Glaubens teilen, daß es mit der anderen wenig zu lachen gibt.

Wohl nur das Christentum kommt für den Anspruch auf, wenn – anders als iranische oder gar indische Indogermanen – die Georgier, Armenier und andere christliche Kaukasier sich selber stets, und heute vielleicht mehr denn je, als Europäer sehen. Wie dann nicht die Griechen! Auch wenn diese, wie Mihalis Vasiliadis, den Boden, auf dem sie stehen, anders als Georgier und Armenier, nicht zu Europa zählen. Noch vor weniger als hundert Jahren lebten wohl über drei Millionen Griechen, ein Drittel bis die Hälfte ihres gesamten Volkes, östlich des Bosporus in Kleinasien und rings um den Pontos, das Schwarze Meer. Zur großen Mehrheit stammten sie von Vorfahren ab, die während der vergangenen zwei Jahrtausende niemals in Europa gelebt hatten.

Große Religionen hätten einen langen Atem, so habe ihm letztes Jahr Kanzler Schröder versichert, ja, hier am Sitz des Ökumenischen Patriarchen von Konstantinopel, im alten Griechenviertel Fener an der Südküste des Goldenen Horns. Es spricht Dositeos Anagnostopoulos, der Pressesprecher des Patriarchates. Für die Repräsentanten der großen Religionen lasse sich das allerdings nur mit Einschränkungen behaupten, setzt der Priester hinzu, der ein Vierteljahrhundert als Mikrobiologe in Deutschland verbracht hatte, ehe er hier ein zweites Leben in Angriff nahm. Dem 270. Patriarchen Bartholomäus I. unterstünden in Istanbul heute noch rund achtzig orthodoxe Kirchen. Doch um ihren Geist am Leben zu erhalten, verfüge er über nicht mehr als 35 Priester, fast alle über siebzig Jahre alt. Nachwuchs darf im Land nicht ausgebildet werden, seit 1971 die Theologische Hochschule Halki geschlossen wurde, und Verstärkung durch Ausländer desselben Bekenntnisses ist auf Gastspiele von drei Monaten beschränkt.

Der Ökumenische Patriarch, dessen Gemeinschaft weltweit zwischen 250 und 300 Millionen Gläubige umfaßt, ist für den türkischen Staat der Bischof von Fener, sonst nichts, und in einer orthodoxen Gemeinde, die Pater Dositeos mit 1850 Häupter beziffert, wären 35 Priester sonst nicht eben besonders wenige, sondern im Gegenteil recht viele. Der Generalkonsul Alexis Alexandris dagegen spricht von einer griechischen Wohnbevölkerung Istanbuls, die sich aus türkischen Staatsbürgern und ihren Angehörigen anderer Nationalität auf wenigstens 2500 bis 3000 addiere. Doch der Pater mag ihm nicht so viele geben, und das Durchschnittsalter liege bei über fünfzig.

Kein Wunder also, wenn das Lebendigste an dieser Gemeinde ihr Gedächtnis ist, zumal die schwerwiegenden Probleme der Griechen in der Türkei verhältnismäßig jungen Datums sind. Sie hätten 1923 begonnen und nicht etwa schon 1453 mit der muslimischen Eroberung Konstantinopels, darauf legt Pater Dositeos großes Gewicht. Im siebzehnten Jahrhundert erreichte der muslimische Anteil kaum ein Viertel der Stadtbevölkerung von einer guten Viertelmillion und noch im Zensus von 1886 erst gut die Hälfte. Ganz falsch liegt der Pater also sicher nicht. Anzufügen ist jedoch, daß die schwerwiegenden Probleme nicht erst mit dem Lausanner Abkommen von 1923 einsetzten, das als ein Vermächtnis des Ersten Weltkriegs die türkisch-griechischen Verhältnisse endgültig regeln sollte, sondern doch wohl mit dem Eroberungsfeldzug, den die Griechen von 1919 bis 1922 gegen die türkischen Kräfte unter Mustafa Kemal alias Atatürk unternahmen.

Die türkischen Aspirationen auf einen modernen Staat standen nach dem Zusammenbruch des Osmanenreichs mehrere Jahre lang auf Messers Schneide, standen und fielen mit dem militärischen Genius Atatürks. Infolge der griechischen Niederlage hatte der in Lausanne vereinbarte »Austausch der Bevölkerungen« 1,8 Millionen Griechen »heim« nach Griechenland gebracht und zugleich 0,9 Millionen Türken aus Griechenland »heim« in die Türkei. In Istanbul, von dem Austausch ausgenommen, waren 1924 etwa 120000 Griechen türkischer Nationalität zurückgeblieben: eine Zahl, die seitdem nicht nur in der Folge weiterer Gewaltausbrüche, sondern kontinuierlich zurückging. 1950 zählten sie noch 67000. Das hätte eigentlich schon lange eine sanfte, quasi biologische Lösung des Griechenproblems in der Türkei befürchten oder, je nach Blickwinkel, erhoffen lassen. (Die türkische Restbevölkerung im griechischen Westthrazien dagegen wuchs von 80000 im Jahr 1924 auf 120000 heute.)

Doch der Haß gab sich nicht ohne weitere Gewalt zufrieden. In der Nacht vom 6. auf den 7. September 1955 wurde Beyoglu zum Zentrum einer türkischen Zerstörungsorgie, die nach dem Zweiten Weltkrieg im Mittelmeerraum kaum ihresgleichen hatte. Frango Karaoglan war damals fünf, aber noch heute, sagt sie, hat sie die giftige Musik in den Ohren, mit der das Zusammenkehren der Glasscherben für mindestens zwei Wochen die Straßen Beyoglus erfüllte. Am Taksim-Platz, auf Hörweite, war am Tag der Gewalt eine Konferenz von Interpol im Gange, an der auch Ian Fleming teilnahm. Der Bond-Erfinder, sagt Pressesprecherin

Karaoglan, erhielt so die Gelegenheit, live für die *Sunday Times* vom 11. September zu berichten. Nach einer griechischen Bestandsaufnahme betrafen die Zerstörungen jener Nacht: 4340 Läden und Werkstätten, 2000 Wohnungen, 110 Restaurants, 83 Kirchen (3 in Brand gesteckt, 35 geplündert), 27 Apotheken, 26 Schulen, 21 Fabriken, 12 Hotels, 11 Kliniken, 5 Sportclubs, 3 Zeitungsdruckereien, 2 Friedhöfe. 7 Personen verloren ihr Leben. Der Personenkreis der materiell Geschädigten wurde mit 4447 beziffert. Türkisch-nationalistische Vereinigungen hatten in den Tagen davor Stimmung gemacht. Ein Provokateur im türkischen Sold, wie sich später herausstellte, hatte sich als Brandstifter an Atatürks Geburtshaus im griechischen Westthrazien versucht. In den türkischen Meldungen jedoch war es ein Grieche gewesen. Istanbuls Sicherheitsorgane krümmten in der Gewaltnacht keinen Finger – es sei denn, auf seiten der Marodeure.

Viele der türkischen Griechen, die zunächst das Weite gesucht hatten, wagten nochmals einen Versuch in Istanbul, ihrer alten türkischen Heimat, allerdings nicht ohne sich zuvor eine zweite Bleibe in Griechenland organisiert zu haben. Noch einmal entspannte sich die Lage, bis dann 1964/1965 die türkischen Behörden 40000 türkische Griechen aus Istanbul deportierten, denen auf dem Fuß 12000 weitere Griechen anderer Staatsangehörigkeit folgten.

Über zweieinhalbtausend Jahre nach ihrer Ankunft fügt sich das Schicksal von Istanbuls Griechen ganz zum Bild einer modernen postkolonialen Vertreibung der zurückgebliebenen Herrschaften aus der Metropole, auch wenn die Türken ihrerseits einst als Eroberer gekommen und nicht ein Volk unter kolonialem Joch, sondern fast ein halbes Jahrtausend lang eine Kolonialmacht waren. Istanbuls Griechen waren – wie Istanbuls Armenier und Juden – eine wirtschaftlich privilegierte Elite. Aber zum modernen nationalen Minderheitenproblem jener höchsten Zuspitzung wird eine solche Elite nicht allein schon durch die globale Verbreitung von Neid, sondern erst durch ein Mutterland, für dessen tatsächliche oder angebliche Feindseligkeit sie zu büßen hat.

In Istanbul bleibt deshalb ein weiteres Datum im Gedächtnis, wachgehalten vor allem am Sitz des Ökumenischen Patriarchen in Fener, dessen Haupttor von da an verschlossen blieb – bis heute. Als sich 1821 im Peloponnes die griechischen Reichsangehörigen gegen die Osmanenherrschaft erhoben, eilte der Patriarch Gregor V. zum Sultan, ihn der Loyalität der Istanbuler Griechen zu versichern. Postwendend wurde er aufgehängt und seine Leiche anschließend in den Bosporus geworfen. Der Legende nach geborgen und provisorisch in Odessa bestattet, wurde die Heimführung der sterblichen Überreste von der türkischen Regierung bis heute verweigert.

1830, nach neunjährigem Ringen und mit tatkräftiger Unterstützung der europäischen Mächte, hatten die seit der Odyssee daheim gebliebenen Hellenen westlich der Ägäis den Osmanen ihren eigenen Staat abgetrotzt, das moderne Königreich Griechenland. Seit der römischen Eroberung ihrer Heimat hatten sie darauf gut zweitausend Jahre warten müssen. Die Griechen in Kleinasien, Europas älteste Kolonisten, avancierten damit zur Athener fünften Kolonne, und auch nach dem Lausanner Abkommen von 1923 blieben sie in den wiederkehrenden schweren Verstimmungen zwischen Ankara und Athen eine Geisel der türkischen Regierung. Was in den fünfziger, sechziger und siebziger Jahren ihre Anzahl so rabiat reduzieren mußte, egal wie sie selber sich verhielten, waren türkische Strafen für die Athener Zypernpolitik.

Der nächsten Runde blicken sie nun als Faustpfand im türkischen Poker um die EU-Mitgliedschaft entgegen. Nur in Europa sehen sie eine Zukunft, und dafür sind sie sogar bereit, die Kontinentalgrenze vom Bosporus nach Osten zu verschieben. Hätte sich die Geographie Europas, zumal an den Rändern, nicht stets der Politik ergeben? Die Frage ist bloß, wer und was von ihnen den angekündigten fünfzehnjährigen Verhandlungsmarathon physisch überleben wird. Einstweilen bleibt die offizielle Existenz von Istanbuls Griechentum ein endloser Stau anhängiger Verfahren um Eigentumsansprüche.

Im Café Peradox bricht Frango Karaoglan auf, hinüber zum europäischen Bahnhof von Sirkeci am Südufer des Goldenen Horns. Dort trifft heute erstmals der neue Expreßzug aus Saloniki ein, der künftig Istanbul direkt mit Griechenland verbinden wird. Die Pressesprecherin des Konsulats muß übersetzen und dabei üben für die große Einweihung der lange erwarteten neuen Linie, wenn in gut zwei Wochen, im Rahmen eines ganztägigen Festes, die beiden Transportminister sich in Sirkeci endlich die Hände drücken werden.

Istanbul, Juni 2005

8 ▪ SCHÜTZENGRÄBEN DER »NATIONALEN FRAGE«

Sowjetische Erbgänge am Dnjestr

C*hisinau/Tiraspol, Februar 1991.* – »Wenn die Bevölkerungsmehrheit der Sowjetrepublik Moldau Unabhängigkeit von Moskau wünscht und erklärtermaßen um Eigenstaatlichkeit kämpft, dann ist kein Mensch zu Einwänden dagegen berechtigt«, donnert Igor Smirnow, Präsident der »Souveränen Sowjetrepublik Transnistrien«. Vladimir Copani, Abgeordneter der Gagausen und Mitglied des Präsidiums im moldauischen Parlament in Chisinau, hat beinahe im Wortlaut dieselbe Auffassung geäußert. »Aber die fünfundsechzig Prozent rumänischstämmigen Moldauer haben sich der Realität zu stellen, daß sie nicht alleine im Land leben«, schließt Präsident Smirnow sein wohleingeübtes Eröffnungsstatement ab und richtet im Ledersessel seinen Oberkörper zu ganzer Macht und Größe auf.

Der Streit hat sich schon im Sommer 1990 an einem neuen Sprachengesetz entzündet und im Herbst zur Ausrufung zweier »souveräner Republiken« am östlichen Ufer des Dnjestrs im südbessarabischen Gebiet der Gagausen um Comrat geführt. Die beiden Gebilde wurden nicht nur von der Regierung in der moldauischen Hauptstadt Chisinau für illegal erklärt, sondern ebenso vom Kreml, obwohl kurz zuvor das Moskauer Innenministerium Spezialeinheiten entsandt hatte, um den Freiwilligenverbänden der Moldauer Volksmiliz den Zutritt zu den Gebieten zu verwehren.

Ein gutes Drittel der Bevölkerung der Moldau ist nicht rumänischstämmig. Zugewanderte Russen und eine um ein weniges größere Anzahl teils ebenfalls zugewanderter, teils autochthoner Ukrainer bilden zusammen ein gutes Viertel des moldauischen Staatsvolkes von knapp viereinhalb Millionen. Drei Prozent türkischstämmige Gagausen, zwei Prozent

Bulgaren, schließlich Juden und Sprengsel anderer Nationalitäten summieren sich zu den restlichen zehn Prozent. Transnistrien, die zur Republik gehörigen Gebiete am östlichen Dnjestr-Ufer, war im Unterschied zu Bessarabien nie Teil Rumäniens gewesen. Smirnow, der außer Präsident der Phantomrepublik auch Stadtoberhaupt des Industriezentrums Tiraspol ist, gibt an, daß die transnistrischen Gebiete zu mehr als sechzig Prozent von Ukrainern und Russen bevölkert sind, während die rumänischstämmigen Moldauer auf weniger als dreißig Prozent kämen; in Tiraspol selber, wo 200000 der 700000 Transnistrier leben, auf lediglich fünfzehn Prozent. Offizielle in Chisinau geben ganz andere Zahlen und sprechen von einer, wenn auch knappen, rumänischstämmigen Mehrheit auch östlich des Dnjestrs. Transnistrien ist dabei wirtschaftlich von erheblichem Gewicht, da hier auf zwölf Prozent des Territoriums der Moldau siebzehn Prozent des Staatsvolks mehr als dreißig Prozent des gesamten Sozialprodukts erwirtschaften.

Die Führungsspitze der Phantomrepublik zählt sich zur Anhängerschaft Schatalins im Reformflügel der KPdSU. Das Oberhaupt Smirnow, der seinen Stellvertreter im Stadtpräsidium, zwei weitere Führungsmitglieder sowie einen Protokollanten in seinem Büro versammelt hat, erläutert, die transnistrischen Abgeordneten hätten im Parlament von Chisinau den ökonomischen Problemen der Republik Priorität gegenüber der nationalen Frage geben wollen. Als dann die Volksvertreter Rumänisch zur Staatssprache und einzigen Amtssprache der Moldau erklärt hätten, sei es am östlichen Dnjestr-Ufer, wie Smirnow sich ausdrückt, zu »antinationalistischen Streiks« gekommen. Wie auch die 150000 Gagausen in dem Gebiet um Comrat forderten die Transnistrier zumindest regionale Anerkennung des Russischen als zweiter Amtssprache. Außerdem seien Forderungen nach wirtschaftlicher und politischer Autonomie erhoben worden, über die sich hätte diskutieren lassen. Auch verschiedene Vorschläge einer Konföderation auf dem ungeteilten Gebiet der Republik seien eingebracht worden. Auf seiten der Regierung und der rumänischstämmigen Parlamentsmehrheit seien keine Anzeichen von Gesprächsbereitschaft zu erkennen gewesen. Dem »Präsidenten« Smirnow zufolge habe niemand eine »souveräne Republik« gewollt, sie sei mangels Alternative ausgerufen worden, und man habe bei jeder Gelegenheit erklärt, man habe es »gezwungenermaßen« getan. Die Geschichte der Gagausen-Republik wird hier in Tiraspol wie auch von Vladimir Copani in Chisinau als ziemlich exakt dieselbe dargestellt.

In Chisinau reduzieren Exponenten der rumänisch-moldauischen Nationalbewegung die ganze Angelegenheit auf eine Intrige restaurativer Kräfte in Moskau. »Kommunistischer Revanchismus« lautet ihr Name dafür. Die »Internationalisten von Tiraspol« seien entweder direkt über sinistre Kanäle wie Interfront und den Vereinigten Rat der Arbeitskollektive vom KGB gesteuert. Die Forderungen nach souveränen Republiken um Tiraspol und Comrat seien zu grotesk, um ernst genommen zu werden. Außerdem seien den Gagausen schon vor Jahren Schulen in ihrer eigenen Turksprache offeriert worden, was sie abgelehnt hätten. Die Minderheitenprobleme der Moldau seien eine Erfindung der »russischen Kolonisten«, die dem Moskauer Innenministerium den Vorwand zur Entsendung seiner Spezialeinheiten geliefert habe. Diese hätten denn auch lediglich mitgeholfen, die Autorität der demokratisch legitimierten Organe der Republik Moldau zu untergraben, nicht aber die illegalen Wahlen in den beiden Phantomrepubliken verhindert.

Den meisten Abgeordneten der Gagausen und der Transnistrier hat das moldauische Parlament die Mandate entzogen – mit einfacher Mehrheit, da die dafür üblicherweise erforderliche Zweidrittelmehrheit nicht in Griffweite war. Der Arzt Vladimir Copani vertritt als Mitglied des Parlamentspräsidiums weiterhin die Gagausen in Chisinau. Seine Aufgabe beschreibt er als äußerst schwierig, fühlt sich durch sein Mandat aber gebunden. Er hält nicht viel von der »Republik« seiner Landsleute in Comrat und ihre Militanz für gefährlich. Verfechter einer realistischen Perspektive vermag er in den eigenen Reihen bedenklich wenige auszumachen.

Doch der Politik der moldauischen Nationalbewegung den Minderheiten gegenüber gibt Copani keine besseren Noten. Wie die Politiker in Tiraspol hält er den Druck auf Parlament und Regierung, den die Volksfront jederzeit auf der Straße zu mobilisieren vermag, für unerträglich. Die Verhängung des Ausnahmezustands und der Aufmarsch der moldauischen Freiwilligenmiliz gegen Comrat und die transnistrische Stadt Dubossary auf die Ausrufung der »Souveränen Republiken« hin erlaubten es tatsächlich, von »den Anfängen einer nationalistischen Diktatur« zu sprechen, wie es die Radikalen in Comrat täten. Man braucht in Chisinau nicht weit nach Transparenten und Graffiti zu suchen, welche Kommunisten summarisch zu Mördern erklären und zur Vertreibung der Russen aufrufen. Nicht die Russen, so Copani, hätten die Moldau kolonisiert, sondern das System. Der Stalinismus sei in der Republik genauso von autochthonen Moldauern vollstreckt worden wie von den Russen, die darunter kaum weniger gelitten hätten und oft gegen ihren Willen hierher geschickt worden seien. In den Slogans der Nationalisten setze sich erschreckend ungebrochen das kommunistische Erbe fort, das Copani auf den Nenner »Intoleranz und verblendeter Idealismus« bringt.

Die rumänischstämmige Mehrheit ist nicht bereit, den Minderheiten Nationalitätenstatus, wie diese ihn beanspruchen, zuzubilligen. Was ihnen zustehe, seien die »ethnokulturellen Rechte« gemäß den international geltenden Anforderungen an die Behandlung von Minderheiten in einem demokratisch legitimierten Zentralstaat. Iurie Rosca, der Sprecher und Vorsitzende der moldauischen Volksfront, betont, daß auf keine weiteren Ansprüche eingegangen werde. Eine Schlichtungskommission, die nach den blutigen Ereignissen bei Dubossary eingesetzt worden war, erklärte inzwischen ihre Bemühungen für gescheitert. Über den Ursprung der Gewaltakte vom vergangenen Spätherbst, bei denen drei Personen erschossen wurden, besteht nach wie vor Unklarheit. Ergebnisse einer amtlichen Untersuchung liegen drei Monate nach den Unruhen keine vor. Wohl wurde danach auf Weisung Moskaus die moldauische Volksmiliz von 40 000 Freiwilligen aufgelöst, doch bis heute häufen sich Berichte von beiden Seiten, wonach, in ihren jeweiligen Stammgebieten, rumänischstämmige Moldauer Angehörige der Minderheiten zusammenschlügen wie ebenso diese ihrerseits Angehörige des verfeindeten Mehrheitslagers.

In einer multinationalen politischen Gemeinschaft wird der Nationalismus durch politische Unterdrückung zu einem explosiven Gebräu und, sobald sich auf dem Dampfkessel der Deckel lockert, hochgefährlich. Kleine und kleinste nationale Minderheiten kamen überall in der Sowjetunion in den zweifelhaften Genuß von Stalins besonderer Zuneigung. Unter dem hübsch bestickten Deckmäntelchen der Pflege ihres kulturellen Erbes züchtete er in ihnen loyale Vollstrecker seiner imperialen Gewaltherrschaft, während er sie zugleich in ihrem regionalen Umfeld marginalisierte und sich dadurch ihrer Abhängigkeit von ihm versicherte. Unter jeder Fremdherrschaft sind dieselben Erscheinungen zu beobachten, und der Fall der Moldau ist exemplarisch: Minderheiten büßen als erste ihren Nationalcharakter ein, das heißt zunächst ihre Sprache. So ist es wenig verwunderlich, wenn sich die Gagausen nach siebzig Jahren Sowjetherrschaft als russophon bezeichnen. Für Schulen in ihrer eigenen Sprache fehlt ihnen schon das Lehrpersonal. Natürlich waren und sind Minderheiten überall anfälliger für Kollaborationsofferten fremder Herren. Vor allem aber sind sie vollkommen wehrlos gegenüber einschlägigen Verdächtigungen. Unter den Volksvertretern in Chisinau fanden sich die ausgesperrten Abgeordneten der Minderheiten automatisch im Lager der »Kolonisten« und der moskautreuen einheimischen Kommunisten wieder. Es erleichtert ihre Lage nicht, daß ihre Anliegen teilweise bei fast der Hälfte des erstmals frei gewählten Parlaments Gehör finden. Sie sind nicht die einzigen, die sich an Gorbatschows Referendum über die Union beteiligen wollen, und dies erhöht die Spannungen.

Moldauer der Mehrheit, auf der anderen Seite, argwöhnen aus gutem Grund, daß hinter dem militanten Auftritt der Minderheiten Moskau die Drähte zieht. Die Gespenster, die sie sehen, waren in ihrer Erfahrung oft genug nur allzu real. Doch Gagausen pauschal als Agenten Moskaus zu diffamieren ist eine rabiate Drehung an der Spirale der Eskalation. Und die rumänischstämmigen Nationalisten, die sich von den Minderheiten als den letzten, untergehenden Stalinisten provoziert fühlen, müssen sich die Mahnung gefallen lassen, sie würden besser jedem Anschein wehren, sie selbst verhielten sich den Minderheiten gegenüber wie erstarkende neue Tyrannen. Das Minderheitenproblem der Republik ist ein Test für alle moldauischen Demokraten. Konzilianz und Großmut hat sich, unter solchen Umständen, die Mehrheit zu erlauben; und schreibt ihr dies der Rechtsstandpunkt nicht unzweideutig vor, so findet sie Rat nur bei ihrer politischen Vernunft.

Unterdessen ist es eher Teil des Problems als der Lösung, wenn der Nationalistenführer Rosca seinen strategischen Grundsatz unterstreicht, wonach eine Lösung der Minderheitenfrage erst nach Erlangung der Unabhängigkeit möglich sein soll. Mit den politischen Exponenten der Minderheiten zu reden verbiete sich und sei praktisch unmöglich, da die Interessen sich in einem klassischen Antagonismus gegenüberstünden: Die Moldauer betrieben die Desintegration des Sowjetimperiums, die Minderheiten dagegen ließen sich in die Bemühungen um dessen Rettung einspannen. Diese sehen es nicht ganz so und machen zumindest hinter vorgehaltener Hand geltend, daß dieser Antagonismus durch einen ganz wesentlichen Aspekt überlagert werde: Die Volksfront wolle mit Bessarabien, der Nordbukowina und mit Transnistrien zurück unter die Hoheit Rumäniens!

Gewiß ist es Rosca nachzufühlen, wenn er ausruft, Moskauer Reklamationen wegen moldauischer Menschenrechtsverletzungen klängen nach siebzig Jahren kommunistischer Diktatur reichlich hohl. Doch angesichts der Bukarester Minderheitenpolitik, die noch weit davon entfernt ist, auch nur einen ersten Test zu bestehen, kann Widerstand gegen jede großrumänische Regung nicht wundern, und wäre es nur auf Verdacht. Hatte nicht selbst Ceauçescus Minderheitenpolitik sich auf das internationale Recht berufen? Vor der Alternative zwischen Direktiven aus Moskau und dem Zentralismus Iliescus tendieren in der Moldau nicht nur Gagausen und Transnistrier nordwärts, und die Volksfront hat bereits erkennen müssen, daß sie sich mit zu dick aufgetragenem Rumänentum schadet. In ihrer Lage können Transnistrier und Gagausen nicht alleine klären, ob es sich bei ihnen um nützliche Idioten Moskaus oder um bedrohte Minderheiten handelt. Die Schwierigkeit liegt darin, daß das erste das zweite nicht notwendig ausschließt.

9 ▪ MASCHINENRAUM DER IDEEN

Europa baut sein Universum

I. Neue Künste. Am 7. Januar 1610 richtete Galileo Galilei sein Fernrohr zum Himmel. Es war Nacht. Die Sterne rückten näher und erschienen größer. Das Fernrohr vergrößerte etwa fünffach, wie ein Opernglas. An der Frage, ob sie uns seitdem heller leuchten, scheiden sich die Geister. Doch Galileis Instrument hält uns zunächst für einige Augenblicke auf der Erde fest. Denn mindestens was irdische Geschicke angeht, liefert es den Beweis für ein durchaus ernstgemeintes Ringen um mehr Licht. Sein Fernrohr bezeugt nicht so sehr den unaufhaltsamen Aufstieg des reinen, denkenden Geistes, sondern die Errungenschaften dessen, was als Handwerk, als praktisch-technisches Wissen in den vorausgegangenen zwei Jahrhunderten eine entscheidende kulturelle Aufwertung erfahren hatte. Kolumbus hatte eine neue Welt entdeckt: Tomaten! Kartoffeln! Bohnen, Paprika, Ananas, Kürbis, Kakao, Tabak, Gummibaum und nie gesehene Tiere! Es war nicht so sehr ein Verdienst der Philosophen in den Klöstern und Universitäten. Architektur und Bergbau, Schiffbau und Navigation, Ballistik und Befestigungswesen, was man heute »die Industrie« nennen würde, waren es, die die wissenschaftliche Forschung in ständig neue Richtungen drängten. Namen wie Dürer, Michelangelo, Leonardo, Galilei, Kepler, Francis Bacon stehen dafür, für epochemachende Fortschritte in den mechanischen Künsten. »Künste« war damals die Bezeichnung für die Disziplinen der Wissenschaft, die lateinischen *artes,* die griechischen *techne* – Fertigkeiten, Techniken, noch wahre Künste eben.

Schon gegen Ende des 13. Jahrhunderts waren die Brillengläser erfunden worden, in Pisa, und zur Geburtsstunde des Kolumbus 1451 waren sie in Italien bereits in Massenproduktion gegangen. Sie blieben für drei bis vier Jahrhunderte ein europäisches Monopol. Auf manchem Sektor – in der Werkzeugherstellung, Feinmechanik, am Webstuhl – verlängerten sie die Berufstätigkeit um zwanzig Jahre: Die spezialisierte Arbeitskraft des alten Kontinents ist durch sie verdoppelt worden, schreibt David Landes in *The Wealth and Poverty of Nations.*

Die großen Köpfe der beginnenden Neuzeit standen den hehren Stätten der Gelehrsamkeit, des überlieferten Buchstabens und der autoritären Schulmeinung fern und stießen nur zu oft auf deren erbitterte Opposition. Die Verbreitung ihrer Ideen hinderte das nicht, dank einer Erfindung aus der Mitte des 15. Jahrhunderts, der Erfindung des gedruckten Buches. Wie nachzulesen in Paolo Rossis schönem Buch *Die Geburt der modernen Wissenschaft in Europa,* waren schon 1500 in Europa rund 20 Millionen Bücher im Umlauf, und hundert Jahre später merkt Campanella in der *Sonnenstadt* zu dieser Informationsgesellschaft an, es handle sich um »die Zusammenführung der Menschheit in einem Stall«. Das gedruckte Buch verbreitete nicht nur Buchstaben, sondern mittels Techniken wie Holzschnitt, bald auch Kupferstich und Radierung, schuf es völlig neue Sichtverhältnisse im Universum von Botanik, Zoologie, Anatomie. Es transportierte Konstruktionspläne. Bei alldem handelte es sich nicht um Illustrationen, sondern um neue Mittel der Darstellung und Verbreitung wissenschaftlicher Erkenntnisse. Ein Charakteristikum der vormodernen Überlieferung war die Sorge um Geheimhaltung des Wissens, um sichere Aufbewahrung der Weisheitsperlen, die man der Ermahnung Jesu im Matthäusevangelium zufolge nicht vor die Säue werfen durfte. Die Verbreitung der Wahrheit war gefährlich! Erst das gedruckte Buch, das mit dieser Tradition radikal brechen mußte, verhalf dem Wissen zu der Öffentlichkeit, für die sich die Gründerväter der Moderne allesamt einsetzten. Auf der Grundlage des neuen Mediums verbreitete sich nicht allein dieses selber mit wachsender Geschwindigkeit, und noch bevor Galilei in jener Nacht die ersten zwei Jupitermonde entdeckte, waren Fernrohre in Paris schon Handelsware.

Ein unbedingter Glauben in das Heil der Technik charakterisiert vielleicht spätere Geisteslagen, weniger das Weltbild der Gründerväter der Moderne. In Francis Bacons Deutung des Daedalusmythos war es die Technik, ein Gestell, das der Pasiphae ermöglichte, sich von einem Stier begatten zu lassen und den Minotaurus zu gebären. Es war geläufig, daß die mechanischen Künste Lebenshilfen, zugleich aber »Instrumente des Lasters und des Todes« hervorbrachten: »Denn Handwerke«, so Bacon in seinem Essay *Daedalus sive mechanicus,* »haben einen doppelten und zweiseitigen Nutzen, indem sie eben sowohl zur Hervorbringung als zur Abwehr von Unheil und Zerstörung dienen«. Für den Minotaurus entwirft der Mythos ein besonderes Gefängnis oder Irrenhaus, das Labyrinth. Postwendend stellt sich für Theseus das Problem, aus den Mäandern einen Ausweg zu finden, und nur der Geist der Wissenschaft weiß nochmals Rat: mit Ariadnes Faden, der unser Leitfaden geblieben ist.

Galilei sah durch seine Linsen die gebirgige Landschaft unseres Mondes, und nach der steten Fortbewegung der Trabanten um den Planeten Jupiter beobachtete er, im Licht des Tages, bald die Rotation der Sonne um die eigene Achse. Ein neues Weltall sah er nicht, und das bekannte, das er in neuen Bildern sah, wurde dadurch vorderhand nicht leerer. Kurze Zeit zuvor noch war der Weltraum in die sogenannten Sphären unterteilt, konzentrisch ineinander ruhende Kristallkugeln, über die auf Schienen die Planeten um die Sonne kreisten. Doch diese lagen seit 1573, seit Tycho Brahes Werk *De stella nova,* in Scherben. Hätten wirklich sie das Firmament zusammengehalten, dann wären die Kometen – diese Wurfgeschosse Gottes zur Erleuchtung der Propheten – an ihnen abgeprallt, oder sie hätten sie zertrümmert. Auch die Rotation der Sonne ihrerseits, die seit 1543, seit Kopernikus' revolutionärer Schrift *De revolutionibus orbium coelestium,* im Zentrum des Universums stand, hatte 1609 Kepler in seiner *Astronomia nova* für notwendig erklärt. Denn das große Gestirn erfüllte die Weiten des Alls mit einer »immateriellen Spezies ihres Körpers, analog der immateriellen Spezies ihres Lichtes«, und einzig ihre Rotationsbewegung konnte es sein, die in dieser ebenfalls rotierenden Spezies die Planeten um sich herumtrug. Womöglich kam die Intuition hinzu, daß eine rechte Kugel, wenn die Zeit nicht stillsteht, sich nur drehen kann.

Die Leere des Raums und die Gravitationskraft Isaac Newtons wurden im Fernrohr nicht sichtbar. Unter einer Kraft, die einen bewegten Himmelskörper zu einem unbewegten anderen in fixem Abstand halten soll, kann ein Kind sich nur ein Seil vorstellen, schreibt Bruno Bettelheim in *Kinder brauchen Märchen.* Wie seine französischen Zeitgenossen um Descartes war Galilei – im Streit um die Erklärung der Gezeiten – entsetzt über Vorstellungen einer Anziehungskraft des Mondes. Ideen einer physikalischen Fernwirkung fielen außer Betracht, und übereinstimmend erklärte man eine solche Anziehungskraft für »okkult«. Eher noch waren die Gezeiten einem Druck des Mondes zuzuschreiben, den dieser wiederum vermittelst einer unbekannten, aber doch weniger »okkulten« Spezies auf die Erde ausübte.

Bei den Aristotelikern des Mittelalters werden auch unbelebte Körper, zum Beispiel eben die Planeten, durch Engel oder andere spirituelle Wesen fortbewegt. Johannes Keplers Gegenstand sind noch die himmlischen Harmonien des Schöpfungswunders, des *Mysterium cosmographicum,* wie es der Titel seines ersten Werks von 1596 bezeichnete. Trotzdem verwahrt sich Kepler gegen die Annahme belebter Wesen im Universum und vergleicht dieses mit einem Uhrwerk. Doch bevor der Weltraum sich entleert, hat sich die neue Himmelsmechanik kraftvoll in die irdischen Begebenheiten eingemischt.

II. Die Welt als Mechanismus. Die moderne Welt heißt zurecht auch die cartesische Welt. Ginge es darum, das Weltbild der neuzeitlichen Wissenschaft zu patentieren, wäre der herausragende Kandidat René Descartes (1596–1650). Die Regeln, denen die Veränderungen in der Natur folgen, nennt er die Naturgesetze, und in seiner 1664, postum, über dreißig Jahre nach der Niederschrift publizierten Schrift *Le Monde ou*

Traité de la lumière hält er fest, »daß ich hier unter Natur nicht irgendeine Göttin verstehe oder irgendeine andere Art eingebildeter Macht, sondern daß ich mich dieses Wortes bediene, um die Materie selbst zu bezeichnen«. Diese neu begriffene, nun zu erobernde Natur wird in den urbanen Zentren für geraume Zeit die ganzen Kräfte der Wissenschaft absorbieren, bis in Europas fernem Hinterland – in Neapel wird es sein – der Geist und mit ihm die Kultur wiederentdeckt werden wird. Doch da die Aufklärung auch in Europa stets Geduld und Nerven brauchte, sind wir noch keineswegs in Süditalien angelangt. Der Weg zurück in die Kultur führt durch den Kosmos und die Natur, und daher wenden wir den Blick zurück ins All und ins tiefe Innere der Materie.

Der Weltenlauf vollzieht sich durch Veränderungen. Wie vollziehen sich Veränderungen? Für Descartes gilt, wie seit Aristoteles, daß alles seinen zureichenden Grund hat, daß nichts zufällig, spontan geschehen kann. Da alle Materie ihrem Wesen nach passiv ist, kann alle Bewegung im All diesem uranfänglich nur von außen, von Gott, mitgeteilt sein. Diese Bewegung setzt sich in der Welt nun fort, indem sich jeweils eine bestimmte Bewegungsmenge, die Ursache, in eine gleich große andere Bewegungsmenge, die Wirkung, übersetzt. Das ist, was wir bis heute als *Kausalität* verstehen. Die Bedingung, »daß Gott fortfährt, sie« – die Materie – »zu erhalten, wie er sie geschaffen hat«, ist erfüllt dadurch, daß Gottes Beschlüsse unabänderlich sind. Daher ist die Gesamtmenge der Bewegung im All konstant. So der erste – theologisch begründete – Erhaltungssatz in der Geschichte der Mechanik.

Woraus besteht die Welt? Für Descartes, wie gesagt, aus Materie. Konnte es, so lautete seit den alten Griechen die Frage, verschiedenerlei Materie geben, verschiedenerlei körperliches Sein? Für Descartes bestand alle Materie aus Korpuskeln, unteilbaren Bausteinen, wie sie Epikur und Demokrit als die sogenannten Atome in die Wissenschaft eingeführt hatten. Nachdem Gott zuerst alle Materie in Würfel aufgeteilt hatte, schliffen diese sich durch Bewegung und

Reibung ab, teils bis zu unendlich kleinen Kugeln, die, zu einer Flüssigkeit versammelt, in die feinsten Hohlräume einzudringen vermochten: das Licht. Die Teilchen des Wassers dagegen waren, so Descartes, »lang und schlüpfrig glatt wie kleine Aale, die sich, obwohl sie aneinanderhängen und sich miteinander verflechten, niemals verknoten oder ineinander verheddern, so daß es möglich ist, sie jederzeit mit Leichtigkeit voneinander zu trennen.« Diese Korpuskeln aber waren nicht dem Wesen nach, sondern nur in Gestalt und Bewegung voneinander verschieden. Descartes' Konzeption reduziert alle Materie und alle ihre Veränderung auf Größe, geometrische Gestalt und Bewegung, das heißt auf Quantitäten. Erforderlich ist nur mehr eine Übersetzung räumlicher Verhältnisse in numerische, in Zahlen. Den Schlüssel dazu liefert Descartes' analytische Geometrie. Sie ermöglicht die Mathematisierung der Physik, und diese mathematische Physik wird zum Modell der *rationalen* Wissenschaft.

III. Göttliche und menschliche Ratio. Die *ratio,* der griechische *logos,* war für den römischen Republikaner Cicero einst das Göttlichste, was es im Himmel und auf Erden gab, das Menschen und Götter verband. In der Spätantike, bei Boethius, findet sie sich der *intelligentia* – später *intellectus* genannt – untergeordnet, da die *ratio* das Wesen nur der materiellen Dinge erfaßt, die *intelligentia* dagegen das Göttliche. Für Augustinus noch der Grund sowohl für das Wesen der Schöpfung als auch für deren Erkennbarkeit, tritt die *ratio* in der Scholastik des Mittelalters als menschliche Quelle der Erkenntnis in Gegensatz zur Offenbarung als göttlicher und zur Autorität der Überlieferung. Bei den Cartesianern versammelt und ordnet die *ratio* die Bestimmungen der Dinge, aufgrund deren sie unterscheidbar sind, verleiht ihnen die Wirklichkeit und Wahrheit, in der sie für den *intellectus* erkennbar sind. Auf deutsch wird aus der *ratio* die Vernunft oder der Verstand, je nach den terminologischen Feinheiten eines philosophischen Systems, und im gewöhnlichen Sprachgebrauch, der darauf zurückgeht, heißt das Wort »rational« verstandesmäßig, vernünftig, vernunftgeleitet.

Was sich mit Descartes' Universum anbahnt, wird später als die »Emanzipation der Naturwissenschaft« bezeichnet, ihre Trennung von Philosophie und gläubigem Schöpfungsverständnis. Das Geheimnis dieser neuen Wissenschaft ist die Quantität, die Zahl. Diese rationale Wissenschaft, die keine irdische Instanz außer ihr mehr kennt und sich keine Grenze zu setzen weiß, erklärt die Welt nunmehr alleine. Es bleibt nur ein Faktum, das sie nicht erklärt, nämlich das Dasein dieser Welt, das auf keine Veränderung innerhalb ihrer zurückgehen kann. Was das Dasein dieser Welt allein erklären kann, ist nicht Descartes, sondern Gott.

Dennoch sollte Gottfried Wilhelm Leibniz fünfzig Jahre später Descartes des Materialismus bezichtigen. In der Tat: Ist erst einmal die Welt gegeben, ist alles unter Dach und Fach. Auch lebendige Körper sind nicht von Seelen bewegt, sondern natürliche Automaten, Maschinen. Seile, Fasern, Balken, Hebel, Räderwerk und Gestänge allerart, Zisternen, Kanäle, Mühlen und Springbrunnen veranschaulichen fortan die Anatomie und die physiologischen Systeme, die wir als Organe kennen, das Nervensystem, die Funktionsweisen auch der Sinnesorgane, mittels deren die materielle Welt erkannt wird. Einstweilen ergaben sich aus dieser Lehre, wonach sich die Welt aus größeren und kleineren Maschinen zusammensetzte, allerdings wunderliche Konsequenzen. Es blieb nicht länger faßbar, was man sich unter formenden, der Materie innewohnenden Kräften vorzustellen hatte, welche Körper ihrer *Qualität* nach zu verändern vermöchten. Als einzige Ideen von Entwicklung waren die zwei Begriffe der Ortsbewegung und des quantitativen Wachstums übriggeblieben, kraft dessen Embryonen zu ausgewachsenen Vertretern ihrer Art gediehen, unter der Voraussetzung, daß sie in der Ei- oder der Samenzelle der Mutter oder des Vaters – beide Versionen gab es – bereits vorhanden waren, wie in ihren Fortpflanzungsorganen wiederum ihre Nachkommen und deren Nachkommen und so fort, russischen Puppen vergleichbar – daß also entweder Eva oder Adam sämtliche Milliarden Menschen in sich getragen hätte, die auf der Welt waren, sind und sein werden.

Solche Merkwürdigkeiten gehörten zum Preis der Einheit der physischen Welt. Deren gesuchte Formel war bald gefunden: im Gravitationsgesetz, das Isaac Newton, 1642 (im Todesjahr Galileis) geboren, in seinen *Principia mathematica* von 1687 formulierte. Newtons epochale Leistung bestand darin, sowohl das Verhalten fallender Gegenstände, den Lauf der Planeten als auch die Gezeiten durch ein einziges Gesetz zu erklären. Was die mechanistische Naturauffassung der Neuzeit von nun an definiert, ist der universale *Determinismus*, dem alle Prozesse in der materiellen Welt, im Mikrokosmos wie im Makrokosmos, gehorchen. Bis zum Ende des 19. Jahrhunderts bleibt dieser Determinismus die geltende Interpretation der Newtonschen Mechanik, das Weltbild, das aus dieser angeblich zwingend hervorgeht. Hinzuzufügen bleibt nur Kants Demontage aller theoretischen Beweise des Daseins Gottes, die bis zum Auftritt seiner kritischen Philosophie in abweichenden, aber stets für gültig erachteten Versionen reformuliert worden waren.

Immanuel Kant (1724–1804), ein überragender Hauswart im Gesamtgebäude der spekulativen Wissenschaft, war nach Kräften um die Rehabilitation Gottes in der praktischen Philosophie bemüht. Aber ein theoretisches Fundament hat die menschliche Weisheit Gott nicht mehr zu bieten. Was bleibt, ist das Bild vom Kosmos als eines in Herkunft und Daseinsgrund unbekannten Gesamtmechanismus, einer großen – ob eiskalten oder herzenswarmen – Maschine. Diese Maschine, die rationale Welt, ist von jetzt an die ganze Welt. Ohne Gott und ohne Einsicht in den Grund ihres Daseins. Die rationale Wissenschaft allein hat fortan Zugriff auf die Wahrheit.

Diese Maschine ist es im weiteren, die Natur, die uns im Zuge ihrer determinierten Abläufe auch unseren unaufhaltsamen Fortschritt diktieren wird: im Takt unserer Einsicht ins kosmische Geschehen. Diese Einsicht ist ihrerseits nur ein Rädchen in der großen Maschine, so daß sie, wie diese selber, nur notwendig fortschreiten kann. Der Progreß schien sich in großen Schritten zu vollziehen, und bereits Leibniz (1646–1716) klagte, zu seinem Unglück lebe er in einer Zeit, da das Universum im wesentlichen zu Ende erkannt sei.

IV. Eine neue Leere. Seit kurzem weiß man, daß Newtons Physik erst neu zu entdecken ist. Newton betonte, er habe wohl die Schwerkraft erkannt, nicht aber deren Ursache. Eine Erklärung für die Schwere habe er aus den Naturerscheinungen nicht abzuleiten vermocht. So »wie der Blinde keine Vorstellung hat von den Farben«, schrieb er, »so haben wir keine Vorstellung von den Arten und Weisen, in denen der weiseste Gott alles wahrnimmt und erkennt«. Der Raum war als leer erkannt, denn für Newton galt der Wilhelm von Ockham (1285–1346) zugeschriebene Grundsatz, wonach die Anzahl der Dinge nicht über das Notwendige hinaus zu vermehren ist: *Entia non sunt multiplicanda praeter necessitatem.* Leibniz und die Cartesianer wiesen Newtons neue Kraft, die Schwerkraft, und die Vorstellung von Fernwirkung weiterhin als »okkult« zurück. Newton seinerseits war ein erklärter Spiritualist, und für dieses Etikett bürgt nicht seine lebenslängliche Beschäftigung mit der Alchimie, sondern seine Physik, die erst in den letzten dreißig Jahren wieder von der cartesischen emanzipierten Naturwissenschaft befreit worden ist. Wie Ed Dellian in seiner Einleitung zur neuen deutschen Ausgabe der *Principia mathematica* von 1988 ausführt, steht Newton dem Indeterminismus der gegenwärtigen Physik näher als der cartesischen Himmelsmechanik, aus der autonome Ursachen verbannt waren – und damit auch Gott, »cette hypothèse-là«, wie Pierre Simon Laplace sagte.

Seit Kant ist viel gedacht worden über die Grenzen zwischen Beweisbarem und Unbeweisbarem, denn Kant zufolge sind zumindest einige der Fragen, die unsere Vernunft an die letzten Dinge richtet – oder diese an jene –, nicht nur unbeantwortbar, sondern um nichts weniger »unabweislich«, wie er sagte. Die fortgesetzten heroischen Versuche einer endgültigen Scheidung von Sinn und Unsinn, denen oftmals aller Sinn zum Opfer fiel, haben seither die Fundamente der Wissenschaft kaum befestigt. Für den logischen Positivismus, die Wissenschaftsphilosophie des frühen 20. Jahrhunderts, waren sinnvoll, das heißt rational zu überprüfen, einzig und allein die Sätze der Physik. Alles übrige war Metaphysik, in einem in Verruf geratenen Sinn des Wortes, nämlich Unsinn, so wahr und unwahr und so strittig musikalisch, wie die Phrasen, die man im Konzertsaal hörte. Eine Eingebung desselben *hardware*-orientierten Geists mag Mies van der Rohes geflügeltes Wort gewesen sein, die Blume des 20. Jahrhunderts sei die Glühbirne.

Der martialische Charakter dieser Wissenschaftsideologie hat viel zu ihrem Zusammenbruch beigetragen. Sie hat längst das Feld geräumt zugunsten aller erdenklichen Spielarten von Relativismus und Pluralismus. Die Philosophie, soweit sie sich nicht auf Ideengeschichte beschränkt, ist heute ein Tummelplatz, wo es endlich altklug zu- und hergehen darf, wo nichts mehr wahr ist, dieser abgeklärte Bescheid natürlich ebensowenig, wo zudem alle allen stets um wer weiß wie viele Reflexionsstufen voraus sind, wie es schon der Stil gebietet, immer einmal mehr, da heute alle Menschen Kinder bleiben, computergestützt, und sich auch in der Theorie verstärkt dem Sektenwesen mit dem ihm eigenen Pluralismus öffnen. Der Geist des Abendlandes will sich dabei noch immer universell, das läßt er sich nicht nehmen. Er versteht sich nach wie vor auf alles, pflichtgetreu, ist gleichzeitig überall in Raum und Zeit und will auch anderen helfen. Nicht nur die Raumfahrt, sogar Afrika hat er erfunden, und für die Eingeborenen erfindet er dort täglich neu das Rad.

Die eine Welt hat vielen Welten Platz gemacht. Das wird gerne mißverstanden. Es bedeutet zum Beispiel nicht, daß vertrauenswürdige Wissenschaftsphilosophen der Gegenwart wie Willard van Orman Quine oder Nelson Goodman je behauptet hätten, es gebe keine Wirklichkeit, keine Tatsachen, nichts dergleichen, und der Mann, der gestern vor dem College totgefahren wurde, sei nicht tatsächlich totgefahren worden. Allerdings behauptet niemand mehr ernsthaft zu wissen, wie der Kosmos in aller Zukunft aussehen wird. Man hat dafür zu viele Erkenntnisse gewonnen. Die Wissenschaft war und ist die mächtigste und kreativste Kraft der westlichen Kultur, und in den hochentwickelten Gesellschaften hat sich dank ihr die mittlere Lebenserwartung nahezu verdoppelt. Descartessche und Leibnizsche Antworten jedoch hat sie keine mehr, und was die rationalistische Metaphysik des letzteren betrifft, so verdient Erinnerung wenigstens eine Bemerkung Bertrand Russells, wonach ein System, das nicht vollständig konsistent sei, kaum vollständig plausibel, ein System dagegen, das vollständig konsistent sei, durchaus vollständig unplausibel sein könne.

Den zeitgenössischen Naturwissenschaften wird oft ein unreflektierter und kaum zu erschütternder Glauben in die Technik und deren Fortschritt unterschoben, während doch gewisse Folgen der Technik den Grund dieses Glaubens bei einem breiteren Publikum nachhaltig in Frage stellen und dadurch Desorientierung und Aberglauben zu befördern drohen. Die wissenschaftlichen Revolutionen des Jahrhundertbeginns, Einsteins Relativität, Plancks Indeterminismus und Heisenbergs Unschärfe in der Atomphysik, Gödels mathematische Unvollständigkeit, haben dem deterministischen Kosmos der Cartesianer, dem rationalistischen Weltbild des hochentwickelten Westens, wenig anzuhaben vermocht. Man wird aber den zeitgenössischen Naturwissenschaften nicht länger vorhalten können, sie seien das Vehikel der ungebrochenen Überlieferung dieses eindimensionalen Rationalismus, der aus ihrer frühmodernen Vorzeit auf uns gekommen ist. Diese Ideologie muß andere Kanäle der Verbreitung gefunden haben, es waren schwerlich die Rechenstunden im Lehrplan, was ihr zu ihrer bis heute erdrückenden Wirksamkeit verhalf.

Die Erklärung dafür ist wohl weniger in der Struktur der Materie und im Weltraum, geschweige denn in der Mathematik zu suchen als vielmehr in einem Gemenge aus protestantischer Ethik, weltlichem Vulgärutilitarismus – sprich: krudem Nützlichkeitsdenken – und einer die Welt restlos entzaubernden ökonomischen »Rationalität«, die in cartesischer Treue das Wesen aller Dinge im Quantum, in der Zahl, erblickt. Arthur Schopenhauer schrieb, der Rationalismus habe das Christentum zu einer »Religion für komfortable und aufgeklärte protestantische Pastoren« verfälscht.

V. Die Entdeckung der Kultur. Es gab noch etwas anderes. Das war der Mensch, auch wenn er durch ein Fernrohr schaute und dieses hoch zum Himmel hob. »Quand le doigt montre la lune, l'imbécile regarde le doigt.« – Zeigt der Finger zum Mond, schaut der Dummkopf auf den Finger. Dieser Satz, nachgewiesen im Mai 68 als Graffito an einer Pariser Mauer, ist nicht immer nur wahr. Giambattista Vico schaute mehr auf Galilei als auf die Mondgebirge. Auch Vico, soviel verbindet ihn mit dem Unternehmen der entstehenden Naturwissenschaft, will den Aberglauben bekämpfen. »Denn«, schreibt er, »wenn die Menschen einmal von einem schreckeneinflößenden Aberglauben ergriffen sind, beziehen sie auf ihn alles, was sie sich vorstellen, sehen und sogar was sie tun.« Und: »Die Hexen, während sie selbst von dem Schrecken ihres Aberglaubens erfüllt sind, zeigen sich gleichzeitig maßlos wild und grausam; dergestalt, daß sie ohne Mitleid, wenn es für die Weihe ihrer Zaubereien nötig ist, unschuldige kleine Kinder umbringen und in Stücke hauen.« Eine Generation nach ihm Voltaire im *Dictionnaire philosophique:* »Man beachte, daß die Zeiten des größten Aberglaubens immer die Zeiten der schrecklichsten Verbrechen waren.« Für Voltaire gab es »vielleicht nur einen verzeihlichen und sogar die Tugend fördernden Aberglauben«, nämlich die großen Wohltäter der Menschheit neben die Götter zu setzen. Doch als besser empfahl er, sie zu verehren und danach zu trachten, es ihnen gleichzutun, nicht jedoch sie zu bewundern wie Herkules, »pour avoir couché avec cinquante filles dans une nuit« (dafür, daß er in einer Nacht mit fünfzig Mädchen im Bett war).

Vico, geboren 1668 als Sohn eines Buchhändlers in Neapel, gestorben 1744 ebenda, wurde zu Lebzeiten nicht zur Kenntnis genommen. Ein prominentes Gedächtnis bewahrte ihm die Literatur, von Coleridge über Balzac und Dostojewski bis zu Joyce und Beckett, deren Interesse er erst als origineller Einzelgänger in der Poetik auf sich zog, dann auch durch seine Lehre von den *corsi e ricorsi,* der in Zyklen von Aufstieg und Verfall fortschreitenden Geschichte. Nachdem ihm in der Fachwelt des 19. Jahrhunderts einzig unter italienischen Historikern und in Frankreich von Jules Michelet eine gewisse Bedeutung zugemessen wurde, erfuhr sein Lebenswerk *Scienza nuova* – in erster Fassung 1725 – seit der Jahrhundertwende Renaissancen, bei rechten wie bei linken Hegelianern, von Benedetto Croce bis zu Jürgen Habermas und darüber hinaus. Gefeiert wurde er inzwischen als früher Wegbereiter der modernen Soziologie, Anthropologie, Psychologie, in Deutschland zunächst vor allem als Erfinder der Geschichtsphilosophie, die wenig später von Voltaire ihren Namen erhielt.

Nebst italienischen haben inzwischen angelsächsische Autoren, angeregt vor allem durch Isaiah Berlins *Vico and Herder* (1976), Vico in ein anderes Licht gerückt. Er steht dem Vico fern, der in Georg Lukács' *Die Zerstörung der Vernunft* (1954) als Vordenker des Geschichtsmaterialismus marxistische Gnade findet. Vico ist für Berlin nicht in eine Reihe zu bringen mit Descartes, Voltaire, Diderot, den *philosophes* der *lumières,* der französischen Aufklärung. Eher steht er einsam am Ursprung einer Bewegung, die die Gegenaufklärung heißen wird, in Deutschland über Herder zu den Dichtern der Romantik, zu Nietzsche, Spengler, Heidegger verläuft, einer Bewegung, die unter anderem bei einer folgenschweren Erfindung Pate stand: der Erfindung des Nationalismus, dieses Dampfkessels tief empfundener Unkultur.

Man darf dabei eines nicht vergessen: Wenn ein großer, unabhängiger Geist wie Berlin sich für die Motive der Gegenaufklärer interessierte, so weil er den dominanten Kräften der Aufklärung Mitschuld an den Verbrechen des 20. Jahrhunderts zuschrieb. Berlin war kein Feind des Fortschritts. »Ganz gewiß«, schrieb er, »ist ein Zeitalter mit allgemein anerkanntem Gerechtigkeitsmaßstab für alle Menschen, in dem es keine Menschenopfer mehr gibt und rationale Methoden der Erforschung der Vergangenheit Mythen und Legenden abgelöst haben, in einigen nicht zu übersehenden Hinsichten einer Kultur offensichtlich überlegen, in der Agamemnon seine Tochter als Gabe für die Göttin abschlachten läßt oder die Menschen den Himmel für einen gewaltigen beseelten Körper halten, der seinen Ärger durch Blitz und Donner kundtut.«

Den Fortschritt überschätzen aber kann oft gefährlicher sein als ihn unterschätzen. Dieser Vorbehalt bedeutet nicht, den Fortschritt abzulehnen, und eine Forderung nach Korrekturen am Erbe der Aufklärung ist noch kein Bekenntnis zur Gegenaufklärung, die im Dienst des größeren Übels stehen kann. Ein Kopf wie Jorge Luis Borges, von Linken oft genug als Reaktionär verschrien, brachte es auf eine kurze Formel: Der Kommunismus sei seinem Wesen nach rational, der Faschismus sentimental.

Vicos Ausgangspunkt ist der Mensch, der schwache – ein Geschlecht, das, um sich selber zu regieren, mehr braucht als Vernunft und Freiheit. Im Gegensatz zum Vernunftglauben der Aufklärung braucht er Glauben, Ordnung, Tradition – konkreter: Religion, Familie, Eigentum. Wie Mark Lilla in seinem Buch *G. B. Vico. The Making of an Anti-Modern* schreibt, ist Vicos Echo lautstark im Gepolter eines französischen Gegenaufklärers wie Joseph de Maistre zu vernehmen, der hundert Jahre später seinen Zeitgenossen Religion, Autorität und Päpste verordnete, obschon Vico, im Gegensatz zu de Maistre nicht die Rückkehr zu den Scheiterhaufen propagierte. Zudem erkannte Vico, daß die moderne Wissenschaft sich nicht nur für den Fortschritt, sondern auch für reaktionäre Ziele mobilisieren läßt, daß sie ein wirksames Instrument abgeben kann, um im Menschen selbst das bißchen Vernunft, das er hat, zum Schweigen zu bringen. War es nicht dereinst die Vernunft, in deren Namen Robespierre, Stalin, Mao und Pol Pot vorgingen – republikanisch erst, dann wissenschaftlich sozialistisch?

Der vitale Impuls der Aufklärung geht von der Annahme aus, daß die Welt sich verbessern lasse. Aufklärung ist, nach der Formel Kants, »der Ausgang des Menschen aus seiner selbstverschuldeten Unmündigkeit«. Und »Unmündigkeit ist das Unvermögen, sich seines Verstandes ohne Leitung eines anderen zu bedienen«. Die negative Fassung ist nicht durch eine positive zu ersetzen, denn das Gegenteil von selbstverschuldeter Unmündigkeit ist nicht per se schon

Mündigkeit. Vico kritisiert an Descartes nicht den rationalen Geist, sondern dessen Verabsolutierung, und Kants »Wahlspruch der Aufklärung«: »Habe Mut, dich deines eigenen Verstandes zu bedienen!«, ist keine Aufforderung, diesen Verstand absolut zu setzen, sondern nur, ihn von seinen selbstauferlegten Beschränkungen zu befreien.

Zu seiner Bedienung aber hat dieser Verstand, und das ist Vicos Sorge, zunächst instand gesetzt zu werden. Dem Cartesianismus billigt Vico eine überwältigende Kraft zu: die Kraft, alles, was im Rahmen seiner Prinzipien nicht unterkommt und mit seiner analytischen Methode nicht beweisbar ist, zu Unsinn zu erklären, zu ideellem Müll, eben Aberglauben. Diesem unvergleichlichen Gewaltakt fallen auf einen Schlag das Wissen und die Weisheit aus Jahrtausenden zum Opfer. Der Mensch verarmt. Da er nicht in einer Welt von absoluter Evidenz und Transparenz lebt, sondern in einer Welt von Ungewißheit und im besseren Falle von Wahrscheinlichkeit und praktischer Verläßlichkeit, nimmt ihm die neue Wissenschaft der Cartesianer jede Orientierung. Die Wissenschaft allein hat Zugriff auf die Wahrheit, und gibt es einzig eine Wahrheit der Natur, gibt es nicht zudem eine Wahrheit der Kultur, dann gibt es wiederum, man hat es schon gesehen, nur Physik auf der einen und Aberglauben oder schlechte Poesie auf der anderen Seite.

Doch selbst die moderne Wissenschaft verdankt ihr Licht und ihre Erfolge einem Erbe aus Jahrtausenden, ohne das ihr Auftritt undenkbar gewesen wäre. So geschieht es nicht aus purem pädagogischen Antrieb, wenn Vico sich der Bildung und Erziehung zuwendet. Denn gleichermaßen in der Entwicklung der menschlichen Gattung wie des Individuums führt Vicos Weg zur Vernunft nicht in erster Linie wieder über die Vernunft, sondern über die beiden wichtigsten irrationalen Vermögen des Menschen: das Gedächtnis und die Einbildungskraft, die lateinisch *imaginatio* und griechisch *phantasia* hieß, bei Vico *fantasia.*

Die Alten, so Vico, hatten es verstanden, ihre Klugheit oder zumindest ihren *common sense* den Söhnen weiterzugeben.

Die Geometrie, die besser nicht zu sehr zum Verständnis des täglichen Lebens beigezogen wird, schulte ihr Vorstellungsvermögen; Rhetorik, Dialektik und Topik, die Künste der Rede und des Arguments, verhalfen ihnen zu Beweglichkeit und Findigkeit in einer Welt, wo mathematische Beweise fehlen. Doch schließlich gründet auch das analytische Vermögen auf der Imagination, ohne die es verkümmern muß. Wie Kinder Märchen brauchen, braucht die Menschheit Poesie und Mythen. »Durch dies ganze Buch hindurch wird gezeigt werden«, das ist das Programm von Vicos *Scienza nuova*, »daß soviel als vordem die Dichter von der poetischen Weisheit empfunden hatten, ebensoviel die Philosophen später von der geheimen Weisheit verstanden; so daß man jene die Sinne und diese den Verstand des Menschengeschlechts nennen darf.« *Nihil est in intellectu, quin prius fuerit in sensu* – Nichts, erinnert Vico an den Grundsatz des Aristoteles, ist dem Verstand gegeben, was nicht zuvor den Sinnen gegeben ist.

Vico's Science of Imagination nennt Donald P. Verene im Titel seines Buchs die *Scienza nuova.* Die Empfindungen der Sinne, so Verene, werden nicht zuerst in Gedanken festgehalten, sondern in Bildern. Den Input der Begriffsbildung hat das spontane Vermögen der *fantasia* zu erbringen; die Imagination ist die Nahrungsquelle der Abstraktion. Vico stellt Plato, dem Philosophen, Homer, den Sänger, gegenüber, mit dem die Wissenschaft beginnt. Die ausgestaltete Idee des klugen Mannes ist Odysseus, aus der per Abstraktion die Begriffe seiner Tugenden gewonnen wurden. Wir sehen, »daß der wahre Heerführer zum Beispiel der Gottfried ist, den Torquato Tasso ersinnt«, und dank dem Neapolitaner Vico erkennt man endlich auch den wahren Wert des Italowesterns und seiner unschätzbaren Anthropologie. Hume in seiner ganz der Aufklärung verpflichteten *Natural History of Religion* (1755) schrieb die Geschichte des Geistes als Aufstieg durch die Stadien seiner Unterentwicklung. Der Begriff des Mythos bleibt ein negativer: Mythen ersetzen wissenschaftliche Erklärungen, solange man über solche nicht verfügt. Was sie vom Aberglauben unterscheidet, ist höchstens ihre Unschuld, denn der Aberglauben ist stets gepaart mit einem Element von besserem Wissen, wider das er sich behauptet. Bei Vico birgt der Mythos eine Wahrheit: die Wahrheit des notwendigen Entwicklungsstadiums, die nur in ihm gegeben ist, die durch die Wissenschaft nicht ersetzt, sondern bestenfalls erschlossen, interpretiert wird.

Die Wissenschaft bedarf dabei wiederum der *fantasia.* Dank der Mythen werden die Prozesse der Begriffsbildung erschließbar, und die Imagination vollzieht sie nach. Alles Wissen beruht auf Gedächtnis, das nicht ein Behälter nur von Fakten ist, sondern der Motor auch der Imagination. Ohne Vergangenheit verstünden wir kein Wort unserer Sprache. Das erste Wort aber sprach Jupiter: »bababadalgharaghtakamminarronnkonnbronntonnerronntuonnthunntrovarrhounawnskawntoohoohoordenenthurnuk!« donnert er bei Joyce, in *Finnegans Wake,* und er wird es ein paarmal umgeschrieben haben – vielleicht war die gültige Fassung nicht die erste? Die Götter verschwinden, wie Verene sagt, wenn die Sprache der Götter verschwindet.

VI. »Barbarei der Reflexion«. Auch Vico empfahl der Jugend nicht nur Cicero, sondern ebenfalls das Studium der Natur. Aber es sollte nicht dazu dienen, sie zu beherrschen, sondern unseren Hochmut zu zügeln. Die wichtigsten Erkenntnisse erhoffte er nicht von den Naturwissenschaften, denen ihr Gegenstand fremder sein mußte als der eigene Menschengeist. Dem Credo der Naturphilosophen hielt er entgegen, was als sein Prinzip des *verum factum* in die Ideengeschichte eingegangen ist: »Diese lange und finstere Nacht« – die Geschichte des Menschengeschlechts – »wird von einem einzigen Licht erleuchtet, von der Einsicht nämlich, daß die Welt der gesitteten Völker unbestreitbar von den Menschen selbst geschaffen worden ist.« Wenn ein solcher Satz auf die Gegenaufklärung zu warten hatte, dann ist die Aufklärung erst in ihr zu sich gekommen. Und wenn Menschen seitdem der Wahrheit mächtig sind, dann nicht im Reich der Natur, die nicht ihrer Art ist, sondern höchstens der Geschichte – der Wahrheit dessen, was sie selber hervorbringen.

Descartes hingegen, der selber seiner Bildung alles verdankt und diese nun der Jugend vorenthalten will, indem er sie disqualifiziert: »Descartes tat«, so Vico, »was Tyrannen immer tun, Tyrannen, die dank einem freien Geist groß geworden sind, doch nun, nachdem sie ihre Macht gesichert haben, zu schlimmeren Tyrannen werden als jene, die die Welt vor ihnen unterdrückten.« Die cartesischen Bilderstürmer, dieses hohe Gericht der zeitlos unabänderlichen Vernunft, das jede Auseinandersetzung mit dem Unbeweisbaren verbietet, bürgen nicht nur für die Willkür ihrer Skepsis, sondern für eine Aufklärung im Zeichen neuer Intoleranz. »Barbarei der Reflexion« heißt dies bei Vico. Nicht die Abkehr von der Vernunft führt diese Barbarei herbei, sondern die Abkehr von der Überlieferung im Namen einer Vernunft, die nichts von ihren Grenzen weiß. »In dem Maß, in dem unsere Wissenschaft und Künste zur Vollkommenheit fortschritten, sind unsere Seelen verderbt worden«, schrieb 1750 Jean-Jacques Rousseau.

Die »Barbarei der Reflexion« ist die Preisgabe der wirklichen Welt zugunsten einer wahren Welt, wie sie ein absolutes, ein göttliches Subjekt erblicken würde. Da diese wahre Welt als einzige bleibt, erscheint es, als müßten wir zu solchen Subjekten erst werden, um in einer Welt, die nicht ausschließlich Trug versammelt, uns selber wiederzufinden. Genauso unfaßbar wie alles, was uns in der wirklichen Außenwelt begegnet, bleibt für die grenzenlos aufgeklärte Vernunft unfaßbar, was die empirischen Subjekte, die wir bis jetzt sind, von einem solchen absoluten Subjekt unterscheidet. Wie Maurice Merleau-Ponty mit Blick auf Kant anmerkte, kann es sich bei diesem Unterschied einzig um einen »Mangel an gutem Willen« handeln. In seiner *Phénoménologie de la perception* (1945), der vielleicht eindringlichsten Cartesianismus-Kritik des zwanzigsten Jahrhunderts, legt Merleau-Ponty die Verhältnisse in wenigen Worten dar: »Die Welt erscheint nur als absurd, wenn eine Forderung absoluten Bewußtseins in jedem Augenblick die Bedeutungen zersetzt, von denen sie wimmelt, und umgekehrt ist diese Forderung selbst motiviert vom Konflikt der Bedeutungen untereinander. Nicht nur als philosophische Behauptungen, sondern als Erfahrungen sind absolute Evidenz und Absurdität einander äquivalent. Rationalismus und Skeptizismus nähren sich gleichermaßen aus einem von beiden uneingestandenermaßen vorausgesetzten faktischen Bewußtseinsleben, ohne welches sie selber weder gedacht noch erlebt zu werden vermöchten, von dem her aber weder zu sagen ist, *alles habe einen Sinn,* noch, *alles sei Unsinn,* sondern allein: *es gibt Sinn.*« In cartesischer Erleuchtung jedoch zeigt sich die wirkliche Welt, in der wir leben, wie in Platos alter Höhle als »juste un peu d'ombre, qui n'est que par la lumière« – bloß ein wenig Schatten, der nur dem Licht entstammen kann.

Dank diesem Schatten läßt es sich nun ungehindert im Trüben fischen, läßt sich alles Übernatürliche, alles, was sich der Kontrolle unserer Vernunft entzieht, und vieles andere auch zu Schrott und Müll deklassieren, der sich desto müheloser vergolden läßt. Wie Christoph Daxelmüller in seiner Sozialgeschichte der Magie, *Aberglaube, Hexenzauber, Höllenängste,* herausarbeitet, rekrutierten sich die Scharlatane nie zur Mehrheit unter alten Bauersfrauen draußen nahe der Natur, sondern in der Stadt, unter brotlosen Studenten und anderen Pseudowissenschaftlern. (Besonders stark vertreten unter ihnen sind Journalisten.) Der kommerzialisierte Aberglauben, fern davon, sich um die Heiligkeit, die überirdischen Qualitäten seiner letzten Dinge zu sorgen, trivialisiert, banalisiert, führt ohne Rücksicht die Entzauberung zu Ende. Und wenn er in die weite Welt ausgreift, verfährt er mit seinen Funden wie der Sextourist mit der Exotin. Angesichts der gewissenlos kommerzialisierten Esoterikwelle erscheint es mehr als zweifelhaft, ob es die eisige cartesische Welt ist, woran wir Anstoß nehmen sollen. So mag auch diese fortbestehen – in unserer rätselhaften und so geheimnisvollen Welt: »Und Pangloss sagte hie und da zu Candide: ›Alle Ereignisse sind in dieser besten aller möglichen Welten ineinander verkettet. Denn wären Sie nicht mit derben Fußtritten in den Hintern aus dem schönen Schloß fortgejagt worden um Ihrer Liebe zu Fräulein Kunigunde willen, wären Sie nicht der Inquisition in die Hände gefallen, hätten Sie nicht Amerika zu Fuß durchwandert, hätten Sie dem Baron nicht einen tüchtigen Degenstich versetzt und hätten Sie nicht alle Ihre Hammel aus dem schönen Land Eldorado verloren, so säßen Sie jetzt nicht hier und äßen nicht eingemachten Zedrat und Pistazien.‹«

September 1998

10 ■ VOM SINN DES LEBENS

Ein Ohr an der Pforte zu Utopia

Das Wort »Arbeit« sollte etwas weniger Mühe bereiten als das damit Bezeichnete. Wir dürfen daher auf das Wort ohne allzu große Sorgen eintreten, schließlich ist selbst ein Wort wie »schwer« vergleichsweise leicht. »Angefangne Arbeit ist halb gethan«, heißt es außerdem bereits in K. F. W. Wanders *Sprichwörter-Lexikon* von 1867. In Ansehung konkreter Lebenslagen muß diese menschenfreundliche Ermunterung zwar nicht in jedem Fall sofort einleuchten, aber bis zu weiterer Belehrung zwingt uns nichts, vom Gegenteil auszugehen. Immerhin hört man die Weisheit nicht nur in deutscher Sprache: »Besogne commencée est demi faite.«

Die Etymologie führt im Falle des Wortes »Arbeit« auf direktem Weg ans Wesen der Sache heran. Der deutsche Wortstamm *arb* findet sich wieder im lateinischen *arvum:* bestellter Acker – der berüchtigte Erdboden, von welchem im 3. Kapitel des 1. Buch Moses im Zusammenhang mit dem Paradies und vor allem der Vertreibung daraus die Rede ist. Slawische Sprachen kennen denselben Stamm *arb* mit vorgestelltem Konsonanten: *rab. Rab* heißt im Russischen Sklave, *rabota* Arbeit, *rabotschij* oder *rabotnik:* Arbeiter. Wir erinnern uns an den Roboter. Wie die Brüder Grimm in ihrem *Deutschen Wörterbuch* schreiben, handelt es sich bei lateinisch *labor* – englisch *labour,* italienisch *lavoro* – noch einmal um dasselbe Wort, in dessen Stamm *lab* sich die Liquide *l* und *r* ausgetauscht haben. Ein Wort, das vielleicht im selben Zug Erwähnung verdient, ist das französische *travail,* spanisch *trabajo,* portugiesisch *trabalho* und englisch – man höre! – *travel:* es kommt vom vulgärlateinischen *tripalus,* Dreipfahl – eine Vorrichtung zur Bändigung von schwer zu beschlagenden Pferden. *Tripalare:* züchtigen, quälen.

Mehr Klarheit wird sich niemand gewünscht haben. *Labor* – laut einem lateinischen Taschenwörterbuch: Mühe, Anstrengung, Strapaze, Beschwerde, Not, Drangsal, *Arbeit* ... Diese Bedeutung des Wortes ist uns geläufig. Jahrtausendelang gab es keine andere, die Arbeit galt als eine schwere Last. In der Bibel wurzelt die Arbeit im selben Urgrund, aus dem uns auch die Sünde zuwuchs: »... so ist um deinetwillen der Erdboden verflucht«, sprach Gott der Herr zu Adam, nachdem dieser die verbotene Frucht vom Baum des Lebens gegessen hatte. »Mit Mühsal sollst du dich von ihm nähren dein Leben lang.« Und: »Im Schweiße deines Angesichts sollst du dein Brot essen ...«! (1. Mos. III, 17–19). Noch der Bibelunkundigste kennt sich da aus, und die Arbeit wäre mit Fug die »Erbstrafe« zu nennen, mit welcher das Menschengeschlecht für die Erbsünde, diesen einzigen Biß in den Apfel, bezahlt – immerfort, ohne Ende und so lange, bis der Mensch »zur Erde zurückkehrt, von der er genommen ist«. Wie der Genuese und Gefährte des Kolumbus berichtet, welcher Campanellas *Sonnenstadt* besuchen darf, glaubt man dort in Sachen Erbsünde, daß nach Gottes Willen »eher das Übel der Strafe von den Vätern auf die Söhne vererbt werde als das der Schuld«. Damit wäre einiges von dieser Ausgeburt an Perfidie erklärt, als welche das Jammertal dieses Planeten sich zuweilen präsentiert.

Auch in der griechisch-römischen Antike fällt die Beurteilung der Arbeit nicht positiv aus, im Gegenteil. »Denn unmöglich kann, wer das Leben eines Gewerblers oder Tagelöhners führt, sich in den Werken der Tugend üben«, heißt es bei Aristoteles, dem Philosophen (*Politika,* 1278a, 20f.). Wiederum ist schon den Begriffen das Grundsätzliche zu entnehmen: im Griechischen *a-scholia,* im lateinischen äquivalent *neg-otium:* am besten wiederzugeben als die Un-muße; Muße demgegenüber – *scholia* beziehungsweise *otium* – bedeutet laut dem Taschenwörterbuch Ruhe, literarische Beschäftigung, auch politische Ruhe, Friede. Dem Ideal des freien Staatsbürgers in der demokratischen Polis entsprach der Grundbesitzer, den die Rente von jeder Handarbeit entband.

Auch wenn daraus nicht auf eine generelle Verachtung der Arbeit – der Feldarbeit, des Handwerks und Gewerbes – zu schließen ist, so blieb noch für nahezu zweitausend Jahre die Vorstellung von Arbeit die eines notwendigen Übels. Das Neue Testament ändert daran nichts, obschon es auch hierin seine charakteristische Ambivalenz von himmlischen und weltlichen Sorgen zeigt. Paulus, der Ordnungspolitiker unter den Aposteln, hielt den Finger mehr auf die Notwendigkeit als auf das Übel: »Wenn jemand nicht arbeiten will, soll er auch nicht essen« (2. Thess. III, 10). »Jeder aber wird seinen eigenen Lohn empfangen nach seiner eigenen Arbeit« (1. Kor. III, 8). Schon in den Psalmen hieß es: »Wohl einem jeden, der den Herrn fürchtet und auf seinen Wegen wandelt! Deiner Hände Arbeit darfst du genießen« (128, 2). Aber das alles ist nicht zu verwechseln mit einem von sehr viel später datierenden Credo, wonach man lebt, um zu arbeiten. Es war nur erst die anspruchslosere Einsicht, daß das rechte Leben unter anderem auch die Erfüllung von Pflichten verlangt. Und wer schon war vermessen und dreist genug, sich Aussichten auf ein Leben in Muße auszurechnen? Noch tausend Jahre nach den Briefen des Paulus, um das Jahr 1100, schrieb Honorius Augustodunensis, Adam habe »sieben Stunden, nicht länger« im Paradies geweilt.

Im frühen Christentum gebot es nebst dem gesunden Menschenverstand auch die Rücksicht aufs Heil, die Arbeit aufs Notwendige zu beschränken. »Niemand kann zwei Herren dienen«, sagt Jesus in der Bergpredigt. »Ihr könnt nicht Gott dienen und dem Mammon. Deshalb sage ich euch: Sorget euch nicht um euer Leben, was ihr essen oder trinken sollt, noch um euren Leib, was ihr anziehen sollt! Sehet die Vögel des Himmels an! Sie säen nicht und ernten nicht und sammeln nicht in Scheunen, und euer himmlischer Vater ernährt sie doch« (Mt. VI, 24–26). Dieser Ermahnung entsprach die Erwartung der Parusie, des Jüngsten Gerichts, der baldigen Ankunft des Reichs Gottes – bis spät ins Mittelalter eine im Alltag lebendige Erwartung. Im kurzzeitigen Provisorium des Diesseits blieben die *laboratores,* die Arbeiter, der untergeordnete Stand nach den *bellatores:* den

Militärs, die Krieger hießen, und den *oratores:* den Klerikern, die Redner oder Beter hießen. Auf diese Trias gehen die drei Stände der vorrevolutionären Gesellschaft zurück.

Die Menschen arbeiteten, wie schon gesagt, um zu leben. Im Lande Utopia des Thomas Morus, das den Utopiern den Namen gegeben hat, werden die mühevollen Arbeiten selbstverständlich auf das Minimum reduziert, Dreißigstundenwoche hieß das im Jahre 1516, und auch in der bereits erwähnten Sonnenstadt des Fra Tomaso Campanella »teilt man niemandem ein Arbeitspensum zu, das seine Gesundheit zerstören könnte, sondern nur Beschäftigungen, die die Kräfte erhalten«.

Bei Max Weber, dem Vater der deutschen Soziologie, findet sich auseinandergesetzt, weshalb vor der Reformation der Akkordlohn – ganz wider unseren heutigen Gemeinverstand – kein geeignetes Mittel zur Produktivitätssteigerung hergab. So klar, wie dabei der Gedanke entwickelt wird, und so elementar, wie er sich auswirken mußte, so ruhig und mit so viel Geduld wollen wir uns wenigstens einmal im Leben die einschlägige Betrachtung zu Gemüte führen: »Allein hier zeigten sich nun eigentümliche Schwierigkeiten. Die Heraufsetzung der Akkordsätze bewirkte auffallend oft nicht etwa, daß mehr, sondern daß weniger an Arbeitsleistung in der gleichen Zeitspanne erzielt wurde, weil die Arbeiter die Akkorderhöhung nicht mit Herauf-, sondern mit Herabsetzung der Tagesleistung beantworteten. Der Mann, der zum Beispiel bei 1 Mark für den Morgen Getreidemähen bisher $2^1/_2$ Morgen täglich gemäht und so $2^1/_2$ Mark am Tag verdient hatte, mähte nach Erhöhung des Akkordsatzes für den Morgen um 25 Pf. nicht – wie gehofft wurde – angesichts der hohen Verdienstgelegenheit etwa 3 Morgen, um so 3,75 Mk. zu verdienen – wie dies sehr wohl möglich gewesen wäre –, sondern nur noch 2 Morgen am Tag, weil er so ebenfalls $2^1/_2$ Mk., wie bisher, verdiente und damit, nach biblischem Wort, ›ihm genügen ließ‹. Der Mehrverdienst reizte ihn weniger als die Minderarbeit; er fragte nicht: wieviel kann ich am Tag verdienen, wenn ich das mögliche Maximum an Arbeit leiste, sondern: wieviel muß ich arbeiten, um denjenigen Betrag – 2 1/2 Mk. – zu verdienen, den ich bisher einnahm und der meine traditionellen Bedürfnisse deckt? Dies ist eben ein Beispiel desjenigen Verhaltens, welches als ›Traditionalismus‹ bezeichnet werden soll: der Mensch will ›von Natur‹ nicht Geld und mehr Geld verdienen, sondern einfach leben, so leben, wie er zu leben gewohnt ist, und so viel erwerben, wie dazu erforderlich ist.«

Aber mit dieser Form von Gemütlichkeit sollte es einmal ein Ende haben, und bereits ein Mann wie Jakob Fugger, der prototypische Kapitalist der ersten Stunde, verwies sich den Altersrücktritt als »Kleinmut«. Er habe, beschied er laut Werner Sombart einem Geschäftskollegen, »viel einen anderen Sinn, wollte gewinnen, dieweil er könnte«. Eine derartige Absetzung gegen den traditionalistischen Akkordlöhner setzte anderes voraus als nur eine Tariferhöhung. Sie setzte Luthers Erfindung des *Berufs* voraus, den es nämlich nicht schon immer gegeben hatte, da er keine naturgegebene Begleiterscheinung der Arbeit als solcher ist. Im Mittelalter erfolgte die Läuterung des Daseins, dessen Erhebung über seine Widrigkeiten, mit Max Webers Worten, in der »Überbietung der innerweltlichen Sittlichkeit durch mönchische Askese«. Diesbezüglich war die Reformation von wahrlich revolutionärer Tragweite: »Unbedingt *neu* war jedenfalls zunächst eins: die Schätzung der Pflichterfüllung innerhalb der weltlichen Berufe als des höchsten Inhaltes, den die sittliche Selbstbetätigung überhaupt annehmen könne. Dies war es, was die Vorstellung der religiösen Bedeutung der weltlichen Alltagsarbeit zur unvermeidlichen Folge hatte und den Berufsbegriff in diesem Sinn erstmalig erzeugte.« Bei Thomas von Aquin, auf der Höhe der mittelalterlichen Philosophie, war die Arbeit noch ein zufälliges Erfordernis der Natur und unterstand keiner höheren Notwendigkeit. Nach Luther nun aber hätte Adam, wäre ihm nur etwas mehr Zeit geblieben, bereits im Paradies gearbeitet, denn das Arbeiten – so gibt Max Weber Luther wieder – sei ein »schon dem Adam (vor dem Fall) eigener, von Gott ihm eingepflanzter Trieb gewesen, dem er ›allein Gott zu gefallen‹ nachgegangen sei«.

Seit der Einrichtung des Berufs sind wir keine Hilfsarbeiter mehr, sondern vollwertige Kräfte, und mit dem Beruf ist aus der Arbeit der Sinn unseres Lebens und – nicht zu vergessen – auch »die von Gott gestellte Aufgabe« geworden. Mit dem Beruf war dem »Herausfluten der Askese aus dem weltlichen Alltagsleben«, so schreibt Max Weber, »ein Damm vorgebaut, und jene leidenschaftlich ernsten innerlichen Naturen, die bisher dem Mönchtum seine besten Repräsentanten geliefert hatten, waren nun darauf hingewiesen, innerhalb des weltlichen Berufslebens asketischen Idealen nachzugehen«. Die Bedeutung der Reformation lag darin – Max Weber übernimmt die Formel von dem zum radikalen Flügel der Reformation gehörenden Sebastian Franck –, daß »nun ein jeder Christ ein Mönch sein müsse sein Leben lang«; und eine materielle Notwendigkeit als Ansporn zur Arbeit ist, seitdem wir arbeiten dürfen und nicht müssen, durchaus obsolet. Zu einem Problem wird es unter solchen Umständen, wenn wir nicht arbeiten dürfen.

Das protestantische Arbeitsethos wird gemeinhin mit dem Namen Calvin assoziiert. Calvins Doktrin der Gnadenwahl, wonach die Scheidung zwischen künftigen Bewohnern von Himmel und Hölle schon bei der Zeugung unwiderruflich vollzogen ist, gehört zu den inhumansten und perversesten Phantasien in der abendländischen Geistesgeschichte. Zweifellos kann dermaßen beinhartes und scharfkantiges Ideengut Puritanern nur anstehen; doch das protestantische Arbeitsethos steht mit der Prädestinationslehre in keinem unmittelbaren Zusammenhang. Wenn Arbeitsunlust unter Calvinisten als Symptom fehlenden Gnadenstandes gilt, so ist das zwar eine plausible Annahme, aber eine sachlich nicht zureichend begründbare Behelfskonstruktion. Die Notwendigkeit der Bewährung des Glaubens im weltlichen Berufsleben, welche der Calvinismus im Laufe seiner Entwicklungen der Lehre einfügte, hatte ihn in den Auseinandersetzungen mit der englischen und andernorts mit der katholischen Amtskirche zu wappnen und unterschied ihn in der Sache nicht von den anderen reformierten Bekenntnissen. Ihnen allen gemeinsam ist die praktische Lehre einer methodisch rationalisierten Lebensführung, was man als die personalpolitische Voraussetzung der kapitalistischen Gesellschaft bezeichnen könnte.

Das übrige sollte hinlänglich bekannt sein, zumindest von seiner praktischen Seite. Die Arbeit ist in der modernen Welt das A und das O, ein und alles. Mit der Arbeit bewährt sich oder scheitert eine Existenz. Die Arbeit als Medium der Selbstverwirklichung prägt die Philosophie der Neuzeit in all ihren Ausrichtungen. Idealisten und Materialisten sind sich einig, daß der Mensch geboren wird, um zu arbeiten, auch der kritische Begriff der entfremdeten Arbeit setzt dies voraus. Marxismus, Feminismus und was es im Okzident noch geben mag an großen, elementar ansetzenden Oppositionen zur gegebenen Gesellschaftsordnung, stellen die Rolle der Arbeit nicht in Frage. Oppositionelle wollen gute Menschen sein oder mindestens mit diesem Anspruch auftreten, und es kann, wer nicht arbeiten will, kein guter Mensch sein – und noch anderes nicht: »Chi non lavora non fa l'amore«, vielleicht hat es Adriano Celentano in seiner mehr katholischen Art auf den Punkt gebracht.

Die protestantische Theologie der Arbeit gab sich nicht mit Halbheiten zufrieden. Beinahe biblisch klingt es bei Benjamin Franklin: »Wer ein Mutterschwein tötet, vernichtet dessen Nachkommenschaft bis ins tausendste Glied. Wer ein Fünfschillingstück umbringt, mordet alles, was damit hätte produziert werden können: ganze Kolonnen von Pfund Sterling.« Stoff von Franklins Buchführung war freilich nicht nur das Geld, sondern in nicht minderem Maße die Zeit, denn: »Bedenke, daß die Zeit Geld ist; wer täglich zehn Schilling durch seine Arbeit erwerben könnte und den halben Tag spazierengeht oder auf seinem Zimmer faulenzt, der darf, auch wenn er nur sechs Pence für sein Vergnügen ausgibt, nicht dies allein berechnen, er hat nebendem noch fünf Schillinge ausgegeben oder vielmehr weggeworfen.« Die Arbeit ist nicht nur von Gott geschenkter höchster Selbstzweck des Lebens, sondern obendrein auch höchstes Gebot, was nicht weniger heißt, als daß die schlimmste Sünde fortan die Zeitvergeudung ist.

An dieser Stelle erreicht dieses Ethos allerdings einen kritischen Punkt, an dem es zu Widerspruch reizen muß. In einer ständischen Gesellschaft wie derjenigen Deutschlands im neunzehnten Jahrhundert stand die Polemik gegen die Vereinigten Staaten nicht immer nur im Zeichen des Nationalismus. In seinem Roman *Der Amerikamüde* (1855) schilderte Ferdinand Kürnberger den amerikanischen Geist: »Aus Rindern macht man Talg, aus Menschen Geld.«

Trotz der Erhebung der Arbeit auf die höchsten Stufen menschenmöglicher Wertschätzung hat die Arbeit nichts von ihrem Charakter der Last verloren. Dieser »Last-Charakter der Arbeit ist«, wie Herbert Marcuse schreibt, »am ehesten einer Mißdeutung ausgesetzt. Er ist schon von Grund auf verfehlt, wenn man ihn auf bestimmte Bedingungen bei der Ausführung der Arbeit, auf die gesellschaftlich-technische Ausgestaltung der Arbeit, auf den Widerstand des Materials usw. zurückführen will. Ebensowenig handelt es sich um ›Unlustgefühle‹, die sich bei bestimmten Arbeiten und Arbeitsweisen einstellen und die dann durch technologische und psychologische Behandlung aufgehoben ... werden könnten. Vielmehr: noch vor allen solchen Belastungen durch die Arbeitsweise und Arbeitsgestaltung begegnet die Arbeit als solche schon als ›Last‹, sofern sie das menschliche Tun unter ein fremdes, auferlegtes Gesetz stellt: unter das Gesetz der ›Sache‹, die zu tun ist (und die auch dann eine ›Sache‹, ein anderes als das Leben selbst, bleibt, wenn der Mensch sich seine Arbeit selbst gibt).« Das Wesen der Arbeit ist nicht zu verkennen: Selbst noch bei freier Wahl ist sie gleichbedeutend mit Unfreiheit, ist sie bestenfalls deren aktive Ausgestaltung. Soll sie, das Gegenteil von Selbstbestimmung, als höchstes menschliches Gut in Frage kommen, dann tatsächlich nur auf Geheiß Gottes. Und in der Tat verrichtet noch immer nicht jedermann zu jeder Zeit gerne jede Arbeit. Der Widerstand gegen die Erziehung zum *animal laborans,* wie Hannah Arendt dieses besondere Geschöpf benannte, war stark genug, um Spuren noch im militantesten Arbeitsethos zu hinterlassen. Falls das kirchliche Arbeitsverbot für Sonn- und Feiertage nicht schon von sich aus verrät, daß mit der Arbeit das Süßeste auf dieser Welt verboten wird, so verrät es spätestens die angedrohte Sanktion, wie sie besonders anschaulich in der Volkspoesie eines alten Aberglaubens in dem mehrheitlich evangelischen Hessen zum Ausdruck kommt: Wer in Hessen an einem Feiertag eine unerlaubte Arbeit tat, mußte sie nämlich nach seinem Tod in Ewigkeit forttun.

So ist beim protestantischen Arbeitsethos die Moral eine doppelte geblieben, und unter dem Stichwort »Moral, doppelte« zitiert Ritters *Historisches Wörterbuch der Philosophie* ein Werk mit dem autoritativ anmutenden Titel *Die conventionellen Lügen der Kulturmenschheit.* Der Autor Max Nordau, ein jüdischer Materialist und politischer Weggefährte Theodor Herzls, weist auf die »zweiseitige Moral« der »Ausbeuter« hin, die den Müßiggang als Laster anprangerten und die Arbeit als Tugend priesen, es aber sorgfältig vermieden, sich selber diesem Moralkodex zu unterwerfen und statt dessen dem Fleißigen den untersten Rang zuwiesen und den Müßiggang zum »Attribut höheren Menschentums und Erkennungszeichen ihres vornehmeren Ranges« erhoben. Der Müßiggang war immer nur bei den Armen ein Laster, und das Sprichwort sagt es bündig: »Sobald die Arbeit ist gethan, wird der Knecht ein unwerth Mann« *(vrna fit ingratus dum mox opus est operatus).*

Vielleicht sollten wir das etwas abgestandene Wissen um diese Doppelmoral nicht verwerfen, bevor wir wissen, wo Besseres zu haben ist. Denn wo uns die protestantische Aufwertung der Arbeit, zum Nennwert genommen, hinführen muß, lesen wir in Hannah Arendts Buch *Vita activa:* Diese hat nämlich »nicht zur Folge gehabt, daß man die Arbeitstätigkeit als gleichwertig und gleichberechtigt mit allen anderen menschlichen Tätigkeiten der Vita activa ansetzt, sondern hat zu ihrer unbestrittenen Vorherrschaft geführt«. Jede andere Aktivität findet sich dadurch, so Arendt, zum Hobby degradiert. »Die überschüssige Zeit des Animal laborans wird niemals für etwas anderes verbraucht als Konsumieren«, und die Konsequenz daraus lautet, »daß schließlich alle Gegenstände der Welt, die sogenannten Kulturgegenstände wie die Gebrauchsobjekte, dem Verzehr und der Vernichtung anheimfallen.«

Es kann hie und da guttun und ist wohl auch wichtig, zu wissen, daß sich die Menschen für den größeren Teil ihrer Geschichte gegen die Zumutungen der Arbeit verwahrt haben und nicht zu jeder Zeit soviel als möglich davon gesucht haben. Calvin zum Trotz wird dieser Umstand am Tag des Gerichts nicht zu Ungunsten, sondern zu Gunsten des Geschlechts Adams in die Waagschale fallen, wenn auch freilich ein gesundes Maß an Arbeitsscheu allein noch nicht alle Probleme der Welt erledigt. Wie der Gefährte des Kolumbus aus der *Sonnenstadt* berichtet, haben deren Einwohner schon vor der Entdeckung Amerikas und vor Luther erkannt, »daß die Welt sehr verderbt sei und die Menschen ihre Regierung unsinnig und nicht vernunftgemäß betreiben, so daß die Guten leiden und die Schlechten herrschen«.

Mai 1997

11 ■ EIN HAUS BAUEN

In der Hauptstadt der kalabresischen Emigration

Vom Ionischen Meer her kommend, aus der Hafenstadt Crotone an Kalabriens Ostküste, erreicht man San Giovanni in Fiore von oben. Ein Tunnel führt hinaus auf die hohe Brücke über den Neto, und bergab auf der *Via Panoramica* fährt man eingangs der Stadt am Hotel Kursaal vorbei, einem grauen Betonquader mit dem Rücken zum Tal, den Panoramablick der Gäste auf die Straße und auf die hohe Stützmauer am Hang gegenüber fixiert. In ihren Schweizer Jahren teilten Antonio und Domenico eine Zeitlang mit zwei weiteren Kompatrioten eine Wohnung im Haus Lorez, direkt dem Aroser Kursaal gegenüber, damals im Dorf noch das Begegnungszentrum mit der beliebten Expresso Bar, dem Kino und dem Nachtclub Cava Bar. Ansonsten aber, das Hotel Kursaal glücklich hinter uns, ist in San Giovanni in Fiore ein Schweizer Einfluß mit bloßem Auge jedenfalls nicht zu entdecken, schaut alles unvermischt kalabresisch aus, nach wie vor und bis auf weiteres, ganz besonders die zwanzig Jahre alten Rohbauten, die Fensteröffnungen zugemauert, um den Regen abzuwehren. Weit und breit keine Spur von Ausland. »Ich bin damals in die Schweiz gegangen, um etwas Geld zu sparen und ein Haus zu bauen.« Schon gestern hat Antonio die gleiche Antwort gegeben, und dabei bleibt es auch heute.

In seinem Haus habe ich bisher weder ein Erinnerungsstück noch einen einfachen Gebrauchsgegenstand als schweizerisch identifizieren können. Kein Indiz verrät den Saisonarbeiter, der sich zehn Jahre lang jeden Frühling auf der Baustelle im Schweizer Bergtal einfand, weder in der Küche, wo wir während der Mahlzeiten sitzen, noch im Wohnzimmer, wo wir uns später am Abend unterhalten, wenn wir nicht unten im Erdgeschoß bei Antonios Eltern sitzen. Der Vater,

Giovanni Battista, ist einundachtzig, Filomena, die Mutter, sechsundsiebzig, und das Einzige, will mir fast scheinen, was sich nicht verändert hat, seit ich vor exakt zwanzig Jahren zum letzten Mal hier war, sind Antonios Eltern.

Auch Antonios Ehefrau Rosamaria, die damals fünfundzwanzig war, hätte ich mühelos auf der Straße wiedererkannt, trotz der angegrauten Haare. Die Töchter Filomena und Teresa, die beide noch zu Hause wohnen, waren damals sieben und fünf. Tags fährt mich Antonio einige Stunden in der Stadt und Umgebung herum, von Verwandten, Freunden und Bekannten zu Bekannten, Freunden und Verwandten. Die übrige Zeit ruht er sich aus. Vor sechs Jahren wurde Antonio ein faustgroßes Geschwür aus dem Hals entfernt, auf der linken Seite, wo einst die linke Mandel war. Mitten durch die Unterlippe und das Kinn haben sie ihm den Kopf aufgeschnitten, dann weiter zwischen Kehle und Unterkiefer bis hinters Ohr und, von oben hinunter bis in die Achselhöhle dringend, den Krebsherd ausgeräumt. Anschließend wurde er bestrahlt und einer Chemotherapie unterzogen, zweimal drei Monate lang. »Die Krankheit konnte, ein Wunder«, sagt Antonio, »gestoppt werden.« Aber er geht keiner geregelten Arbeit mehr nach. Er macht Kommissionen und chauffiert die Familie durch die Stadt, seinen fünfzehnjährigen Sohn Giovanni Battista zur Schule und die Tochter Filomena zur Arbeit. Doch anders als bei meinen Besuchen in den siebziger und frühen achtziger Jahren bin ich nicht mehr ständig in seiner Begleitung, sondern alleine unterwegs, oft zu Fuß, und das in Italien, wo man bekanntlich mit dem Auto aufs Klo geht.

In meinem Zimmer oben, unter dem Dach von Antonios Haus, habe ich Zeit, meine Notizen zu ordnen und einen Blick zu werfen in ein paar neuere Bücher über die Geschichte der Sila, der Hochebene, die sich zwischen Cosenza und Crotone, im Herzen Kalabriens, auf einer Höhe von 1000 bis 1300 Meter über dem Meer rund vierzig Kilometer dahinzieht, durchsetzt von Bergzügen mit Gipfeln von bis zu 1900 Meter Höhe.

Ich hatte Antonio 1971 kennengelernt, zu Hause in Arosa, wo ich, achtzehnjährig, in den Sommerferien auf der Baustelle das Geld für die Fahrschule und meine ersten Reisen verdienen ging. In der ersten Stunde hatte Antonio mich willkommen geheißen – mit ein paar Brocken aus Deutschland noch, wo er vier, fünf Jahre zuvor einige Zeit in seiner Qualifikation des diplomierten Drehers gearbeitet hatte. Schon in der ersten Woche, es gab kein Entkommen, aß ich abends kalabresische *pastasciutta* in der Wohnung, die Antonio mit Arbeitskollegen und Landsmännern teilte. Ich staunte, mich zwischen diesen veränderten und doch immer noch vertrauten Wänden im Haus Lorez wiederzufinden, wo ich mich drei Jahre zuvor regelmäßig zu Besuch bei meinem Freund Lászlo aufgehalten hatte. Die ungarische Flüchtlingsfamilie führte zwar noch den Lebensmittelladen unten im Haus, war aber inzwischen aus dem Abbruchobjekt in ein großzügiges Chalet umgezogen, so daß sie nun den süditalienischen Gastarbeitern nicht mehr nur die Spaghetti und den Wein verkaufte, sondern zudem ihre ehemalige Wohnung zimmerweise untervermietete.

Die Tischrunde erweiterten zwei Arbeitskollegen, die nicht im Haus wohnten, doch alle sechs waren sie entweder, wie Antonio, aus San Giovanni in Fiore oder aus dem Nachbardorf Castelsilano. Ich hatte noch nie zuvor von San Giovanni in Fiore gehört, der berühmten Stadt. *Questo più grosso centro silano* wird sie von ihren einheimischen Journalisten gerne genannt, wohl damit man über dem größten unter den Zentren der Sila die vielen anderen nicht vergißt, und als *paese-metaforo della Calabria,* als ein Inbegriff Kalabriens, herausgehoben. 1972, im Jahr vor meiner ersten Reise in die Sila, erklärte Außenminister Aldo Moro bei einem Besuch, noch nirgends, wo immer er sich im Ausland aufgehalten habe, hätten unter den Emigranten, die ihn stets begrüßen kämen, die San Giovannesi gefehlt. Ein Wunder konnte es demnach nicht gewesen sein, wenn es sich ausgerechnet um Abgesandte dieser Hauptstadt der kalabresischen Emigration handelte, als ich zum erstenmal mit italienischen Gastarbeitern näher bekannt wurde – vom Großonkel Stefano abgesehen, der schon vor fünfzig Jahren in unser Graubündner Bergtal gekommen war, zu einer Zeit, als man noch aus Italiens hohem Norden, aus Bergamo und aus Chiavenna, in die Schweiz auswanderte.

Viel Zeit verbrachte ich nicht auf der Baustelle, wo man mich, den Gymnasiasten und Sohn eines der beiden Architekten im Dorf, als Arbeitskraft nicht ganz für voll nahm, statt dessen auch tagsüber mit kalabresischen Leckerbissen verwöhnte. Beim wiederkehrenden Winterwetter im Aroser Juli ließ man mich nach dem Feuer schauen, wo alle sich die Hände wärmen kamen. Dreimal drei oder vier Wochen waren es, und schon im zweiten Sommer war Antonio befördert worden und hoch oben im Kranhäuschen verschwunden, so daß ich unten auf der Erde mit der Gesellschaft Rosarios vorliebnehmen mußte, der ständig mit gespitzten Ohren herumging, dem Vogelgezwitscher hoch oben in den Tannen lauschend, wo er die Nester alle genau zu lokalisieren wußte, und dreimal am Vormittag und dreimal am Nachmittag mit dem Grinsen eines Schuljungen, der hinterm Haus zur Demonstration seiner Mannbarkeit die Hosen herunterläßt, mich einlud: »Vieni! Andiamo a prendercili, gli üccellini, sono molto buoni!« – Komm! Gehen wir sie uns holen, die leckeren Vögelchen. *I parienti su li rienti,* sagt das Sprichwort in der Sila – Die nächsten Verwandten sind die Zähne.

Die Freundschaft mit Antonio hielt an, auch als ich mein Taschengeld nicht mehr in den Sommerferien auf dem Bau, sondern leichter im Winter, als Hilfsskilehrer, verdienen ging. Ich aß im Haus Lorez, wenn ich aus Chur, wo ich zur Schule ging, am Wochenende nach Arosa kam, und eineinhalb Jahre später war es soweit, daß ich meine erste von bisher vier Reisen nach San Giovanni in Fiore und nach Castelsilano antrat.

Die ersten zwanzig Stunden Bahnfahrt entsprachen den Erwartungen. Ich war abends in Bellinzona, eine gute Stunde vor der italienischen Grenze, zugestiegen, und mein reservierter Platz im Waggon Stuttgart–Reggio war bereits besetzt; also saßen wir zu neunt im Achterabteil. Dann, nach dem Umsteigen in Marina di Páola, fing Kalabrien an, meine Vorstellungen von Süditalien zu korrigieren. Antonio, der mich aus Arosa, einer von Europas höchstgelegenen Gemeinden, kannte, wird es nicht für nötig gehalten haben, mir auseinanderzusetzen, was eine Bergwelt ist, und daß es das auch anderswo gab. Kaum hatte sie sich von der Küste abgewandt, ging die Diesellok auf Zahnradbetrieb, mittels dessen sie die gut vierhundert Höhenmeter hinauf zum Tunnel überwand, durch den sie unter dem 979 Meter hohen Passo Crocetta hindurch die kurze Schmalspurkombination glücklich nach der Provinzhauptstadt Cosenza brachte. Fahrzeit für die nicht ganz vierzig Kilometer: rund eineinhalb Stunden. An anderen Tagen, wenn die wetterabhängige Antriebskraft nicht reichte, gingen die Passagiere zu Fuß neben der Bahn her. *'E fare 'u passu pè quantu tieni 'a gamba,* sagt in der Sila das Sprichwort – Mach keine längeren Schritte, als du Beine hast. Italiens Staatsbahn FS (*Ferrovie dello stato* oder im Volksmund: *fiducia e sicurezza* – Vertrauen und Sicherheit) sollte erst 1987 auf Normalspur ins Innere Kalabriens vordringen: durch die neue Galleria Páola–Cosenza, die mit sechzehn Kilometern den Schweizer Gotthardbahntunnel an Länge um einen Kilometer übertrifft.

Viele der Heimreisenden wurden jetzt doch ungeduldig, es war später Nachmittag, gegen fünf Uhr, und der Zug nach San Giovanni, hieß es, fahre erst um sieben Uhr. Außerdem wußten sie mehr über dieses Verkehrsmittel als ich. Meinerseits ließ ich mich nicht erweichen, für eine letzte gute Stunde Autofahrt für wenig Geld ein geteiltes Taxi mitzufinanzieren. Nicht umsonst hatte ich ein Bahnbillet bis nach San Giovanni in Fiore gekauft, und bis heute bin ich stolz, *questo più grosso centro silano* noch im Zug erreicht zu haben. Die Bahn, die den Verkehr 1997 ganz einstellte, war schon damals, 1973, in der Krise. Die *Società italiana strade ferrate del Mediterraneo,* kürzer auch als *Società ferroviaria mediterranea* aktenkundig, hatte das visionäre Projekt dieser Schmalspurbahn Cosenza–Crotone 1911 in Auftrag gegeben – exakt zu der Zeit, als daheim in unserem Bergtal, das

Schanfigg heißt, energisch an der Chur–Arosa-Bahn gebaut wurde. 1922 konnte ein erstes kurzes Stück in Betrieb genommen werden, ehe neun Jahre später die Bahn auf 1272 Meter über dem Meer in Camigliatello Silano ihren Kulminationspunkt erreichte. Erst 1949 wurde weitergebaut, und 1956 erreichte der Zug bei der Jungfernfahrt den Kilometerstein 67: San Giovanni in Fiore Stazione.

Es war kurz nach zehn Uhr an diesem Märzabend 1973 und bitter kalt, als ich nach gut drei Stunden Fahrt ab Cosenza und Aufenthalten in ungefähr zwei Dutzend Bahnhöfen in San Giovanni in Fiore angelangt war. Bei Camigliatello, wo das Schmalspurgleis den Nadelwald, der die Sila zu großen Teilen bedeckt, für einen kurzen Abschnitt verließ, hatten die Felder noch unter einer robusten Schneedecke gelegen. Auch hier in der Stadt fand sich da und dort ein harter schmutziger Schneerest am Straßenrand. In gewisser Hinsicht fühlte ich mich hier Graubünden wesentlich näher als etwa in Mailand, und dabei würde es bleiben, noch bei diesem bisher letzten Besuch im Frühsommer, wenn der Ginster blüht und in den Hügeln rund um San Giovanni die entwaldeten Partien leuchtend heraustreten, kompromißlos gelb wie sonst in der Landschaft nur Rapsfelder. Einige Ausläufer dieser Pracht sind in die Steilhänge der Stadt vorgedrungen, wo die Häuser förmlich aufeinanderstehen und nur die gelben Ginstertupfer zwischen vereinzelten Gruppen hoher Fichten in den felsdurchsetzen Abbrüchen das unabsehbare Gemäuer etwas auflockern.

Wenn es auch keine Stadt des Fußballs ist, noch des konventionellen Fahrrads, so ist San Giovanni nichtsdestoweniger eine italienische Stadt. Auf den verwinkelten Stiegen, die auf einem knappen Kilometer Höhendifferenzen von 200 Meter überwinden, wird man unfehlbar innehalten, über die Ziegeldächer hinunter zu Tal blicken und sich in einem Augenblick konzentrierter Ruhe – wie hieß es in dem dünnen Fremdenführer, der im kleinen Souvenirladen der Abtei auflag – der »tiefen Spiritualität des Ortes« versichern. Im späten zwölften Jahrhundert war der Zisterzienserabt Joachim von Fiore aus dem Kloster Corazzo bei Cosenza in die Sila hinaufgestiegen. Nachdem er einen Rückruf des zisterziensischen Generalkapitels mißachtet hatte, gründete der entlaufene Mönch 1189 die Abtei von San Giovanni, benannt nach Johannes dem Täufer, Giovanni Battista, und verkündete die Heraufkunft des dritten Zeitalters, nach den Zeitaltern des Vaters und des Sohnes nunmehr jenes des Heiligen Geistes. Joachim und seine Mönchsgefährten, künftig bekannt als die Florenser, machten sich bald über die Region hinaus einen Namen, und 1989, zum achthundertjährigen Geburtstag der Abtei, fand sich Papst Johannes Paul II. in San Giovanni in Fiore ein.

Die *vita contemplativa,* der sich die Gründer der Stadt verschrieben, mußte eine nachhaltige Wirkung hinterlassen. Die Bars machen alle kurz nach zehn Uhr zu, und zwar spätestens. Aber nicht nur die Nacht ist lang in San Giovanni. Wenige San Giovannesi haben eine Arbeit, um zu diesem Punkt zunächst nur soviel anzumerken, und über der Stadt mit ihrem gedämpften Ton, als stünde sie zur Hälfte leer, liegt kompakt und solide etwas von der Getragenheit eines katholischen Feiertags. Während man abends im Bett einnickt, streift durchs Gehirn lustwandelnd die Frage, wie viele Tage der Feiertag nun diesmal wieder gedauert haben mag.

Mag sein, wenn der Gedanke oft in der Ferne weilt, daß es auch daher kommt. Nicht erst Antonio, schon sein Großvater war weggegangen, um, wie Antonio es von sich sagte, etwas Geld zu sparen und ein Haus zu bauen. »Si nasce con l'idea di andare in America«, zitiert eine Studie von 1910 Domenico Lopez, den *Consigliere provinciale* aus San Giovanni in Fiore; man kommt zur Welt mit der Idee, nach Amerika zu gehen. »Das ist ein Infekt, dem keiner widersteht«, und »ohne Emigration jedenfalls«, ergänzt das Bild drastisch Bürgermeister Giovanni Foglia in einem Zeitungsinterview von 1907, »hätten wir hier längst den offenen Aufstand«. Zwischen 1890 und 1914 fuhren – nach offiziellen Zahlen, die als entschieden zu niedrig angesehen werden – 5059 San Giovannesi über den Atlantik. Einige blieben in den USA, viele kehrten nach drei, vier Jahren zurück mit 4000 bis 6000 Lire, was heute vielleicht 25 bis 35 Millionen oder 15 000 bis 20 000 Euro entspricht. In den unteren Lagen der Stadt, nicht weit von Joachims Abtei, führen noch einige Gassen – das Kopfsteinpflaster weist den Weg – zwischen Reihenhäusern hindurch, wie sie um die vorletzte Jahrhundertwende mit solchen Ersparnissen aus Amerika gebaut wurden.

Der amerikanische Kern von Antonios Haus war bescheiden, ein Geschoß mit zwei Räumen. Noch 1960 wohnte er da mit seinen Eltern, vier Geschwistern und Großeltern, neun Personen auf insgesamt 35 bis 40 Quadratmetern. Der Vater war Landarbeiter, erst im Taglohn, dann eingestellt bei einem größeren Landwirtschaftsbetrieb; die Mutter wusch unten am Fluß. Auch ihre Geschwister waren in Scharen ausgewandert: Mutter Filomena hat drei Brüder in Frankreich mit insgesamt sechzehn Nachkommen, unter ihnen ein Arzt und ein Professor, zwei weitere Brüder in der Schweiz mit acht Nachkommen, alle entweder in Luzern oder in Frick zu Hause. Vater Giambattista hat einen Bruder mit drei Nachkommen in Frankreich. Natürlich sind auch ein Bruder von Antonios Ehefrau Rosamaria und zwei ihrer Cousins in der Schweiz, eine Tante in den Vereinigten Staaten.

Antonios sechs Onkel waren nach dem Krieg ausgezogen, als sich die Hoffnungen auf einen Aufschwung in den späten vierziger und frühen fünfziger Jahren zerschlugen. Vielleicht sind von den Arbeitsemigranten jener ersten Nachkriegsgeneration weniger zurückgekehrt als von den Bauarbeiterscharen der sechziger und siebziger Jahre. Doch wie viele sind von diesen zurückgekehrt?

Man darf sich nicht täuschen lassen durch die wiederholte Feststellung, daß es in Kalabrien offenbar ausschließlich Rückkehrer gibt. Dessen vergewissert man sich am ersten Tag, im Aerhotel Phelipe, gleich außerhalb des Flughafens von Lamezia Terme, fängt es an. Zwar ist hier von der Schweiz fast noch weniger festzustellen als oben in der Sila. In Lamezia Terme hat man das Alpenland weit hinter sich gelassen, in einer tief versunkenen Zeit, scheint es. Die

Glühbirne zum Beispiel ist hier überwunden, falls sie nicht gleich übersprungen wurde: Aus seinem Inneren heraus und umgeben von einem ganzen Kranz von Kandelabern erstrahlt das Aerhotel Phelipe in unvermischtem Halogen, von weitem anzusehen wie die nachglühende Ruine einer ausgebrannten Chemiefabrik. Oder vielleicht ist es nur ein Supermarkt. Seit fünfzehn Jahren war ich nicht mehr richtig in Italien gewesen, außer ein paar Kilometer von der Schweizer Grenze am Lago Maggiore, und ich weiß nicht so genau, worauf ich gefaßt war, obschon ich irgendwo gelesen oder gehört hatte, Italien – das sei die Avantgarde des Schlimmsten.

Aber ganz anders steht es um die Menschen. Gewiß doch ist der Concierge, mit dem ich im Minibus des Hotels in der Stadt unterwegs bin, erst vorletztes Jahr zum letzten Mal in der Schweiz gewesen. Er ist aus S. Pietro a Máida, einem kleinen Ort zwanzig Kilometer südlich von Lamezia, und dort, sagt er, gingen alle immer nach Dietikon bei Zürich, wo fast jede Familie heute noch Verwandte habe. »Meine Tochter hier ist 1974 im Kanton Luzern geboren«, hat schon am Abend zuvor am Tresen der Bar gleich neben dem Hotel der Inhaber gesagt, »und meine andere da drüben 1976. In Hergiswil haben wir gewohnt«, am Vierwaldstättersee.

Diese Art von Schweizer Präsenz in Kalabrien kann sich weiterhin nur verdichten, nicht nur in Castelsilano, wo ich zwei Tage später mit Antonio die Familie Domenicos besuche, seines besten Freundes aus den Aroser Jahren. Nicht nur Domenicos Vater Peppino und Domenicos Bruder Peppino, nicht nur Gabriele, Salvatore, Franco und Francos Vater Domenico, die wir in dem Dorf neun Kilometer von San Giovanni besuchen, haben in Arosa gearbeitet, manche von ihnen zehn Jahre und länger. Nein, auch die älteren Männer, die gegenüber den Putz ausbessern, als wir aus dem Haus von Domenicos Eltern treten – ja, alle drei, und falls in Castelsilano ein Mann nicht in Arosa auf dem Bau gewesen sein sollte, dann in Wettingen oder in Baden.

Doch daß offenbar so gut wie alle Silani und überhaupt die meisten Calabresi irgendwann ihre Jahre in der Schweiz abverdient haben, bedeutet bis heute nicht, daß alle, die auszogen, auch zurückgekehrt sind. Gleich am Ortseingang hat uns eine Frau angehalten, sie habe gehört, in der Gegend seien *Inglesi* gesehen worden, in der Tat, ausgerechnet Engländer, die ein Haus kaufen wollten, und in Castelsilano steht nicht nur Domenicos Haus leer, sondern das daneben und die drei gegenüber genauso, auch wenn nicht alle Besitzer in Arosa, Wettingen oder in Baden sind. Oder, wie ausnahmsweise Domenico, im Kanton St. Gallen, so habe ich gehört. Einer von ihnen ist in Rom, einer in Turin, und es mag sein, daß dort einer gerne von seiner baldigen Rückkehr spricht.

Es ist eine lange Geschichte. Was auch immer jeweils zu seiner Zeit an Fortschritt, an Visionen und Projekten von Entwicklung und Aufstieg das kalabresische Hochland der Sila erreichte: Statt die wirtschaftlichen Voraussetzungen für den Anschluß an eine westeuropäische Gegenwart zu schaffen, brachte die Region anstelle der Arbeitsplätze nur wieder einen neuen Schub von Arbeitskräften hervor, die aufgrund ihrer Qualifikation fortan wenn überhaupt, dann mehr oder weniger fern von der Heimat gefragt waren. *Carbone bianco* hieß nach dem Ersten Weltkrieg das Wort der leuchtenden Zukunft – die weiße Kohle oder das hydroelektrische Potential der Sila, einer der niederschlagsreichsten Gegenden Italiens. An das ehrgeizige, fünf künstliche Seen mit einem Gesamtvolumen von 170 Millionen Kubikmeter umfassende Großprojekt knüpften sich hochfliegende Hoffnungen einer lokalen Industrialisierung. Doch das Vorhaben stieß zugleich auf heftigen Widerstand von Politikern, die im Namen der Bauernschaft auftraten und die Gemeinden der Sila schon von den auswärtigen Elektrizitätsgesellschaften um fabelhafte Gewinne betrogen sahen. In den zwanziger Jahren wurden immerhin die beiden Dämme des Lago Arvo und des Lago Ampollino an den gleichnamigen Zuflüssen des Neto realisiert, und über fast ein Jahrzehnt beschäftigten die Baustellen, obwohl einige frühzeitig wieder geschlossen wurden, im Mittel etwa 2000, zu Spitzenzeiten gegen 4000 Arbeitskräfte, darunter gut über 1000 aus San Giovanni in Fiore. Nur wenige von ihnen sollten in die Landwirtschaft zurückkehren, die große Mehrheit zog aus nach Norden und in die Großstädte.

Der Weg aus den historischen Tiefen der Bourbonenherrschaft über Neapel und Sizilien war weit für die Sila und ihre *città-paese* San Giovanni. Hundert Meter am Hang über Antonios amerikanisch-schweizerischem Haus ducken die Häuser sich um jenen mächtigen Bruchsteinkubus, den offenbar niemand als Monument zu erhalten gedenkt, dessen Sturz aber noch heute bevorsteht: der Palast des Barons. An das spanisch-französische Vorleben erinnert auch San Giovannis Telefonbuch, wo Familiennamen wie Lopez oder Oliverio zu den Spitzenreitern gehören. Trotz Eisenbahn, hydroelektrischen Kraftwerken und trotz einer städtischen Wasserversorgung, die auf ein erstes Netz von 1908 zurückgeht, dauerte das neunzehnte Jahrhundert mit seinem feudalen Grundbesitz bis über den Zweiten Weltkrieg hinaus. Erst dessen Ende brachte die überfällige umfassende Landreform. Doch staatlich geförderte Infrastrukturprogramme zogen, statt den Agrarsektor nachhaltig zu revitalisieren, nur wiederum Arbeitskräfte ab und schulten sie um. Die Landwirtschaft dieser Bergwelt, das weltliche Vermächtnis Joachims und der Florenser Spiritualität und Enthaltsamkeit, blieb ein kommerziell hoffnungsloser Fall. Während die Produktion auf ein Niveau familiären Eigenkonsums sank, behielt sie wie manchenorts in Europa eine Bedeutung nur mehr für die Landschaftspflege. Ein nennenswertes wirtschaftliches Potential boten allein die umfangreichen Waldbestände der Sila, und das einzige Geschäft, das in der Nachkriegszeit leidlich florierte, war Holz.

Ogni spicchju è spacchju, sagt das Sprichwort der Sila – Jede kleine Hilfe ist gut –, und die Lösung, die anderswo winkt, entfernt immerhin vom Problem, das sie hier zurückläßt; und wenn sie es nicht aus der Welt schafft, so verändert sie es immerhin. 1911 hatte San Giovanni etwas über 16000 Einwohner; vierzig Jahre später waren es gut 18000. Nachdem die Wohnbevölkerung schon seit 1951 leicht rückläufig gewesen war, beschleunigte sich die Emigration in den frühen sechziger Jahren und erreichte in den Jahren 1967 und 1972

Höhepunkte von jeweils gegen 50 auf 1000 Einwohner, zur großen Mehrheit angehende Familienväter. Während die Stadt von 1961 bis 1971 sieben Prozent ihrer Bevölkerung einbüßte, zeichnete sich bereits eine damit zusammenhängende Entwicklung ab: Im selben Zeitraum nahm der Wohnraum in San Giovanni um 22 Prozent zu.

Mit dem Geld, das zu sparen sie alle ausgezogen waren, baute nun daheim in der Sila ein jeder sein Haus. Das Schweizer Saisonnierstatut war dieser Betätigung besonders förderlich, da die allermeisten kalabresischen Gastarbeiter Jahr für Jahr zwangsweise für drei bis vier Monate nach Hause zurückkehrten, wo jeder seine eigene Baustelle eröffnete. Fünf, zehn, fünfzehn, zwanzig Jahre lang bauten sie an ihrem Haus, eines größer als das andere, ein Stockwerk für jeden Sohn, dazu einige Stockwerke zum Vermieten. Und wenn sie nicht weiterbauen, so sind allzu viele damit jedenfalls bis heute nicht fertig geworden und werden damit vielleicht niemals fertig werden. Schon in den fünfziger und sechziger Jahren hatte als einziger Wirtschaftszweig der Bausektor einen rasanten Zuwachs zu verzeichnen: 1951 bis 1961 um 127 Prozent und 1961 bis 1971 nochmals um 40 Prozent. Die Zahl der Wohnungen wuchs unentwegt weiter: 1971 bis 1981 um 45 Prozent, 1981 bis 1991 um weitere 13 Prozent, nach offiziellen Angaben wiederum, die allgemein für zu niedrig erachtet werden. Im selben Zeitraum stieg die Wohnbevölkerung Ende der siebziger Jahre noch einmal, erreichte 1981 einen Höhepunkt von rund 20000, ehe sie wieder zu sinken begann. Heute beziffert sie der *Anagrafe,* das italienische Einwohnermeldeamt, mit 18700, und unterdessen bietet die Stadt, so versichert Stadtrat Franco Laratta, Mitglied zugleich der Regierung der Provinz Cosenza, Wohnraum für mindestens 50000 bis 60000 Personen. In gewissen Vierteln, Antonio hat mich gestern durch Ferrantiellu geführt, sucht man ganze Straßenzüge vergeblich nach einem Zeichen von Leben ab, und hätte ich nicht nur Augen für das Hotel Kursaal gehabt, wäre es mir schon bei der Ankunft aufgefallen, daß auch unter den Mehrfamilienhäusern oben an der *Via Panoramica* etliche leer stehen. »Gänzlich außerhalb des Marktes«, schreibt Giuseppe De Luca, Urbanist aus San Giovanni, eine »enorme überflüssige Betonanmassung«, die sich den Berg hochschiebt, über den Stadtrand hinauswuchert und in der ginstergelben Umgebung Metastasen bildet. »Erbaut ohne jede Vorstellung von Raumplanung«, und, so De Luca, gestützt auf eine amtliche Bestandsaufnahme von 1991, 43 Prozent aller Einheiten ohne Baubewilligung.

Im Sommer 2001 sind beim *Anagrafe* 6157 San Giovannesi als »im Ausland wohnhaft« gemeldet, 2012 von ihnen in der Schweiz, 1422 in Kanada, 1170 in Frankreich, 480 in Deutschland, 363 in den USA und so weiter. 1961 waren es 7350, 1971 gar 9950. Nicht durch Rückkehr sind es weniger geworden, wie die sinkende Einwohnerzahl der Stadt zeigt, sondern durch Assimilation im Ausland. Laut Franco Laratta leben in Wahrheit mindestens ebenso viele San Giovannesi im Ausland wie in der Sila, und die Frau, die mir im *Municipio* die soeben angeführten Zahlen gegeben hat, tat es nicht, ohne mir dabei die Adressen wenigstens einiger ihrer Verwandten in der Schweiz aufzuschreiben.

Was täten sie hier, wenn sie in Massen zurückkehren wollten? Im *Ufficio del collocamento,* dem Arbeitsamt von San Giovanni, sind 5513 Arbeitslose gemeldet, 2380 männlich, 3133 weiblich. Man rechne: Nach den Angaben des offiziellen statistischen Amts *Istat* von 1991 beträgt der aktive Anteil an Kalabriens Gesamtbevölkerung 39 Prozent, für San Govanni nur 38 Prozent. Daraus ergibt sich für die Stadt eine Zahl von 7106 Einwohner im arbeitsfähigen Alter. Davon 5513 arbeitslos: das wären 77,6 Prozent. Laratta rät zu etwas Zurückhaltung, manche sind als arbeitslos gemeldet, die arbeiten, mindestens teilweise, oder studieren. Vielleicht sind nur 50 Prozent arbeitslos? Die Löhne in San Giovanni sprechen eine eigene Sprache: Antonios 27jährige Tochter Filomena arbeitet ganztags als Buchhalterin und bezieht – in der Europäischen Union notabene – ein Monatsgehalt von 500000 Lire, das sind rund 250 Euro, was auch Luigis Tochter in ihrer Vollzeitstelle an der Kasse des Supermarkts an der

Straße nach Castelsilano verdient. Auch Luigi war in Arosa, bevor er weiter nach Norden zog. Die Familie lebt in Castelsilano, er mittlerweile seit 25 Jahren in Deutschland.

San Giovanni, *questo più grosso centro silano,* ist, vom Ginster abgesehen, zwar keine Augenweide, aber die Situation in diesem *luogo-laboratorio,* dieser Versuchsanstalt der regionalen Ökonomie, nimmt sich für Rückkehrer vielleicht ein klein wenig freundlicher aus als in den meisten der umliegenden Dörfer. In den zehn Jahren von 1961 bis 1971 erhöhte sich dort die Zahl der Mittelschulen und Berufsschulen von null auf acht, und seitdem entwickelte sich die Bildungshauptstadt der Sila immerhin auch zu deren administrativem Zentrum. Zur agrarischen Naturalienwirtschaft kommen außerdem die Erfordernisse der italienischen Mobilität hinzu, das Auto! *'U riavulu un tena piecure e binna lana,* sagt in der Sila das Sprichwort – Der Teufel hat keine Schafe und verkauft doch Wolle. Beinahe in jeder Familie, hat man den Eindruck, gibt es wenigstens einen Automechaniker mit eigener Werkstatt, und natürlich gehört dazu Antonios jüngerer Bruder Costantino. In diesem einen Punkt fällt die Sila nicht aus dem Rahmen der westeuropäischen Volkswirtschaften: Auch in Deutschland, las ich kürzlich, lebt einer von sechs oder sieben Beschäftigten von den Automobilisten, diesen ebenso tatendurstigen wie unerschütterlichen Verfechtern des Automobilismus. Eine entsprechend prominente Stelle nehmen unter den Geschäften diejenigen ein, über denen *Auto ricambi* steht – Ersatzteile. Antonio behauptet zwar, in San Giovanni gebe es davon nur vier, aber schon in der folgenden halben Stunde zähle ich mehr, und noch immer würde ich davon ausgehen, daß man von jedem Punkt in der Stadt binnen fünf Gehminuten eines erreicht. Vergessen wir nicht die virtuelle Mobilität, zumindest die passive der Television, und Antonio selber installierte nach seiner Rückkehr aus der Schweiz zwanzig Jahre lang Fernsehgeräte.

Was jedoch einer in seiner Freizeit tut, ist mir bis heute rätselhaft geblieben, es sei denn, er repariert gerade sein Auto – oder er baut womöglich an seinem Haus! In den Monaten

Juli und August, gemeinsam mit seinem fünfzehnjährigen Sohn Battista, der es lernen muß, baut auch Antonio weiter an seinem Sommerhaus an der Küste unten, bei Isola Capo Rizzuto, auf dem Land seiner Ehefrau Rosamaria, mit dem ihr Großvater einst für sein Land entschädigt wurde, das durch den Damm am Arvo überflutet wurde. Drei Kinder, vier Stockwerke. Was aber, wenn das Haus doch einmal fertiggebaut ist, und das in einem Dorf wie Castelsilano mit seinen 1500 Einwohnern und, wenn es hoch kommt, noch 100 Schulkindern? Die mittlere Größe der kalabresischen Familie liegt heute nicht mehr wesentlich über dem italienischen Durchschnitt, wohl aber der Anteil der Betagten.

Ein ausgeprägtes Gefühl für Heimat oder wenigstens für die Herkunft entsteht, wie man oft hört, nicht unbedingt im ungestörten Dasein nahe den Wurzeln, sondern im Gegenteil im Exil, in der Ferne, die in vielen Fällen die Fremde genannt wird. Antonios Freund Domenico war zwölf, als er 1962 mit seinem Vater nach Mailand zog und sogleich auf dem Bau als Handlanger zu arbeiten anfing. Drei Jahre später war er nochmals für ein Jahr zu Hause, bevor er 1967 zum erstenmal in der Chur–Arosa-Bahn die 1200 Höhenmeter überwunden hatte und, aus dem Zug steigend, auf den noch gefrorenen Obersee hinausblickte. Zehn Jahre lang – unterbrochen nur durch seinen Militärdienst 1971 bis 1972 – kehrte er jedes Jahr als Saisonnier nach Arosa zurück, sparte Geld, um sich in Castelsilano ein Haus zu bauen, bis er 1977 die permanente Aufenthaltsbewilligung erhielt und im Jahr darauf Brigitta heiratete. Sie war sechzehn gewesen, als er sie drei Jahre zuvor kennengelernt hatte, und da sie noch immer nicht volljährig war, hatten die Eltern von Amts wegen ihr Einverständnis zu geben.

Vorerst blieben Brigitta und Domenico in Arosa, und zwei Jahre lang fuhr Domenico jeden Samstag morgens um vier Uhr los, nach Gordola in die Südschweiz, wo er die Polierschule absolvierte. Abends um zehn war er zurück. 1980 zog die Familie um nach Sirnach, St. Gallen, wo Brigitta aufgewachsen und zur Schule gegangen war.

Und wenn sie nicht gestorben sind, so leben sie heute noch da. Eine Nachforschung kann es nur bestätigen. Domenico holt mich in Sirnach am Bahnhof ab. Zuerst fahren wir ins *Centro del Comitato scuola e familia,* trinken *caffè* und dann einen Campari Soda. Kein Zweifel, Calabria ist da, und Domenico war mehrere Jahre lang Mitglied des elfköpfigen *Comitato,* der staatlichen Emigrantenorganisation, die jährlich ihre *assemblea,* die Vollversammlung, abhält und dabei mit der Präsenz von fünfzig bis hundert Landsleuten rechnen darf. Das *Comitato* bietet die *Befana* auf, die alte Hexe, die am Dreikönigstag immer Italiens Kindern die Geschenke bringt, organisiert außerdem jährlich einen Schülerausflug und, nicht zu vergessen, das *Festival degli stonati,* der Verstimmten oder Falschsingenden, wo der oder die den Preis gewinnt, die von allen am falschesten singt. Da gibt es nicht nur die *squadra* Stella d'Italia, die in der Ostschweiz in der 3. Liga spielt, am lokalen Grümpelturnier beteiligen sich jedes Jahr 14 bis 16 Mannschaften, aus Sirnach und Umgebung, aus der übrigen Schweiz hergereiste und regelmäßig auch ein oder zwei, die den Weg aus Italien unter die Räder genommen haben.

Wäre die Dauer des Lebens im Exil ein Gradmesser für die Stärke des erwähnten Gefühls für die ferne Heimat und der Sehnsucht nach dem verlorenen Zuhause, dann ist Domenico lange genug weg gewesen, um sich nach der Sila zurückzusehnen. Letztes Jahr hat er seinen Fünfzigsten gefeiert. Seit 38 Jahren arbeitet er, und bei der Arbeit, »das kannst du mir glauben«, sagt er, »und du wirst es selber wissen, ist heute nichts mehr wie noch vor fünfzehn Jahren. Heute hast du drei Männer, wofür du damals fünf hattest. Und zwar bei jedem Wetter!« Domenico ist einer von denen, die von der baldigen Rückkehr sprechen – in ein paar Jahren, nicht wahr. Seine Töchter Caterina und Isabella sind 23 und 19. Bald wird auch Isabella ausfliegen, und der Tag ist nicht mehr fern, da Domenicos Optionen nicht in erster Linie eine Frage des Geldes mehr sein werden. Bloß eben – trotz seiner vielen Berufe – und obwohl er bereits im Garten seines Hauses in Sirnach Salat und Gemüse zieht: Was täte

Domenico in Castelsilano, solange der Tag 24 Stunden hat?! Wird er im Wald unterwegs sein mit seinem Bruder Peppino, der letztes Jahr achtzig Kilo Steinpilze sammelte? Oder einem Freund oder Verwandten ein Haus bauen helfen? Einen richtigen Maurer hat er in Castelsilano noch keinen gesehen, sagt er, oder höchstens einen oder zwei. Er fände dies und das zu tun, da zweifelt er nicht. Trotzdem wetten Peppino und dessen Frau Gina in Castelsilano, daß es Domenico – anders als die Engländer, die sein Haus kaufen wollen, falls es sie gibt – am östlichen Abhang der Sila mit Weitblick aufs Ionische Meer längstens drei, vier Monate aushielte.

Auch seiner Schweizer Ehefrau Brigitta ist die Frage nicht unbekannt, davon abgesehen, was sie selber in Castelsilano täte, nachdem sie zu Hause in Sirnach nicht nur gekocht und geputzt, sondern seit sechzehn Jahren wieder wie zuvor als kaufmännische Angestellte gearbeitet hat. Zudem weiß sie, wovon sie spricht. Sie hat schon einmal zwei Jahre in Castelsilano gelebt, 1982 bis 1984, dreiundzwanzigjährig war sie, als sie ankamen, Caterina drei Jahre, Isabella drei Monate alt. So hielt sich die Langeweile in Grenzen, obwohl Domenico, der in dieser Zeit in Libyen und Saudi-Arabien auf dem Bau arbeitete, sie bei seiner Familie zurückgelassen hatte. Caterina und Isabella werden schwerlich nach Castelsilano umziehen, obwohl sie jedes Jahr in den Ferien nach Kalabrien fahren und sich da sehr wohl fühlen. Heute aber würde Brigitta selbst nach Großmutterpflichten vergeblich Ausschau halten. Die einheimische Jugend zieht aus, auch Peppinos älterer Sohn Pietro wird bald soweit sein, und Domenicos Schwester Filomena lebt mit ihrer Familie seit zwölf oder dreizehn Jahren in Deutschland.

In Antonios Haus bin ich auf der Suche nach handfesten Indizien einer Schweizer Vergangenheit ohne Hilfe nicht fündig geworden. Die Kuckucksuhr an der Wand hinter der stets offenstehenden Küchentür entzog sich meinem Blick. Dem Aschenbecher bei Antonios Eltern und dem Besteck oder in der Garage dem Werkzeug war die schweizerische Herkunft kaum anzusehen. Schon eher Frau Rosamarias Bügeleisen, Marke Jura, oder in Peppinos Glasschrank die Bierhumpen. Was Antonio sonst aus der Schweiz mitgebracht hat? Die Pünktlichkeit und die Zuverlässigkeit, sagt die Tochter Teresa, aber schließlich hat sie ihn vor seiner Schweizer Zeit nicht gekannt, fügt sie lachend hinzu. In Domenicos leerstehendem Haus aber, durch das mich Peppino führt, ist – ja, doch – die Schweiz in Kalabrien endlich mit Händen zu greifen. Domenico, der schon einmal mit seiner Schweizer Familie nach Kalabrien zurückgekehrt ist, hat einen guten Teil der beweglichen Habe aus der Schweiz mitgebracht. Wird er also Sirnach, wo er ebenfalls im Eigenheim wohnt, weniger vermissen? Weniger als in Sirnach Castelsilano?

In seinem Haus an der Fischingerstraße kann ich keinen Einrichtungsgegenstand aus Kalabrien ausfindig machen, nur gerade eine kunststoffrustikale Flasche Lacrime Christi. Aber Calabria liegt auf dem Teller, nicht nur in Gestalt der *pastasciutta* mit dem pikanten *sugo,* dessen Zubereitung mir einst im Haus Lorez in Arosa beigebracht worden war. Vergeblich habe ich nach dem Pergament gesucht, worauf Antonio und Domenico mir meine einschlägige Kompetenz bescheinigt haben. Die eingemachten Steinpilze von Peppino liegen da, der *capicollo* und der *vujiulu,* die geliebten Speckstücke vom Nacken und Hals, und wenn er oder ein Zugewandter sie nicht aus Kalabrien mitgebracht haben, kauft Domenico sie in der Schweiz und behandelt sie selber. *'U russu vena do mussu,* bestätigt es in der Sila das Sprichwort – Eine gute Gesundheit kommt vom guten Essen. Den Wein kauft er nicht zu Hause in der Sila, aber doch jenseits der Grenze im Piemont.

Das ist allerdings bei weitem noch nicht alles! Hinter ihrem Teller sitzt Isabella, blond fast wie die Mutter Brigitta, und sagt, in hellem St.-Galler-Deutsch, sie sei – jawohl! – eine Ausländerin, als wollte sie sich mit etwas Geringerem auf gar keinen Fall zufriedengeben. Aber ganz sicher sagt sie es lachend und hübsch wie fast nur eine Italienerin, und Brigitta bestätigt, im Gemüt sei Isabella wahrhaftig eine Italienerin, und Isabella selbst sagt, man habe sie schließlich lange genug eine Spaghettifresserin geschimpft. Leider habe sie das sogar davon abgehalten, am Mittwochnachmittag in die Schule des *Comitato* zu gehen, den wöchentlichen italienischen Ergänzungsunterricht zu besuchen, den Emigrantenkinder mit der *Terza media* abschließen können, was einem Schweizer Sekundarschulabschluß entspricht. Erst während der Lehre, in der Berufsschule des Kaufmännischen Vereins, habe sie Italienisch schreiben gelernt, zuvor habe sie es kaum lesen können.

Wir Schweizer erinnern uns noch an die Italiener, doch allzu viel spüren wir nicht mehr von ihnen, und in der Pizzeria verstehen viele Kellner kein Italienisch mehr. Doch es muß sein, wie Isabella sagt, daß sie in der Schweiz noch immer anwesend sind, denn überall, wo sie sich aufhalte, spreche sie unter anderem italienisch, tagtäglich, von klein auf bis heute, auch zu Hause natürlich, wenigstens wenn auch der Vater daheim ist, und vielleicht, flechte ich ein, ist ja in gewisser Weise bereits Brigitta eine Italienerin, und so abwegig erscheint mir das plötzlich nicht mehr bei ihrer so unkomplizierten, ganz offenen Art – ein Beweis immerhin, daß sie gründlich, ja fast mit Schweizer Gewissenhaftigkeit über die Schweiz hinausgesehen hat.

»Ich weiß wirklich nicht, wer ich bin«, sagt Isabella, und das scheint sie nicht im mindesten zu stören, »wahrscheinlich eben eine Doppelbürgerin«, fügt sie schulterzuckend an. »Aber die Italiener sind ja auch Leute, die sich anpassen«, sagt sie, »nicht wie andere, die ständig an allem herumstänkern und an nichts in der Schweiz einen guten Faden lassen können.« Sie habe kein solches Bedürfnis, und manchmal gehe ihr das auf die Nerven. Nicht, daß sie an der Schweiz zu sehr hängt, bis jetzt jedenfalls, und wenn auch vielleicht nicht gerade in Castelsilano, so doch in einer der italienischen Städte würde sie jederzeit gerne arbeiten und leben, wenn sich dazu eine Gelegenheit ergibt.

Anders als Isabella erinnert sich Domenico noch an die Rechtsradikalen Schwarzenbach und Öhen, an ihre Überfremdungsinitiativen der siebziger Jahre und an die mühseligen Prozeduren am Schweizer Zoll von Chiasso, wo die

Italiener aus dem Zug geholt wurden, die Reisedokumente abzugeben, sich auszuziehen und einer medizinischen Untersuchung zu unterziehen hatten, bevor man sie eventuell weiterreisen ließ. Doch nicht Schweizer Fremdenfeindlichkeit ist es, was seinen Traum von der Sila lebendig hält. Warum könnte dabei nicht sogar die eine oder andere Schweizer Inspiration eine Rolle spielen? Auch Antonio hat mich schon am ersten Tag zur höchsten Erhebung von San Giovanni in Fiore hinaufgefahren, vorbei an der Ruine eines städtischen Hallenbads, in dessen Fünfzigmeterbecken niemals Wasser eingelassen wurde. Zuoberst steht die *Scuola Florens,* eine gastronomische Fachschule – zur lokalen Nachwuchsförderung einstweilen für das Hotel Edelweiß zwischen den Chalets von Camigliatello, der zeitlosen Alpenarchitektur auf dem Dach Kalabriens. Man braucht nicht immer von den Skilifts dort zu reden, winkt Domenico ab. Früher seien im Sommer die Leute aus Crotone nach Castelsilano heraufgekommen, um sich für ein, zwei Monate ein Haus zu mieten und die Frische zu genießen. Vielleicht täten sie das heute noch, meint Domenico, wenn jemand nicht Preise machen wollte wie auf Capri und dennoch etwas zu bieten hätte. Gäbe es eine schönere Landschaft als die Sila – für Ausflüge auf dem Pferderücken?

Silani – nicht nur Schweizer – glauben an ihre Berge und daran, daß diese gegenüber der Küste unwägbare Vorzüge zu bieten haben, für die Gesundheit und Frische von Leib und Seele. Sogar die Mafia ist weiter weg als in den großen Städten unten, obwohl man auch in San Giovanni hie und da etwas davon zu spüren bekommt. Rosarios Schwiegervater, den schon bei meinem letzten Besuch vor zwanzig Jahren alle nur *u mafiusu* nannten, ist letztes Jahr umgebracht worden. *'U pisciu puzza da capu,* sagt das Sprichwort in der Sila – Die Fäulnis kommt von oben, vom Capo der Familie – und bei der Mafia in besonderem Maß. Noch in San Giovanni, der Stadt der Florenser, ist das Thema Mafia gut genug, dem kalabresischen Nationalismus auf den Zahn zu fühlen. Kalabresen, zumal vom Hochland, reden nicht gewohnheitsmäßig schlecht von sich selber; aber auch nicht gut. Von sich viel Aufhebens zu machen paßt nicht zu ihrer Art. Doch äußert man den Eindruck, daß sie nicht Leute sind, die ihre beträchtlichen Probleme jederzeit tatkräftig zu vermehren suchen, dann stimmen sie nickend zu. Die Mafia aber, die in Kalabrien *N'drangheta* heißt? »Calabresi sono bravi tutti quanti«, hat in Lamezia Terme ein Barkeeper des Aerhotel Phelipe versichert, samt und sonders seien die Kalabresen tüchtig, und die Mafia sei nicht halb so schlimm wie in Sizilien drüben. Antonio ist nicht dieser Meinung, so mögen einige an der Küste unten reden, »noch besser beim Flughafen, wie du gesagt hast«. Die Berge aber – geht von den Bergen, wie sie einen umgeben und einschließen, nicht ein Gefühl von Heimat aus? Zudem weiß man hier, was in der Sila das Sprichwort sagt: *Cusciènzia e dinari 'un sai chine n'ari* – Ein Gewissen und Geld, wer hat schon beides.

San Giovanni in Fiore (Kalabrien)/
Sirnach (St. Gallen), Juni 2001

12 ▪ TOREROS, PISTOLERAS UND DIE MUTTER
Spanien auf der Leinwand

Wäre der Raum, worin das All sich aufhält, völlig leer, dann wäre da Musik. Unberührt von allem, vom einen bis zum anderen Ende. So sagen einige. Aber nicht in Spanien. In Spanien wäre da statt dessen ein Gehämmer, und zwar ein Gehämmer, wie mit seiner bezwungenen und zermalmten Wut und Preßluft kein Hidalgo anders hämmern könnte, nämlich funkenstiebend, doch frenetisch und dazu mit einem Drehmoment, wie im ganzen Erdenrund, so muß man glauben, nur ein einziges Weibsbild und dann höchstens eine Spanierin die *high heels* in den beinharten, sonoren Urgrund bohren kann. Welch fulminante Erbitterung und Weißglut der gestauten Tränen, die aus der Enttäuschung dieses Rückgrat so rigide in die Höhe spannen! Spanien ist ein Land der Ewigkeiten und dabei an sich »ruhig, solange die Bombe nicht in die brisante Seele schlägt«, schrieb Wolfgang Koeppen in seinen Reiseimpressionen *Ein Fetzen von der Stierhaut.* »Eine andere Sonne scheint jenseits des Tunnels. Ein anderes Licht dringt durch die Fenster. Wir sind in Port Bou. Wir sind in Spanien. Die Luft ist scharf und rauchig ... Da Spanien ein frommes Land ist, fragt man sich, ob der Teufel um seine Grenzen streicht. Genaugenommen ist man am Ende seiner Reise. Hier wollte man hin. Hier ist man nun. Es stimmt wie alles Erreichte etwas melancholisch. Der Zug, der einen herbrachte, fährt nicht weiter. Kein Zug aus Europa fährt weiter.« Und hätte sich da nicht dieser Graben Spanien in ganzer Breite, zu schweigen von der Tiefe, dazwischen geschoben – ja, dann wäre selbst Portugal lange vor dem EU-Beitritt ein Land in Europa gewesen.

Spanien hat wohl immer diesseits des Mittelmeers und diesseits des Atlantiks gelegen, an jenem Ende unseres Kontinents, wo die Sonne der Alten Welt im Meer der Finsternis – so der arabische Name – unterging. Doch die Stammhalter Iberiens waren während fast zwölfhundert Jahren nicht bei sich, sondern in der Fremde zu Hause. Dreiviertel Jahrtausend hatte es sie gekostet, aus dem eigenen Land die Herrschaften des Orients zu vertreiben, und anschließend, für weitere gut vierhundert Jahre, waren die energischsten Kräfte im Kielwasser des Genuesen Kolumbus im Einsatz, in der Neuen Welt. Was mit dem Genozid an zwanzig Millionen Eingeborenen angefangen hatte, blieb ein kostspieliges, zeitraubendes und gefährliches Unterfangen, das Beschränkung und äußerste Konzentration auf die Ausbeutung der wertvollsten Ressourcen gebot: im Bergbau Silber und Gold, in der Karibik die Perlenfischerei, auf den Plantagen der Zucker.

Nicht nur in den überseeischen Besitzungen hatte der Goldrausch des 16. und 17. Jahrhunderts jeden Gedanken an eine Zukunft endgültig ausgemerzt. Den Preis dafür bezahlte das Mutterland, wo die transatlantische Ambition nachhaltig die autochthone Wirtschaftsbasis aushöhlte und eine bleierne Stagnation zurückließ, aus der sich mindestens zwei Jahrhunderte lang kein Ausweg mehr abzeichnen sollte. 1898 schließlich, zu einer Zeit, als die Rivalenmächte alle noch neue Kolonien erwarben, gingen im spanisch-amerikanischen Krieg – man nennt ihn bündig *el desastre* – die Philippinen und die letzten westindischen Besitzungen verloren.

Übrig blieb, nach dem berühmten Diktum von Ortega y Gasset, dieses Problem namens Spanien, dessen Lösung fortan Europa heißen sollte. Falls denn Europa je etwas von einer Lösung hatte, für sich selbst oder gar für andere – das Rezept fügt sich ein in die weit zurückreichende Tradition der vornehmsten spanischen Obliegenheit: Während 770 Jahren Reconquista, von der Schlacht von Covadongo im Jahr 722 bis zum Fall Granadas 1492, verlief die Front im weltgeschichtlichen Kampf des christlichen Abendlandes gegen die orientalisch-islamische »Berberei« quer durch die Iberische Halbinsel.

Der Triumph über das Kalifat hatte seine Ambivalenzen. Kastilien hatte Toledo und Córdoba gerettet wie einst vielleicht die Gothen Rom oder die Normannen Sizilien. Immerhin war das Land – im übrigen bald auch judenfrei – nunmehr integral *katholisch:* Im Sinne des Papsttums und genauso des Großinquisitors Torquemada hieß das *universal,* und dieses Universum – und damit Europa – verteidigte noch der Galizier Franco mit seiner marokkanischen Legion gegen die Republik oder den Anarchismus und Bolschewismus. In diesem Land, wo die Ruinen des voraufgeklärten Feudalismus noch dem 20. Jahrhundert trotzten und die große bürgerliche Revolution nicht ankommen wollte, war jeder Mann mit Schulbildung zweifellos ein Revolutionär, doch ebensosehr ein Aristokrat, um nichts weniger tief verwurzelt in seiner religiösen und nationalistischen Tradition, und bis heute so weit ein Torero, daß er einen guten *paso* von einem schlechten zu unterscheiden versteht.

Der Grad der Europabegeisterung bemißt sich an der zurückgelegten Wartezeit und der verbleibenden Distanz zum Ziel. Noch in den siebziger Jahren war von Europas modernen Errungenschaften südlich der Pyrenäen nicht allzu viel aufzuspüren, und bevor Hollywood in diesem – doch, Spanien hat etwas davon – Ostkalifornien eintraf, war die »westliche Welt« präsent in Form von Luftwaffen- und Flottenstützpunkten der USA, die eine Generation zuvor das Erbe der europäischen Welteroberungsträume angetreten hatten. Gerade zwanzig Jahre sind es her, seit in Gestalt des Felipismo doch der aufgeklärte Absolutismus in Spanien Einzug hielt. Von einem Tag auf den anderen, schon ein paar Jahre lag das jetzt zurück, war an jedem gewöhnlichen Zeitungsstand das für jedermann erschwingliche Pornomagazin zu haben, und 1986 war es soweit: Ganz Spanien hatte ein zusätzliches Verkehrsschild. Im blauen Rechteck der Kranz der goldenen Sterne, nicht nur über dem Ortsschild jeder Gemeinde auf dem europäischen Boden der Halbinsel, sondern ebenso auf afrikanischem Grund, am Eingang nach Ceúta und Melilla, mit dem Schriftzug der Erlösung: *Município de Europa.*

Die Vergangenheit war damit zu Ende, und nun kam die Zeit der Gegenwartsbewältigung. Mit Pedro Almodóvar, einem Mohren offenbar, wie es der arabische Name sagt, und mit Homer, mit Sophokles, mit Dante und Cervantes. *Movida* hieß die Aufbruchsbewegung im Madrid der achtziger Jahre: »Ich lebe heute«, sagt Almodóvar, »und was heute geschieht, ist zwangsläufig etwas Neues.« Kann sein, wird man einräumen müssen, man hat kein Recht, das kategorisch auszuschließen, nicht wahr, Originalität muß nicht von der Stange sein. Wie aber sollte Spanien, das Land der Ewigkeiten, in seiner Jetztzeit unterzubringen sein? Almodóvars Kino ist jedenfalls nicht auf den letzten Stand gebrachter Bilderrealismus, alles andere. Es ist in Szene gesetzte Mythologie, zuweilen Mysterienspiel, Passion geradezu, in seinem spanisch unverwechselbaren Aufzug oft sehr bühnennah, und gehorcht jener Poetik der Imagination, die Giambattista Vico für die Moderne wieder geltend machte, indem er daran erinnerte, daß jede Wahrheit, falls es soweit kommt, den Verstand durch die Organe der Sinne erreicht. »Die Wahrheit wird meistens gesehen«, hatte schon 1647 der spanische Jesuit Balthasar Gracián geschrieben, »nur ausnahmsweise gehört.« Worum es geht im Leben, Krieg und Frieden: die Tugenden und ihr Gegenteil, Menschenmaß und Menschenunmaß, sind seit Plato und Aristoteles dieselben. Der Dichter setzt sie ins Handgreifliche um, verkörpert und kombiniert sie in den Protagonisten, seinen Helden, Unhelden und Antihelden, und in der Konstellation sind sie zu prüfen und erfahren, überlebensgroß und unauslöschlich (oder mit dem liebsten Wort unserer zeitgemäßen Medienkanaille, die Almodóvar so unerschrocken und fast schon wieder heilsam auf den Punkt bringt: »zugespitzt!«).

Es ist dieselbe archetypische Anthropologie der Dichtung, die Odysseus, Polyphem, Circe und die Sirenen schuf, Ödipus, Antigone und Elektra, die Hölleninsassen Dantes, den Orlando furioso des Ariost oder eben – spanisch darf es auch sein – Don Quijote aus der Mancha und Sancho Pansa. Nicht zu vergessen *Il buono, il brutto e il cattivo,* nicht zu vergessen Harmonica, Django und Silenzio, Leones und

Corbuccis großer Italowestern, der die *Ilias* und die *Aeneis* auf den bisher letzten Stand gebracht hat, bis wiederum ein Spanier aus der Mancha kam und mit der Torera Lydia, mit Kika, mit seiner Mutter und seinem speziellen Gespür für metropolitanes Gegenwartsleben in die Arena stieg.

Großstadt ist ein Element der Epen, beinahe wie die Wüste, und oft dem Melodramatischen zugeneigt. Die Gewalt, die in ihr stets einen leichten Schlaf hat, ist in Almodóvars Filmen die der Rührung – der so überaus zuverlässigen –, weniger die von Kick und Thrill, und so begegnen wir im Land der Ewigkeiten zwar noch immer gern und häufig *pistoleras,* aber endlich doch des anderen Geschlechts, Frauen endlich! Sie sind es, die Almodóvar zuvörderst treiben. Um so eiserner, versteht sich, diese Unentrinnbarkeit! Diese recht eigentlich überbordende Fatalität, eine Tragik, überspannt und komisch oft, wie bekanntlich alle Tragik, wenn sie ins Absurde mündet. Aber in jedem Fall so antikisch abgrundtief wie der blaue Himmel nur an einer einzigen Stelle hoch – und nirgendwo anders kann das sein als über Madrid.

August 2002

13 ■ AUS ECHTEM SCHROT UND TIEFSTER SEELE

Das Wappentier der Großen Nation

Noch reichte ihr das Wasser bis zur Brust in der triefnassen Bluse, doch diesem Meer, das seinerseits nichts Gefährliches an sich zu haben schien, würde sie, man sah es kommen, demnächst entsteigen, gerettet von Antoine Tardieu, von dem ich nichts wußte, ebensowenig wie von dem sinnlichsten und weltberühmtesten Mambo, den sie am selben Abend in jener Bar tanzte, bis Michel Tardieu, ihr Filmehemann, auf sie schoß. Mit einem Bild von dieser Tanzszene wollte der Vatikan in seinem Pavillon auf der Brüsseler Weltausstellung 1958 den Inbegriff jener Kräfte vor Augen bringen, dank dessen auch die Hölle nicht um ihre Attraktivität zu bangen braucht. Mir allerdings sagte nicht einmal ihr Name Juliette Hardy etwas. Den besagten Film von Roger Vadim, ihrem erstem Ehemann, hatte ich nicht gesehen, und darauf kam es wahrlich nicht an. Es war 1971, ich war 18, und B.B. – die Aufnahme stammte aus dem Jahr 1956 – war 22. »Sag einmal«, entfuhr es meinem Vater, zu Besuch in meiner Pension: »Kannst du so arbeiten?« Dabei war das Poster vom Schreibtisch aus gar nicht zu sehen. Mittlerweile war B.B. 37, 1973 bereits nahm sie Abschied vom Film, und zwei Jahre später, mit 41, fing sie ihre Memoiren zu schreiben an. Für mich gehörte sie unzweifelhaft zur Generation meiner Eltern, stand diesen in der Zahl ihrer Jahre näher, und schon seit einiger Zeit – ich hatte ja hie und da von ihr reden hören – galt sie mir als Beweis, als einziger vielleicht, daß es auch in jener Generation nicht durchweg so unbefleckt zugehen konnte, wie man uns Zöglinge glauben zu machen bestrebt war; zumindest nicht in Gedanken, das Betragen dahingestellt. Obschon meine Mutter noch heute, mit 80, darauf besteht, sie habe bis mindestens 50 an den Storch geglaubt.

»Ihr Spiel ist schlecht, die Diktion kläglich, die Rolle beklagenswert und ihre Schönheit nicht der Rede wert«, schrieb *Paris Match.* Doch solche Kritiker würden ihr wenig anhaben können, denn »außer Louis Chauvet«, so François Truffaut, »gibt es niemand mehr, der glaubt, eine Schauspielerin sei eine Dame, die besser artikuliert als andere, fast wie man in primitiven Völkerschaften glaubt, ein Schriftsteller müsse vor allem eine sehr schöne Handschrift haben«. Da ihr Format in gewisser Hinsicht das der *Grande Nation* sprengte, hatte dort das Einmalige und Unvorstellbare zu geschehen, daß nämlich Europas erstem Kinosuperstar erst auf die durchschlagenden Erfolge in den USA hin auch in Frankreich die Approbation erteilt wurde. In Hongkong spielte *... et Dieu créa la femme* in der ersten Woche so viel ein wie in Paris in einem Jahr, in England wurden die Schlangen vor den Kassen während Wochen nicht kürzer, ebensowenig in Deutschland, wo einige Jahre später – nicht zu bald – mit Oswald Kolle die Revolution von 68 beginnen würde.

B. B. selber fand sich ein Scheusal mit Monsterbrüsten, unmöglicher Nase, zu großer Unterlippe. Von der meistphotographierten Frau ihres Jahrhunderts darf man schwerlich Zufriedenheit mit ihrem Äußeren erwarten. Doch bei den Pariser Ansichtskarten verlor das einzige Objekt, das mit B. B. zu konkurrieren vermochte, der Eiffelturm, bald an Boden. Ihr Haus mit Namen La Madrague, »das Thunfischnetz«, seit 1958 B. B.s Sommersitz in Saint-Tropez, war die erste Brutstätte der Paparazzi, und B. B. persönlich war es, die mit dieser Unterstützung das Nest an der Côte d'Azur zum Treffpunkt des internationalen Jet-set beförderte. »Es genügt«, schrieb Jean Cocteau, »daß diese Hexe, diese Sphinx bei Mme Vachop in Saint-Tropez eine Hose und eine Männerstrickjacke kauft, damit sämtliche Mädchen der Côte sich anpassen und dieser Aufzug zur Mode wird.«

Während Cocteau zufolge die Geschichte aus Wahrheiten besteht, die zur Lüge werden, umfaßt die Mythologie die Lügen, die zur Wahrheit werden. Das neue Frauenbild, das B. B. verkörperte, löste sich von der Leinwand im selben Augenblick, in dem es darauf erschien, und mit ihrem Auftritt in *... et Dieu créa la femme* hatte sie sich radikal vom Vehikel Kino emanzipiert. Der Mythos B.B. bedurfte in der Folge kaum einer Erinnerung an die 47 Spielfilme, in denen sie von 1952 bis 1973 auftrat. Vielleicht war das maßgebende Element nicht die »Sexbombe«, die mit jeder Geste zum Beischlaf lädt, nicht ein weibliches Gegenstück zu Don Juan, das unausweichlich vom Gedanken an die Hure begleitet würde. In B.B. ist, so Cocteau, »etwas Unbekanntes« am Werk, »das die Götzenanbeter einer gottlosen Zeit herbeilockt«. »Kratzbürstig süß«, »treuherzig berechnend«, »jungfräulich sündig«, »unschuldig pervers« lauten alte Attribute, die die eindeutig zweideutige Figur noch einmal einfangen sollten. Dabei ist neu an ihr, daß sie sich, vollends Objekt geworden, desto kompromißloser entzieht, sich nicht mehr einfangen und besitzen läßt und gerade dadurch, daß sie nie mehr Beute sein wird, ihrerseits zur Wildbeuterin wird, die von nun an – und dies ganz tatenlos – die entthronten Jäger verfolgt, als, wie Vadim sie nannte, »der unerfüllbare Traum jedes verheirateten Mannes«. In den schamhaften fünfziger Jahren fand in B.B. ein neues, noch unbekanntes Gefühl von Freiheit Ausdruck, und natürlich folgen ihr auf dem Fuß besonders feinfühlige und nicht minder einfühlsame Denker, die rasch genug, womöglich vorgreifend, diese Freiheit als falsch denunzieren werden: »Ich«, sagte Roland Barthes angesichts B.B.s, »finde es schrecklich, die Freiheit zu verkörpern und deren erstes Opfer zu sein.«

Dieser Frau, die jedenfalls nicht weiß, wie man ein Spiegelei macht, kommen ihre sinnlichen Reize zustatten. Das Phänomen B.B. aber werden sie nicht erschöpfend erklären. »Meine Kraft«, verrät sie in ihren Memoiren, »kam aus tiefster Seele«, und ihre ehedem unbekannte Wirkung auf der Leinwand hatte in der Tat damit zu tun, daß B.B. nämlich nicht spielte, nicht nur ihre Rolle nicht spielte, sondern nicht einmal sich selber. »Heiser, rauh, kräftig, sagte ich ihnen, was ich ihnen, ihnen allen, zu sagen hatte.« Nicht weniger unmißverständlich äußerte sich der Präsident von B.B.s Frankreich: »Cette jeune personne«, sprach Charles de Gaulle, »a une simplicité de bon aloi« – voilà: aus echtem Schrot und Korn. Wenn die Kamera zu surren aufhörte, küßte B. B. weiter und ließ keinen Zweifel daran, daß diese neuartige Welt sich nicht auf der Leinwand Bahn brach. Diese gewährte lediglich für einige knappe Sequenzen Teilhabe am Privatleben der wegweisenden Frau. Ein Spiel war das nicht: In einem Interview vor zehn Jahren wurde sie gefragt, was sie anders machen würde, wenn alles nochmals von vorn beginnen würde. Nichts, sagte B. B., beginne jemals von vorn.

Mai 1999

14 ■ SPAGHETTI AUF DEM LETZTEN STAND

Ein Emmentaler Unternehmer

»Du, Gottfried, machst mir die Ovomaltine, und du, Walter, die Teigwaren.« 1923 dürfte es gewesen sein, kurz vor der Gründung der Migros, als Gottlieb Duttweiler beim Mittagessen im Bahnhofbuffet Bern zwei seiner Freunde in sein Projekt einweihte und sie unverzüglich zu seinem Brückenbau mobilisierte – »diese Brücke, nicht wahr«, sagt der Enkel Walter Leuenberger, die künftig das Leitbild bleiben sollte, »vom Produzenten zum Konsumenten«, einer kühnen Konstruktion zur Elimination der Grossisten. Gottfried Lüscher leitete in Gümligen die Haco, Großvater Walter Leuenberger die Erste Kaffee-Essenz-Senf-Fabrik in Huttwil, gegründet 1848. In der Fabrik gab es ungenutzten Raum, und nachdem Gebrüder Bühler, Uzwil, die führende Teigwarenmaschinenfabrik bis heute, die ersten Produktionslinien installiert hatte, gehörte Leuenberger Huttwil zu den ersten fünf Zulieferern der Migros. Heute kommt immerhin noch rund ein Drittel der Migros-Teigwaren aus dem Emmental, und die zweitgrößte Schweizer Senffabrik nach Thomy ist Leuenberger Huttwil.

Großvater Leuenberger, Jahrgang 1894, hatte gleichzeitig die Migros Bern zu gründen, wo er in der Verwaltung blieb. Ein Photo in den Empfangsräumen der Firma zeigt ihn auf einer Wahlkampfveranstaltung der Bewegung der Unabhängigen – neben Duttweiler. In den Firmenakten in Huttwil schließt eine Einladung vom 7. März 1936 zu einer Konferenz im Bahnhofbuffet II. Klasse, 1. Stock, Zürich HB: »Es wäre mir sehr angenehm, wenn Sie teilnehmen könnten.« Traktanden: *1. Fremdenverkehrs-Programm ... 3. Kantonale Politik ... 5. Vortragskampagne, 6. »Die Tat« und Organisationsfragen.* Noch der Sohn Hans Leuenberger, Jahrgang 1918, sollte zweimal für einen Nationalratssitz kandidieren. Zum politischen Engagement der Migros kam das philanthropische: »Ich und meine drei kleinen Brüder benötigen so sehr warme Kleider«, so der Bettelbrief eines zwölfjährigen Jungen an die Migros Bern, die sich zu einer Spende von 20 Franken verstand, den Brief aber zur Abklärung an Walter Leuenberger weiterreichte. Seine handschriftliche Notiz auf dem Brief: »Der Bueb sagte, es sei nicht wahr, was er geschrieben habe, die Mutter hätte es ihm diktiert.«

Im Jahr 2000 produzierte Leuenberger Huttwil – nebst einem Dutzend Sorten Senf – auf sechs Produktionslinien rund um die Uhr *5-Eier-Spiraloni, Spaghetti Matterhorn, Gletscher Hütli, Goldzöpfli, Älplermagronen, Krawättli, Dischi volanti, Eier-Buchstaben, Schweizer Kreuzli, Eier-Ribeli, Spinatnudeln, Gallo d'oro Hörnli, Gallo d'oro Fideli, Farfalle,* zwischen fünfzig und siebzig Formen, meist Schweizer 3-Eier-Teigwaren, Teddybären, Palmen, Flugzeugchen, die Weltkunst, die wir Schulkinder alle mit der Suppe aufzunehmen haben, zu Weihnachten Tannenbäumchen, *Christmas Pasta* für Marks & Spencer in England, Leuenbergers zweitwichtigster Abnehmer nach der Migros, an die rund die Hälfte der Huttwiler Teigwaren geht. Von der übrigen Hälfte werden zwei Drittel exportiert, teils zur Weiterverarbeitung, an Ketchup-Heinz zum Beispiel, für sogenannte *conveniences,* wie sie Leuenberger Huttwil – *Pasta Pronta* – auch mit Haco produziert. Zwölf Millionen Kilo Teigwaren im Jahr oder vier bis fünf Eisenbahnwagen pro Tag, nebst 1,5 Millionen Kilo Senf notabene, rund zwanzig Prozent aller in der Schweiz verspeisten Teigwaren und gegen vierzig Prozent des Senfs – und dies mit *zwei Mann* in der Produktion. 1995, auf dem *1st World Pasta Congress* in Rom, ist Leuenberger Huttwil als modernste Teigwarenfabrik der Welt ausgezeichnet worden, und so kostet das Kilo Hörnli – 1925 noch 95 Rappen – heute nur mehr sagenhafte 1 Franken 40. Zum Abschluß eines längeren Briefwechsels von 1934, in dessen Verlauf die Migros sich von den Emmentaler Argumenten für die Angemessenheit des in Rechnung gestellten Preises unbeeindruckt zeigt, heißt es in der Kapitulation des Huttwiler Zulieferers: »Wir wollen Sie nicht in Versuchung führen, den höheren Satz zu vergüten.« Heute, als Markt- und Preisleader in der Schweiz, behauptet die Firma ihren Stand im Tauziehen mit der Migros, einem seriösen und fairen Kunden, sagt Walter Leuenberger, der Enkel.

Der Inhaber und Verwaltungsratspräsident, Boß von 65 Mitarbeitern, ist zur Stelle, wie auf dem Sockel vor dem schwebenden Stahlglaskörper der Fabrik der Sandsteinlöwe, das Wahrzeichen der Familie. Die Vorstellung, in Huttwil finde sich noch immer ein Teigwarenfabrikant mit Namen Leuenberger, wäre allerdings irrig. Einer von drei Maturanden seines Huttwiler Jahrgangs 1945, war Walter Leuenberger junior ein früher EDV-Student an der ETH Zürich, ehe er an der *London School of Economics* – nach unwiderstehlichen Ausschweifungen durch James-Joyce-Vorlesungen und das 68er Paris – in Volkswirtschaft graduierte. Die folgende Banker-Karriere beförderte ihn in wenigen Jahren in die Generaldirektion der Lloyds Bank International in Genf. Als deren Sicherheitschef – natürlich ist er nebenbei Privatpilot – ging er in den siebziger Jahren durch die Antiterrorschule der französischen Polizei. Zuvor hatte er am *Institut Bancaire* der Sorbonne bei Raymond Barre studiert. Er absolvierte das Senior-Management-Programm der Columbia University in New York, wo er mit Männern wie Neil Armstrong, Jimmy Carter und Henry Kissinger bei Tisch saß. Näher kennt er als ehemaliges Mitglied des *British Film Institute* zum Beispiel Robert de Niro.

Etwas kichert jedes Mal in ihm, wenn er »Hörnli« sagt. Nein, Duttweiler hat ihn nicht mehr kennenlernen dürfen, aber in der Demonstrationsküche der Fabrik hängt ein handgemaltes Stück Keramik von dessen Ehefrau Adele, gezeichnet 1984, als er den Familienbetrieb schon vier Jahre führte. Ja, warum hat er mit 35 Jahren seine Karriere abgebrochen, um zurückzukehren nach Huttwil? »Weil der Betrieb sonst kaputtgegangen wäre«, sagt er, »weil sich kein anderer Nachfolger fand«, und in seiner gedämpften Stimme ist etwas hörbar vom traurigen Gedanken, er hätte – in der sechsten Generation – versäumen können, dieses Schicksal abzuwenden. Aber warum auch! Mit den fünf Söhnen und

Ljupka, seiner serbischen Frau, die ihrerseits in Frankreich aufgewachsen ist und später lange Zeit in Florenz gelebt hat, befindet er sich in Huttwil schließlich mitten auf derselben Welt, auf der er vor zwei Jahren unter anderem in Schanghai bei der Welthandelskammer die Schweiz vertrat. Noch ist er im Vorstand der *Fédération industrielle alimentaire* aktiv und Präsident des schweizerischen Teigwarenproduzentenverbands *Swiss Pasta,* aber seit er den Vorsitz der Berner Handelskammer nach sechs Jahren abgegeben hat, braucht er, obschon er gerne liest, *Bund* und *Berner Zeitung* nicht mehr zu lesen, darf sich konzentrieren auf die *International Herald Tribune* und die Zeitschrift *du.*

Burgdorf, Juli 2000

15 ■ DER WELT ZU HILFE EILEN

Ein Schweizer im Ausland

Stocker hatte schon eine Weile nichts mehr gesagt. Wie er so in sich ruhte, erinnerte er an einen Tenor der Scala, dessen Verstummen eine voluminöse Stille zurückließ, die einige Zeit deutlich hörbar blieb. Doch diesmal schien er sich für den Rest des Abends von der Außenwelt verabschiedet zu haben. 1. August 1991, siebenhundert Jahre Schweizerische Eidgenossenschaft – das Galadiner des Schweizer Clubs im Safari Parc Hotel, Nairobi, war vorangekommen, die Stunde vorgerückt, und wir saßen noch immer am Tisch unseres Botschafters. Jemand, ich weiß nicht mehr, wie das Thema in die Runde gekommen war, sprach von zu Hause und der Gurtpflicht in der Schweiz, von der einen oder anderen Neuerung vermutlich, Verfeinerung und zugleich Verschärfung dieses Obligatoriums. Aus irgendeinem Grund war das bis an Stockers Ohr gedrungen, denn er hob jetzt doch mit einem lautlosen Ruck den Blick von der Tischkante, und mit seinen zuvor im Schoß gefalteten Händen, die nun die Armlehnen umfaßt hielten, hatten sich auch die Schultern etwas gehoben. »Du«, sagte er und griff nach seiner Zigarette, die im Aschenbecher glimmte, »sag einmal, wie ist das jetzt dort?« Er zog an der Zigarette. »Wie ist das jetzt dort in der Schweiz, meine ich, mit diesem Gurtentragobligatorium – gilt das nur in den Autos?«

In der Erinnerung hatte ich immer seine Brauen vor Augen gehabt, als wären sie, wenn das Gespräch lebhaft wurde, einen Fingerbreit vor dem Gesicht auf Position gegangen. Waren sie wirklich so besonders buschig? Und die Furche dazwischen so tief? Stocker gehörte nicht zu den Menschen, bei denen man den Schädel vor sich sah. Unter seinem schwarzen Haar, das in üppigen Wellen nach hinten über den

Kragen fiel, sah man in ein geräumiges Gesicht und nicht auf den Falkenschnabel eines Wüstensohns. Die Augen lagen bestimmt nicht sehr tief. Erst jetzt, als ich ihn sieben Jahre nach seinem Abschied aus Nairobi wiedersah (und die Schweiz nun siebenhundertundneun Jahre alt war), wurde es mir deutlich: Stockers Brauen – das war zweimal der Großbuchstabe »S«, fast schwungvoller noch, wenn liegend, wie auf dem »n« in »señor« die Tilde, richtig über dem rechten Auge und über dem linken spiegelverkehrt, nicht sehr auffällig, solange alles ruhig, entspannt und reglos blieb. Doch welche Dynamik in diesen Brauen, wenn Stockers Aufmerksamkeit zupackte, wenn er einem in die Augen und man selber in die seinen blickte und die Physiognomie darum herum verschwamm. Dann holten sie aus, die hohen äußeren Bogen, fingen das große, schwierige Thema auf und faßten es unter sich, während, energisch und prägnant, die engen inneren Bogen den Angesprochenen festhielten. Anders als bei einer Mutter angesichts des kranken Sohns, wo Kummer und Sorgen sie von der Nasenwurzel her zusammenzogen, wurden Stockers Brauen, wenn sie sich hoben und näher zusammentraten, größer und noch größer, und ihrem Griff – ja, natürlich, zwei liegende Fragezeichen waren es – entwand sich nur, wer festen Blicks auf sie statt Stocker in die Augen schaute.

Man sah ihn vor sich, wie er, der die Mission des IKRK in Somalia leitete, unter einem Baobab oder unter einer der ausladenden Schirmakazien bei den *warlords* und ihren Offizieren saß. Stocker berichtete vom Krieg und von der humanitären Katastrophe. Hunderttausende von Somaliern waren über die Grenzen, nach Äthiopien, Dschibuti, Kenia und auch übers Meer nach Jemen geflohen, und eine noch viel größere Zahl Vertriebener suchte innerhalb des Landes Zuflucht vor dem Krieg. Von zehn Kindern war vielleicht noch ein Kind ausreichend ernährt. In Nairobi damals war vom Leiden der Bevölkerung Somalias die Rede, nicht von Stockers Verhandlungstalent.

Etwas allerdings war bereits klar, spätestens seit ich, zusammen mit einem Kollegen von der Zeitung, für die ich damals schrieb, zum dritten oder vierten Mal in seinem Büro stand. »Wo haben wir uns schon einmal gesehen?« wollte er von dem Kollegen wissen, der sichtlich überfragt war. O. I. sei sein Name, sagte er, von der *Neuen Zürcher Zeitung*... »Doch, in Khartum war es«, sagte Stocker, »vor zehn, zwölf Jahren.« Genauso war es mir ergangen, beim ersten Zusammentreffen einige Monate zuvor, und ebenfalls war es in Khartum gewesen, wo sich, 1980, mein Reisebegleiter im Büro des IKRK nach dem Delegationsleiter erkundigt hatte, den er näher kannte. Nur der Stellvertreter Stocker war dagewesen, der damals bei seinem ersten Einsatz vom Sudan aus in Eritrea Kriegsgefangene der Armee Mengistus besuchte, ehe er 1982 nach El Salvador ging, um zwei Jahre später in Nicaragua seine erste Mission als Delegationschef anzutreten.

Mittlerweile lag sein Abschied aus Managua auch schon wieder fünf Jahre zurück, zwei Jahre war er in Mosambik im Einsatz gewesen – wiederum Kriegsgefangenenbetreuung – und bereits drei Jahre in Somalia, ehe seine Delegation wegen der Kämpfe aus Mogadischu evakuiert werden mußte. Somalia mußte ihm näher liegen als Khartum, obschon die Bevölkerung Somalias besondere Ansprüche stellen konnte. Ein ethnographischer Atlas war wie durch ein Wunder mit dem lateinischen Alphabet durchgekommen, indem seine Liste der somalischen Clans dieses von A bis Z bis auf den letzten Buchstaben ausschöpfte. Deren wahre Zahl ist bis heute niemandem bekannt, außer womöglich ihm, Stocker. Nur das Kamel kennt den geheimen hundertsten Namen Gottes, aber Stocker in Somalia kannte den geheimen, hundertsten Namen des Kamels. Mindestens sein Personengedächtnis würde es mit somalischen Wirren aufnehmen können.

Am 7. Januar 1991 hatte ein französisches Kommando ihn und seine zwanzig Mitarbeiter ausgeflogen, neun *expatriates* und zwölf Somalier waren sie. Nach sieben Tagen auf dem Schiff erreichten sie Dschibuti, von wo Stocker mit einem seiner Kollegen sogleich via Addis Abeba nach Nairobi flog. Das weitere Vorgehen wurde mit dem IKRK-Büro in

Dschibuti koordiniert, das für die Arbeit im Nordwesten Somalias zuständig blieb. Im kenianischen Exil konnte, was von der Delegation Somalia übrig war, sofort auf die volle und enthusiastische Unterstützung der Delegation Sudan bauen, und nachdem die Operation keine zwei Wochen eingestellt war, besuchte Stocker seit dem 19. Januar wieder regelmäßig das südsomalische Krisengebiet, und am 29. Januar landete die zweimotorige Beechcraft des IKRK zum erstenmal wieder in Mogadischu. Aber noch sollte es weitere zwei Jahre dauern, bis es bei seinem Abschied aus Ostafrika dann hieß, der gesuchte neue Präsident Somalias könnte eigentlich nur Peter Gottfried Stocker heißen.

In der ungewöhnlichen Lage blieb ihm etwas Zeit, um in Nairobi das Nötigste für seinen Neubeginn in Kenia einzukaufen. Nach einem Paar Schuhe suchte er diesmal vergeblich. Nein, sagte er auf meine Frage und schüttelte den Kopf, schwarze Schuhe habe er noch nie gekauft – warum, das könne er mir nicht sagen. »Doch«, kam er plötzlich darauf zurück, nachdem wir in der Zwischenzeit ich weiß nicht über was gesprochen hatten und auf der Keniatta Avenue ein Stück weitergegangen waren, langsam, wie es seine Unermüdlichkeit bis heute immer gebot, zumindest in Friedenszeiten; er hält auch daran fest, für seine eigene Person wenigstens, daß einsatzbereite Leute lange genug schlafen müssen. »Doch«, sagte er, wobei er, während er weitersprach, ein Wort behutsam hinter das vorangegangene setzte, »jetzt, glaube ich, kann ich es dir sagen, warum ich, meine ich, nie schwarze Schuhe gekauft habe. Wenn es keine Farben gäbe, dann hätte ich auch schwarze Schuhe gekauft. Weil es aber Farben gibt ...«

IKRK-Delegierte ziehen selbst unter weniger dramatischen Umständen gewöhnlich nicht mit Kind und Kegel und ihrem Hausrat im Container um den Globus. Ihre Missionen dauern selten länger als zwölf oder achtzehn Monate, und so leben die meisten aus dem Koffer. Das einzige Mobiliar, das Stocker von Mission zu Mission begleitet, sind seine Teppiche. Beide Hände frei, so hatte es bei der Evakuation aus Mogadischu im Tagesbefehl geheißen, und in Stockers

Rucksack war vielleicht kein Platz für alle Schuhe, aber außer für einige gerollte Bilder aus Nicaragua war da nebst der Bibel Platz für ein zweites Buch, *Tao-te Ging* von Lao-tse. »Wo viel Schatten ist«, zitierte er daraus, »da muß viel Licht verborgen sein.« Auch heute, auf dem Rheinschiff zwischen Bodensee und Schaffhausen, hat er das Büchlein bei sich – nur dieses eine, denn »die Dinge werden«, wie es darin heißt, »entweder durch Verringerung vermehrt oder durch Vermehrung verringert«.

Viel zu schleppend gehe alles vonstatten, blieb Stockers einsilbiger Kommentar für den Rest des Jahres 1991. 1988 bis 1990, in den letzten drei Jahren Präsident Siad Barres, umfaßte das IKRK-Jahresbudget für Somalia 40, 50, 60 Millionen Mark, zur Hauptsache die Kosten eines Krankenhauses in der nordwestsomalischen Hafenstadt Berbera, dessen Betriebsbewilligung Stocker in den ersten sechs Monaten seiner Mission ausgehandelt hatte. Es ist bekannt, daß das Regime Siad Barres in seinen diplomatischen Gepflogenheiten äußerst schwierig war, nicht erst seit es im Nordwesten des Landes gegen Aufständische Krieg führte. Daß es dem IKRK gelungen ist, diesen Grundstein in Somalia zu legen, sei das Resultat intensiver Zusammenarbeit des IKRK mit dem Somalischen Roten Halbmond und das Verdienst insbesondere Doktor Ahmeds, des Präsidenten des Somalischen Roten Halbmonds, sagte Stocker.

Nach einer weiteren Schlacht im Winter 1991/1992, während deren Mogadischu für vier Monate von der Außenwelt vollständig abgeschnitten blieb und schließlich von 30000 Todesopfern allein in der Hauptstadt die Rede war, ging plötzlich vieles sehr schnell. Für 1992 waren vielleicht etwas über 150 Millionen Mark vorgesehen. Dank erfolgreicher Bemühungen, die internationale Gebergemeinschaft zu mobilisieren, nicht nur von Genf aus, sondern auch vor Ort, von Nairobi aus, konnte das Budget im Lauf des Jahres monatlich aufgestockt werden. Die rund 400 Millionen Mark, die während dieses Jahres in die IKRK-Mission Somalia flossen, entsprachen schließlich etwa einem halben globalen Jahresetat der Organisation in den frühen neunziger Jahren. 900 kommunale Küchen versorgten täglich über eine Million Notleidender mit Nahrung. Fliegende Ärzteteams leisteten medizinischen Beistand, von Kismayo im Süden bis Bosaso 1500 Kilometer nördlich. In die Flußtäler des Juba und Shebele wurde Saatgut gebracht, und dem IKRK gelang es, in großen Teilen des Landes das Vieh zu impfen. Achtzig Delegierte und rund 1500 lokale Mitarbeiter zählte Stockers Mission, und sie waren – erstmals in der Geschichte der Organisation – unter bewaffnetem Geleitschutz im Einsatz, der zeitweilig über 2500 somalische Milizionäre umfaßte.

In jenem Jahr 1992, bevor im Dezember die amerikanischen Streitkräfte mit 20000 Marines in Mogadischu landeten, war das IKRK die einzige humanitäre Organisation, der es in ihrer größtangelegten Operation seit dem Zweiten Weltkrieg gelang, sich in Somalia nicht nur punktuell mit dem einen oder anderen kleineren Projekt der eigenen Existenz zu versichern, sondern ihre Präsenz landesweit auszubauen. Die UNO, in Ermangelung einer Regierung, mit der sie zusammenarbeiten konnte, blieb Somalia bis zur Landung der Amerikaner fern. Ich besuchte damals als Korrespondent Somalia wiederholt, und das Bild, das ich mir von der Situation machen konnte, war eindrücklich. Als die Marines, begleitet und animiert von den immobilen Kamerateams der amerikanischen TV-Stationen, in der Hauptstadt ihre Verbrecherjagd auf General Aidid lancierten, als wäre eine großangelegte Kriegsoperation das Mittel, in Palermo einen Mafiaboß dingfest zu machen, da war in den meisten Landesteilen die humanitäre Situation schon leidlich unter Kontrolle – dank dem IKRK.

Alles hatte von Stocker abgehangen und in einer entscheidenden Hinsicht, muß man sagen, von ihm allein. Sicher wurde ihm vom Hauptquartier in Genf alle nur erdenkliche Unterstützung zuteil, er kann darüber nur das Beste sagen. Was aber, wenn im Januar 1991 ein Delegationschef aus Mogadischu evakuiert worden wäre, der in der Folge ganz anderslautende Empfehlungen nach Genf gekabelt hätte? Hätte dann das IKRK seine Operationen in Somalia nicht womöglich eingestellt und sich mit seinen wie immer leider beschränkten Ressourcen anderen Weltgegenden zugewandt? Als er sich, erzählt Stocker, Ende der achtziger Jahre von Mogadischu aus umgeschaut habe, sei ihm ziemlich klar geworden, daß es im Horn von Afrika noch auf lange Zeit hinaus keinen Frieden geben werde. Und er habe sich gefragt, wie man sich in der Region die Zukunft des IKRK auszumalen hätte, sollte es der Organisation nicht gelingen, ihre Position in Somalia zu behaupten. Oder wie sich dann in einem Krisengebiet wie etwa Zaire – heute Laurent Kabilas Kongo – Einsätze dereinst überhaupt ins Auge fassen ließen.

Zwar zieht auch die verhältnismäßig kleine Minderheit von Delegierten, die länger als nur für ein oder zwei Einsätze beim IKRK bleibt, wie Vertreter anderer internationaler Organisationen oder der Diplomatentroß von Land zu Land, von Krisenherd zu Krisenherd, sammelt Erfahrung und steigt, wenn alles gutgeht, von Einsatz zu Einsatz in der Hierarchie auf. Aber Karrierediplomaten im üblichen Sinne sind sie nicht. Anders als diese vertreten IKRK-Delegierte nicht Interessen, die irgendwo in einer fernen Zentrale, einem Außenministerium etwa, definiert worden sind, sondern haben die Interessen ihrer Schutzbefohlenen wahrzunehmen – im buchstäblichen Sinn des Wortes – und zu reagieren, noch ehe ihre nach Genf übermittelten Erkenntnisse am Hauptsitz ausgewertet sind. Zum Guten an der Konstruktion des IKRK gehört, so Stocker, daß die Genfer Zentrale nach Möglichkeit die Initiative der Delegationsleitung im Terrain überläßt. »Au CICR le centre est autour.« – »Beim IKRK ist der Mittelpunkt ringsum«, sagte der frühere Generaldirektor Guy Deluz. In Genf sei klar, daß eine vom Hauptsitz aus geleitete Operation eine höchst problematische Angelegenheit sei. Die Rotkreuzfahne, Stocker legt Gewicht darauf, ist im Feld soviel wert wie der Delegierte, der verloren ist und mit ihm seine Mission, wenn er auf Anweisungen aus Genf wartet. Nur dem Delegierten kann die Fahne ihre Glaubwürdigkeit und die Wahrung ihres Ansehens anvertrauen, und nur der Delegierte kann es sein, von dem die Fahne ihrerseits den Kredit erhält. Dafür sitzt der Delegierte nicht, wie Vertreter anderer Organisationen, am äußersten Ende eines Dienstwegs, wo vom anderen Ende nicht nur seine Direktiven zu ergehen haben, sondern überdies auch alles Material jedesmal zuerst bewilligt, sodann beschafft und anschließend verschifft werden muß. Natürlich hängt viel von einer reibungslosen Kommunikation mit der Zentrale ab, wenn die Operation die nötige Unterstützung erhalten soll. Aber der Delegierte behält ein hohes Maß an Entscheidungsfreiheit, kann im Terrain nicht nur disponieren, sondern sich mit allem, was er braucht, an Ort und Stelle eindecken und ohne Verzug handeln. Der Delegierte ist – in des Wortes ganzer Bedeutung – der Bevollmächtigte, und nicht nur über den Verlauf einer Operation bestimmt die Leitung im Feld, sondern oft bereits darüber, ob sie zustande kommt. Wenn der Delegierte, fügt Stocker an, die Verantwortung sucht und nicht den Aufstieg in der Organisation und ihre Privilegien.

Dem adoleszenten Stocker hatte der Berufsberater Talent und Eignung außer als Modephotograph – er sei halt ein Augenmensch – auch als Lehrer attestiert, obwohl er bis heute kein Mann schriftlich festgehaltener Konzepte und amtlich ausgefeilter Lehrpläne ist. Gewiß, auch im Klassenzimmer hätten seine Augenbrauen ihre Wirkung als stummer, fragender Doppelzischlaut nicht verfehlen können. Ein Lehrer braucht natürliche Autorität, heißt es. Doch das Exempel der Lehrerseminaristin unter den Schwestern, die Samstag für Samstag beim Vater ihr Taschengeld in Empfang nehmen mußte, hatte Stocker den Gedanken an eine Lehrerlaufbahn frühzeitig ausgetrieben. Er wuchs in Möhlin im Fricktal auf, in der Nordwestschweiz, mit drei Schwestern und zwei Brüdern, er, Peter Gottfried, der Zweitjüngste und der mittlere der drei Söhne. Ein Jahr hatte er es auf der Handelsschule Neuenburg ausgehalten, ehe er in Basel eine kaufmännische Lehre antrat, was ihn wenigstens in seiner Freizeit zum Selbstversorger machte. Nach dem Abschluß arbeitete er in Handelsfirmen und als Schichtarbeiter in Fabriken, verließ dreiundzwanzigjährig die Schweiz, verbrachte eineinhalb Jahre in England, eineinhalb Jahre in Italien, fünf Jahre in Paris, sechs Monate in Spanien. Anfangs besuchte er überall eine Sprachschule, um anschließend eine Zeitlang im Land zu arbeiten, meist im Hotelfach oder im Verkauf, bei Bally London etwa – ja, auch schwarze Schuhe. Selten habe er mehr gelernt über die Leute, sagt er, als damals beim Schuheverkaufen.

Manche bewerben sich aus Verlegenheit in Genf oder um von der Gelegenheit zu profitieren, nach dem Studienabschluß für ein Jahr gegen Bezahlung etwas von Asien, Afrika oder Lateinamerika zu sehen. Stocker überlegte es sich zwei Jahre, nachdem ihn ein Bekannter auf die Möglichkeit aufmerksam gemacht hatte. Von den Berufenen war er nicht der einzige, der zögerte. Noch zu Beginn der neunziger Jahre verbreitete das IKRK einen ganz eigenen Geruch – ein Verschnitt von mondäner Genfer Exklusivität und bauernschlauer schweizerischer Borniertheit. Das IKRK behält grundsätzlich seine Erkenntnisse für sich selbst, und angesichts des schreienden Unrechts, dessen exklusiver Zeuge das IKRK immer wieder ist, erfordert dieses anspruchsvolle, so oft und so leicht kritisierte Ethos der Geheimhaltung eine große Portion Selbstbewußtsein. Doch das äußerst abweisende, teils unbeschreibliche Verhalten, das einige Delegierte noch in den frühen neunziger Jahren Medienleuten gegenüber an den Tag legten, entsprang meist weniger einem übersteigerten Selbstwertgefühl als einer Unsicherheit, die im Terrain in manchem Fall nur zu verständlich ist, aus einem Defizit an Schulung, einem gewissen Dilettantismus vieler dieser humanitären Milizionäre. Dazu kam der lange Schatten, den der Weltkrieg auf die Schweiz geworfen hat, und leider tat sich auch das IKRK zu lange Zeit schwer im Umgang mit dieser Erblast. Im Oktober 1942 hatte das Komitee die historische Entscheidung getroffen, der Öffentlichkeit vorzuenthalten, was man über das Innenleben der deutschen Konzentrationslager am Sitz in Genf wußte, nämlich mehr als irgendwo sonst außerhalb des

Reichs. Erst in den späten achtziger Jahren öffnete das IKRK sein Archiv für den fraglichen Zeitraum.

Zum Nimbus des IKRK, seiner distinguierten, leicht benebelnden Hochachtung vor sich selber, gesellt sich eine verbreitete Neigung zur Defensive, deren Ursprünge oft reflexartig wieder in der beargwöhnten humanitären Konspiration vermutet werden. Wenn es nur darum ginge! Doch weder kommt die Aktionshemmung aus der Scheu vor Publizität, noch bietet eine offensive Haltung in den Medien Gewähr für besseren Schutz der Leidenden und mithin bessere Aussichten für das IKRK, sein Mandat zu erfüllen. Das defensive, reaktive Verhaltensmuster hat Gründe in der Arbeit selber und wird dadurch aktiviert, daß eine Situation für schwierig, ja für zu schwierig befunden wird. Gewiß, der Kontext einer Mission kann schwierig sein, wer weiß das besser als Stocker, der eine Anzahl schwierigster Missionen geleitet hat – nach Somalia in Kabul, Afghanistan (1993 bis 1996), anschließend in Sarajevo (1996 bis 1999). Aber in seiner Erfahrung hätten sich die Beschränkungen einer Operation in aller Regel weniger aus der Situation ergeben als aus den Beschränkungen der Organisation selber. Stocker wiederholt dies, noch lange bevor er auf Motive der humanitären Hilfsbereitschaft und deren Verpflichtungen zu sprechen kommt. Während das Ziel meistens klar genug vor Augen steht, heißt das Problem bloß: Wie komme ich da hin? Fest steht, daß die Lösung nicht in der Erklärung liegen wird, warum ich da unmöglich hinkommen kann. Dennoch ist sie groß, die Gefahr der Verbunkerung in jenem Problembewußtsein, das in manchem Feldeinsatz geradezu grassiert und sich auslebt, indem es, statt Lösungen zu entwickeln, deren Unmöglichkeit in allen Beweisgründen auseinandersetzt und unwiderlegbar nach Genf übermittelt, bis man nur noch weiß, dies aber um so gründlicher, warum gar nichts geht und gar nichts gehen kann. »Nein, weil ..., nein, weil ...«, oder etwas gepflegter vielleicht: »Leider nein, weil leider ...«, lauten Logik und Methodik dieses Geistes, der um so leichter um sich greift und sich festsetzt, je schwieriger die Lage tatsächlich ist. In der Schweiz kommt dazu, daß man keine Fehler machen darf, oder wenn, dann nur durch Unterlassungen.

Stocker war einunddreißig, als er 1979 zum IKRK kam. Seither erlebe er es immer wieder, die wichtigste Voraussetzung für eine Tätigkeit beim IKRK sei weniger der in Genf nach wie vor geschätzte akademische Abschluß, der oft mehr das besagte Problembewußtsein fördert als eine lösungsorientierte Haltung, sondern Berufserfahrung – wenn möglich in einer fremden Umgebung. Was wir Talent nennen, sei »probably another name for conviction« – wahrscheinlich ein anderes Wort für Überzeugung, schrieb Orwell, außer der Kraft fortgesetzter Anstrengung und fortgesetzten Denkens. Aber ein guter Lehrer, erinnert Stocker, sollte sich selbst in Frage stellen können, und das sei fast noch wichtiger für einen IKRK-Delegierten. Die Tür hinaus aus unserer Kultur, so einer seiner taoistischen Merksätze, geht meist nicht nach außen auf, wie die Leute augenscheinlich überall und immer wieder zu glauben scheinen, sondern nach innen.

Es gibt ein vielgeschundenes Wort, und dieses Wort heißt »Vision«. Es steht im Sold nicht nur von allen humanitären Organisationen, aber von diesen besonders, und soll für ihren weiten Blick bürgen, für Uneigennützigkeit, Selbstlosigkeit und die Größe eines unerschrockenen Herzens, denn die Vision nimmt angeblich nicht sich selbst wahr und auch nicht den, der sie hat. Kann man nicht erschauern, wenn man es wieder hört und wieder: Vision – Vision – Vision? So unerbittlich wie zu viele Visionen sich zu oft ins Werk gesetzt haben und nicht nur vom Urheber absehen, sondern ebenso von den Menschen überhaupt und im besonderen von den Menschen, denen sie zugedacht sind. Für Stocker heißt Vision etwas anderes, das ganz unentbehrlich ist. Für einen Delegierten, so Stocker, ist es ein unschätzbarer Vorteil, wenn er früh genug Distanz zur eigenen Kultur und zu sich selber erfahren und erprobt hat. Wenn er sich auf den Weg gemacht hat. Nur wer sich auf den Weg macht, weiß, daß es einen Weg gibt. Der Weg ist nicht das Ziel, wie man oft hört, und trotzdem ist er es, da man sich nur auf dem Weg auf das Ziel zubewegt. Und die Vision ist die Überzeugung, daß es einen Weg gibt. »Das meiste wird nicht erlangt, weil es nicht unternommen wird«, sagte der spanische Jesuit Baltasar Gracián schon vor über 350 Jahren, und noch immer ist es so. Oder – näher bei Stockers geistiger Heimat: *Our Slogan is: »Break the impossibility habit!«,* so las ich unlängst in Seoul, Korea, im Lande des Konfuzius, über dem Eingang eines Straßencafés. Hieß nicht *tao* Weg? »Der WEG ist aller Dinge Heimat«, und wenn nichts den Weg ersparen kann, dann darf Lao-tses kleines *Buch des Wegs* im Gepäck eines Nomaden wie Stocker tatsächlich niemals fehlen: »Ist der WEG verloren, dann das Leben.«

Aber: »Der klare WEG erscheint dunkel.« Und: »Der ebene WEG erscheint rauh.« Die humanitäre Diplomatie geht ihre eigenen Wege. Pierre Krähenbühl, heute persönlicher Berater des IKRK-Präsidenten Jakob Kellenberger, war unter Stocker in Afghanistan im Einsatz. »Versuchen Sie sich die Situation in der umkämpften Hauptstadt Kabul vorzustellen«, sagt er. »Die Mujahedin liegen in ihren Stellungen, die Sie entlang der ganzen Front begutachten und in allen Details studieren können, wenn Sie dies wünschen; und wann immer Sie Lust haben, fahren Sie, nur Sie allein mit Ihrem gekennzeichneten Toyota Landcruiser, hinüber zum Feind. Was, denkt der Mujahedin-Kommandant, tun Sie beim Feind, der täglich auf ihn und seine Männer schießt? Beim Feind, der also bei all Ihren Visiten von Ihnen kein Sterbenswörtchen erfahren wird, denn sonst könnten Sie hier ja auch einmal den Mund auftun, nicht wahr, der Sie die Stellungen des Feindes ebensogut kennen wie die Stellungen auf dieser Seite der Front.«

In einer solchen Lage, auch Krähenbühl erinnert daran, darf sich der Delegierte nicht allein auf die Autorität seiner Fahne verlassen. Nur er allein kann das nötige Vertrauen schaffen, und Diskretion, die einer Schweigepflicht wie der ärztlichen oder der des Strafverteidigers nicht nachstehen kann, ist dabei nur das mindeste. Für den Journalisten ist das, niemand kann es ändern, ein Schlag ins Gesicht. Der

Journalist liebt Leute, die ihm Zugang verschaffen, und noch mehr haßt er Leute, die ihm Zugang verweigern. Die besagte Diffamierung des IKRK wegen seiner vorgeblichen Geheimniskrämerei, vorgetragen im hohen moralischen Ton purer Wahrheitsliebe und Sorge um die Menschheitsgeschicke, ist die Rache des Journalisten für die Abfuhr, die er offenbar nur persönlich nehmen kann, und die Schwere der Journalistenbeleidigung bemißt sich nicht an der Beeinträchtigung seiner Recherche, sondern an seiner Eitelkeit, die bekanntermaßen nur unterschätzt werden kann. Journalisten, und mit Vorliebe prominente, aus New York vielleicht, hassen, wie sie betonen, das IKRK und werfen ihm allerart Komplizentum mit international geächteten Kriegsparteien vor, Mittäterschaft kurzerhand, ohne je vom Mandat der Organisation Kenntnis genommen zu haben. Aufgabe von IKRK-Delegierten ist nicht in erster Linie die Betreuung von Flüchtlingen; sie tun es, weil sie meist als erste zur Stelle sind oder ihre Organisation schon vor der Eruption im Krisengebiet vertreten war. Ihr angestammter Auftrag jedoch ist die Betreuung von Kriegsgefangenen, mit denen sie um den Preis der Diskretion unbeaufsichtigt Gespräche führen können – mit äthiopischen Gefangenen in Eritrea und mit eritreischen in Äthiopien, mit irakischen Gefangenen in Iran und mit iranischen im Irak, die ihnen alle Einblick geben in die Verhältnisse innerhalb der Armeen, in denen sie kämpften. Sie müssen es den Delegierten neiden, die Journalisten, mit deren Ankunft vor Ort das Ereignis, wie man weiß, erst zu beginnen pflegt. Die Meinung über das Ereignis, die sie schon zu Hause zubereitet haben, kommt am Ende ohnehin von ihnen, denen es weniger wichtig ist, wie die Schuld zu verteilen ist, als daß sie es sind, die sie verteilen.

Für ein Vertrauen, wie es der Delegationsleiter in der umkämpften Stadt Kabul aufzubauen hat, ist die entscheidende Voraussetzung, was die humanitäre Diplomatie von derjenigen zwischen Staaten unterscheiden soll, daß sie nämlich nicht nehmen, sondern geben will – soviel wie sinnvoll möglich geben. Vertrauen weitergeben kann nur, wer davon hat: das ist, in leicht verändertem Wortlaut, wiederum

Stockers Vision. Nicht nur an sich selber, so formuliert es Stocker, muß man mehr glauben, als der Gesprächspartner an sich selber glaubt; auch an diesen muß man mehr glauben, als er an sich selber glaubt. Das klingt waghalsig, wo geschossen wird, in Somalia, in Bosnien oder Kosovo, und erinnert es in der Haltung nicht beinahe an den Fürsten Myschkin in Dostojewskis *Idiot*? Der bei soviel Menschenfreundschaft schließlich nur in die Nacht zurückkehren kann, aus der er kam? Stockers Erfahrung aus zwei Jahrzehnten Einsatz ist eine andere. Nie und nirgendwo habe er erlebt, sagt er, daß jemand die Grundidee der humanitären Hilfe verworfen hätte, die Idee, daß in Konflikten unbeteiligte Zivilpersonen nicht unnötig leiden sollten. Sicher hätten die Repräsentanten der Konfliktparteien vordergründig andere Prioritäten, militärisch und politisch, aber auf die Dauer verspreche sich niemand etwas davon, das Rote Kreuz zu verbieten.

Nach 22 Jahren beim IKRK, als Stocker zum Jahresbeginn 2000 die Delegationsleitung in Belgrad übernahm, blickte er auf sieben Einsätze zurück. Im Vergleich mit langgedienten Kollegen sind das ungewöhnlich wenige Stationen, und ein fünfjähriger Einsatz wie 1988 bis 1993 in Somalia ist in der jüngeren Geschichte der Organisation bis heute wohl ein Unikum geblieben. Vertrauen – Vision, Weg und zunächst Ziel jeder Mission – stellt sich nur ein, wenn der Dialog nicht nur als Mittel zum Zweck gesucht, sondern ihm ein Eigenwert zugebilligt wird. Es gibt keine humanitäre Intervention ohne Diplomatie, und die des IKRK ist eine Diplomatie, sagt Stocker, bei der der Gesprächspartner nicht gefoltert, nicht unter Druck gesetzt, nicht bedroht und nicht mit militärischen Strafmaßnahmen auf Trab gebracht wird, und mit der Aufgabe des Delegierten, so Stocker, und seine Brauen holen aus, ist es unverträglich, beim Gesprächspartner einen Anflug von Goodwill unbemerkt zu lassen. Eine hörbare Stille bleibt zurück.

Schließlich, spricht er jetzt doch weiter, kommt es nicht darauf an, den Gesprächspartner vom Interesse der Organisation an seiner Zusammenarbeit zu überzeugen, sondern darauf, ihm sein eigenes Interesse daran einsichtig zu machen. In Konfliktsituationen kann das Zeit brauchen. Bei seinen Missionen habe eine gewöhnliche Einsatzdauer jeweils mindestens 12 bis 18 Monate betragen, ehe sich wirklich etwas zu bewegen anfing. Zeit ist vielleicht Stockers wichtigstes Stichwort. Sie ist das Tao, der Weg des Wassers, des weichen, das den härtesten Stein bezwingen wird. Wenn sich die mittlere Einsatzdauer eines Delegierten in den neunziger Jahren verlängerte, dann hat das Gründe auch darin, daß das IKRK außer in akuten Notstandssituationen – der für den Höhepunkt von Kriegen typischen *emergency* – vermehrt in chronischen Krisenherden engagiert ist oder in Nachkriegssituationen, wo es um Stabilisierung und Rehabilitation geht. Stocker, der in dieser Entwicklung mit seinen beispielhaften Operationen vorausging, ist weniger stolz darauf, daß das IKRK stets mit den ersten zur Stelle ist, als darauf, daß es einem Land wie Afghanistan in zwanzig Jahren Krieg zu keinem Zeitpunkt den Rücken kehrte. Doch auch abgesehen vom global veränderten Milieu der IKRK-Einsätze hielte Stocker es für vorteilhaft, daß von den 25jährigen Universitätsabsolventen nicht die Hälfte nach einer Einsatzdauer von eineinhalb oder zwei Jahren, wie das der Fall ist, die Organisation wieder verließen. Die Erfahrung einer etwas längeren Einsatzdauer erscheint ihm wünschenswert, und von einer entsprechenden Verpflichtung würde er sich ein etwas verbindlicheres Engagement erhoffen.

Delegierte mögen sich schwertun, mit Militärs zu verhandeln, denn in Uniformen stecken böse Menschen, die töten und zu töten befehlen. Der paradoxe Charakter der humanitären Diplomatie liegt darin, daß sie in einem Konflikt die Interessen von Menschen vertritt, die keine Stimme haben, von Ausgeschlossenen, während der Weg über die *warlords* führt, in deren Gewalt das Schicksal dieser Menschen liegt. Nicht auf den Dissens kommt es in der Begegnung mit diesen Kriegsherren an, sagt Stocker, den es natürlich immer gibt, und auch nicht zuerst auf den Willen, ihn sogleich zum Verschwinden zu bringen, sondern darauf, wie er vorgetragen wird. »Des Berufenen WEG ist Wirken, ohne zu streiten«, steht im *Tao-te Ging.* Nicht verletzen, keine Feinde machen, lautet Stockers Maxime, die sich soweit schlicht anhört, aber Herrn Radovan Karadžic gegenüber nicht leicht zu befolgen ist, obschon dessen Ehefrau Präsidentin der nicht anerkannten Rotkreuzgesellschaft der Republica Srpska ist und also dasselbe Emblem in Anspruch nimmt. Aber: »Der Berufene ist gewissenhaft, ohne zu verletzen«, und in dieser Kunst humanitärer Diplomatie liegt Stockers Meisterschaft, bescheinigen Pierre Krähenbühl und andere IKRK-Angehörige, die mit ihm zusammengearbeitet haben. Er ist nicht jener gewiefte Unterhändler, der das Dossier in jedem Detail überblickt und aus dem Kopf über sämtliche Zahlen verfügt. Unter Nomaden, sagt Stocker, ist das Geschriebene von geringem Wert. Aber er beherrscht jene Kunst der Zurückhaltung, der abwartenden Zubereitung jener Atmosphäre, die den unerlösten Gegenspieler zur Bewegung – und zwar nach vorn – zwingen kann. Eine Vision geben, zurücktreten und hinterhergehen heißt sein Rezept – »der WEG des Fortschritts erscheint als Rückschritt«. Eine Situation kann noch so schwierig sein, sagt Stocker, »nein, weil« ist keine Position, die weiterführen kann. Bewegung kann immer nur aus einem »ja, aber« folgen: »Ja, wir können dies oder jenes tun, aber nur in Übereinstimmung mit den Prinzipien unserer Organisation.«

Stocker hält es dabei nicht für sehr hilfreich, diese Prinzipien in erster Linie zu dozieren, einer Regierung oder Rebellenorganisation humanitäres Völkerrecht einzubläuen. Er hält es für sinnvoller, immer wieder auf das Leiden aufmerksam zu machen, als mit den bekannten Schuldzuweisungen hausieren zu gehen. Für ihn gilt seine eigene Version des *principle of the doubt:* jedem Gesprächspartner ist in jedem Fall das beste mögliche Motiv zu unterstellen. Liebet eure Feinde! – lautet die Botschaft des Neuen Testaments, aber, sagt Stocker, noch immer leben wir im Alten Testament und seiner Welt des auserwählten Volks, seiner Stämme, Clans und Sippen und, nicht zu vergessen, unserer Familie, wo man seinen Nächsten liebt. Nach dem Muster des Strafverteidigers sieht Stocker seine Aufgabe in keinem Fall darin, seinen Mandanten zu belasten; wie schlecht und böse auch immer dessen politische Repräsentanten gehandelt haben mögen; sein Auftrag bleibt, ihn zu entlasten.

Stocker hat Fehler gemacht, zum Beispiel in El Salvador, wo seine Subdelegation auf einem Gebiet tätig war, das von der Regierung nicht kontrolliert wurde. Als ein Offizier der Armee gegen ihn schwerste Beschuldigungen der Kooperation mit der Guerilla bis hin zum Waffenhandel erhob und behauptete, die salvadorianische Armee habe eindeutiges Beweismaterial dafür, ließ Stocker ihn wissen, daß solche Denunziationen für seine Organisation ganz ohne jede Bedeutung seien, womit das Gespräch beendet war. Bei Erfolgen hingegen seien die Gründe oft schwer einzusehen. Warum die somalische Regierung 1988 schließlich einlenkte und das IKRK-Krankenhaus in Berbera bewilligte? Er erinnere sich nicht genau, sagt Stocker, doch es gebe da diese Geschichte von einem orientalischen Herrscher, der unter drei Anwärtern einen Minister aussuchte. Um sie zu prüfen, habe er sie vor ein Tor gebracht mit ungemein komplizierten Schlössern, das er sie öffnen hieß. Während zwei von ihnen sich verzweifelt an den Schlössern herummühten, setzte der dritte sich zuerst hin und schaute ihnen zu, bis er plötzlich aufsprang und mit einer leichten Handbewegung das Tor aufstieß, das, wie sich zeigte, gar nicht verschlossen war. Er wisse es nicht, sagt Stocker, warum Siad Barres Regierung eingelenkt habe. Die hätten gemerkt, habe ihm Doktor Ahmed einmal erklärt, daß er nicht aufgeben würde. Nur eines sei sicher, selbst in seinen optimistischen Augenblicken hätte er niemals um ein Treffen mit Präsident Siad Barre nachgesucht. Wie gut auch immer die Erfolgschancen stehen mochten, Stocker hätte damit ein für den somalischen Präsidenten bindendes Nein riskiert.

Doktor Ahmed, der Präsident des Somalischen Roten Halbmonds, der ihn durch seinen fünfjährigen Einsatz in Somalia begleitete, ist für Stocker eine Schlüsselfigur geblieben – eine Erfahrung, von der er bis heute zehrt. Die größte

Schwierigkeit bei jeder Operation liege darin, sie auf den Kontext abzustimmen, und das lerne man nur in ebendiesem Kontext und von den Leuten, die man darin antrifft, und deshalb sei die Zusammenarbeit mit den Vertretern der einheimischen Rotkreuzgesellschaft unschätzbar. Bei Stocker kommt es nicht vor, daß *senior local staff* von Sitzungen der IKRK-Delegation ausgeschlossen würde, nicht nur weil in der humanitären Diplomatie Transparenz großgeschrieben werden sollte. Es geht um den Background der Einheimischen, die die Situation besser kennen und überdies oft bereits zehn, fünfzehn Jahre für ihre Organisation tätig gewesen sind. Nicht nur ihre Erfahrung hält Stocker für ganz und gar unentbehrlich, aus leicht einzusehenden Gründen ist auch ihr Engagement ein anderes als das der *expatriates,* es ist ihr Land. Deshalb ist er darum bemüht, sie wenn immer möglich in Positionen zu bringen, in denen sie ihre optimale Wirkung entfalten können.

Dies ist ein Aspekt des *approche mouvement,* einer Strategie, die im IKRK in den letzten Jahren an Boden gewinnt, besonders seit die Organisation im Januar 1997 in Glion bei Montreux ihren *débat avenir* formell lanciert hat, der inzwischen als Forum des Ideenaustauschs ihres Kaders fest etabliert ist. Der *approche mouvement* setzt auf eine erweiterte und verstärkte Zusammenarbeit der verschiedenen Organisationen innerhalb der globalen Rotkreuzbewegung, des IKRK mit den nationalen Rotkreuzgesellschaften – beziehungsweise dem Roten Halbmond in den muslimischen Staaten – sowie mit dem Sekretariat ihrer Dachorganisation, der Föderation der Rotkreuz- und Rothalbmondgesellschaften. Der *débat avenir* dient dem gemeinsamen Versuch von Delegations- und Genfer Abteilungsleitern, den Kulturwandel innerhalb der Organisation und im Kontext ihrer Einsätze bewußter mitzuvollziehen, immer mit dem Ziel, in schwierigen, gefährlichen Situationen den Bedürftigen so nahe wie möglich zu bleiben, die Organisation optimal in den Kontext ihrer Operationen einzubringen. Erforderlich dafür ist in erster Linie Glaubwürdigkeit, konkret heißt das Vertrauen im jeweiligen Umfeld einer Mission, was zunächst größtmögliche Aufmerksamkeit dafür erfordert, wie eine Delegation von der lokalen Bevölkerung und ihren politischen Repräsentanten wahrgenommen wird. Vertrauen zu gewinnen setzt zudem die Bereitschaft voraus, Verantwortung an lokale Partner und Partnerorganisationen abzutreten. Für Stocker hängt alles davon ab, ob die noch immer so bezeichnete »Genfer Organisation« ein Stoßtrupp bleibt, der Gefahr läuft, im Terrain als arrogant wahrgenommen zu werden, so daß darauf geschossen wird, oder ob es dem IKRK gelingt, auf die Ressourcen einer altehrwürdigen Bewegung mit Namen Rotes Kreuz zurückzugreifen, die in lokalem, unterschiedlichem Rahmen weltweit rund 200 Millionen Menschen zu aktivieren vermag.

Die Missionen, für die Stocker verantwortlich war, haben die Entwicklung der Organisation in verschiedenen Bereichen vorweggenommen. Mit Unterstützung von Pierre Gassmann, dem damaligen Generaldelegierten für Afrika, und von dessen Nachfolger Jean-Daniel Taux, heute *director of operations,* sorgte Stocker in der Weltpremiere seiner bewaffneten Somalia-Mission für eine professionelle Medienarbeit im Feld – auch das ein Novum in der Geschichte des IKRK. Die Medienarbeit wurde erstmals explizit ins Aktionsprogramm aufgenommen, erhielt einen eigenen Budgetposten und nahm in professionellen Sprechern vor Ort Gestalt an. In der Satzung des IKRK lautet ein Auftrag: Unterstützung der internationalen Krisendiplomatie, und in Kabul machte Stockers Delegation damit erstmals Ernst, indem sie ihre Logistik auch zum Transport von Diplomaten, die mit der IKRK-Mission nichts zu tun hatten, zur Verfügung stellte. Im *approche mouvement* erwies sich Stocker, für den die Stärke des IKRK kurzerhand die Stärke der Bewegung ist, als Pionier nicht nur in Somalia, sondern wiederum als Delegationschef in Bosnien-Herzegowina, diesmal unter der Leitung und mit Unterstützung von Pierre Krähenbühl, bis März 2000 Chef der Taskforce Balkan, und Angelo Gnädinger, dem *head of operations* der Zone Euramo (Europa, Amerika und Mittlerer Osten). In Bosnien-Herzegowina werden heute acht der zwölf Subdelegationen von einheimischen Mitarbeitern geleitet, nochmals ein Unikum in der jüngsten Entwicklung der »Genfer Organisation«.

Die Einwände gegen den verstärkten Beizug lokaler Kräfte, die Verweise auf die Unabhängigkeit des IKRK, hält Stocker in ihrer Allgemeinheit für steril. Der Begriff der Neutralität, sagt er, ist leer, solange daraus keine Tat hervorgeht, und kann nur wiederum »nein, weil ...« bedeuten. Natürlich kann man in einem Krieg die Delegationen beiderseits der Front nicht einfach den Belligeranten anvertrauen, darauf weist auch Pierre Krähenbühl hin. Wenn in Bosnien wieder Krieg ausbräche, hätten die einheimischen Subdelegationsleiter, wie leicht absehbar, schwerwiegende Probleme. Aber als sich angesichts der humanitären Katastrophe in Kosovo vom Frühjahr 1999 eine Reaktion in einem regionalen Gesamtkonzept aufdrängte, unter Einschluß Albaniens, Mazedoniens, Montenegros und Serbiens, habe sich rasch gezeigt, wie wichtig eine funktionierende Zusammenarbeit mit den nationalen Gesellschaften ist.

Nie werde er in Nairobi arbeiten, habe er gesagt, als die Delegationsleitung Somalia ihr Büro noch in Mogadischu hatte. Nie werde er in Europa arbeiten, habe er nach der Evakuation in Nairobi gesagt. Die Balkankriege der neunziger Jahre haben das offenbar geändert, wie sie auch die Welt, wenigstens Europa, verändert haben. In den Büros von Delegierten hängt gewöhnlich an zentraler Stelle die beste Karte des Einsatzgebiets. Stockers erste Amtshandlung in Sarajevo, nachdem er seine Teppiche ausgerollt hatte, bestand darin, diese Karte gegen eine große Europakarte auszutauschen. Damit alle sehen können, wo diese Stadt liegt, sagt er. Wollte er aber Europa in Sarajevo wieder einmal verlassen, dann verbrachte er den Abend besonders gerne mit dem iranischen Botschafter in Bosnien, um mit ihm über Afghanistan und die zentralasiatische Schlüsselstadt Kabul zu diskutieren. Politisch Stellung nehmen darf ein IKRK-Delegierter freilich nicht, zu Castro etwa und den Sanktionen des Weißen Hauses oder zu Putin und den Tschetschenen, auch nicht zu Pakistan, diesem Land ohne Grenzen, ohne Identität, das deshalb alle Nachbarn belästigt. Stocker ist darüber kein Wort zu entlocken. Falls IKRK-Delegierte eine politische Meinung haben, dann sprechen sie sie nicht aus, waren in diesem Sinn neutral sogar im Kalten Krieg, der der Welt die ihm eigene Ordnung aufzwang und nach dessen Ende sich in Afrika zum Beispiel immer drängender die Frage stellt, wer darüber so recht froh werden kann. Den humanitären Diplomaten mag es entlasten, wenn er solche Fragen nicht jedem Gesprächspartner gegenüber ausführlich beantworten und sich entweder als Kommunist oder als Kapitalist zu erkennen geben muß. Aber Stocker war es unbenommen, in seinem Büro in Belgrad wie in Sarajevo eine weitere Europakarte aufzuhängen, wie er es zu Beginn des Jahres 2000 getan hat.

Was hätte Stocker vor der Schlacht von Solferino getan? Als es noch kein Rotes Kreuz gab? »Ja«, sagt er, »mach das, stell diese Frage Gianni Bacchetta« – das ist der Delegationsleiter bei Stockers erstem Einsatz in Khartum, den mein Reisebegleiter damals, 1980, in seinem Büro vergeblich suchte. »Aber man sagt doch«, fügt Stocker hinzu und lacht, »wichtig ist, daß man es gut macht, nicht wahr.« Bacchetta, der für ihn in seinen ersten Jahren beim IKRK eine Art politischer Mentor war, hatte in jüngeren Jahren ein ägyptisches Gefängnis von innen kennengelernt, verdächtigt der Kooperation mit radikalen Palästinensern. Schon äußerlich hatte er etwas von Che Guevara, auch ohne Baskenmütze, die ausgebeulten Taschen in der Lederjacke konnten nur vom Revolver kommen. Natürlich erwiesen sich die Verdächtigungen der ägyptischen Sicherheitspolizei als haltlos. Aber wie Stocker erschien mir Bacchetta als der klassische Vertreter seiner nachhaltig politisierten Generation, der das IKRK einen Ort und Wirkungskreis zu bieten hatte. In der Schweiz gibt es keine weltberühmten Colleges, wo Männer wie James Fenton nach ihrer Odyssee durch Urwälder und Kriege in der Dritten Welt zu ihrem Ausgangspunkt zurückfinden und dort ab dem vierzigsten Lebensjahr Poetik lehren.

Auch in Stocker überlebt ein Revolutionär, wenn auch gewiß nicht von der Art des Fanatikers, dessen Feuereifer sich aus Verbitterung speist, der die Not einer tiefen existentiellen Frustration in einen Dornenkranz lauterster Tugenden umgeschweißt hat und in dessen ideologischem Bunker die einzigen Öffnungen die Schießscharten sind. Sein Humor wird an Lebhaftigkeit nur übertroffen von seiner Begeisterung fürs Schöne, sei es die Natur oder eine Barockfassade in der Konstanzer Altstadt, wo wir auf das Rheinschiff nach Schaffhausen warten. Aber noch in seinem Humor ist jenes Unbeugsame, Eiserne spürbar, und in seinem Lachen ist stets der leise, aber deutliche Ruf zur Ordnung zu hören, nie ist es einfach nur erlöst. Ist er niemals vor die Entscheidung zwischen Privatleben und Beruf gestellt worden? Wäre ein Engagement wie das seine mit der Gründung einer Familie vereinbar? Die Frage, sagt Stocker, habe sich gestellt. Er entschied zugunsten der Arbeit. Dennoch ist Stocker nicht Dostojewskis Fürst Myschkin, der sich selber wie auch sein Anliegen für andere preisgibt. Guter Wille hat bei ihm sehr viel Kredit, fast unbegrenzten, wie es scheint. Ihn kann es schmerzen, daß in einer Demokratie der Mehrheitswille auch das Falsche wollen und obendrein tun darf. Aber selbst der beste Wille ist für sich allein nicht automatisch Teil der Lösung.

Über eines braucht man mit Stocker nicht zu diskutieren, daß an den Verbrechen gegen die Menschlichkeit die führenden westlichen Mächte, der abendländische Imperialismus und Kolonialismus, seit Jahrhunderten einen hohen Anteil hatte und eine entsprechend große Verantwortung auf uns lastet. Wenn zu allen Zeiten und überall auf der Erde Völker einander alles erdenkliche Leid zufügten, sind dann nicht die schlimmsten die, die es am effektvollsten taten und deshalb die tiefsten Wunden zurückgelassen haben? Und die außerdem, so verstehe ich ihn, es in der Hand gehabt hätten, manches besser zu machen. Sind wir, die Europäer, wie Stocker immer wieder sagt, für so viel Leid und Ungerechtigkeit in der Geschichte mitverantwortlich, muß dann der Sinn des humanitären Engagements nicht Wiedergutmachung sein? Der Motor des humanitären Engagements, sagt Stocker, ist Mitleid, nicht ein Schuldgefühl, auch nicht ein

Gefühl des Bedauerns, sondern *compassion* – für die politische Demütigung der Opfer. Der Leitfaden, die Methode, ist Einfühlung, Anteilnahme oder, Stocker hat ein schlichtes Wort dafür, einfach Zusammensein mit ihnen. »Wär da nur Brot zum Beißen, Münder würden sich schon finden« steht in der Konstanzer Altstadt auf einer Fassade. »Das muß ein Optimist gewesen sein«, sagt Stocker trocken. »Humorist«, sage ich versehentlich, als ich ihn am folgenden Abend daran erinnere. »Der Mensch lebt eben nicht vom Brot allein«, lacht er, das habe er nur sagen wollen. »Kriegsopfer«, wird er sogleich wieder ernst, »kann man verköstigen, aber dadurch allein bringt man sie nirgendwo in ihr angestammtes Leben zurück.«

Wenn im Revolutionär Stocker so wenig von einem Büßer zu entdecken ist, dann weil, wie ich vermute, zum Motor Mitleid noch etwas anderes hinzukommt. Ausdauer in Konfliktsituationen wie Somalia oder Afghanistan erfordert – mehr noch als Zuversicht – Gelassenheit. Woher käme sie, wenn nicht aus der Einsicht und unumstößlichen Überzeugung, die etwas hat von einer eigentlichen Inspiration oder, wie Stocker vielleicht sagen würde, Vision, obwohl es schon das Sprichwort sagt: daß es nämlich kein Vergnügen gibt, das sich nicht abnützt, außer dem Vergnügen, Gutes zu tun. Und wenn ein Revolutionär jemand ist, der stets und überall das Gute will, kann dann seine Heimat auf diesem Planeten nicht fast nur der humanitäre Feldeinsatz sein?

Mit 57 Jahren können Delegierte in Pension gehen. Allzu fern liegt dieser Tag nicht, Stocker ist 52. Was hat er vor? Er träumt nicht von südlichen Stränden, wo er ausruhen möchte. Im Elternhaus in Möhlin ist viel Platz für Gemütlichkeit, und wenn er auf Heimurlaub ist, falls man das bei ihm so nennen kann, versucht er seinem jüngeren Bruder beizustehen, der einen Teil des Hauses bewohnt und nach dem Rechten schaut. Wird der Nomade zurückkehren? »Vorherwissen ist des WEGES Schein und der Torheit Beginn.« Wenn er von den Schweizern spricht, sagt Stocker unüberhörbar »ihr«, »euch«, »euer«. In Möhlin ist auf seine Anregung einstweilen ein Feng-Shui-Experte beigezogen worden, der im Garten die Verhältnisse von Wind und Wasser fernöstlich ins reine bringen soll. Nicht sofort alles auf einmal, aber im Verlauf der kommenden fünfzehn Jahre vielleicht. Und noch etwas, was er mit hochgeschwungenen Brauen gesagt hat, habe ich mir notiert. Aber, wie Peter Gottfried Stocker sagt, alles gibt man nicht preis.

Konstanz/Schaffhausen, Juli 2000

16 ■ AUF DEM HOCHSEIL DES KITZELS

Heimatlicher Sog der Fremde

> Ma se un dì saprai cos'è l'amore,
> tu rimpiangerai questa bell'èta.
> *Italienisches Volkslied*

Was sollte der Tag daheim in Arosa doch an exotischem Kitzel bereithalten! Zum erstenmal nämlich seit mehreren Jahren traf ich da in der Drogerie Paul wieder, meinen ehemaligen Klassenkameraden und Bankgenossen, der in einem Buch mit dem Titel *Fernstenliebe* zwischen Marokko, Kenia und der Schweiz unterwegs ist, und dies recht ausführlich. Die Wege dahin konnten weit sein. Einmal, etwa zwanzig Jahre war das her, verbrachte Paul binnen Jahresfrist zusammengerechnet mehr als drei Wochen im Zug zwischen Zürich und Algeciras, der Hafenstadt zuunterst in Andalusien, wo die Fähre nach Tanger ausläuft. Jedesmal hatte er eine Schreibmaschine Hermes Baby dabei, die er in Marokko zum Doppelten des Schweizer Ladenpreises verkaufte.

In die Geheimnisse der Karte in seinem Kinderzimmer hatte mich Paul schon in unserer Aroser Schulzeit eingeführt. Zu seinem achten Geburtstag hatte die Mutter ihm den Wandbehang über sein Bett gehängt. Unentrinnbar wie ein Schicksal erstreckte sich da über seinem Kopf fortan die ganze Welt – auf dunkelblauem wollenem Meer in mattem Velours die fünf Kontinente, wüstensandfarben. Jede Weltgegend trug darauf ihr Wahrzeichen: auf Nordamerika stand ein Indianer in Federschmuck und ein Wolkenkratzer, auf Südamerika ein Peruaner in Poncho und Sombrero, in Amazonien räkelte sich ein Alligator. Afrika markierten ein Buschmann und ein Elefant, Ägypten eine Pyramide mit Sphinx davor, Indien der Taj Mahal, Indochina eine Pagode, Sibirien ein Sträfling mit großer Nummer auf dem hellblauen Overall, Australien ein Känguruh, einen Zipfel der Antarktis ganz unten ein Pinguin, Europa der Eiffelturm.

Schon hatte es losgehen können: Was ist das da? Madagaskar! Und das hier? Celebes! Neuguinea! Sardinien! Grönland! Neufundland! Hispaniola! Hawaii! Da reckte sich, recht einsam und unter den unabdingbaren Verkrümmungen, eine Palme. Müßte Paul nicht einmal selber nach Hawaii, sich vergewissern? Und abklären, weshalb sie sich dort dem ersten »i« ein zweites hinterherzuschicken genötigt sahen? Nachdem er nun, ohne das je vorgehabt zu haben, sogar in Neuseeland gewesen war, wenn auch nur einmal.

Pauls Initiation auf seiner hängenden Stoffwelt hatte schon begonnen, und er nahm noch immer Bimbo mit ins Bett, seinen gestrickten Neger mit der roten Wollmütze und dem grauen Wollkraushaar, das darunter hervorlugte. Als er dreißig Jahre später erfuhr, Bimbo sei in der Zentralafrikanischen Republik, konnte ihn nichts zurückhalten, und schon hatte Paul sich auf den Weg nach Bimbo gemacht. Philippe, der Taxifahrer, hatte ihn direkt vom Flughafen der Hauptstadt Bangui zum Haus von Professor Abel Goumba gebracht, der bloß noch auf einen Journalisten aus Europa gewartet hatte. Warum nicht gar auf einen aus der Schweiz? In der Zentralafrikanischen Republik brauchten Schweizer kein Visum. Das Land am Genfersee hatte es Kaiser Bokassa so sehr angetan, daß er seinerzeit die Visapflicht für Schweizer unilateral aufhob, und noch mochten seine Nachfolger daran nicht rühren. Im Wohnzimmer Professor Goumbas lief bereits der Fernseher. Unzweideutig stand etwas bevor, und kaum eine halbe Stunde später erklang die tiefe schwarze Stimme des zentralafrikanischen Präsidenten General André Kolingba: »Zentralafrikanerinnen und Zentralafrikaner!« sagte er in einem getragenen Ton, als wäre er der Papst, und mit vorbildlichem Großmut akzeptierte er seine Niederlage bei der ersten freien zentralafrikanischen Präsidentschaftswahl vom Tag zuvor. Auch das Wahlvolk Bimbos, eines Außenviertels der Hauptstadt, hatte sich gegen den ehemaligen Armeechef ausgesprochen. Abel Goumba lag auf Rang zwei und hätte in zwei Wochen zur Stichwahl gegen Ange Félix Patassé anzutreten. Es hatte eine besondere Bewandtnis mit den Orten, die Paul so deutlich zu spüren gaben, daß er da nur einmal in diesem Leben seinen Fuß hinsetzte. Wie in Neuseeland oder damals am Weiher im Flimser Wald mit dem Naturkundelehrer Hartmann.

So sprach Paul einmal weiter nicht von Afrika oder einer anderen fernsten Fremde. Er sprach vom Kitzel und von der Kantonsschule in Chur, von seinem Naturkundelehrer Hartmann und dessen Tümpel im Flimser Wald. Schon in *Fernstenliebe* hatte Paul den Leser mit seinen Reflexionsgirlanden, munteren Hybriden fürwahr, nicht geschont. Schließlich sei er selber ein eingefleischter und überzeugter Bastard, flocht er selber hie und da warnend ein. »Gedanken erzählen« nannte Paul das und liebte es, wie sie kamen, die Gedanken, sich bildeten, auf- und übereinandertürmten, sich auflösten und gleichsam von allein wieder zum Verschwinden brachten. Paul konnte davon nicht lassen, schon gar nicht in unserer digitalen Welt, wie Paul mit einigem Nachdruck behauptete, und das Alleranalogste in dieser digitalen Welt, verkündete er, war der Kitzel, der seine Nuancen nicht in binären Codes entwickelte. Auch diesmal also ginge es nicht ohne ausgedehntere philosophische Erörterungen, wie sie sich Pauls Mund als eine Art Jazz entrangen, ziemlich *unique,* die Quellen jedenfalls schienen im Dunklen zu liegen. »Ach so, the birth of the cool«, meinte er, und so ließ ich ihn reden, ich hatte an diesem Nachmittag am Prätschseeli in Arosa nicht gerade Dringenderes zu tun.

»Noch ohne daß die Welt digital war«, Paul war schon mittendrin, »beziehungsweise auch schon vorher, nicht wahr, gab es zahlreiche Varianten, Klassen von Gegenständen in zwei Unterklassen aufzuteilen.« Soviel hatte der Naturkundelehrer Hartmann Paul auf den Weg gegeben, und war die Naturkunde, die Zoologie und Entomologie, die Botanik noch viel mehr, nicht ein einziges und unermüdliches Geschäft des Klassifizierens? In der Praxis bediente man sich dabei in der Regel eines Unterschiedes, der als grundlegend erachtet wurde. Auch in der Buchhaltung unterschied man zwischen Aktiven und Passiven, in der Philosophie und bei der Polizei zwischen wahren und falschen Behauptungen, in der Küche mit etwas Glück zwischen ungiftigen Pilzen und giftigen Pilzen und so fort. Groß und klein, alt und jung, heiß und kalt, tot und lebendig waren solche Paare von Eigenschaften, welche, jeweils um einer bestimmten Ordnung willen, die Zweiteilung bestimmter Klassen von Gegenständen ermöglichten, und unbeschadet der Tatsache, daß eine sichere Zuweisung im einzelnen Fall gewiß problematisch oder gar unmöglich sein konnte, blieben diese Unterklassen als Gefäße doch bestehen, selbst im Falle der Kunst, wo man – dies war eine von Pauls Lieblingsdifferenzen – ebenfalls zwischen Kunst und guter Kunst unterscheiden mußte, denn bekanntlich war die meiste Kunst schlecht.

Es gab, Paul war damit noch nicht fertig, wesentlich weiter reichende Versuche, mit einer messerscharfen und nicht weniger endgültigen Trennlinie die ganze Welt in Sinn und Unsinn zu zerteilen, oder in Zivilisation und Barbarei, wohl aus Abneigung gegen mindestens eines von beidem, fügte Paul hinzu. Solche Versuche gingen deutlich über die praktischen Erfordernisse hinaus. Nicht erst durch ihr Scheitern hatten sie eine Situation heraufzubeschwören oder gar herbeizuführen vermocht, in welcher alle Behauptungen über alles gleichermaßen wahr und falsch, ja, nicht nur beides zugleich, sondern ebensowohl keins von beidem waren, nicht wahr? Vielleicht hatte das auch sein Gutes, fand Paul und kratzte sich am Schädel. Nicht nur, weil so für den Kitzel mehr Raum blieb. Obwohl nicht bei jeder Handlung von vornherein feststand, ob sie in allen ihren Folgen mehr zum Guten oder zum Schlechten der Menschheit beitrug, obwohl ein universelles Kriterium zur Unterscheidung von guten und bösen Handlungen bisher nicht gefunden werden konnte, bedeutete dies wiederum nicht, es ließen sich deshalb gar keine Handlungen ausmachen, die eindeutig gut oder eindeutig böse wären. »Nichts ist absolut« – gewiß, wer kannte das nicht, oder aber, wie man dieselbe Belehrung auch zu hören kriegte: »Alles ist relativ.« Es schien sich hierbei fast um die Bürgerweisheit *par excellence* zu handeln, behauptete Paul. Bereits in den ersten weltanschaulichen Debatten seiner Sekundarschulzeit habe er sich damit herumschlagen müssen. Paul hatte an jenem Sommertag am Prätschseeli einen Franzosen bei sich, in dem er jetzt zu blättern anfing. »Nichts ist absolut«, sagte er noch einmal und hatte die Stelle sogleich: »Auf der Stelle wird es wichtig, zu wissen, ob es besser ist, seinen Vater umzubringen oder nicht, fünfundzwanzig Centimes zu besitzen oder vierundsiebzig Millionen, Tritte in den Hintern zu bekommen oder eine Dynastie zu gründen.« Eingestandenermaßen ergab sich unter solchen Umständen die Pflicht, die Welt neu zu erschaffen.

Aber natürlich war nicht alles relativ, wiederholte Paul noch einmal, nicht einmal in ästhetischen Fragen. Für Paul also biß sich das in keiner Weise mit der Einsicht, daß alle Übergänge fließend waren, die Welt in allen ihren Hervorbringungen unscharf oder, wie man heute sagte, *fuzzy*. Nicht einmal das Wort »ungefähr« habe eine genaue Bedeutung, krönte Paul seine Betrachtungen und hob mit seinem geliebten Dylan zu singen an: »Of war and peace the truth just twists / Its curfew gull just glides ...« Da glitt, so mußte es sein, eine Möwe durch die Ausgangssperre, und die arme alte Wahrheit, in der Tat, verdrehte sich und schlingerte ...

Lange habe er sich das überlegt mit dem Kitzel, den Verhältnissen davor, während und danach, sagte Paul, und war er jetzt noch oder wieder beim Thema? Mit seinen Badeschwämmen habe er es durchexerziert, schon damals nach der Exkursion mit Hartmann zu jenem Weiher im Flimser Wald. Paul hielt sich ganze Kollektionen dieser weichen Ungeheuerchen aus dem harten Korallenriff. Unweigerlich sei ihm da jedes Mal sein Nationaldichter Dürrenmatt durch den Kopf gegangen. Wer Menschen zum Lachen bringen wolle, habe sich nicht bei Lächerlichkeiten aufzuhalten, sondern im Reich des Sublimen, Erhabenen umzuschauen. Denn was an der Idee als Tragik hervortrete, so laute eine ältere Schulbuchweisheit, zeige als Wirklichkeit oft komische Züge. Und war vom Lachenden nicht wiederholt gesagt worden, er verkörpere den Typ des Verräters, der vom Opfer zum Täter überlief, der aus Erleichterung darüber, daß das Verbrechen ihn selber verschont hatte, dieses lachend sanktionierte? In Zeitungen sei dasselbe von gewissen Leitartiklern auch bierernst zu haben. Im Lachen aber habe schon Darwin den sublimierten Ausdruck eines Tötungsinstinktes gesehen. Paul verstieg sich fürs Leben gern in seinen schwindelerregenden Formationen des Tragischen, als suchte er einen neuen Weg durch die Nordwand der Großen Zinne, nur um daraus einige Tropfen Komik zu quetschen.

Aber mit dem Kitzel und Kitzeln hatte es eine andere, weniger abstrakte und hautnahe Bewandtnis. Früher, noch vor der Neurobiologie, heute ja in aller Munde, sei man das anders angegangen. *Zunächst sind wir unser Dasein im Raum, durch die Erfüllung desselben.* So habe Kant sich ausgedrückt, und das sei doch recht anschaulich formuliert, fand Paul. Obschon wir ein ganz untrügliches Gefühl dafür hätten, daß wir nur einen kleinen Teil von ihm erfüllten, daß der Raum von ganz anderen Dimensionen sei als wir selber, etwa wie das All im Verhältnis zu unserem Sonnensystem, führte Paul geduldig aus. Da seien ja die Verhältnisse während langer Zeit ganz anders gesehen worden, heimatlicher, gewissermaßen als ein und dasselbe Ensemble all dieser gelb leuchtenden Himmelskörperchen, bis Kopernikus auf dem Weg von Beobachtung und Überlegung zu dem Schluß gelangt war, es könne nur an einem sehr großen Unterschied der Distanzen liegen, wenn sich die Fixsterne fast gar nicht bewegten, die Planeten aber im Vergleich mit ihnen außerordentlich zügig. Also erfüllten wir den Raum nicht eigentlich, schloß Paul. Im Gegenteil umgab uns eine Grenze gegen ihn, eine dreidimensionale von recht ausgesuchtem Verlauf, davon könnten wir uns vor dem Spiegel überzeugen. Gerade heute früh habe er da wieder gestanden und sich sagen müssen, »also nein, kenn ich nicht, wasch ich nicht«.

Zu allem hin, fuhr Paul fort, könnten wir diese Grenze nicht bloß dank dem Spiegel sehen und von außen abtasten. Wir könnten sie überdies auch von innen spüren. Sogar im untätigen Zustand spürten wir sie, während wir uns ganz innerhalb davon aufhielten und außerhalb gar nichts erfüllten. Diese Grenze, wie er sie von innerhalb spüre, sei für ihn, Paul, seine Haut. Aber das war noch nicht alles. Denn oft spüre er nicht nur seine Haut, die ihn gegen den Raum um ihn herum, sondern auch diesen selber, der sich gegen ihn abgrenze. So sei es, wenn ihn eine bestimmte Stelle seiner Haut plötzlich und unvermittelt jucke, und dies, ohne daß ihn etwas berührt und womöglich gekitzelt hätte. Paul war es dann plötzlich, sagte er – »Kennst du das auch?« –, als riebe seine Haut sich an einer zweiten, ihm äußerlichen, sozusagen an der Haut des Raumes, die ihn umgab und ihn sonst ganz unauffällig, aber nahtlos und hauteng einpackte.

Paul schien es nicht ausgemacht, daß in diesen schwierigen Verhältnissen gleiches für alle Menschen galt. Schon war er wieder bei den Pygmäen im zentralafrikanischen Regenwald, auf denen sich die Bienenschwärme in mehreren Schichten, aber ganz friedfertig niederließen, während die unentwegten Waldmenschen, von Baumgabelung zu Baumgabelung turnend, in ihren schwerer werdenden Paketen aus den Blättern des Riesenphryniums den dunklen Honig einsammelten. Paul erschien es, als ob bei den Pygmäen die Haut bloß ein Kleid war, das Mutter Natur ihren nackten Geschöpfen übergezogen hatte – in ihrer besonderer Mildtätigkeit, die jederzeit tödliche Formen annehmen konnte, von Leben aber dermaßen strotzte, daß sie sich um Gefahren oft herzlich wenig scherte. Seine eigene Haut aber, daran wollte Paul bei aller Vorsicht und Zurückhaltung festhalten, teilte sich, soweit seine Erinnerung zurückreichte, in eine Innenfläche und eine Außenfläche, und auf den beiden Seiten gruppierten sich eben, mindestens in Pauls Fall, nicht nur einfache Abbilder von einander. Da konnten Unstimmigkeiten von innen und von außen auftreten. Es konnte die Außenwelt sein, die ihm auf den Fuß trat, oder eine geschwollene Stelle des Fußes, die der Schuh drückte (oder, besser gesagt, sie den Schuh und erst deshalb er sie). Dieses enggewobene Spinnennetz der Erregbarkeit oder Kitzeligkeit, wie Paul das Wort verstand, konnte nicht vollständig aus Hervorbringungen unseres eigenen Körpers bestehen. Darin nistete eine Außenwelt, und in Pauls eigener kleiner Welt hatte diese stets einiges auf Lager. Er sei ja überglücklich, daß diese Kontaktpunkte in der großen Mehrzahl meist in keiner spürbaren Weise aktiviert seien; daß da gewöhnlich alles oder doch wenigstens fast alles schlafe. Wenn aber der Blitz das nächste Mal einschlage, dann sei es weniger der Körper oder seine Haut, was sich da melde, sondern die Außenwelt, die mit lodernden Flammen, den Spitzen von Eiszapfen oder Zahnstochern und zu guter Letzt noch mit Vogelfederchen auf die Verpackung des Körpers eindringe und diese kitzele. Manchmal schien es Paul, die Außenwelt kümmere sich dabei um Einwirkungen auf unsere Innenwelt noch weniger als wir uns um unsere Auswirkungen auf die Außenwelt. Solange man vom Gewicht der Vorfälle absah, könne man guten Gewissens behaupten, daß sich unser Dasein im Raum, ob wir ihn nun erfüllten oder nicht, recht ereignisreich gestaltete. Bei etwas längerer Dauer könne das krampfartige Muskelzuckungen nach sich ziehen, so habe er kürzlich in einem älteren Konversationslexikon unter »Kitzel« gelesen.

Paul war noch am Reden und Reden, als eben ein Mädchen von vielleicht sieben oder acht Jahren, von irgendeinem Entsetzen gepackt, kreischend aus dem Prätschseeli gerannt kam. Zu allem hin mußte es sich auf den spitzen Steinen an den Füßen ziemlich weh getan haben, ehe es nun in den Armen der Mutter zu weinen anfing. Ob es mit dem Kitzel wohl nur ihm, Paul, so erginge? Gedankenschwer griff er den Faden wieder auf. Es sei ein eigentümlicher Akt, dieses Sich-in-andere-Versetzen. Aber ein guter Psychologe, so habe sein liebster Wiener gesagt, sei jederzeit imstande, dich in seine Lage zu versetzen. Ob sich das auch von seinem Naturkundelehrer Hartmann hätte behaupten lassen?

Bei der Rückkehr von jenem Weiher im Flimser Wald habe er darüber nachgedacht – und auch seither immer wieder einmal ein bißchen. Wiederholt auch habe er sich gefragt, wie der Naturkundelehrer Hartmann sich in jener Nacht in Algerien wohl verhalten hätte. Halsbrecherisch war die Fahrt auf der zerborstenen Paßstraße, aus der Sahara hinauf in den Atlas und auf der Nordseite wieder hinunter zur Küste. Die Luft im Bus war zum Schneiden, beinahe wie im ägyptischen Gastarbeiterbus, in dem Paul einige Monate zuvor von Jordanien in den Irak gefahren war. Pauls Freund Peter, der mit ihm reiste, war direkt aus der Schweiz nach Algerien geflogen, was sich nun beinahe als fatal erwiesen hätte. Denn nach den langen Wartestunden in der *Gare routière* von Tiaret ging es Peter wie den meisten übrigen Insassen des Cars, immer wieder nickte er ein. Ehe er für den Rest der Fahrt endgültig wach blieb, hatte ihn zweimal ein Schlagloch oder eine scharfe Bodenwelle vom Sitz gehoben und im Mittelgang niedergesetzt. Zum Glück war Peter unverletzt geblieben. Bei Paul dagegen hatten einige tausend Kilometer Training in solchen Bussen ihre Wirkung getan. Wie die Algerier alle hatte er seinem Sitznachbarn mit dem Kraushaar, genau wie dieser ihm, den Arm fest um die Schultern gelegt. In dieser Weise umschlungen, flog man auch schlafend nicht so leicht vom Sitz, und von dem unverkennbaren Kitzel, der Paul anfangs noch überrieselt hatte, war bald nichts übriggeblieben. Nur eine Spur von Verlegenheit war noch in dem Lächeln, mit dem sie sich am Morgen in der *Gare routière* von Oran adieu sagten.

Gar keine Frage, am Weiher im Flimser Wald jedenfalls, zu dem er jede Klasse wenigstens einmal botanisieren, entomologisieren und überhaupt klassifizieren führte, war der Naturkundelehrer Hartmann in seinem Element und frei von allen Berührungsängsten. Paul habe zu jener größeren Klassenhälfte gehört, die bis dahin nie und nimmer im Leben mit bloßen Händen Frösche, Molche, Kröten herumgereicht hätte, womöglich nicht einmal mit Handschuhen. In der Menagerie des Weihers fanden sich andere, nie gesehene Dinger, zum Beispiel ganze Knäuel von Egeln, Pferdeegel genannt, die sich von Blutegeln dadurch unterschieden, daß sie kein Beißzeug hatten, um die Haut aufzuritzen. Nur waren sie viel größer, bis zu fünfzehn Zentimeter lang, wenn sie sich mit Kaulquappen, ihrer Hauptnahrung, vollgeschlungen hatten. Die Kaulquappen gaben den schleimigen Dingern – das Elastischste, was Paul im Leben vorgekommen war – einen Anflug von, wenn auch beständig wechselnder, Kontur, wie das Kaninchen oder die Katze im Magen des zum Verdauen ansetzenden Python.

Diese Pferdeegel, die sich auch in vollem Zustande noch festsaugten, konnte man dehnen bis auf die doppelte Länge, und wenn man das hintere Ende losließ, schnellten sie zu dicken Schlauchstücken von Daumenlänge zusammen. Da tanzten sie also um den Weiher, die ganze Klasse ausnahmslos, Frösche, Molche, schwarze, orange, grüne Salamander auf Schultern und Köpfen, an allen zehn Fingern, an den Ohrläppchen, am Kinn, an der Nasenspitze behängt mit wild schlackernden Pferdeegeln.

Wie es dann aber weiterginge, im Leben und auf Reisen, das sei für Paul öfter wieder zu einer bohrenden Frage geworden. War man erst einmal an einem Punkt angelangt, den man zuvor nicht ins Auge gefaßt hatte, dann stellte sich – nicht nur für Börsenspekulanten – die Frage oft recht neu und anders.

Arosa, März 2000

17 ■ CHARLIE FOXTROTT ODER EIN KRANKHEITSBILD

Dreißig Millionen Quadratkilometer Afrika

I. Afrika kommt zu uns! Suzanne Wanjiru hat noch nicht das Anmeldeformular ausgefüllt, als ihr schon die Atemmaske übers Gesicht gezogen wird. Wir sind im Universitätsspital Zürich, und nun sehen es alle, die die Frau bislang nicht beachtet haben: Hier steht Afrika am Schalter der Notfallaufnahme, dunkelhäutig und ansteckend, ganz unser Bild vom kranken Kontinent, und vier Tage später wird die Spitalrechnung der Kenianerin bereits bei über 8000 Euro stehen.

Nicht daß die Patientin noch ein weiteres Mal Blut gehustet hätte, das wird in diesem Krankenhaus und künftig während ihres vier Monate dauernden Besuchs in der Schweiz nicht wieder vorkommen. Doch von den hellroten Schlieren in der Spucke, die Suzanne Wanjiru zweimal in den vergangenen drei Tagen einen tüchtigen Schrecken eingejagt haben, obwohl sie sich sonst vollauf in Ordnung fühlt, braucht das Personal der Klinik gar nichts zu sehen. Es reicht vollauf, daß die Afrikanerin soeben davon gesprochen hat. Auch in Kenia ist die Tuberkulose mit medikamentenresistenten Mykobakterienstämmen auf dem Vormarsch, und jeden Augenblick könnte Suzanne Wanjiru wieder loshusten!

Der Tomograph entdeckt in der Lunge alte Vernarbungen, die Bronchoskopie ergibt dagegen »keine frischen oder älteren Blutungszeichen« und keinen anderen Hinweis auf einen aktiven Infektionsherd. Die »29jährige Patientin«, so halten die Ärzte zum »Status bei Eintritt« fest, ist »in gutem Allgemeinzustand« – »reine Herztöne … Vesikuläratmen über allen Lungenfeldern, keine Nebengeräusche, sonorer Kopfschall … normale Darmgeräusche«. Inzwischen ist auch das negative Resultat des HIV-Tests bekannt. Bis jetzt hat sich

Suzanne Wanjiru zwischen anderen Wartenden im Empfangsbereich die Zeit vertrieben, mit einem dicken, in ihrem Heimatland spielenden John Le Carré, die Nacht in einer Nische hinter einem Vorhang, auf einem dieser schmalen Rollbetten ohne Matratze. Ihr medizinisches Betreuerteam ist nicht klüger, als Suzanne Wanjiru gut vierundzwanzig Stunden nach Betreten des Gebäudes schließlich ein Bett zugewiesen wird, in der Abteilung Epidemologie und in strengster Isolation. Positiv ist nämlich der Mantoux-Test ausgefallen, doch diese Immunreaktion auf Tuberkulin beweist lediglich, daß jemand irgendwann im Vorleben schon einmal mit TB-Bakterien in Berührung gekommen ist. In Deutschland traf dies bis vor wenigen Jahren noch auf nahezu die Hälfte der Bevölkerung zu. Nach vier Tagen wird Suzanne Wanjiru, unter der Auflage weiterer regelmäßiger Kontrollen, entlassen. Der Austrittsbericht weitere zwei Wochen später hält »angesichts der Anamnese« eine Tuberkulose für »sehr wahrscheinlich«, doch »ein Nachweis der Mykobakterien ist bisher nicht gelungen«. Die »Patientin gilt aktuell nicht als infektiös«.

Offenkundig ist Suzanne Wanjiru ein Problem nicht nur für die eigene Gesundheit, sondern unter anderem auch für ihre Reiseversicherung. Diese verweigert die Kostengutsprache und, trotz des Austrittsberichts, die Wiedererwägung ebenfalls, ohne erst abzuwarten, ob bei Suzanne Wanjiru eventuell gar keine Erkrankung vorliegen könnte. »Wir übernehmen«, heißt es unter Verweis auf die Allgemeinen Versicherungsbedingungen (Ziff. 27 b), »keine Kosten für bei Abschluß der Versicherung *bestehende Krankheiten*«, was die Versicherung für gegeben hält, da ihr zufolge »Tuberkuloseerreger in der Schweiz ausgestorben sind«. Zwar sind laut dem *Handbuch Tuberkulose* des Bundesamtes für Gesundheit im Jahr 2000 »44 Prozent aller in der Schweiz registrierten TB-Fälle bei in der Schweiz geborenen Patienten aufgetreten«. Aber war in diesem Fall die Krankheit nicht erwiesenermaßen schon »bei Abschluß der Versicherung *bestehend*«, so hat sich jedenfalls die Herkunft der Patientin, und ihre Immunreaktion, eine medizinische gegen Tuberkulin, im Schweizer Umfeld in eine bürokratische gegen die Kenianerin übersetzt. Sie hätte nun den Unschuldsbeweis anzutreten – in ihrer Lage ein aussichtsloses Unterfangen.

II. Wir aber waren schon in Afrika. »Das Grauen! Das Grauen!« – »*The Horror! The Horror!*« – haucht am Kongo-Ufer der sterbende Mr. Kurtz seine schwerkranke Seele aus. Mr. Kurtz ist in Joseph Conrads *Heart of Darkness* der Musterkolonialbürokrat, der im Kautschukgulag von König Leopolds Kongo-Freistaat, vor etwas über hundert Jahren, seinen Terror verbreitete. Die vertrackte Frage bleibt, inwieweit sich Afrika von Europas spätesten kolonialen Eskapaden erholt hat, und ebenso vertrackt ist die Frage nach der politischen Moral des christlichen Abendlandes in seiner Haltung der Dritten Welt gegenüber. Sicher nicht erholt von unseren Taten hat sich unser Afrikabild. In einem Kapitel ihres Totalitarismusbuches, das den Titel »Die Gespensterwelt des Schwarzen Erdteils« trägt, schrieb die große Aufklärerin Hannah Arendt noch 1951 (immerhin geraume Zeit nach einem Buch wie *Tristes tropiques* von Claude Lévi-Strauss): »Wirkliche Rassen in diesem« – in Hitlers ideologischer Münze geprägten – »Sinne scheinen auf der Erde nur in Afrika und Australien vorgekommen zu sein; sie sind bis heute die einzigen ganz geschichts- und tatenlosen Menschen, von denen wir wissen, die einzigen, die sich weder eine Welt erbaut noch die Natur in irgendeinem Sinn in ihren Dienst gezwungen haben.« Die Gemütsverfassung der Kolonisten erklärend, zitiert sie – ohne erkennbare Distanznahme, fast einfühlsam – Conrads Kongo-Captain Marlow: »Die Erde war unirdisch, und die Menschen – nein, sie waren nicht unmenschlich. Genau, das war das Schlimmste von allem – dieser Verdacht, daß sie nicht unmenschlich waren. Nur langsam ging einem das auf«, dieser »Gedanke an ihre Menschlichkeit – die unserer glich –, der Gedanke an unsere entfernte Verwandtschaft ...«

Doch Arendt hält den Finger auf den Ursprung dieser mentalen Infektion Europas: Das koloniale Afrika ist die »unübertreffbare Kulisse für diejenigen, die der Zivilisation und damit der Wirklichkeit und Verantwortlichkeit ihrer eigenen Welt entronnen waren.« Aus der Schmiede der europäischen Zivilisation kamen die Monster, und die Zusammenbrüche – oder auch nur Ausbrüche – dieser Zivilisation waren es, die bisher in der Geschichte von den größten Verbrechen mit den größten Massen an Opfern begleitet waren.

III. Zeit für »Renaissancen«? Vor mittlerweile einem Vierteljahrhundert aber hat der schwarze, kranke Kontinent sich mit dem Humanen Immunschwächevirus HIV angesteckt – nicht bei uns, sondern an einem oder mehreren Affen, und nicht nur sich selber, sondern obendrein die restliche Welt. Diese mittlerweile etablierte Theorie galt noch bis zur Jahrhundertwende unter namhaften Wissenschaftlern nicht als erwiesen, und insbesondere Luc Montagnier, der Leiter der virologischen Abteilung des Institut Pasteur in Paris äußerte bis in die späten neunziger Jahren starke Zweifel daran. Doch längst war das Urteil gefällt: Nur aus Afrika konnte das Virus kommen. Trotz nicht vollends erhelltem Tathergang konnte angesichts der nur allzu unzweifelhaften Tatfolgen und ihrer Schwere nicht der ganzen Welt ein gleicher Anspruch auf Unschuldsvermutungen zugebilligt werden. Von weltweit derzeit rund 50 Millionen HIV-Infizierten sind drei Viertel Afrikaner. Die Zahl der Aids-Waisen auf dem Kontinent wird 2010 auf 20 Millionen steigen, die Zahl erfahrener Lehrerinnen und Lehrer dramatisch sinken, ebenso nicht nur die der Polizisten, sondern sämtlicher Kräfte in qualifizierten Berufen. Im Mittel der stark betroffenen Länder des südlichen Afrikas hat das HIV-Virus die Lebenserwartung von 62 – einem hypothetischen Wert ohne HIV – um fünfzehn Jahre auf 47 gedrückt, in Südafrika von 66 auf 47, in Swaziland auf unter 40; so die Zahlen der in Washington beheimateten Organisation Population Action International, andere Quellen geben noch niedrigere Werte an.

Aber: *Ex Africa semper aliquid novi!* – Mit dem lateinischen Diktum von Plinius dem Älteren begann Thabo Mvuyelwa Mbeki seine berühmte Rede, die er 1998, ein Jahr vor seinem Amtsantritt als Präsident der Republik Südafrika, vor der *United Nations University* in Tokio hielt und die den Titel »African Renaissance« trug. Aus Thabo Mbekis Mund, möchte man glauben, hätte sogar das Wort von Plinius eine gewisse Frische zurückgewinnen müssen! (In Afrika neigen wir zu Ausrufezeichen, *exclamation marks* auf englisch oder *catastrophy marks,* Katastrophenzeichen, wie sie kürzlich, ohne daß ihr der Versprecher aufgefallen wäre, meine kenianische Ehefrau Ann genannt hat.) Spricht Thabo Mbeki zu Afrika, dem Aids-Kontinent, halte man an sich! Den südafrikanischen Präsidenten ängstigt ein langer Anlauf anscheinend nicht, denn einer Renaissance, auch der von ihm verheißenen, hat offenbar ein Mittelalter vorauszugehen, dem er mit der ihm eigenen, sich in unterschiedlichsten Kontexten manifestierenden, Unverfrorenheit gleich selber den Takt vorgab, als er vor fünf Jahren den Kausalnexus von HIV und Aids negierte. Selbstverständlich hat jede Inangriffnahme von Afrikas Problemen der HIV-Pandemie und den Rezepten dagegen höchste Priorität zu geben. Doch das Licht des Titels von Mbekis ziemlich schwammigem Projekt hat in der großen Dunkelheit statt dessen mehr geflügelte Albernheiten angezogen: »Regelmäßig«, so Didier Fassin in der Pariser Zeitschrift *Les temps modernes,* werden »Parallelen zu der großen Pest von 1348 gezogen«, die die Bevölkerung Europas um ein Drittel reduzierte und so »in einer Hekatombe ohne Beispiel das Mittelalter beschloß und der europäischen Renaissance den Weg frei machte«. Die »afrikanische Renaissance« hebt mit dem Ruf zur Heimkehr ins Eigene an, und statt realistischen Programmen einer flächendeckenden Versorgung mit den erforderlichen Medikamenten die Hindernisse aus dem Weg zu räumen, wird HIV zur Metapher für Afrikas ureigenstes Verhängnis stilisiert. Aids wird zur ominösen Chiffre für ein gesamtgesellschaftliches Syndrom aus Armut, Mangelernährung, hygienischer Misere und anderen Krankheiten, und während spätestens HIV, die universelle spätmoderne Infektionskrankheit, Afrika doch in die Weltgemeinschaft integriert hat, auch das freilich in kranker und perverser Weise, wird daraus nun eine neue afrikanische Identität, die sich als bisher vielleicht schwärzeste Mystifikation in die Geschichte europäischer Afrika-Exotismen einfügt.

IV. Eine Frage der Ökologie. »Die Gesundheit«, sagt ein alter Arzt in einem Aphorismus Guido Ceronettis, »ist ein prekärer Zustand des Menschen, der nichts Gutes verspricht.« Das Früheste, was von ihr und ihrem in ihr eingeschlossenen Widerpart, der Krankheit, überliefert ist und was wir denn längst alle wissen müßten: In nicht geringerem Maße als eine Frage des jeweiligen Organismus ist sie eine Frage der Ökologie. *Die Umwelt* lautet seit den dreißiger Jahren, seit den Arbeiten des Philologen Max Pohlenz nämlich, der Titel des zentralen Stücks und Leitsterns in den Schriften des Hippokrates, des griechischen Vaters der Medizin. (Der alte Titel: *Von Lüften, Gewässern und Ortslagen,* wies zwar schon die Richtung, stammte jedoch auch nicht vom Verfasser.) »Die Städte aber, die nach Sonnenuntergang zu liegen und vor den Ostwinden geschützt sind, während die warmen und die von Norden kommenden Winde an ihnen nur seitwärts vorbeiströmen, haben eine Lage, die aller Arten von Krankheiten in sich birgt. Ursache hiervon ist, daß die Nebel um die Zeit der Morgenröte ...« Und wer nach allem hätte da den Mut zum Widerspruch: »Wenn aber der Sommer regnerisch ist und feucht und auch der Herbst, dann muß ein Winter voller Krankheiten folgen ...« Der Medizin wird heute wieder ein ganzheitlicher Zugang empfohlen, der den Menschen nicht aus seinem Milieu extrahiert.

Ausgerechnet die Erkenntnisse aus Afrika aber, dessen nördliche Randregionen Ägypten und Libyen Hippokrates, der Vater der Heilkunst, im fünften vorchristlichen Jahrhundert ausführlich bereist hat, fallen in die große Lücke seiner Schrift. Erhalten davon ist nur der Schlußsatz: »Daher erklärt sich die Vielgestaltigkeit der wilden Tiere dort.« Ein Satz mit einem starken Echo, wahrlich, das bis heute widerhallt. Aristoteles muß, knapp hundert Jahre später, der lückenlose Text noch vorgelegen haben, als er erklärte, weshalb die Tiere Asiens die wildesten, die Europas die unerschrockensten, die Libyens dagegen die vielfältigsten an

Gestalt seien: »Denn der Wassermangel führt viele verschiedenartige Tiere an den Trinkstellen zusammen, wo sie sich paaren und Junge zeugen.« Eben deshalb, so Plinius, hätten schon die Griechen gesagt: *Ex Africa semper aliquid novi!* – Aus Afrika kommt immer etwas Neues!

V. Sprung aus der Zeit. Aus Afrika? Neues? Da meinen wir doch schon verstanden zu haben: Nur immer neue vergewaltigende Meuten können das sein! Wenn nicht irgendwelche neuen, noch gefährlicheren Viren! Schon »im sechzehnten Jahrhundert sind aus dem Inneren an mehreren, sehr entfernten Stellen Ausbrüche von greulichen Scharen erfolgt, die sich auf die ruhigeren Bewohner der Abhänge gestürzt haben. Ob eine und welche innere Bewegung vorgefallen, welche diesen Sturm veranlaßt, ist unbekannt«, wie Hegel in seinen *Vorlesungen über die Philosophie der Geschichte* ausführte. Wer mag pausenlos dramatisieren! Afrika ist schließlich immer noch weit weg, in mancherlei Hinsicht, dieses »in sich gedrungene Goldland«, so Hegel, »das Kinderland, das jenseits des Tages der selbstbewußten Geschichte in die schwarze Farbe der Nacht gehüllt ist«. Zieht man alles Böse, Kranke und Morbide ab, so bleibt der Ruf des Wolkenkuckucksheims. Aus Afrika kommt immer etwas Neues: Angewandt »auf Neuigkeitskrämer«, erläutert das altgediente Diktum K. F. W. Wanders fünfbändiges *Deutsches Sprichwörter-Lexikon* von 1867, »die seltsame, aber oft unglaubliche Dinge auftischen« oder »weil man früher aus diesem Erdtheile, als dem unbekanntesten, die fabelhaftesten Dinge erzählte«. Man bräuchte dem Kontinent bloß einen anderen Namen zu geben, vorübergehend und dem Versuch zuliebe, und kein Mensch glaubte ein Wort von dem, was von da berichtet wird. Wollten wir also nicht besser das Thema wechseln? Herder in seinen das Erdenrund absuchenden *Ideen zu einer Philosophie der Geschichte der Menschheit* erwähnt südlich des Mittelmeers nur Ägypten und Karthago, was für die deutsche Wahrnehmung bis heute charakteristisch geblieben ist.

Festzuhalten bleibt, daß Afrika, wo die ersten menschlichen Primaten vor fünf, sechs Millionen Jahren aufrecht über das Gras der Steppe spähten, auf alle Zeiten der jüngste Kontinent bleiben wird. Daß das mehr ist als nur eine *façon de parler,* kann uns Humboldt lehren, dessen Kosmologie wahrlich nach Kräften gegen allerart Distanzen in der Begegnung der Kulturen angeht und den Blick auf eine nicht minder einschließende als umfassende Welt zu öffnen sucht. Doch die Differenz zwischen alter und neuer Welt bleibt für ihn heilig wie für Herder die Inkommensurabilität der Kulturen – ihre Würde, deren Unantastbarkeit daraus erwächst, daß sie sich, wie es das Wort »inkommensurabel« sagt, mit keinem gemeinsamen Maßstab messen lassen. (Wohingegen unser Maßstab bekanntlich als der für alles und damit für die Unwürde von allem zu sehen ist.)

Solange anthropologisches Denken sich mit Zeitachsen behilft, solange wir *noch* und *schon* sagen, liegt Amerika dem Tag der Schöpfung zeitlich näher, als das von Rom behauptet werden mag. War Gott flink, wie es der straffe Text der Bibel will, und schuf er nicht das eine nach dem anderen und dies in großen zeitlichen Intervallen, so schuf er doch auf einen Schlag all die großen Unterschiede der auf dem Erdball koexistierenden Welten und ebenso die astronomischen Zeitabstände zwischen ihnen. Ihre Zeitabstände, qualitative, keine quantitativen Größen, sind den Welten gewissermaßen eingeboren, Teil des Kerns ihrer Identität und niemals vollständig abzutragen. Der Zeitabstand rührt auch im Falle der atlantischen Kluft nicht etwa daher, daß Menschen in Amerika sehr viel später in Erscheinung traten als in der alten Welt, um alsbald Gottes Werk jenseits des Atlantiks ebenfalls in Mitleidenschaft zu ziehen. Jugend ist kein Privileg der zuletzt Gekommenen, und daß sie lange dauern kann, zeigt sich in Afrika, wo zugleich alles unermeßlich jünger ist und unermeßlich älter als auf unserem Territorium, das wir zu den Kernlanden der Alten Welt zählen.

Heute katapultiert der Afrikatreck die Forscher und späten Erben des Hippokrates ganz hinaus aus der historischen Zeit: in den Regenwald am Osthang des Mount Elgon. Am Einstieg in die Kitum-Höhle, im Raumanzug, Patent

NASA, nähern wir uns der Gegenwart mit nuklearem Schub, obschon auf einem Pfad, der »aus einem Bett festgetretenen Tierkots zu bestehen scheint«. *Hot zone* wird sie an Orten wie der Kitum-Höhle genannt und ist in unserer Jetztzeit auch nicht mehr so neu: Richard Prestons gleichnamiger Ebola-Knüller, der in der Höhle im Nordwesten Kenias unweit der Grenze zu Uganda beginnt und endet, erschien im letzten Jahrhundert, vor nunmehr gut elf Jahren. *Hot zone* ist ein von einem Erreger des höchsten Sicherheitslevels 4 kontaminierter Ort, einem Erreger von höchster Mortalität, und wenn diese Qualifikation nur einen solchen Ort heraushebt, dann hat in unseren Zeiten der Globalisierung der Planet im ganzen als *hot zone* zu gelten. »Außer der Elefantenherde pflegen viele andere Tierarten die Kitum-Höhle zu besuchen, Buschbock, Rotducker, vielleicht Affen, vielleicht Paviane, sicher Ginsterkatzen, wilde katzenartige Tiere etwas größer als Ratten. Ratten, Spitzmäuse und Wühlmäuse streifen durch die Höhle, auf der Suche nach Futter oder Salz, und diese kleinen Nagetiere hinterlassen in der Höhle ihre Fährten. Nachts lauern Leoparden in der Höhle ihrer Beute auf. Die Kitum-Höhle ist am Mount Elgon das Gegenstück zur Times Square Station der New Yorker Subway. Sie ist ein Untergrundverkehrsknotenpunkt, ein biologischer Schmelztiegel, wo sich in einem geschlossenen Raum die Wege der unterschiedlichsten Spezies von Tieren und Insekten kreuzen. Für ein Virus ein netter Ort, um von einer Spezies auf eine andere überzuspringen.«

VI. Promiskuität sprich Clusterfuck. Hier wollten wir also hin. Hier sind wir nun, im Raumanzug auch der Reporter Preston, wie einige Jahre vor ihm ein amerikanisches Forscherteam. 1980 infizierte ein unglücklicher Franzose sich in der Höhle mit dem Marburg-Virus, einem dem besser bekannten Ebola-Virus verwandten Stamm der Filoviren (Fadenviren), die teils äußerst leicht zu übertragen und mit Raten von 50 bis 90 Prozent tödlich sind. Er starb wenige Tage später im Nairobi Hospital an massivsten inneren Blutungen aus sämtlichen Organen (und steckte dabei den ihn behandelnden Arzt an). Genauso erging es Jahre später einem britischen Schuljungen nach einer kühnen Ferienexkursion in die Höhle am Mount Elgon. Manchen wäre es vermutlich wohler in der Wüste Libyens, in Gesellschaft eines griechischen Arztes, der nach dem Vers der *Ilias* – eines wegweisenden Schlachtenberichts – damals an Wert noch viele andere Männer aufwog. Die Spur von Prestons Viren führt statt dessen aus der Kitum-Höhle direkten Wegs ins Primatenzentrum der Firma Hazelton Research Products in Reston, Virginia. Dort wütet unter 450 Affen ein neu entdeckter Stamm des Ebola-Virus, so ganz in der Gegenwart und außerhalb historischer Zeit wie oben am Berg unweit der ugandischen Grenze. Bald liegen einige Angestellte mit nicht sogleich klassifizierten Symptomen wie etwa heftigem Erbrechen darnieder. In denselben Raumanzügen werden nun Angehörige der U. S. Army operativ und gehen an die Entsorgung. Im Sprechfunk, über den sie kommunizieren, bezeichnen sie die näheren Umstände ihres Einsatzes im Affenhaus mit *Charlie Foxtrott,* einem kodierten Ausdruck für *CF* oder *Clusterfuck* – im Deutschen ist der Ton nicht leicht zu treffen, vielleicht Gemengenlage, höflich ausgedrückt, oder auch Massenkarambolage, eine Orgie jedenfalls der eher unangenehmen Art.

Das Ebola-Fieber, ein umfassender Angriff auf den gesamten Organismus, nimmt seinen tödlichen Verlauf im Zeitraffer, in entsprechenden Schreckensbildern, und daher begleitet von Schlagzeilen der Medien. Wo sollte es den Menschen angefallen haben, wenn nicht in Afrika? Seit dem Jahr 2000 registrierte die Weltgesundheitsorganisation WHO unter insgesamt 695 Ebola-Fällen bei insgesamt sieben Ausbrüchen 392 tödlich verlaufene. Zum Vergleich nur eine weitere zoonotische – das heißt vom Tier auf den Menschen übertragene – Krankheit, deren Opfer weniger öffentliche Aufmerksamkeit finden: Laut Zahlen der CDC, der *Centers for Disease Control and Prevention* des US-Gesundheitsministerium, sterben jährlich weltweit zwischen 35 000 und 50 000 Menschen an der Tollwut. Das Tierreich beschränkt sich demnach nicht auf Afrika.

Wo die Ebola-, Marburg- und verwandten Filovirenstämme in ruhigen Phasen überwintern, ist bis heute ungeklärt. In der Kitum-Höhle hat die Karriere der Filoviren in humanen Wirten einen ihrer Ausgangspunkte, und Preston hoffte dort einen Schlüssel zu finden, um ihr ein Ende zu bereiten. Diese Hoffnung hatten vor ihm schon die US-Streitkräfte, als sie ein Team ihres Forschungszentrums USAMRIID *(U. S. Army Medical Research Institute of Infectious Deseases)* auf Expedition an den Mount Elgon entsandten. Nichthumane Primaten fallen als natürliches Reservoir der Filoviren außer Betracht. Sie müssen ebenfalls von anderen Tieren infiziert sein, denn mit ihnen als Wirten müßten die Erreger auch sich selber allzu rasch eliminieren. Von derzeit 1415 klassifizierten Infektionskrankheiten können über 60 Prozent beim Menschen und bei Tieren auftreten. Gehörten die Variolen nicht zur Minderheit der anderen, auf den Wirt Mensch angewiesenen Erreger, wäre es nie gelungen, in Südsomalia den letzten Pockenkranken dingfest zu machen, und niemals dürfte es gelingen, die Tollwut auszurotten.

Die Welt der Gegenwart oder Charlie Foxtrott, wie wir sie mit neuem Namen kennen, befindet sich an beiden Orten zeitgleich: in der Kitum-Höhle und im Primatenzentrum von Reston, Virginia. Am einen wie am anderen Ort gehört die Weltherrschaft dem Archaismus, der an solchen Orten auch uns humane Primaten fest im Griff hat, ganz wie etwa auf dem Sterbebett, wo wir der Ewigkeit frontal ansichtig werden. Immerhin erinnert Preston uns daran, daß wir trotz allem gegenteiligen Anschein nach wie vor Geschiebe unserer Geschichte und darin nicht völlig untätig sind, ob in Reston oder im Regenwald. In den vergangenen sechzig Jahren haben wir dessen globale Bestände auf die Hälfte reduziert. Auch Afrika hat sich in dieser Hinsicht weit vom Tag der Schöpfung entfernt.

Im Charlie Foxtrott zudem sind wir und artfremde Mitbewohner unseres Planeten einander vielleicht ein wenig zu nahe gekommen und pflegen einen ungesunden Umgang. Wöchentlich enden weltweit Milliarden Vögel zwischen Messer und Gabel, golden glänzend wie im Nachspann zu

The Birds, Hitchcocks berühmtem Film, auf dessen Teller. Millionen werden nun prophylaktisch getötet oder, wie das heißt, gekeult, um einer Übertragung des H5N1-Virus der Vogelgrippe auf den Menschen vorzubauen. Auf unseren Fleischproduktionslinien verfütterten wir eben noch die Rinder diesen selber, bis uns das BSE-Fleisch erschauern ließ, vergifteten Hühner mit Dioxin, pumpen Schweine mit Antibiotika voll. Die Gebärabteilung des eingangs besuchten Zürcher Universitätsspitals pflegte jahrelang die Nachgeburten an Schweinefarmen weiterzuleiten, als gälte es, den hygienischen Rufmord an dem uns ergebenen Tier mit eingängigen Motiven aufzumunitionieren. Eine in Zürich lebende Bekannte aus dem Kongo ißt, seit sie davon erfahren hat, nur mehr Schaffleisch aus Neuseeland. Wissenschaft und, nicht zu vergessen, die Belebung unserer vier Wände fordern das Ihre: Laut der amerikanischen *Wildlife Protection Society* umfaßt der globale Handel mit Wildtieren jährlich rund 4 Millionen Vögel, 640000 Reptilien und 40000 Primaten. Bereits 1967, als in Marburg der weltweit erste registrierte Filovirenausbruch das Personal der Impfstoffe produzierenden Behring-Werke heimsuchte, exportierte ein ugandischer Tierhändler in Entebbe jährlich rund 13000 Primaten, unter anderem nach Marburg. Entebbe liegt nicht mehr als drei Fahrstunden vom Fuß des Mount Elgon.

VII. Menschheitswiege. Am Menschen ist Ebola bisher nur im Sudan, Uganda, den beiden Kongo-Republiken und Gabon aufgetreten, wo überall Affenfleisch gegessen wird. Hazletons Ebola-Affen in Reston dagegen stammten nicht aus Afrika, sondern von den Philippinen. Waren eventuell nicht auch sie aus Afrika dahin gekommen? Der Frage nach ihrem Ursprung nachzugehen, erschwerte damals eine bewaffnete Rebellion auf Mindanao, doch wo Afrika (und Ebola) ins Spiel kommen, ist mit einigem zu rechnen, und tatsächlich kommt vieles und nicht nur Neues aus Afrika, nämlich, wie man seit längerem weiß, wir alle. Rund ein Drittel von ungefähr 6000 lebendigen Sprachen dieser Welt werden in Afrika gesprochen. Etwa in gleicher Höhe liegt Afrikas

Anteil an der globalen Vielfalt menschlicher Physiognomien und Hauttönungen, das heißt an jenem genetischen Spektrum der Gattung, das in der Vielfalt der landläufig und höchst willkürlich klassifizierten Erscheinungstypen zum Ausdruck kommt – in dem also, was unter altvorderen Humanbiologen Rassen hieß.

Im Jahre 1900 wurden diese 2000 Sprachen von rund 100 Millionen Menschen gesprochen – das sind weniger als die deutschsprachigen Eingeborenen Europas heute zählen, und dies auf einer Fläche, auf der die rund anderthalbfache Landmasse des nordamerikanischen Kontinents unterzubringen wäre. Der hart erstrittene Lebensunterhalt verlangte eine Mobilität, die für afrikanische Gegebenheiten jeden Begriff von Seßhaftigkeit relativieren muß. Im großen Wald kam auch die Mischwirtschaft des afrikanischen Ackerbaus nur im zähen Gang der Brandrodungen voran und hatte sich so beständigen Ortsverschiebungen zu unterziehen. Kurz zuvor hatten die imperialen Mächte den Kontinent unter sich aufgeteilt und mit Ausnahme Äthiopiens und Liberias unter ihre politische Herrschaft gebracht, zum größten Teil für ganze achtzig Jahre. Das Verwaltungspersonal der Metropolen war gerade für die Dauer eines gesunden Menschenlebens hier, Hals über Kopf, verglichen mit dem überstürzten Abzug hat die Ankunft fast als überlegt und planvoll zu gelten. Die Portugiesen, die als erste und letzte europäische Kolonisten auf dem Kontinent zugange waren, studieren seit dem Abzug die Konkursmasse im *Palácio das Calamidades,* so der Name des Gebäudes, wo in Lissabon das Außenministerium untergebracht ist.

Der afrikanischen Bevölkerung derweil stellen ihre in so kurzer Zeit erbrachten Anpassungsleistungen das Zeugnis einer höchst beachtlichen Flexibilität und Lernfähigkeit aus. Den Aufprall des biblischen Hochgottes vor wenig mehr als hundert Jahren hat Afrika meistenteils mit Bravour verkraftet, nicht nur mit Frömmigkeit, sondern noch mehr mit wahrhaft ökumenischer Toleranz und einem spirituellen Adaptionsvermögen, das die großen Traditionen nicht nur der Naturreligionen, sondern ebenso der traditionellen Heilkunst und der Hexerei nicht minder erfolgreich integriert und auf die veränderten Bedürfnisse des modernen Lebens abgestimmt hat als der Westen seinen ganzen Esoterik- oder New-Age-Boom, nicht zu vergessen der *Mago,* den in Italien acht oder neun von zehn Eingeborenen konsultieren. Wenn dagegen der Schnellkurs an den Instrumenten europäischer Verwaltungsbürokratie unter Afrikanern vor allem Virtuosen ihres Mißbrauchs zurückließ, muß zumindest einiges davon in dieser Maschinerie bereits angelegt sein. Nur um einen Papiertiger handelt es sich bei ihr leider nicht.

VIII. Wissenschaft der Stämme. Selbst die Kolonisten gewöhnten sich in der Folge mehr schlecht als recht an ihre eigene Erfindung dieses neuen Kontinents, als deren Personal die Afrikaner fortan zu figurieren hatten – einer Erfindung zunächst der europäischen Wissenschaft in Gestalt der Entdeckungsreisenden und Missionare, alsbald der nachfolgenden Kolonialadministration. Die Literatur der Kundschafter von den Quellen des Nil, Kongo und Niger, angeführt von Livingston, Burton, Speke, Stanley, Savorgnan de Brazza, Mungo Park, wuchs sich in der zweiten Hälfte des 19. Jahrhunderts zu einer Industrie aus, die bald keinen Winkel des Kontinents verschont ließ und sich rasch vom Schlachtenlärm angezogen fühlte, in Äthiopien schon in den 1860er Jahren. Vierzig Jahre später spielte mein Großvater auf dem Pausenplatz in Arosa, Graubünden, Burenkrieg.

Was brachten die Kolonisten nicht nach Afrika, auf daß von da auch weiterhin stets etwas Neues kam! Erst sind sie verschiedener Meinung, meine Angestellten J. und L., beide Kikuyu und damit Angehörige des größten Stammes Kenias. Doch es klärt sich: Nein, ein eigenes Wort haben sie in der Kikuyu-Sprache nicht für »Stamm« oder englisch »tribe«, nur das Lehnwort »kabila« aus dem arabischen Vokabular des Suaheli, das bei ihnen »kavira« lautet. (Dabei ist ein Beduinenstamm keine Ethnie, wie ein afrikanischer Stamm in gepflegterer Sprache heißt, sondern eine durch Verwandtschaft definierte Gruppe.) Für »Clan« oder »Sippschaft« hat das Kikuyu genau wie andere der vierzig Sprachen Kenias seine Wörter, die heute auch für das, was *tribe* oder Stamm genannt wird, verwendet werden. Oder man sagt das »Volk der K.« oder braucht dafür ein Wort, das die Gefolgschaft eines Führers bezeichnet. Woher kommt es, wenn Afrika uns allen unumstößlich als der Kontinent der Stämme vertraut ist? Der *tribal clashes* oder Stammesunruhen? Was bloß, wenn doch das hausgemachte Wort dafür fehlt, macht die Kikuyu wie tausend andere afrikanische Volksgruppen zu einem Stamm, und dies im Unterschied zu Europäern wie zum Beispiel den Flamen, die wir nicht als Stamm, sondern schlicht als den flämischen Bevölkerungsteil Belgiens kennen?

1862 war der Brite John Hanning Speke am Victoriasee, den er als Ursprung des Nil etablierte und auf den Namen der Queen taufte. Im selben Jahr erschienen die epochalen vier Bände *Die Armen von London,* worin Henry Mayhew ausgiebig über die »wandernden Stämme« philosophiert – »im allgemeinen« wie insbesondere über »die Stämme dieses Landes« und seiner Hauptstadt. Der *Oxford English Dictionary* hält fest, wann das Wort »tribalism« geprägt wurde: 1886. Zwar geschah das, exakt ein Jahr nachdem die Berliner Konferenz Afrika unter die imperialen Mächte aufgeteilt hatte. Aber dabei ging es zunächst nicht um Afrika, sondern um Kelten und um die Behauptung, daß »beim keltischen Stammesdenken (Tribalismus)« in Nordirland »ein Leben als Nation, von Zivilisation ganz zu schweigen, niemals möglich« sein werde.

Was es in Afrika mancherorts bis heute nicht gibt, ist ein nach europäischen Maßstäben entwickeltes Bewußtsein der Nation, das in Europa ehedem stärkere lokale Loyalitäten ersetzt hat. Afrika spricht zwar gegen 2000 Sprachen, was aber, berücksichtigt man Bevölkerungszahlen, noch keinen Vergleich mit der Sprachenvielfalt etwa Graubündens aushält. Dort sprechen 185 000 Einwohner mindestens vier einheimische Sprachen, in Afrika entfällt – mit 2000 Sprachen auf 800 Millionen Menschen – eine auf 400 000. Eine Sprache definiert noch keinen *tribe,* ebensowenig wie das Siedlungsgebiet. In manchem Fall teilt er das eine, das andere oder beides mit einer anderen Volksgruppe. Kein Afrikaner weiß demnach so recht, was ein *tribe* oder Stamm eigentlich sein sollte. Es handelt sich um einen Ausfluß der europäischen Klassifizierungswut des neunzehnten Jahrhunderts, die im Geist von Carl von Linnés biologischer Systematik Schädel, Kiefer und Nasen vermaß. Mit dieser Naturwissenschaft rückte man fortan besonders gern den Wilden zu Leibe. (Und aus dieser bürokratischen Kinderstube wird sich auch das Wort »Ethnie« nicht mehr emanzipieren.)

»Tribalismus« heute, sagt der nigerianische Schriftsteller Chinua Achebe, »ist Diskriminierung von Bürgern auf Grund ihres Herkunftsortes.« Afrika prägt eine komplizierte Geographie zwischen Zentren, die für große Landesteile oft ganz außer Reichweite liegen, was aber die Bevölkerung in keinem Teil des Kontinents an den massenhaften Migrationsbewegungen hindert. So kommt es, daß sich Afrikaner von Nachbarn allenthalben als Fremde betrachtet sehen, noch wo sie seit drei, vier Generationen heimisch sind. Der Tribalismus, sprich die Xenophobie, versorgt heute Politiker mit der probaten Münze für jederlei populistische Manipulationen. Und das Wort »tribe«, so Achebe, »wird zur Stelle sein, solange es Arbeit findet«.

IX. Fluch der bösen Tat. Das Schwärzeste an Afrika sind die langen Schatten der eigenen Taten, die auf dem weißen Mann bis heute lasten. Wir brauchen nicht die ganze Zeit vom transatlantischen Sklavenhandel zu sprechen. Allein im Kongo-Freistaat König Leopolds II. haben für unseren Kautschuk, für die Reifen unserer neuartigen Fortbewegungsmittel, Fahrrad erst und dann Kraftfahrzeug, zehn Millionen Menschen mit dem Leben bezahlt, in zwei Jahrzehnten so viele, wie ehedem in drei Jahrhunderten aus Afrika nach Amerika verschifft wurden. Wurde der Gummi nicht in verlangter Quantität geliefert, wurde mit abgehackten Händen – Tausende jährlich waren es – bezahlt.

Weder verbessern unsere späten Selbstbezichtigungen das Los der nachgeborenen Afrikaner, noch entschuldigen sie deren eigene Verbrechen bis in alle Ewigkeit. Was derweil unser Afrikabild angeht, so sind auch unsere modernen Schrecken älter als die der Viren von Lassa, Marburg, Ebola und anderen mörderischen hämorrhagischen Fiebern. »Stellt euch einen Mann vor, der mit verbundenen Augen einen Laster über eine schlechte Straße steuern soll«, hebt Captain Marlow in Joseph Conrads *Heart of Darkness* an, und zunächst ist das ein Bild, das wohl Besorgnis weckt und die instinktive Regung, dem Mann zu Hilfe zu eilen. Doch das Bild läßt noch nicht sogleich zwei ganze Welten in einer Katastrophe aufeinanderprallen. Hier aber, auf dem großen Fluß im Urwald, wird der Mann zum »Wanderer auf einem prähistorischen Erdball, auf einer Erde, auf der es wie auf einem unbekannten Planeten aussah. Wir hätten uns fühlen können wie die ersten Menschen beim Antritt eines verfluchten Erbes, das sich nur um den Preis eines tiefen Alpdrucks und unmenschlicher Anstrengung unterwerfen ließ.« Ein prekärer Dauerzustand, der mächtig auf Erleichterung oder eine Explosion hindrängt und in vielen Menschen von der Menschlichkeit recht bald sehr wenig übrigläßt.

Neu war die Erfahrung nicht: Die Landsmänner aus der Normandie, auf die der hugenottische Missionar Jean de Léry 1556 in Brasilien stieß und die ihre gefangenen Tupinamba-Indianer nach deren eigenem Vorbild verspeisten, hatten zwar offenkundig binnen weniger Jahre zu Wilden werden können. Kein Wunder, nach diesen greulichen Überfahrten auf monatelanger Diät von schimmelndem Schiffszwieback und verfaultem Wasser. Bei den Tupinamba kriegten sie zudem *nana* zu essen, so der Tupi-Name der Frucht, die wir mit portugiesischem Artikel »a« und Plural-»s« als Ananas genießen. Ungestraft aber soll bekanntlich niemand unter Palmen wandeln, und niemals würden sich solche Normannen wieder in Franzosen verwandeln lassen. Selbst die Tupinamba hatten darauf bessere Aussichten.

X. Noch sind Wir die Welt. Auch seit der Dekolonisation legt unsere doch erkanntermaßen brüchige Zivilisation weiterhin die Rahmenbedingungen des politischen, wirtschaftlichen, sozialen und kulturellen Austauschs Afrikas mit der Außenwelt fest. Von einem bis zum anderen Ende des Kontinents unterrichten die Schulen nach Lehrplänen europäischen Strickmusters, wenigstens südlich der Sahara, auch die große Mehrzahl der muslimischen Schüler. Der Anteil des Handels, der nicht durch die Kanäle nach und aus den OECD-Staaten geschleust wird, ist bis heute vernachlässigbar. Die Sünden multinationaler Organe wie Weltbank, Währungsfonds und Welthandelsorganisation (WTO) erklären nicht, weshalb Afrikas weltwirtschaftliche Integration weiter auf sich warten läßt, aber dennoch sind sie bis heute mindestens im selben Maße Teil des Problems wie der Lösung. Bei der WTO, die diesem Kontinent gegenüber immer noch als ein Protektionsinstrument in Erscheinung tritt, haben die 53 Staaten Afrikas noch weniger zu sagen als bei der Weltpolizei der Vereinten Nationen, die man vielleicht doch besser als Weltambulanz bezeichnen sollte.

Nicht nur die weltpolitische Randlage lähmt den Kontinent, sondern nicht weniger die eigenen Machtkämpfe. Ryszard Kapuściński malt in etwas abgehobener Liebe gerne ein allzu lichtes Bild vom afrikanischen Überlebenskampf, wonach dieser Teufel einzig unter den Regierenden hervorbrächte, wohingegen alle Regierten automatisch Engel bleiben. Aber selbst wenn das nicht bei jeder Gelegenheit ausgesprochen wird, so teilen wir doch stillschweigend die Gewißheit, daß die meisten von uns Europäern unter ebenso anforderungsreichen Bedingungen sang- und klanglos untergingen. Nichtsdestoweniger werden mit westlichen Kriterien und Zielvorgaben die Leistungen und Schwächen afrikanischer Gesellschaften gemessen, Tüchtigkeit und Wert der Menschen ohne Federlesens aus ihren Lebensumständen abgelesen, nach der landläufigen Gewohnheit, die aus einer Krankheit auf den Charakter des Kranken schließt. Susan Sontag hat eindringlich ausgeführt, wie oft noch die Parolen, mit denen die hochentwickelte Welt Krankheiten den Kampf ansagt, nicht nur ein entsprechendes Engagement fördern. Sie sorgen »auch dafür, daß eine besonders gefürchtete Krankheit als etwas ebenso ›Fremdes‹ wie ›anderes‹ gesehen wird, wie der Feind in einem modernen Krieg; dann aber ist der Schritt von der Dämonisierung der Krankheit zur Schuldzuweisung an den Patienten zwangsläufig«.

Hinzu kommt, daß Ausgestoßene sich gewöhnlich nicht nach ihresgleichen sehnen, und Afrika will von sich so erschütternd wenig wissen, daß ein Kontinent desselben Namens in Afrika kaum anzutreffen ist. Höchstens in Madagaskar hört man, »ach so, in Kenia leben Sie, drüben in Afrika also«. Einem Nigerianer ist die malawische Hauptstadt Lilongwe so fern wie die laotische Königsstadt Luang Prabang oder Vaduz, die Hauptstadt des Fürstentums Liechtenstein. »Mali?« hakt der äthiopische Ingenieur nach, der sich an der Flughafenbar in Addis Abeba beim Nachbarn nach dem Reiseziel erkundigt. »Mali, ist das ein Land in Afrika?« Das Phänomen beschränkt sich nicht auf den Inhalt der Köpfe. Luanda und Rio, Mombasa und Bombay oder Algier und Marseille liegen in ungleich größerer Nähe zueinander als Khartum und Windhoek, Freetown und Atananarivo oder Lusaka und Dakar. Was da die Repräsentanten eines gemeinsamen Kontinents zusammenbringt ist nur der afrikanische Fußballpokal. Anreize für die überfällige kontinentale Integration sind insofern denkbar schwach.

XI. Kontinent der Zukunft. Umstände und Ausgangslage erlauben keinen Vergleich zwischen Europa und Afrika, und bei schwindenden Distanzen zwischen den Kontinenten lassen die Diskrepanzen die Konfliktpotentiale beständig anwachsen. Seit nun schon einem Vierteljahrhundert, so liest man täglich in der Zeitung, wird Afrika beständig ärmer, jedenfalls in Geld gerechnet. Tatsächlich hat der Kontinent von 1980 bis 2000 ein Viertel seiner Einkommen eingebüßt – pro Kopf der Bevölkerung. Diese, 1900 um 100 Millionen, hat sich seitdem *verachtfacht* (allein in den besagten zwanzig Jahren 1980 bis 2000 verdoppelt), auch dies eine einschneidende Folge der europäischen Expansion nach Afrika. Im Jahr 2050 werden gemäß den Projektionen 650 Millionen Europäern 1,8 Milliarden Afrikaner gegenüberstehen, und nicht abnehmen wird auch die außerordentliche afrikanische Mobilität, von der die Rede war. (Die Speerspitze der

Fluchtbewegung bilden jetzt schon Europäer in Afrika: Die deutschsprachige Presse zieht ihre Afrika-Korrespondenten fortschreitend ins Heimatland zurück oder verschiebt sie vorsorglich einstweilen nach Johannesburg, ja lieber gleich nach Kapstadt.) Afrika ist, wie alle wissen, der agrarische unter den Kontinenten. Dennoch lebt bereits knapp über die Hälfte seiner Gesamtbevölkerung in Städten – und ist damit der Weltbevölkerung um einige Jahre voraus.

Um die Relationen nicht vollends aus den Augen zu verlieren, drei Viertel der Bevölkerung Indiens auf annähernd zehnfacher Fläche: Krankt Afrika an zu vielen Menschen? Natürlich umschließt der Kontinent große Wüsten, und es gibt kleine Länder wie Burundi und Ruanda, wo die Bevölkerungsdichte der Hollands nahekommt und Blumenzüchter nicht geduldet würden, weil sie das für die Ernährung unzureichende Land weiter reduzieren müßten. Jenseits der Grenze aber öffnen sich im Kongo die Tiefen eines Reichs, das allein zwei Drittel der Fläche Indiens umfaßt und eine Bevölkerung von 50 Millionen hat. Ein so fruchtbares Land wie Angola zählt auf mehr als doppelter Fläche Frankreichs 14 Millionen Einwohner! Mit Blick auf diese Länder wurde oft als einer der entwicklungshemmenden Faktoren die ausgesprochen dünne Besiedlung angeführt. Der Ausgleich ist eine Frage von Entwicklung, Sicherheit und minimalem Wohlstand. Jedenfalls steht nicht zu befürchten, Afrika könnte in absehbarer Zeit auf Grenzen seiner natürlichen Ressourcen stoßen. Deren Palette umfaßt alles und weit mehr, als der Kontinent braucht und auf ihm verbraucht werden kann. Afrika bleibt in dieser Hinsicht fraglos ein Kontinent der Zukunft, obschon er derzeit der einzige ist, der für die eigene Bevölkerung nicht genügend Lebensmittel produziert. Gegenwärtig und in näherer Zukunft läßt das Tempo des Bevölkerungszuwachses weder der Wirtschaft und dem Arbeitsmarkt noch dem Erziehungs- und dem Gesundheitswesen eine Chance, Schritt zu halten, höchstens den Milizen bewaffneter Parteien, die Kinder mit offenen Armen empfangen. Heute ist die Hälfte der Bevölkerung deutlich unter zwanzig, die Dreißigjährigen gehören in den meisten Ländern zum ältesten Drittel. Diese sind es, unter denen Afrika derzeit die schwersten Verluste durch Aids zu verzeichnen hat.

XII. Hilfsbedürftig auch die Hilfe. Die internationale Hilfe findet bekanntlich – noch vor dem Hintergrund der »Renaissance« Mbekis – nicht nur zugunsten, sondern auch gegen den Widerstand der Empfänger statt. Bekanntlich ist die Hilfe ein Geschäft des industrialisierten Nordens mit sich selber – wer würde sie sonst bezahlen? – und selbstverständlich ein globaler Selbstläufer wie die Sektoren Energie und Rüstung und der Drogenhandel. Wie die Erfahrung lehrt, ist sie allerdings die schwierigere Branche. Sie ist eine Kunst, und diese hat es an sich, daß die meiste Kunst keine gute Kunst, sondern schlechte Kunst ist. (Noch wurden keine Forderungen laut, daß deshalb alle Kunst im ganzen zu unterbleiben hätte.) In der Tat kreist um die internationale Hilfe und sogenannte Entwicklungszusammenarbeit seit mindestens fünfzehn Jahren ein Diskurs, der aufs Ganze geht und es keinesfalls darunter macht. Der besagte Diskurs könnte für das Gegenteil alles Innovativen stehen, und zwar bald einmal monumental. Sämtliche Lehren, Gebote wie Verbote, sind geläufig: Mehr Geld allein hilft nicht, wenn es wie im Sudan zum Löwenanteil Kriege, nicht dagegen hinterher den Frieden finanziert. Im diesjährigen umfangreichen Report von Tony Blairs *Commission for Africa,* überschrieben *Our Common Interest,* enthält fast jeder Abschnitt mindestens eine Empfehlung, ohne näher auf Ausführungsfragen einzugehen. Afrikas Prioritäten, im Sozialen: Sicherheit, Erziehung, Gesundheit und Umwelt, im Wirtschaftlichen: Energie, Transport und Marktzugänge, sind ebenso klar und geläufig, wie die weltpolitischen erstaunlich wenig kontrovers sind. Eben finden sie sich wieder zusammengefaßt in dem kleinen Buch *The Opportunity* von Richard N. Haass: nämlich globale Partnerschaft im Kampf gegen spezifische Probleme, darunter an erster Stelle Völkermord, Staatszerfall, pandemische Krankheiten und Klimawandel. Haass ist kein Sprecher der Globalisierungsgegner von Seattle und Genua, er war Colin Powells außenpolitischer Planungschef in der Regierung George W. Bushs.

Unter den Weltproblemen, zu denen sie zweifellos zu zählen ist, was ja auch die G 8 gemerkt haben, hat die Hilfe an Afrika eine besonders mißmutige Presse. Zu einem guten Teil kommt das schlicht von der vollständigen Inkompetenz der zuständigen Redakteure. Weshalb auch sollten sie davon etwas verstehen? Über der Frage etwa, ob die von Blair geforderten 25 Milliarden Hilfe, doppelt soviel wie bisher, für 800 Millionen Afrikaner viel oder wenig Geld ist, bleibt ihr Stirnrunzeln weitgehend ratlos. Zum Beispiel entspricht das dem fünf- bis sechsfachen Budget der Stadt Zürich mit ihren 400000 Einwohnern. Und was hieße das nun? Vermeintliche Hilfe kann zudem ganz beträchtlichen, unter Umständen irreversiblen Schaden anrichten, wogegen Widerstand oft auf verlorenem Posten steht. So hatte es eine Organisation wie das Genfer Internationale Komitee vom Roten Kreuz zum Beispiel in der Hand, durch Impfkampagnen von verhältnismäßig sehr geringem Aufwand mit den Nutztierbeständen auch das Rückgrat der somalischen Volkswirtschaft zu erhalten. Dagegen hätte das IKRK, gegebenenfalls, schwerlich die US-Regierung davon abzuhalten vermocht, mit zufällig eben verfügbaren Getreideüberschüssen der somalischen Viehzucht und dem Export der Schafe und Kamele nach Saudi-Arabien den Garaus zu machen – mit verheerenden und bleibenden Folgen für die Zukunft des Landes. Auch mit derlei Kleinigkeiten ist wenig Staat zu machen bei unseren Medien, wo das Problem nicht nur vor der Lösung auftritt, sondern allemal hoch über diesem steht. Vermag es nicht gleich mit so grauenvollen Bildern wie Ebola an unsere eigenen Ängste zu appellieren, mögen es die Medien zudem nur im großen Rahmen. Ihr Aufmerksamkeitsdiktat regelt den stets verzögerten Fluß der Gelder. Ließe eine westafrikanische Heuschreckenplage sich mit 5 Millionen Dollar im Keim ersticken, hat sie sich erst auf einen Kostenpunkt von 100 Millionen auszuweiten, ehe 20 Millionen zu Verfügung stehen. Das Problem der Menschen unterdessen, die im Rahmen von Entwicklungszusammenarbeit und humanitärer Hilfe vor Ort konkrete Arbeit leisten, ist im Regelfall jedenfalls nicht, daß sie im Geld ertrinken. Kommt hinzu, daß »humanitär« nicht in jedem Fall mit »gefahrlos« gleichbedeutend ist.

Angesichts des großen, umfassenden Krankheitsbildes, das die Hilferufe aus Afrika Jahr für Jahr neu datieren und ergänzen, haben ein leichtes Spiel einzig die Gegner der Hilfe. Nicht die ganze übrige Welt könne den Arztberuf ergreifen, machen sie geltend, und überdies habe bis heute gar kein Rezept geholfen, seien alle Anstrengungen vergeblich geblieben. Nebst Afrika muß offenbar auch die Hilfe mißmutig stimmen. Wie jedes Geschäft hat sie eine Neigung zur Expansion und Okkupation. Die Medien folgen ihr, zu oft unter ihrer Führung und mit dem Vierradantrieb ihrer Vehikel. Die Hilfe wehrt sich dabei nicht dagegen, wenn von Afrika fast nur im Zusammenhang mit ihr die Rede ist. Daß Urlaub in Kalifornien gefährlicher sein kann als in Afrika, gehört nicht zu ihren Botschaften. Oft stellt sie den eigenen Erfolg über den des Patienten, und überhaupt wird ihr nicht immer abgenommen, daß sie sich selber wirklich am liebsten überflüssig wissen möchte. Für den seit Albert Schweitzer wachsenden Nachdruck, mit dem sie ihre Unentbehrlichkeit den Gebern einbleut, zahlt Afrika den Preis, daß die Hilfe nebenbei das große Krankenbild zu zementieren hilft.

Was unterdessen schwebt den Gegnern der Hilfe vor? Wollen sie, fragt sogar das durchaus kapitalistische britische Nachrichtenmagazin *The Economist,* daß »die WHO ihre Anstrengungen einstellt, drei Millionen HIV-Infizierte antiretroviralen Therapien zuzuführen? Soll Merck künftig davon absehen, ihr so hochwirksames Medikament Ivermectin kostenlos unter angehende Opfer der Flußblindheit zu verteilen? Das Medikament von Togo neu erfinden lassen?« Sollen die Missionsschulen geschlossen werden und die Kirchen Afrika den Rücken kehren – oder der Kontinent ihnen als Exklusivdomäne überlassen bleiben? Hilfe kann naiv sein, so *The Economist,* aber »Zynismus ist oft nur die ordinärste Form von Naivität«. Kultur – unsere oder welche auch immer – kann nur Respekt vor der Vielfalt der Kulturen bedeuten. Es ist dieser Respekt vor den Kulturen, der Inkommensurables nicht mit einem, nämlich unserem Maßstab mißt und erledigt, was uns – mit einem Wort von Ernest Gellner – zu *indiscriminate charity* (unterschiedsloser Wohltätigkeit) verpflichtet.

Nairobi, Oktober 2005

18 ■ FEINDSCHAFTSBANDE KNÜPFEN

Äthiopien, Eritrea und eine Grenze durchs Urchristenland

Addis Abeba, Aksum, Adigrat, Oktober 2004. – Addis Abeba, 2400 Meter über dem Meer: Noch sind wir nicht ganz oben auf dem Dach Afrikas. Aber zur äthiopischen Hauptstadt hinaus beginnt der Toyota Landcruiser sofort zu klettern. Klettern wird er auch talwärts, wenn es vom Hochplateau binnen weniger als zehn Kilometern aus 2600 auf 1100 Meter in die Schlucht des Blauen Nils hinuntergeht, dann auf der anderen Seite ebenso steil wieder hinauf. Neun Tage werden wir im Auto unterwegs sein, täglich zwischen Höhen von 1400 und 3000 Metern bergauf und bergab. Rund sechzig Stunden Fahrt für 2300 Kilometer bei einer unnachgiebigen Durchschnittsgeschwindigkeit von etwas unter 40 Stundenkilometern. Wer die Rundreise durch Äthiopiens nördliches Hochland und seine historischen Städte einmal auf der Straße absolviert hat, ohne Luftsprünge mit Ethiopian Airlines, wird es glauben: In den wiederkehrenden Hungersnöten dieses Landes gehen drei Viertel der Kosten der internationalen Nahrungshilfe auf das Konto des Transports.

In drei Tagen – vier im Bus – sind sie zu schaffen, die gut tausend Kilometer von der Hauptstadt Addis Abeba nach Aksum in Tigray, der nördlichen, an Eritrea grenzenden Heimatregion von Äthiopiens neuen Herren unter Premierminister Meles Zenawi. Bei Shire, eine gute Autostunde vor Aksum, säumen noch einige ausgebrannte Panzerfahrzeuge die Straße. Wer 1991 die Rüstungsschrottmassen aus der blutigen Endphase von sechzehn Jahren bewaffnetem Widerstand gegen die sowjetisch inspirierte Diktatur unter Mengistu Haile Mariam gesehen hat, wird durch diese letzten überwachsenen Mahnmäler daran erinnert, wie lange dessen

Sturz und Flucht nach Simbabwe inzwischen zurückliegt. 1991 hatten die Rebellen aus Tigray Addis Abeba erreicht, und rund eine halbe Million Soldaten Mengistus, die größte Armee Afrikas, marschierten unter Aufsicht des Internationalen Komitees vom Roten Kreuz nach Hause: 200 Millionen Personenkilometer, errechnete das IKRK. Damit war diese stalinistische Episode in Ostafrika zu Ende.

Seither geht Äthiopien den Weg der eignen Geschichte weiter. Schon in den Bars von Addis Abeba ist anstelle Mengistus und des neuen starken Mannes aus Tigray wieder die goldgerahmte Photographie von Haile Selassie zu bewundern. In solchen Dingen hat die Generation Meles dem kleinen Mann wieder Wahlfreiheit verliehen. Auf der westlichen Route von Addis Abeba nach Tigray macht man in Bahar Dar am Tana-See und in der alten Königstadt Gondar Station. Das sind die Kernlande der Amhara, des Volks der letzten beiden Imperatoren Menelik und Haile Selassie. Jahrhundertelang rangen deren Vorfahren mit Thronanwärtern aus Tigray um die Herrschaft im urchristlichen äthiopischen Reich, das Abessinien hieß. Menelik hat in seinen Eroberungszügen um die vorletzte Jahrhundertwende dieses Reich nach Süden, Südosten und Südwesten gewaltig ausgedehnt, so daß heute die abessinischen Urchristen ohne Eritreer nur noch etwa ein Drittel der äthiopischen Gesamtbevölkerung stellen, bestehend aus 25 bis 28 Prozent Amhara und ganzen 6 bis 7 Prozent Tigray. Was sie unterscheidet, ist nur die Sprache: Die einen sprechen Amharisch, die anderen Tigrinya – wie übrigens auch die Christen Eritreas.

Im Postamt von Gondar, einem Art-Déco-Monster des Mussolini-Faschismus, auf Sichtweite der Königsschlösser aus dem sechzehnten Jahrhundert, wurde vorgestern, am 14.10.2004, der 4.02.1997 gestempelt. Nach dem hier geltenden ägyptischen Kalender aus dem dritten Jahrhundert wickeln sich die irdischen Dinge noch immer in den zwölf dreißigtägigen Monaten des koptischen Mondjahrs ab, welches durch einen dreizehnten, den fünftägigen Pagumen, zum Sonnenjahr ergänzt wird. Im Pagumen wird weder Gehalt noch Miete gezahlt, nur gearbeitet und geschlafen.

Außer während der fünfjährigen italienischen Besetzung von 1935 bis 1940 hat Äthiopien nie unter Fremdherrschaft gestanden. Noch deckt der Hartweizengries – Spaghetti und andere Pasta –, nebst der nur in Äthiopien heimischen Hirse namens Teff, das vierte Fünftel des nationalen Getreidebedarfs. Von den Bocciabahnen aus Mussolinis afrikanischem »Feldzug der Glorie« sind nur einige wenige übrig, dafür zahlreiche von den grünen Tischen, auf denen jedes Dorf im Hochland abends die *carambula,* eine italienische Form von Billard, spielt.

Intakt ist außerdem der größte Teil der ungezählten kühnen Brücken durch die Schluchten hinab vom Wolkefit-Paß, obwohl das eine Anmarschroute der Rebellen war. In den sechzehn Bürgerkriegsjahren von 1975 bis 1991 brachte es keine der beiden Seiten über sich, die Brücken zu zerstören, die unter der italienischen Besetzung die barfüßigen Bauarbeiterheere der Großväter in mörderischer Schinderei gemauert hatte. In den endlosen Kriegen ließ sich das Fußvolk wieder und wieder von den Obersten zu Zehntausenden in den sicheren Tod schicken. Doch auf ein altgedientes Vehikel, in dem die Feinde sitzen, können Äthiopier nur schießen, wenn es gar nicht anders geht. Als ich einmal mit einem nigerianischen Geschäftsmann darüber redete, erklärte mir dieser: »Das kommt davon, daß sie mit Respekt für alte Dinge großgezogen worden sind. Das ist eben ihre Kultur, nicht wahr«, und seine rechte Hand griff hoch über sein Haupt hinauf, »die zweitausend Jahre zurückreicht.«

Anderswo in Afrika begann die Kultur der Schriftlichkeit, die erst mit dem Christentum südlich der Sahara eintraf, vor gerade einmal hundert Jahren. In Aksum ist sie in der Tat bald zwei Jahrtausende alt. Äthiopier sind von ihrer in Stein geschlagenen urchristlichen Kultur so tief durchdrungen, daß andere Afrikaner, denen erst die Missionare eine niedergeschriebene Geschichte brachten, davon eigentlich gar nichts verstehen können. Keine Rarität im Land sind denn auch mächtige Rassisten, was eigene, aber etwas weniger rein »semitische« Landsleute kaum weniger zu spüren kriegen als noch schwärzere oder auch nicht so schwarze Angehörige von

Nachbarstaaten. »Tschinschero!« – »Affen!« rufen die einheimischen Amharen-Schulkinder in Gondar ihre zwei im Kongo geborenen Klassenkameraden, Kinder eines Schweizer Arztes und einer Kongolesin. So sind Äthiopier, christliche jedenfalls, wenn nicht hoch überlegen, dann jedenfalls ganz einzigartig, auf dem Kontinent wie auf dem Planeten. Wer davon nicht betroffen ist, mag es ihnen lassen, sind sie doch höchst charmant und Schönheiten unter ihnen zahlreich.

Es dauert länger, und der Zufall muß nachhelfen, ehe man im urchristlichen Selbstwertgefühl Risse aufspürt. In der Steinzeit war bekanntlich immer schlechtes Wetter, wie es im Aufsatz eines elfjährigen Neapolitaners heißt, und auch in alttestamentarischer Zeit schien nicht pausenlos die Sonne. Der Schweizer Arzt, in der alten Königsstadt Gondar als Chirurg tätig, sagt, er habe dort noch Jahre nach dem Krieg vor allem Schußwunden behandelt. Im Amharen-Land geht noch die Blutfehde um – bis ins siebte Glied.

Davon reden sie weniger gern. Aber sie verraten sich, wenn es doch einmal nicht um alte, sondern um gewisse neue Dinge geht. Auch wenn sie es nebst der Armut wiederum ihrer alten Kultur verdanken, daß sie Afrikas beste Reparaturspengler sind, so erstrecken sich ihr Sachverstand und ihre Sensibilität doch auch auf die besagten neuen Dinge. In den siebzehn Jahren Kommunismus von 1974 bis 1991 überwinterte der Nationalstolz außer in den Kirchen an Bord von Ethiopian Airlines, Afrikas zweitältester Fluggesellschaft nach Egypt Air. (Eingestanden, die Pyramiden sind älter als jedes äthiopische Bauwerk.) Aber Ethiopian Airlines, den Russen ein Dorn im Auge, flog all diese Jahre ausschließlich US-amerikanische Boeings. Lieber seien sie gestorben, erinnern sich Äthiopier schaudernd, als in einem Krankenhaus der Russen zu enden. Nicht immer trumpft die Steinzeit, und auf einmal ahnt man, daß sie von dieser Erkenntnis auch die eigene uralte Kultur nicht ausnehmen. Man hat sie ein wenig zu reizen, bis man es schmunzelnd bestätigt erhält: So sehr werden sie mit ihrem ganzen alten Gemäuer und mit nichts anderem identifiziert, daß sie davon am Ende kaum zu unterscheiden sind. Das muß manchmal auf die Nerven gehen, diese Monolithen und anderen Felsenkirchen oben, unten, hinten und vorn. Das geht so weit, daß sie sich manchmal fast zweitausend Jahre alt fühlen und gerne etwas jünger wären. In der Tat, nichts auf der Welt geht ihnen über einen allerneuesten Mercedes-Benz.

»Jetzt ist alles gut hier und wird jeden Monat besser«, bestätigt diese Beobachtung auch Daniel im Cybercafé des Remhai-Hotel von Aksum. Remhai war der Name zweier Herrscher im alten Aksumiter Reich, das um Christi Geburt einer der größten Staaten der Welt war. »Seit Sie hier auf unserem Stuhl sitzen«, fügt Daniel lachend hinzu, »reagiert sogar der Provider.«

Auf der Fahrt, die von Aksum jetzt einen Tag ostwärts – parallel zur eritreischen Grenze – über Adua nach Adigrat führt, ändert sich das ehedem grüne Landschaftsbild. Bis weit zurück in den Süden, über Tigrays Hauptstadt Mekele bis nach Dessie sind die Flußbette ausgetrocknet und die zerklüfteten terrassierten Berghänge versengt und braun, als hätte es seit Monaten kaum einen Tag geregnet. Entsprechend beklemmende Eindrücke lassen die Märkte zurück. In Tigray ist die Lage ernst: Rund drei der gut vier Millionen Einwohner sind derzeit wieder auf Nahrungshilfe angewiesen. Kennt man aus Äthiopien etwas anderes? Aber auch weiter südlich im grüneren Amhara-Land, auf dem Markt in Lalibela, wo es seit 1996 eine zentrale Stromversorgung gibt, wird an Früchten oder Gemüse nichts außer großen Haufen roter Pfefferschoten aufzutreiben sein. Ausgeblichen unter der erbarmungslosen Sonne, sind sie fast von dem leicht rostigen Rosa des monolithischen Felsendoms Bet Giyorgis gleich nebenan, wo sich um Afrikas meistphotographierte Kirche aus dem zwölften Jahrhundert japanische Touristen tummeln. Luxus sind außer diesen Besuchern, die in der Pilgerstadt Geld in Umlauf bringen, Bohnen und Kichererbsen, wovon keiner der Händler mehr als vier oder fünf Kilo feilzubieten hat. Des weiteren stehen handgewobenes weißes Tuch und in großer Zahl Esel zum Verkauf.

Es ist tiefe Nacht, als wir uns Mekele nähern und uns auf der Hügelkuppe über der Stadt unversehens eine brandneue Zeit empfängt. Das Lichtermeer in der weiten Ebene zu unseren Füßen verliert sich erst in den Hängen, die sie von drei Seiten einschließen. Leuchten zwischen Kairo und Johannesburg noch irgendwo so viele Straßenlampen pro Quadratmeter wie in der Regionshauptstadt Tigrays mit ihren lediglich 130000 Einwohnern? Der Strom kommt von dem Kraftwerk, das 2002 bei Bahar Dar am Blauen Nil, dreihundert Kilometer jenseits der Berge, ans Netz gegangen ist. Auch das beste und neueste Straßenstück im ganzen Land, zumindest außerhalb der Hauptstadt, ist die Umfahrung Mekeles, die ihre Baustellen zügig Tigrays zweitgrößter Stadt Adigrat entgegentreibt. Von Mekele sind es bis zur eritreischen Grenze vier Stunden Fahrt, und vom Kriegszustand, in dem sich die beiden Länder befinden, ist wenig zu spüren. Dagegen bleibt kein Zweifel, daß der Weg aus dem Amhara-Land nach der ehemaligen italienischen Kolonie im Norden endlich nicht mehr durch Äthiopiens ärmste und am meisten vernachlässigte Region führt, die Tigray während hundert Jahren gewesen war. Yohannes, der letzte Imperator aus Tigray, regierte von 1872 bis 1889, danach die Amharen, die auch noch Mengistus Hausmacht waren.

Mir ist, ich hätte Gabriel an der Rezeption des Abraha Castle Hotels in Mekele schon gesehen. War er bei meinem letzten Besuch 1991 schon da? Als die Vertreter der Hilfswerke, die hier logierten, das nur aus Haut und Knochen bestehende Brathühnchen »kremiertes Hühnchen« nannten? Nein, bis 1993, bis ihn die Eritreer als ehemaligen und potentiellen künftigen Staatsfeind auswiesen, hatte Gabriel an der Rezeption des Ambassador Hotel in der eritreischen Hauptstadt Asmara gearbeitet. Dort, im Ambassador, war ich 1992 untergekommen, und von dort kannte ich ihn.

Nein, in Eritrea ist er nie gewesen, sagt Solomon, der Fahrer, lächelnd. »Bloß in Asab, in unserem Land.« Solomon ist Amhare aus Addis Abeba, seine Familie kommt aus Nordshoa, den Stammlanden Haile Selassies. In Asab war er nicht etwa, solange die eritreische Hafenstadt noch in äthiopischer Hand war. Es war 1994, ein gutes Jahr nach der Unabhängigkeit Eritreas, drei Jahre nach der Befreiung vom stalinistischen Joch Mengistus. Für Angehörige des Deutschen Akademischen Austauschdiensts DAAD hatte er im Hafen von Asab Umzugsgut zu klären. Ausgerüstet mit einer Auftragsbestätigung vom DAAD und seinem äthiopischen Paß, flog er nach Asab. Noch bevor er diesen der eritreischen Grenzpolizei vorlegen konnte, verlangte ein Sicherheitspolizist Solomons Identitätskarte zu sehen, den Ausweis der Kebele, seines Wohnkreises in Addis Abeba. Die unabhängigen Eritreer ging Solomons Kebele soviel an wie etwa eine liechtensteinische Behörde. Doch nein, im offiziell mit Äthiopien eng befreundeten Eritrea ließ man Solomon in der Transithalle warten, bis die Maschine, die erst nach Asmara weiterflog, zurück war und ihn heim nach Addis Abeba brachte. Mit Identitätskarte flog er ein zweites Mal nach Asab, und spätestens seither war ihm klar, daß Asab zwar in Händen neuer, aber keiner wahren Herren war.

Auch 500 Kilometer nordwestlich von Asab, längs der Hauptverbindung zwischen den zwei Ländern, führte dies bald dazu, daß Äthiopier spontan darauf verzichteten, das traditionsreiche und stets so geschätzte Bier der Brauerei Melotti aus Asmara zu trinken, zu schweigen von dem nicht weniger gerühmten Melotti-Cognac. In Mekele sind sie nicht Amharen wie Solomon oder gar Muslime aus Wollo, wo die äthiopischen Lastwagen auf dem Weg nach Asab Station machten. Sie gehören zum Volk Tigrays, sprechen wie die christlichen Eritreer Tigrinya, und sie verzichteten nun auch darauf, ihr Obst und Gemüse von den eritreischen Brüdern und Schwestern essen zu lassen. Bald passierten die Grenze in beiden Richtungen nur noch Güter, wenn die Autoritäten beider Staaten das in aller Form und Schriftlichkeit so wünschten.

Obschon direkt südlich von Asab, in Djibouti, Somali – Afrikas schwierigste Zeitgenossen – leben, ließen sich die alten Nachbarn nicht lange bitten, den Außenhandel des Binnenstaates Äthiopien abzuwickeln. Eritrea, verfeindet auch mit dem Sudan im Norden und Westen, verlor jenseits der Südgrenze den einzigen Markt seiner Industrie. Der Hafen Asab, den keine befahrbare Straße mit dem fernen Zentrum des Landes verbindet, versorgte wenig später mit Mühe und Not noch sich selber.

Man muß 1991 Eritreas andere Hafenstadt Masawa gesehen haben, die einst nebst dem heute unabhängigen Land zu einem guten Teil Äthiopiens Norden versorgte: Bei der Befreiung war sie das Ruinenfeld des einzigen mechanisierten Kriegs, der jemals eine afrikanische Stadt heimgesucht hat, begleitet von einer sowjetisch gerüsteten Luftwaffe. Von Grosny zehn Jahre später unterschied Masawa die Bruthitze des Roten Meers, nicht aber das Ausmaß der Erbitterung der Bevölkerung.

Wer kurz nach seiner Befreiung gar nichts mehr verkaufen und darum auch nichts kaufen kann, entwickelt zusätzliche Aggressionen, und 1998 hat der eritreische Präsident Isayas Afewerki einen weiteren Krieg vom Zaun gebrochen: vier Millionen Eritreer gegen siebzig Millionen Äthiopier. Bis heute weigert er sich, ihn zu beenden. War das nach dreißig Jahren Befreiungskrieg eine zukunftweisende Option? Groß an dem Größenwahn ist bis heute der Preis. Zwar ist auch Äthiopiens Armee wieder nahezu so stark wie die des kommunistischen Dikators Mengistu Haile Mariam vor 1991. Nahezu eine halbe Million Soldaten dürfte sie umfassen. Aber die 350000 Soldaten beiderlei Geschlechts, die auf der anderen Seite der Grenze der Diktator Isayas Afewerki unter Waffen hält, sind ein Drittel der eritreischen Bevölkerung zwischen 18 und 55. Wie lange wird die eritreische Diaspora, Eritreas einzige Devisenquelle, das bezahlen mögen?

Der äthiopisch-eritreische Bruderzwist ist in der Außenwelt unverstanden wie kaum ein zweiter Konflikt der Gegenwart. Stillgelegt von den Vereinten Nationen, schwelt er weiter, und auch seit dem Friedensabkommen vom Dezember 2000 rüsten beide Seiten, was das Zeug hält. In den zweieinhalb Jahren davor entlud er sich in einer Serie von Schlachten, wie sie der afrikanische Kontinent seit dem deutsch-britischen Ringen von 1942 bei Alamein in der ägyptischen Wüste nicht mehr gesehen hatte. Rund 100000 Soldaten bezahlten mit dem Leben für Grenzstreitigkeiten, die offiziell zwar beiden Seiten als Kriegsgrund gelten, den Konflikt aber in keiner Weise erklären können. Die einstweilige Bilanz für Eritrea: Die fortdauernde Feindschaft der beiden Länder beraubt die Wirtschaft des kleinen Landes mit seinen viereinhalb Millionen Einwohnern ihres einzigen auswärtigen Markts und damit jeglicher Entwicklungsgrundlage. Gibt dieses Fazit denen recht, die Eritreas Unabhängigkeit nie für eine überzeugende Idee gehalten haben? Und Unabhängigkeit ohne ein gutes Verhältnis zu den siebzig Millionen Äthiopiern für eine Chimäre? Das Dasein der unabhängigen Eritreer, so muß man denken, kann jedenfalls kein glückliches sein.

Das eiserne Regime Afewerkis in Asmara begann 1998 den Krieg ausgerechnet gegen diejenige äthiopische Führung, der sein Land die Unabhängigkeit zu verdanken hat. Gewiß, es hatte für diese Unabhängigkeit mit einem dreißig Jahre dauernden Guerillakrieg bezahlt. Ab 1975 kämpfte die eritreische Volksbefreiungsfront (EPLF) zudem als *senior partner* des äthiopischen Widerstandes gegen die kommunistische Diktatur unter Mengistu Haile Mariam. Gemeinsam mit ihr besiegte die TPLF, die Volksbefreiungsfront von Tigray, Mengistus Armee und übernahm 1991 die Macht in Addis Abeba. Als Gegenleistung an die EPLF entließ der TPLF-Führer Meles Zenawi die Kampfgefährten Eritreas ohne viel Federlesens in die Unabhängigkeit. Das war der Preis, den Äthiopien für die Befreiung von Mengistu zu bezahlen hatte – sehr zum Verdruß einer großen Mehrheit der Bevölkerung. Mit Eritrea verlor Äthiopien die Häfen Massawa und Asab, wurde zum Binnenland.

Außerdem rührte die Zuvorkommenheit der neuen äthiopischen Führung gegenüber Eritrea an das geheiligte Prinzip der Organisation der afrikanischen Einheit (OAU), auf das sich an deren Gründungstag am 25. Mai 1963 sämtliche Mitglieder hatten einschwören lassen: daß das koloniale Erbe ihrer Grenzen unantastbar sei und kein Staat Afrikas jemals daran rütteln dürfe. Das folgte aus der Einsicht, daß andernfalls die Konsequenzen für den gesamten Kontinent unabsehbar wären. Damals war in lebhafter Erinnerung, unter welchem Gepolter Marokko wegen seines Anspruchs auf die ehemals spanische Westsahara 1984 zur OAU hinauskomplimentiert worden war. Was konnte eine Ausnahme rechtfertigen? Einzig, daß Eritrea sich auf dasselbe Prinzip berief und behauptete, niemals in seiner Geschichte ein Teil Äthiopiens gewesen zu sein. Der Glaube an diese These, die einzige Daseinsberechtigung eines unabhängigen Eritrea, mußte sich in Äthiopien als desto brüchiger erweisen.

Die italienische Kolonialherrschaft in Asmara, die von 1890 bis 1940 gerade fünfzig Jahre gedauert hatte, wurde zu Beginn des Zweiten Weltkriegs von den Briten beendet. Nach Kriegsende übergaben diese Eritrea an die Vereinten Nationen. Bei Wahlen 1947 erhielten Befürworter der Unabhängigkeit die Mehrheit. Die UN-Verwaltung bestand drei Jahre später dennoch auf einer Föderation Eritreas mit Äthiopien. Haile Selassie annektierte 1961 das föderierte Eritrea, und von da an stand Äthiopiens jüngste Provinz in bewaffnetem Widerstand gegen Addis Abeba. Bald artete dieser zunächst in einen eritreischen Bürgerkrieg zwischen muslimischen und christlichen Widerstandsgruppierungen aus. Die EPLF-Guerilla verwendete die siebziger Jahre darauf, die Kräfte der muslimischen Bevölkerungshälfte auszuschalten, die anfänglich den Widerstand gegen das imperiale Regime Haile Selassies angeführt hatten. Diese waren es, die mit gutem Grund behaupten mochten, in ihrer Geschichte niemals zu Äthiopien gehört zu haben. Vor der italienischen Kolonisation waren Eritreas Muslime an der Rotmeerküste und im westlichen Tiefland Untertanen des Osmanischen Reichs, und in der Folge standen sie den arabischen Nachbarn im ehemals anglo-ägyptischen Sudan und jenseits des Roten Meers in jeder Hinsicht näher als dem christlichen Hof des alten Kaiserreichs Abessinien.

Den eritreischen Widerstand führte nun die EPLF als die Kraft jener knappen Bevölkerungshälfte an, die zwar genau wie die Bevölkerung der angrenzenden äthiopischen Region Tigrinya spricht und ethnisch der urchristlichen Nation Abessiniens zuzurechnen ist, aber ehedem nördlich der abessinischen Reichsgrenze gelebt hatte. Wie es die Geschichte wollte, hatte dieses besondere Drittel des Volkes Tigrays fünfzig Jahre unter italienischer Kolonialherrschaft zugebracht, und mit dieser Auszeichnung betrachteten sich diese besonderen Eritreer – heute etwas über zwei Millionen – fortan als die europäisch geschulte Elite auf dem Dach Afrikas. Während die Kräfte des Widerstands Eritrea seit der Annexion als Kolonie Äthiopiens bezeichneten, hatte sich dieselbe eritreische Elite gleichzeitig überall im Reich verteilt, in Spitzenpositionen schon unter Haile Selassie wie anschließend unter Mengistu Einzug gehalten und auch etwa Luftangriffe gegen die abtrünnige Heimatprovinz geflogen.

Seit Eritreas Unabhängigkeit standen sich so in Addis Abeba und Asmara Brüder im engen Sinn gegenüber, näher verwandt als die Alemannen diesseits und jenseits des Bodensees. In Addis Abeba aber hatten die Befreier aus Tigray nun nicht mehr Äthiopien vom Tyrannen zu befreien, sondern das Vielvölkerreich zu regieren. Gleichzeitig hatte ihre Heimatregion, seit hundert Jahren eines der am meisten vernachlässigten Gebiete des Landes, einen enormen Nachholbedarf und brauchte Geld. Um so mehr sah Meles Zenawi sich gezwungen, hinsichtlich Eritreas auf die Stimmung unter den übrigen 94 Prozent der äthiopischen Bevölkerung Rücksicht zu nehmen.

In Asmara schien der Befreiungsheld Afewerki derweil geglaubt zu haben, das neuerdings unabhängige Eritrea mit dem Entwicklungsvorsprung seiner Nahrungsmittel-, Textil- und Zementfabriken habe mit der wirtschaftlichen Kolonisation von Äthiopiens rückständigster Region, nämlich eben der Nachbarregion Tigray, nur unverzüglich zu beginnen. Um es mit dem Brudervolk südlich der Grenze und den neuen Herren in der äthiopischen Hauptstadt ganz zu verderben, brauchte die eritreische Führung nun bloß noch auf einem Grenzverlauf zu bestehen, der einem Abkommen der Italiener mit Menelik von 1908 folgte und die wirklichen Siedlungsverhältnisse, die sich in der Zwischenzeit verändert hatten, außer acht ließ. Die Bauern des so erbittert umkämpften Badme, das Eritrea beansprucht, gehörten seit Generationen zum Volk Tigrays, auch wenn die im Friedensabkommen von Algier eingesetzte internationale Grenzkommission anders entschied.

Nicht nur die Haltung beider Regierungen, mit der Härte von Abessiniens Urgestein wetteifernd, rückt einen äthiopisch-eritreischen Frieden in weite Ferne. Darunter gärt der Schmerz über die außerordentlich hohen Opferzahlen und Verluste auf beiden Seiten: Für die Unnachgiebigkeit beider Seiten haben von 1998 bis 2000 an die 100000 Soldaten mit dem Leben bezahlt. Die Wut, die sich in massiven Deportationen aus beiden Staaten Luft machte, führte zu brennenden Ressentiments. Seit 1998 wurden rund 70000 Eritreer mit äthiopischer Staatsbürgerschaft nach Eritrea geschafft, von dort wurden ungefähr 40000 Äthiopier deportiert. Die EPLF hatte diese Form der Abrechnung schon in der Woche nach der Befreiung von 1991 entdeckt. In den zwei Jahren bis zur formellen Unabhängigkeitserklärung schickte sie rund 125000 ehemalige »äthiopische Unterdrücker« nach Hause, die meisten nach Tigray, wo manche von ihnen nie gelebt hatten. Genau wie Gabriel an der Rezeption des Abreha Castle in Mekele.

Gewonnen hat den letzten Krieg aber auch Äthiopiens starker Mann Meles Zenawi nicht. Das macht die Lage so gefährlich. Zu fürchten hat er nicht so sehr den Tadel der Außenwelt. Eritreas Afewerki hat zwar von der im Friedensabkommen von Algier eingesetzten internationalen Grenzkommission recht bekommen, aber das wird ihm kaum helfen. In der Arena der internationalen Diplomatie sitzt Äthiopien dank seiner strategischen Bedeutung am längeren Hebel, und die UNO, die mit 4000 Soldaten die Grenze patrouilliert, ist in diesem Fall wieder einmal beinahe so geduldig wie das Papier ihrer Entschließungen. Schließlich ist Addis Abeba der Sitz der Afrikanischen Union, wo außer Eritrea alle übrigen 52 Staaten Afrikas vertreten sind. Nicht zufrieden dagegen ist das eigene Land, auf dessen Buckel erneut ein so opferreicher und teurer Krieg ausgetragen wurde und das trotz allem noch immer über keinen Meereszugang verfügt. Für Asmara bedeutet das entlegene Asab an der Grenze zu Dschibuti, das durch keine praktikable Straße mit Asmara verbunden ist, nichts außer Verteidigungsaufwand. Die leiseste eritreische Provokation genügt, und Äthiopiens Armee wird sich bei der nächsten Explosion des Krisenherds in dieser Richtung in Marsch setzen.

19 ■ WO AFFEN MENSCHEN FRIEDEN BRINGEN

Mugarukas Autorität im Kongo

T*shivanga (Bukavu), Januar 2005.* – Mugaruka ist heute schon gesehen worden. Chirimwami Mongane Lambert, unser Führer, weiß ziemlich genau, wo er sich aufhält, und die beiden Pygmäen Bulabi und Bahati helfen mit ihren Macheten, den Weg durchs Unterholz zu bahnen. Es ist recht finster, und wir sehen ihn erst aus einer Distanz von vielleicht sechs, sieben Metern: Da rastet er, der Silberrücken, auf dem Bauch, das Kinn auf die gesunde linke Hand gestützt, die von einer Eisenfalle verstümmelte Rechte unter der Brust. Auch in seinem Blick, der auf der fünfköpfigen Besuchergruppe ruht, ist keine Bewegung auszumachen. Die Autorität des rund 200 Kilo schweren Gorillamännchens wird niemand, der ihm gegenübersteht, bestreiten wollen, und hier im kongolesischen Nationalpark Kahuzi-Biéga haben er und seinesgleichen den Menschen tatsächlich eine Lehre zu erteilen.

Die Hauptstation des Parks, von wo aus wir aufgebrochen sind, liegt bei Tshivanga, 31 Kilometer nordwestlich von Bukavu, im Dreiländereck, wo die Grenzen des Kongos, Ruandas und Burundis aufeinandertreffen. Hier in Tshivanga marschierten sie alle durch, in beiden Richtungen und die meisten mehrmals: sämtliche Armeen und anderen ausländischen und einheimischen bewaffneten Scharen, seit Ruandas Bürgerkrieg und Völkermord auf den Kongo übergegriffen hatten und die Höllenstrafe dieser Nachbarschaft das Land in die Kriegswirren stürzte, die allein seit Sommer 1998 rund vier Millionen Menschenleben gefordert haben. Die zwei Jahre alte Nummer der Zeitschrift *Le Gorille,* die mir an der Rezeption in die Hand kommt, zählt im Editorial mit unverkennbarer Routine auf, welche drei schwerbewaffneten Kriegsparteien sich in den vergangenen zwei Wochen wieder in der Kontrolle über die Station abgelöst haben.

Carlos Schuler und seine 150 Wildhüter ließen sich durch all die im Park versammelten Bewaffneten nicht von der Arbeit abhalten. Er sei glücklich, sagt Schuler, daß er von der Welt schon früher einiges sehen durfte, denn in den vergangenen elf Jahren habe sein Job kaum noch Absenzen erlaubt. Als lokaler Angestellter der deutschen Gesellschaft für technische Zusammenarbeit (GTZ) ist Carlos Schuler seit 1994 für die Infrastruktur des Parks zuständig. Bisher zweimal waren die beiden total zerstörten Verwaltungsgebäude und die fünfzehn Wächterhäuser der Station von Tshivanga wieder aufzubauen. Aber schließlich hat Schuler in zivileren Zeiten in Bukavu auch schon ein Baugeschäft geführt. 1983 war der dreißigjährige gelernte Typograph aus Wilhelm Tells Heimatdorf Bürglen als Afrikafahrer im eigenen VW-Bus unterwegs. Er kam nach Bukavu, sah, heiratete, und drei Jahre später blieb er.

Seit den späten sechziger Jahren hatte sein Schwiegervater Adrien Deschryver mit Dian Fossey zu den Pionieren in der Beobachtung der Gorilla und deren Gewöhnung an die Begegnung mit Menschen gehört. Bei der Gründung des Kahuzi-Biéga-Parks 1970 wurde er dessen Chef. 1985 begann in der Provinz Süd-Kivu die Zusammenarbeit der GTZ mit der einheimischen Naturschutzbehörde ICCN (*Institut Congolais pour la conservation de la nature* – damals noch IZCN: *Institut Zaïros* ...). Ehe Deschryver 1989 unter ungeklärten Umständen vergiftet wurde, hatte er für zwei, drei kurze Jahre in seinem Schwiegersohn Carlos einen passionierten Begleiter gefunden.

Schulers Antritt bei der GTZ 1994 fiel in das Jahr, als das verschlafene Paradies Kivu vom Strudel der ruandischen Tragödie erfaßt wurde, mit brutalster Wucht die beiden Provinzhauptstädte Bukavu und Goma an den traumhaft schönen Uferzügen des Kivu-Sees. Nach den drei Monaten des Genozids an der ruandischen Tutsi-Minderheit überrannten 1,2 Millionen Ruander die beiden ostkongolesischen Grenzstädte. Zusammen mit ihrer geschlagenen Armee, den FAR *(Forces armées rwandaises),* und den Schlächtermilizen Interahamwe wurden sie über zwei Jahre lang vom UN-

Flüchtlingshochkommissariat durchgefüttert. Im zweijährigen humanitären Boom, der ungezählte weitere Hilfsorganisationen nach Kivu brachte, ging es auch Schuler und den Gorillas im Kahuzi-Biéga-Park noch gut.

Um so tiefer der Absturz, der 1996 folgte: Die gewaltsame Heimholung der Massenmörder und ihres Anhangs durch Ruandas neue Armee bescherte dem Kongo zwei Kriege, deren zweiter 1998 sechs fremde Armeen ins Riesenreich führte und großen Teilen des Landes fünf Jahre ruandische und ugandische Besatzungsherrschaft brachte. In den beiden Kivu-Provinzen geht selbst der Terror von Resten der Ex-FAR und der Interahamwe bis heute weiter. Seit 1996 war Schuler allein mit den Schlüsseln der GTZ-Büros in Bukavu, kein fremder Staat ließ im Ostkongo Angehörige in offizieller Funktion zurück. Von nun an waren seine Gesprächspartner Kommandanten: Kommandanten der ruandischen Armee, Kommandanten von sich ablösenden ostkongolesischen Rebellengruppierungen, die ihre Befehle aus der ruandischen Hauptstadt Kigali erhielten, Kommandanten des lokalen anti-ruandischen Widerstands der Mayi-Mayi-Milizen. Er bewegte sich in einer Umgebung von Interahamwe-Milizionären, Ex-FAR-Offizieren, burundischen Rebellen.

Bukavu zählte ohne den kriegsbedingten Zuzug immerhin schon eine Viertelmillion Einwohner, doch was Rang und Namen hat, trifft sich da an wenigen Orten und kennt sich. Dabei sind nicht wenige Gestalten, versichert Schuler, die einen rasch auf größtmögliche Distanz zwingen. Auf der Station von Tshivanga ging das nicht: Sooft sich auch die Fronten darin verschoben, sagt Schuler, den Park verschieben konnte er nicht. Da half nur mit allen reden, reden, reden, was allerdings noch nicht genügte: Man mußte sie auch dazu bringen, mangels Toiletten Löcher in den Waldboden zu graben, sonst machen Tausende von Männern die Tiere krank. 1999 und 2000 hielten sich zeitweilig bis zu 10000 Schürfer im Park auf, die nach dem hochlukrativen, da von der boomenden Computer- und Mobiltelephonproduktion stark nachgefragten Mineral Coltan gruben. Von ungefähr 350 Elefanten, die die Männer der Station Tshivanga vor dem Krieg gezählt hatten, überlebten zehn, die übrigen waren aufgegessen worden. Von 258 Gorillas 1996 waren Ende 2000 noch 130 übrig.

Obschon der Krieg zwei weitere Jahre dauern sollte, brachte das Jahr 2001 die Wende. Der wild überhöhte Weltmarktpreis von Coltan verfiel rapide, und als die Chefs der hungernden Bevölkerung jenseits des westlichen Parkausgangs Schuler einmal alarmierten, sie könnten Wilderer nicht mehr vom Park fernhalten, sprang das UN-Welternährungsprogramm WFP mit 400 Tonnen Nahrungsmittelhilfe bei, die Schuler mit den Wildhütern im Park an einen Kreis von rund 50000 Empfängern verteilte. Inzwischen ernten Pflanzer im Park auch wieder Tee und verdienen damit etwas Geld. 2000 begann die Parkverwaltung außerdem damit, in den umliegenden Gemeinden Naturschutzkomitees zu gründen, die für ihre Sensibilisierungsarbeit kleine Zuschüsse für den nötigsten Infrastrukturbedarf ihrer Dörfer erhalten.

Eine Zählung kürzlich ergab, daß die Zahl der Gorillas in den vergangenen vier Jahren von 130 wieder auf 163 gestiegen ist. Das ist eine außerordentliche Leistung ihrer Betreuer, zumal von Frieden noch immer nicht die Rede sein kann. Noch im Juni 2004, als zweitausend Männer des dissidenten Colonel Laurent Nkunda für eine Woche Bukavu okkupierten, wurde die Station von Tshivanga nicht von Plünderungen verschont.

Das Geheimnis des Erfolgs im Kahuzi-Biéga-Park ist die Courage Carlos Schulers und der hundertfünfzig Wildhüter, von denen vierzig übrigens ehemalige Wilderer sind. Die unerschütterliche Präsenz im Park, komme, was da kommen mag, führt nicht ohne ein tüchtiges Pensum Öffentlichkeitsarbeit zum Ziel. Von der Aufmerksamkeit der Außenwelt, den regionalen, nationalen und internationalen Medien hängt viel ab, wenn in einem ostkongolesischen Waldstück um das Wohlverhalten eines halben Dutzends bewaffneter Gruppierungen gerungen wird. Vier Radiostationen in Bukavu sind regelmäßig mit News von der lokalen Naturschutzfront zu versorgen. Durch die Dörfer ziehen Laienensembles und führen Stücke über den Aufstieg und Fall des Wilderers auf. Die Halbjahreszeitschrift *Le Gorille* wird in einer Auflage von 25 000 Exemplaren im ganzen Kongo verteilt. Schuler findet viel erfreuliches Echo in seiner Mailbox.

Beim Personal von Hilfsorganisationen und in der Entwicklungszusammenarbeit sind Berührungsängste mit Militärs noch immer recht verbreitet. Im Kongo wäre das fatal. Von keinem Geringeren nämlich als von General Padiri Bulenda, höchster Mayi-Mayi-Chef und heute in der neuen kongolesischen Armee Kommandant der Militärregion IX in Kisangani, erging schon vor Jahren das strikte Verbot an seine Truppen, Gorillas zu erlegen. Gut möglich, daß hier keine Stimme größeres Gewicht hat als diese, vor allem, wenn man daran denkt, daß Schuler und die mit ihm arbeitenden Wildhüter nur den östlichen Hochlandausläufer des riesigen Parks, etwa ein Zehntel von seinen 6000 Quadratkilometern, kontrollieren. Über die Lage in den übrigen Gebieten wird erst seit acht Monaten auf zwei Stationen wieder Information gesammelt.

Woche um Woche, Jahr um Jahr hat Schuler nicht nur Vertreter der Weltmedien, von Geberstaaten und Hilfsorganisationen durch den Wald geführt. Nicht weniger Zeit nimmt er sich für sämtliche in der engeren und weiteren Umgebung beheimateten Politiker und Militärs. Schulers Prinzip der Überzeugungsarbeit dabei lautet: Man braucht die Leute nur hinzuführen zu den Affen, und mit ihrem unverwandten Blick und ihrer Autorität erledigen diese das übrige ganz alleine. Ist es Gemeingut, daß sie nicht vom Erdboden verschwinden sollen, dann bringt die Aufgabe, sie zu schützen, auch den daran beteiligten Menschen Schutz und schafft in ihrer Umgebung etwas mehr Sicherheit. Sogar hier, in einem so schwierigen Landstrich wie dem Dreiländereck von Bukavu – das ist die Lehre von Kahuzi-Biéga.

20 ■ WO TEUFEL GOTT GEFANGENHALTEN

Sudan und ein geduldiges Wort namens Frieden

Frieden schriftlich. *Nairobi, Januar 2005.* – Ein langer Sonntag war das in der kenianischen Hauptstadt Nairobi: dieser 9. Januar 2005, der dem Sudan nach 21 Jahren Bürgerkrieg zwar noch nicht direkt Frieden, aber doch Zeit zur Besinnung gebracht hat. Zwanzig Minuten, länger als die Ansprache des Kronzeugen Colin Powell, dauerte allein die Anrufung der Exzellenzen, die sich in Nairobis Nyayo-Stadion, dem »Stadion der Fußstapfen«, eingefunden hatten. Nun also hat der Sudan endlich einen mit zahlreichen Unterschriften versehenen, »umfassend« genannten, Friedensvertrag. Das Großereignis, auf das die Welt zweieinhalb Jahre lang mit nahezu täglichen Massakermeldungen vorbereitet wurde, ging bei sommerlicher Temperatur in einem nicht enden wollenden Reigen von Reden über die Bühne. In den Pausen gehörte diese den Tanzgruppen und viel farbenfroher Folklore, während die Staatsoberhäupter und übrigen Größen der illustren Versammlung an diesem einen Tag fünf gerade sein lassen konnten.

Die zwei Vertragspartner sind das fundamentalistische Militärregime der *National Islamic Front* (NIF) in Khartum und das *Sudan People's Liberation Movement* (SPLM), das über zwei Jahrzehnte lang gegen die sudanesische Armee gekämpft hatte. Dessen Führer John Garang sagte es bereits am Samstag vor den versammelten Weltmedien im Grand Regency Hotel in Nairobi: Jetzt können in Afrikas größtem Land, dessen Territorium etwa der Ausdehnung Westeuropas entspricht, nach zweieinhalb Jahren des Nord-Süd-Dialogs der Süd-Süd-Dialog, der Nord-Nord-Dialog, der West-West-Dialog, der Ost-Ost-Dialog und der Zentrum-Zentrum-Dialog beginnen.

Zunächst aber hat an diesem Sonntag ein arabisches Regime, das den Namen des Islams im Munde führt, fünfzehn Jahre nach seiner gewaltsamen Machtergreifung von 1989 ein international verbrieftes Mandat für weitere sechseinhalb Jahre Übergangszeit – eine Legitimation endlich, die den Schergen in Khartum bis zu diesem Tag abgegangen war. Danach soll der umkämpfte Süden über den Verbleib in dem gemischtreligiösen Vielvölkerstaat oder über Selbstbestimmung in einem neuen, dem vierundfünfzigsten Staat Afrikas abstimmen dürfen.

Bis dahin sollen zwei Parteien in Zusammenarbeit den angesagten Frieden im Sudan bestreiten. Das Regime im Norden unter Präsident Omar Hassan al-Bashir ist ohne jede Hausmacht. Seit fünfzehn Jahren erstickt es mit einem paranoischen Polizeistaat jede Regung von politischer Freiheit im Keim und tritt dabei vor der Haustür in Khartum die Menschenrechte mit Füßen. Der neue Partner ist eine Rebellenbewegung, die zwar in der Bevölkerung wenigstens zu Hause im Süden etwas breitere Unterstützung genießt, sich aber auf eigenem Gebiet erst noch mit 32 bewaffneten Milizen zu verständigen hat, die zur Mehrheit bisher Geld und Weisungen aus Khartum entgegennahmen.

Von Nairobi aus gesehen, feiert der schwarze Kontinent einen Triumph: eine islamistische arabische Militärjunta ist nach zwei Jahrzehnten Widerstand von einer schwarzen, mehrheitlich christlich-animistischen Minderheit zu einschneidenden Konzessionen gezwungen worden. Aber nicht nur »umfassend« soll der Frieden sein, sondern, wie der Rebellenführer John Garang nicht müde wird zu sagen: auch »einschließend«. Die Zahl der Vertriebenen in Darfur ist im letzten Vierteljahr von eineinhalb auf über zwei Millionen gestiegen. Die Zahl der Todesopfer, die schon vor drei Monaten mit 70000 angegeben wird, erhöht sich weiterhin täglich um 500 bis 1000.

Der Südsudan wird verschnaufen können, und einstweilen feiern vor allem drei bis vier Millionen vertriebene Südsudanesen. Doch das Abkommen rehabilitiert ein Regime, das nach dem Urteil der US-amerikanischen Friedensstifter in einem anderen Teil des Landes fortgesetzten Genozid betreibt. Die Versuche der Weltgemeinschaft, es zu isolieren, sind über Deklarationen nicht hinausgekommen: China betreibt den Aufschwung seines Erdölgeschäfts, Rußland erfüllt seiner Armee so gut wie jeden Wunsch, und derselben Khartumer Junta verdankt die Regierung Bush ihren bisher einzigen friedensdiplomatischen Erfolg. Derweil hält die islamistische Weltbewegung, deren Repräsentanten in Nairobi gefeiert werden, weiterhin in Khartum ihre einzige staatliche Bastion. Frieden bleibt im Sudan bis auf weiteres ein Ziel.

Leben lernen nach 21 Jahren Krieg. *Rumbek (Südsudan), März 2005.* – Nicht Rumbek, sondern Yambio hieß seit Jahren eines meiner Reiseziele: das Dreiländereck im fernen Südwesten des Sudans, wo dessen Grenzen mit dem Kongo und der Zentralafrikanischen Republik aufeinanderstoßen. Yambio, die südsudanesische Hauptstadt des Zande-Volks, ist die einzige größere Stadt in dem befreiten Gebiet der Sudanesischen Volksbefreiungsarmee SPLA, die während 21 Jahren Krieg nie von Kampfhandlungen betroffen war. Noch ist der Tag nicht gekommen, an dem ich die Handelsstadt an ihrer privilegierten grenznahen Verkehrslage betreten werde. Aber hier in Rumbek, am Sitz der Rebellenverwaltung im Südsudan, habe ich mich Yambio bis auf 650 teils verminte Straßenkilometer genähert. Zudem sitze ich Grace Datiro gegenüber, die mir soeben als die insgeheime Erziehungsministerin der SPLA vorgestellt worden ist. Und Grace Datiro ist aus Yambio!

Die insgeheime Ministerin lächelt. Die Regierung des Südsudans, der im Friedensabkommen vom 9. Januar in die Selbstverwaltung entlassen wurde, ist noch nicht gebildet. Das soll erst geschehen, wenn der Chef der ehemaligen Rebellen, John Garang, als Vizepräsident in Khartum eingeschworen ist, voraussichtlich noch im April, und vorher wird dazu nichts bekanntgegeben. Offen ist vorläufig auch die Frage, ob oder wie lange der Sitz der südsudanesischen Regierung in Rumbek bleiben soll. Aus Juba, Südsudans bisheriger Hauptstadt am Weißen Nil, muß die Garnison der sudanesischen Armee erst in zwei Jahren abziehen.

1997 entriß die SPLA Rumbek, dessen Einwohnerzahl auf 70000 geschätzt wird, der sudanesischen Armee. Bald acht Jahre später ist das weitläufige Gebiet der Stadt noch immer von ungezählten Minen und Blindgängern übersät. Besucher werden angewiesen, sich auf den ausgetretenen Pfaden den Leuten anzuschließen, die fast ausnahmslos zu Fuß unterwegs sind. Von den weit auseinanderliegenden einstöckigen Steinhäusern, da und dort von hohen Mangobäumen überragt, ist jedes zweite mehr oder weniger vollständig zerschossen. Die Transportprobleme lassen meistenteils keine baldige Instandstellung erwarten.

Als 1983 der Krieg ausbrach, lebte Grace Datiro in Juba. Ein Jahr zuvor war die heute Siebenunddreißigjährige dort im Alter von vierzehn verheiratet worden. Vier Jahre später, als sie ihr zweites Kind erwartete, wurde es für ihren Ehemann, der sich den Rebellen angeschlossen hatte, in der von der Regierungsarmee gehaltenen Garnisonsstadt zu gefährlich. Er stand wohl irgendwo vor der Stadt, im Belagerungsring der SPLA, als Grace Datiros Nerven dem täglichen Artilleriebeschuß nicht länger standhielten. 1990 floh sie mit ihren zwei Kindern. Diese ließ sie in der Obhut ihrer Mutter in Yambio zurück, der Heimatstadt im fernen Südwesten, und selber kam sie bei einer Schwester unter, die in einer malerischen Stadt am Indischen Ozean arbeitete: in Mogadischu, Somalia.

Zehn Monate nach ihrer Ankunft versank die Diktatur Siad Barres im somalischen Bürgerkrieg, der die Hauptstadt erreicht hatte. Grace Datiro hatte Glück und wurde von der UNO aus dem umkämpften Mogadischu nach Nairobi evakuiert. Vorerst hielt sie sich täglich zwei, drei Stunden an der Schreibmaschine einer kleinen Handelsfirma fit. Hinzu kamen zwei Stunden Fußmarsch zum Arbeitsplatz und zwei zurück nach Hause, und daran änderte sich nichts, als sie an der *Catholic University of East Africa* einen Studienplatz erhielt. Sie war dreißig und gerade mitten in den Examen zu ihrem Diplom in *Social Sciences,* als die Unicef in Nairobi bei Interviews mit sudanesischen Studentinnen in Grace Datiro die künftige Leiterin ihres *Life Skills Programme for Southern Sudan* entdeckte. »Lebenskompetenz« oder am UN-Sitz in Wien auch »wesentliche Lebensfertigkeiten« heißen in deutscher Übersetzung die »essential life skills«, auf deren Förderung Unesco und Unicef mit ihren Programmen informeller »Bildung für alle« abzielen.

»Einleuchtende Ziele sind meistens rasch zu definieren«, sagt Grace Datiro, »jedenfalls im Bereich Erziehung. Viel schwieriger kann es sein, einen Ausgangspunkt zu finden.« Dadurch, daß sie sich nicht nur für Programme interessierte, sondern immer wieder auf die Frage nach den Ansatzpunkten in der so schwierigen Ausgangslage zurückkam, habe sie die Aufmerksamkeit der Unicef-Interviewer geweckt, glaubt Datiro.

Im Südsudan, der etwas größer ist als die Iberische Halbinsel, bildete die heute vielleicht acht Millionen zählende Bevölkerung mit ihren über hundert Sprachen immer einen überaus bunten Flickenteppich. Nach 21 Jahren Krieg sprechen UN- und NGO-Vertreter vom gesellschaftlichen Kontext, der hier vollends abhanden gekommen sei. Vom Krieg zerstört sind nicht nur sämtliche zivilen Einrichtungen, die eine Gemeinde ausmachen: Verwaltung, Schulen, öffentliche Gesundheitseinrichtungen. Auch nahezu jede Familie ist seit Jahrzehnten zerrissen und über ein Gebiet zerstreut, das sich in der Regel von Nairobi bis nach Khartum erstreckt. Mehr als ein Drittel aller Südsudanesen leben als Vertriebene in anderen Landesteilen oder als Flüchtlinge im Ausland.

Von den angestammten sozialen Organisationen sind allein die Kirchen übrig. Neu dazugekommen sind außer der SPLA und ihrem politischen Arm SPLM kommunale Selbstverteidigungsgruppen und lokale NGO, die unter dem Schirm der 1989 gebildeten humanitären Koalition Operation Lifeline Sudan (OLS) aufgebaut wurden. Die OLS wird außer von sieben UN-Organisationen und rund 30 weiteren international tätigen NGO von einem Dutzend sudanesischer Hilfswerke mitgetragen.

Am folgenden Morgen ist Grace Datiro unter dem runden Strohdach eines der Pavillons im Garten des *Task Force* zu finden, einer der improvisierten Hotelanlagen Rumbeks, die in einfachen Bungalows Angehörige von NGO, der südsudanesischen Verwaltung und Teilnehmer von Seminaren unterbringt. In Begleitung von Shinichi Fuchino, dem Kollegen der japanischen Nachrichtenagentur Kyodo, finde ich mich im Kreis von Datiros *Life-skills*-Gruppe ein. Schon um halb elf sind es über 40 Grad Celsius, doch zum Empfang muß erst eine Runde getanzt werden. Dann aber stellt Shin seine Frage, die er von morgens bis abends an sämtliche Sudanesen in Rumbek richtet: Hält man es hier für eine gute Idee, japanische UN-Blauhelme in den Südsudan zu entsenden? Höflich sagen alle ja, sehr zu Shins Verdruß, dem die Idee seiner Regierung reichlich zweifelhaft erscheint.

Das dreiköpfige Instruktoren-Team wird von einer auf Erwachsenenbildung in der Landbevölkerung spezialisierten kenianischen NGO gestellt. Die 34 Unterrichteten, Altersgruppe 16 bis 30, die Geschlechter ausgewogen vertreten, sind ihrerseits alle Ausbilder: vierzehn von ihnen Lehrer, die übrigen zwanzig sogenannte Mentoren, die alle lesen und schreiben können und das Kurspensum in drei Heften der Unicef auch gedruckt erhalten. Sie werden den Stoff an Gruppen weitervermitteln, in denen die Beherrschung der Schrift nicht vorausgesetzt werden kann: in der Mehrzahl kirchliche und politische Jugendgruppen. Zum Themenkreis gehören elementare Gesundheitsvorsorge, Hygiene und Umwelt, Umgang mit Kleinkindern, Kriegsversehrten und Behinderten, Umgang mit Tieren und natürlichen Ressourcen, Instandhaltung der Wasserstellen, Bau und Unterhalt von Latrinen. Die Angehörigen der Gruppen, denen die Mentoren ihr Wissen demnächst weitergeben, werden von vielem, worunter sie bisher bloß gelitten haben, zum erstenmal auch sprechen hören und auf Postern viel bisher Unsichtbares sehen können: daß es Bakterien gibt und Fliegen diese befördern; oder wie der Guineawurm unter ihrer Haut seine Eier an die Oberfläche bringt, wie sie diese ins stehende Flußwasser waschen, wie dort die Wasserflöhe die Eier verschlingen und wie mit demselben Wasser, das sie mit den Wasserflöhen trinken, auch die Eier wieder in ihren Körper und neue Würmer unter ihre Haut gelangen, um da ihre Eier zu legen. Warum sind so viele Kinder so oft krank? Weil auch die wohl elementarste Lebensfähigkeit, zwischen sauberem und verschmutztem Wasser zu unterscheiden, nicht angeboren ist, ohne sie aber im Leben fast nichts gelingen kann.

Wo die zweite Generation ohne formelle Grundschulbildung heranwächst, fehlt nicht nur das Wissen, sondern auch die entsprechende soziale Erfahrung im Verband der Klasse. In die *Life-skills*-Programme gehört deshalb auch Friedenserziehung mit Rollenspielen: die Wiedererweckung eines Sinns dafür, daß die Lösung eines Konflikts anders als mit der Waffe überhaupt denkbar ist. Daß jeder zuhören kann und nach Möglichkeit sogar bei einem Feind verstehen sollte, was dieser sagt. Dieses soziale Training führt auf schwieriges Terrain, wie Grace Datiro sagt. Denn ebenso allgegenwärtig, wie die Gewalt und ihre Folgen in den letzten 21 Jahre waren, ist auch das Kriegstrauma, und besonders schwierig ist der Umgang mit traumatisierten Kindern und Jugendlichen.

Einige Zahlen aus der jüngst veröffentlichten, von Unicef gesponserten Studie des Statistischen Zentrums der neuen SPLM-Verwaltung illustrieren die Verhältnisse im Südsudan, dessen Bevölkerung die jüngste der Welt ist: 49 Prozent sind unter vierzehn, 21 Prozent sind fünf Jahre alt und jünger. Im Erhebungszeitraum 1995 bis 2001 hat im Südsudan eines von fünfzig Kindern die Grundschule abgeschlossen – bei den Mädchen eines von 125. Von hundert erwachsenen Frauen können zwölf lesen und schreiben; von hundert erwachsenen Männern 37. Dabei kommt auf 33 Schüler ein Lehrer – eine Zahl, die nicht weit vom afrikanischen Durchschnittswert entfernt liegen dürfte. Doch haben von hundert Lehrern im Südsudan 49 weniger als eine Woche Berufsausbildung hinter sich, und von den übrigen 51 wurden 44 nur wenige Wochen oder bestenfalls Monate geschult. Auf einen ausgebildeten Lehrer kommen damit rund 450 Schüler, und nur sieben von hundert Lehrern sind Frauen.

Im Südsudan gibt es einen Arzt auf 100000 Einwohner. Frauen gebären im Durchschnitt acht Kinder. 95 von 100 Geburten gehen ohne jeden ausgebildeten Beistand vonstatten, und im Durchschnitt eine von neun Geburten endet für die Mutter tödlich. Eine Folge dieses horrenden Risikos ist die für länger anhaltende Kriegssituationen einzigartige Situation, daß es im Südsudan weniger ältere Frauen gibt als ältere Männer.

Denkt Grace Datiro nach dem Friedensschluß vom 9. Januar ernsthaft daran, sich nach fünfzehn Jahren Exil in ihrem Heimatland noch einmal fest niederzulassen? Bei allem, was sie da erwartet? Möchte sie aus Nairobi, dem rettenden Hafen für so viele in Ostafrika, noch einmal weiterziehen? Einstweilen bleibt ihre Basis in Kenia, von wo aus sie mit ihrem *Life-skills*-Workshop durch den Südsudan tourt, um hinterher ihre Erfahrungen mit der Unicef in Nairobi auszuwerten. Seit sechs Jahren ist Grace Datiro in Kenia wieder mit Ehemann und Familie vereint. Zu ihren zwei Kindern, heute 21 und 18, sind sechs adoptierte hinzugekommen: Kinder von umgekommenen Brüdern ihres Mannes und andere. Sieht sie eine Zukunft im Südsudan? Womöglich auch für sich und ihre Familie? »Eines Tages, ja«, sagt sie. »Wir müssen den Anfang machen. Wir, die nicht unser ganzes bisheriges Leben im Krieg zugebracht haben.«

Aber zuerst geht sie nun in den nächsten Tagen wieder einmal heim zur Mutter nach Yambio, in die sudanesische Hauptstadt ihres Volks der Zande, wo der Krieg nicht das ganze Leben ist, wo die arabischen Feinde und Islamisten des Nordsudans zu keinem Zeitpunkt den Handel mit dem Kongo und der Zentralafrikanischen Republik von der Tagesordnung zu verdrängen vermochten. Die Zande siedelten in den drei Ländern, längst bevor es diese gab. Ja, Grace Datiro ist Sudanesin, doch selbst wenn das unter den gegenwärtigen Umständen für sie Beruf und Berufung ist, so braucht es doch nicht ihr ganzes Leben zu sein, sowenig als der Krieg ihr ganzer Lebenskontext. »Nicht für mich«, sagt sie noch einmal, »aber für die, die die ganzen Jahre hier in Rumbek ausharren mußten, hängt von unserem Einsatz viel ab.«

Leben heißt Kredit. *Rumbek (Südsudan), März 2005.* – Zachari Ireri hat sein Büro an der Hauptgeschäftsstraße, gleich nach der Kreuzung, wo die Nile Commercial Bank, Rumbeks erste Bank, und der Rumbek County Light Book Shop direkt nebeneinanderliegen. Im ersten Buchladen des befreiten Südsudans gibt es nicht nur Schulhefte, einige Aids-Aufklärungsbroschüren und *4 Elements of Management* zu kaufen, sondern auch ein literarisches Regal mit einer gekürzten Schulausgabe von *Robinson Crusoe,* einer ebensolchen von *David Copperfield* und einem halben Dutzend Exemplaren von *Three Men in a Boat.* Gegenüber von Zachari Ireris Büro reihen sich die Marktbuden mit dem billigsten Polyestergewand der Welt, Gummisandalen und Kunststoffperlenschnüren. Dahinter beginnen die Stände mit Tee, Salz, Speiseöl, Seife und Streichhölzern.

Etwas teurere Ware wie Textilien gehört gewöhnlich nicht den Marktfrauen und Händlern. Sie verkaufen sie nur und erhalten dafür ihre Kommission. Die Ware kommt aus Uganda, spediert von Sudanesen mit zumindest einem Bein im Exil oder von somalischen Händlern, den einzigen auswärtigen Geschäftsleuten, die sich von südsudanesischen Verhältnissen nicht abschrecken lassen. Man könnte sie für letzte hier gestrandete nordsudanesische Araber halten, doch es gibt keine solchen in Rumbek.

Noch führen alle Lebensadern nach Süden. Der ugandische Reporterkollege Benjamin Ochan, den ich in Rumbek treffe, ist die 1300 Kilometer aus der ugandischen Hauptstadt Kampala nach der neuen südsudanesischen Verwaltungshauptstadt Rumbek auf dem Lastwagen mitgefahren: vier Tage, drei davon für die knapp 700 Kilometer von der Grenze bis hierher. Bei 45 Grad im Schatten setzen die überhitzten Motoren immer wieder aus und zwingen die Reisenden zu einem Nickerchen unter dem Wagen.

Weil auch im Südsudan die Menschen nicht allein von internationaler Nahrungsmittelhilfe und den eigenen Feldfrüchten leben können, ist der Kenianer Zachari Ireri in Rumbek. Autos in Rumbek stehen fast ausnahmslos im Dienst internationaler Organisationen oder der Sudanesischen Volksbefreiungsarmee SPLA, öffentlichen Verkehr gibt es ebensowenig wie motorisierten Privatverkehr. Nachdem ich tags zuvor eine gute Stunde zu Fuß ins Zentrum der Stadt gegangen bin, fahre ich diesmal in Zacharis Wagen mit. Wir kennen uns aus dem Lager beim Flugfeld, das von einem kommerziellen amerikanischen Trecking-Reiseunternehmen geführt wird und in Armeezelten Angehörige sämtlicher in Rumbek präsenter Hilfsorganisationen unterbringt.

Zachari Ireri ist Berater der weltweit tätigen, auf Entwicklungsstrategien spezialisierten Washingtoner Beraterfirma Chemonics International. Sie hat im Südsudan die *Sudan Microfinance Institution* (SUMI) auf die Beine gestellt. SUMI, geführt von einem rein einheimischen Direktorium, ist ein Musterbeispiel für den Übergang vom humanitären Beistand zur Entwicklungshilfe. Während einer fünfjährigen Startphase, nach der das Projekt sich selbst tragen soll, wird es von USAID, der amerikanischen Agentur für internationale Entwicklung, unterstützt. Die Organisation folgt dem weltweit sehr erfolgreichen Mikrofinanzierungsmodell Grameen, das der Ökonom Muhammad Yunus für die Grameen Bank in Bangladesch entwickelt hat: In Gruppen organisierte Landwirte, Gewerbetreibende oder Händler bürgen wechselseitig für die Kleinkredite der anderen Gruppenangehörigen.

Nach einem Jahr Ausbildung des einheimischen Personals wurden im September 2003 die ersten Kleinkredite vergeben. SUMI arbeitet nur mit Händlern zusammen, die aber auch eine Teebude betreiben können. Limite ist beim ersten Kredit 100 Dollar, rückzahlbar binnen vier Monaten bei einem als Dienstleistungspreis verstandenen Monatszins von 3 Prozent. Die Rückzahlraten sollen 30 Prozent des monatlichen Nettogeschäftsertrags nicht übersteigen. Bei gutem Geschäftsgang ist eine Erhöhung der Kreditlimite möglich.

In Ireris Beisein tragen sich heute die ersten Kunden der Filiale Rumbek ein. Abraham Osman Atem hat einen Käufer für sein Fahrrad gefunden. Er wird dafür 40 Dollar bekommen und von SUMI einen Kredit von 80 bis 100 Dollar, mit dem er das Angebot des Marktstandes seiner Frau etwas erweitern kann: Dieses beschränkt sich auf Erdnüsse und etwas Öl aus den Samen des Lulu-Baums, das zwar eher streng riecht, aber für die Gesichtspflege so beliebt ist, daß es Ireri auch seiner Ehefrau in Kenia mitbringt. Läuft Abraham Atems Geschäft wie jenes von Issac Sadik, der vor fünfzehn Monaten auf demselben Weg in der südlichen Stadt Yei angefangen hat, wird er in einem Jahr sein Fahrrad wiederhaben und nach einem größeren Stand Umschau halten.

Rumbek ist die vierte Filiale von SUMI. In den vergangenen eineinhalb Jahren hat Zachari Ireri in den drei weiter südlich und näher an der Grenze gelegenen Städten Yei, Maridi und Yambio beim Aufbau der ersten drei Sitze der Mikrofinanzgesellschaft mit Rat und Tat zur Seite gestanden. In Yei hat SUMI mittlerweile rund tausend Kunden, in Maridi und Yambio je dreihundert. Das gesamte Kreditvolumen von SUMI umfaßt derzeit knapp 120000 Dollar, was einer mittleren Verschuldung von 75 Dollar pro Kunde entspricht. Die Rückzahlrate liegt bei 98 Prozent.

Bei einem Zins von 36 Prozent im Jahr – 43200 Dollar auf 120000 – wird verständlich, wie der Berater von SUMI ein Auto fahren und die Finanzgesellschaft die neue Filiale demnächst in dem Steinhaus unterbringen kann, das an der Straße vom Flugplatz zum Markt bereits im Rohbau steht. Dieses kostet hier gegen 40000 Dollar, denn aufgrund der Transportkosten ist Bauen im Südsudan sehr teuer. Diesel kostet hier 1,80 Dollar der Liter. Die ehemaligen Rebellen von der SPLA tragen ihren Anteil dazu bei, indem sie zur Aufbesserung der eigenen Kasse den Import monopolisieren. Keinen eigenen Liter dürfen die Hilfswerke in ihren Flugzeugen aus Kenia oder Uganda mitbringen. Die Erlaubnis zum internationalen Beistand will bezahlt sein.

Die Aussichten eines Grameen-Programms, in absehbarer Zeit selbsttragend zu werden, hängen davon ab, ob es gelingt, den Kundenkreis rasch genug zu erweitern, um die administrativen Kosten abzufangen. Im Falle von SUMI wird die Frage sein, ob der Kampf gegen unmittelbare Kriegsfolgen wie etwa die verminten Straßenverbindungen energisch genug geführt wird. Wie immer wieder festzustellen ist, bringt der Frieden weniger Hilfe als der Krieg, und das erfährt derzeit auch die internationale humanitäre Koalition der *Operation Lifeline Sudan.* Jan Egeland, der humanitäre Koordinator der UNO appellierte soeben wieder auf hoher Alarmstufe an die internationale Gemeinschaft: Von rund 500 Millionen Dollar Jahresbedarf, um nach dem Ende des Bürgerkriegs die Lage im Südsudan zu stabilisieren, seien bis jetzt weniger als fünf Prozent finanziert – 25 Millionen. Läßt sich so ein Frieden konsolidieren, um dessen vertraglichen Abschluß so lange gerungen werden mußte?

Genozid. *Al-Fasher (Northern Darfur)/al-Geneina (Western Darfur), Juli 2004.* – Es sind nicht westliche Mitarbeiter von Ärzte ohne Grenzen, sondern sudanesische Regierungsangestellte, die kaum warten können, die schreckliche Geschichte loszuwerden. Und dabei nennen sie die Verantwortlichen: Kein Zweifel, hier in al-Fasher, der Hauptstadt von Northern Darfur, war bisher der oberste Chef der mordenden, vergewaltigenden und brandschatzenden Milizen namens *Janjaweed* kein anderer als General Osman Muhammad Kibir, seit fünfzehn Monaten Gouverneur des Gliedstaats. Jeder weiß, wer dessen Vorgesetzter ist: Nafia Ali Nafia, der *Federal Minister* in Khartum, der dem innersten Kreis von General Omar Hassan al-Bashirs Militärjunta angehört. Ihm sind die Gouverneure der 27 Gliedstaaten des Sudans unterstellt.

Ein arabischer UN-Funktionär in al-Fasher, Staatsangehöriger Jordaniens, geht ganz selbstverständlich davon aus, daß die Wahrheit für niemand ein Geheimnis ist. Frei und laut sinnt er darüber nach, daß die herrschenden Militärs die katastrophalen Folgen ihrer Politik nicht in vollem Ausmaß vorausgesehen und, denkt man an ihre eigene Stellung, ein böses Eigentor geschossen haben könnten. Unter der fünf bis sechs Millionen zählenden Zivilbevölkerung der drei Gliedstaaten Northern, Southern und Western Darfur sind zwei Millionen von der humanitären Katastrophe direkt betroffen, eine gute Million sind innerhalb der Landesgrenzen auf der Flucht, und rund 130000 haben sich nach Tschad gerettet.

Die »Dämonen auf den schnellen Pferden«, wie ihr Name Janjaweed sagt, sind in dem seit mittlerweile über einem Jahr um sich greifenden Terror mit äußerster Grausamkeit vorgegangen. Selbst an jungen Müttern und ihren Babys sollen sie unvorstellbare Greueltaten begangen haben. 15000 bis 30000 Tote, hört man gewöhnlich: Doch da die Gegebenheiten in Darfur keine genaueren Schätzungen erlauben, sind diese Zahlen seit spätestens Februar 2004 dieselben geblieben. Hochrechnungen von Hilfswerken lassen befürchten, daß sie schon seit längerem weit höher liegen könnten.

Darfur erstreckt sich 700 bis 1300 Kilometer westlich von Khartum über ein Gebiet der Größe Frankreichs. Ein Besuch von Städten wie al-Fasher oder al-Geneina in Western Darfur bringt das Elend Zehntausender Vertriebener zwar deutlich und in unmittelbarer Umgebung vor Augen. Aber die grausige Bedeutung des Umstands etwa, daß bis jetzt nur gut ein Drittel aller Betroffenen – so die Angaben der UNO – mit sauberem Wasser versorgt werden konnte, ist nicht mit bloßem Auge sichtbar. Für wie viele von ihnen wird jede Hilfe, die noch kommen mag, zu spät sein?

Auf dem ethnisch bunten Fleckenteppich Darfur waren punktuelle gewalttätige Auseinandersetzungen um Land, Wasser und Vieh schon in den frühen achtziger Jahren keine Seltenheit. Noch konnten aber die Konflikte im lokalen Rahmen von den Sheikhs und Chiefs beigelegt werden. In den vergangenen zwanzig Jahren verdoppelte sich die Bevölkerung der Randregion, die sich vom Staat, einem Monopol der Araber des Nordsudans, systematisch vernachlässigt fand. Nach zwei Jahren sich häufender Übergriffe, mehrheitlich durch Gangs regierungsnaher arabischer

Nomadenstämme, griffen im Februar 2003 zwei Rebellengruppen zu den Waffen. Die Aufständischen der *Sudan Liberation Army* (SLA) und des *Justice and Equality Movement* (JEM) entrissen der Regierung das Massiv des Dschebel Marra südlich der Transversale von al-Fasher nach al-Geneina, über das die Armee bis heute die Kontrolle nicht wiedererlangt hat.

In den Garnisonsstädten verwandten sich die Militärbehörden daraufhin nach Kräften für die Rekrutierung und Bewaffnung der Milizen, denen sie im Kielwasser der regulären Einheiten freie Hand ließen. Außer durch ihre Brutalität zeichnen sie sich dadurch aus, daß sie nirgendwo als offizieller Akteur festzumachen sind, weder in den Verhandlungsrunden, die seit Herbst 2003 mehrmals wiederaufgenommen wurden, noch gar als Unterzeichner der beiden Waffenstillstandsvereinbarungen vom September 2003 und vom April 2004.

Opfer des Konflikts ist die seßhafte Bevölkerung der schwarzafrikanischen Ackerbauern, allesamt Muslime, wobei die Volksgruppen der Fur, der Messalit und der Zaghawa den größten Anteil stellen. Es ist schwer vorstellbar, wie sie in absehbarer Zeit auf ihr Land zurückkehren und den ohnehin äußerst fragilen Feldbau zu neuem Leben erwecken sollten.

Man sollte nicht der Binsenwahrheit aufsitzen, wonach ein besonders brutales Regime wie das sudanesische seine Verbrechen gegen die Menschlichkeit aus lauter Lust daran begeht. Der Überlebenskampf, in dem das fundamentalistische Regime der *National Islamic Front* (NIF) sich gefangen findet, ist nicht sein bloßer Wahn. Die unheilbare Schwäche des Regimes rührt daher, daß es weder den zur großen Mehrheit muslimischen, aber seinerseits multiethnischen Norden repräsentiert, wo vielleicht 70 Prozent der Landesbevölkerung leben, noch auch nur die knapp 40 Prozent der arabischen Sudanesen. Daß Präsident Bashir sich seit seiner Machtergreifung vor fünfzehn Jahren zu halten vermochte, verdankt er wohl einzig dem Bürgerkrieg im mehrheitlich christlich-animistischen Südsudan, dem großnationalen Alibi für den anhaltenden Ausnahmezustand. Bashirs Zwangsherrschaft stützt sich auf einen Sicherheitsapparat aus Myriaden von Spezial- und Parallelpolizeien, Geheim- und Nachrichtendiensten, paramilitärischen Kräften und Milizen, Volkskommandos und Nachbarschaftskomitees, die nebst der Bevölkerung insbesondere die wenig vertrauenswürdige Armee auf Kurs zu halten haben.

Der starke Mann des islamistischen Militärregimes ist nicht Bashir, obschon Staats- und Regierungschef, und seit seiner Machtergreifung 1989 ist er es niemals gewesen. Der Brigadegeneral aus einem kleinen Dorf nahe der Industriestadt Shendi im Niltal, 180 Kilometer nordöstlich von Khartum, der 1988 als Vierundvierzigjähriger das Kommando über die Streitkräfte im Südsudan erhalten hatte, wurde vom Islamistenführer Hassan al-Turabi in die Hauptstadt heimgerufen. Dort hatte die Armee Turabis *National Islamic Front* (NIF), der Verliererin der Wahlen von 1986, den Weg an die Macht zu ebnen. Bashir, der seit jungen Jahren in der Armee gedient und 1973 mit den ägyptischen Truppen gegen Israel gekämpft hatte, spielte das Spiel der Islamisten und stürzte die gewählte Regierung unter Sadiq al-Mahdi.

Zwar hatte Bashir, bis dahin Vorsitzender des »Revolutionären Kommandorats des nationalen Heils«, ab 1993 als neuer Präsident formell alle exekutive Gewalt inne. Aber den Staats- und Sicherheitsapparat überwachten nicht seine Generäle, sondern weiterhin Turabis Islamische Bewegung, die ihrerseits nun die Armee bevormundete, obschon Bashir bis heute formell auch deren Chef geblieben ist.

Turabis islamischer Staat, der 1991 bis 1996 auch einen Mann wie Osama bin Laden beheimatete, war das programmatische Erbe einer Bewegung, die als Ableger der ägyptischen Muslimbruderschaft in den vierziger und fünfziger Jahren im Sudan Fuß gefaßt hatte. 1964 formierte sie sich in der *Islamic Charter Front* (ICF) erstmals als parteiartige Organisation. Turabi, geboren 1932 in Kassala an der Grenze zu Eritrea, in den sechziger Jahren Studentenführer und inzwischen mit Diplomen aus Oxford und von der Sorbonne ausgestattet, führte schon 1983 als Generalstaatsanwalt des damaligen Militärdiktators Gaafar al-Numeiri das islamische Strafgesetz der Scharia ein. Im selben Jahr führte das zum Bürgerkrieg im christlich-animistischen Südsudan und 1985 zum Sturz Numeiris.

Nach einer ersten kurzen Inhaftierung löste Turabi, mittlerweile Chef der ICF, diese auf und zog mit seiner eigenen Partei, der *National Islamic Front,* in den Wahlkampf von 1986. Seine NIF, die sich heute *National Congress Party* nennt, erhielt ihre zehn Prozent der abgegebenen Stimmen in einem Urnengang, von dem der umkämpfte Süden und damit rund ein Drittel der Gesamtbevölkerung des Landes ausgeschlossen blieb. Selbst in einem demokratisch wählenden Norden hätte sie wohl niemals eine Chance gegen die großen alten Parteien: die Umma-Partei unter Sadiq al-Mahdi, Premierminister von 1986 bis 1989, und die *Democratic Unionist Party* (DUP) unter dem exilierten Mohammad Osman al-Mirghani. Beide verfügen über eine durch die NIF kaum ernsthaft zu schwächende Hausmacht in den beiden religiösen Gemeinschaften von al-Mahdis *Ansar* und Mirghanis *Chatmijjah.*

Über kurz oder lang mußte ein Mann wie Turabi für den Rest der zur Mehrheit wesentlich jüngeren sudanesischen Führungsmannschaft zu übermächtig werden. Aber das schlug wiederum nicht zu Bashirs Gunsten aus. Als es 1999 in der NIF zur offenen Spaltung kam und Turabi inhaftiert und anschließend für über drei Jahre unter Hausarrest gestellt wurde, war der Armee- und Staatschef erneut ein Werkzeug. Denn inzwischen zog die Fäden ein anderer Zögling Turabis, der allerdings nicht wie Bashir in der Armee, sondern in der Islamischen Bewegung groß geworden war: Ali Osman Taha, geboren 1950 bei Dongola im nördlichen Niltal.

Taha, in den siebziger Jahren auch er ein radikaler islamischer Studentenführer, war ab 1986 Abgeordneter und Fraktionsführer der NIF. Beim Staatsstreich 1989 war er deren

Verbindung zur Armee. Er hatte es nicht versäumt, kurz zuvor eine Rundreise durch die Garnisonsstädte im Süden zu absolvieren. 1993 war er Minister für soziale Planung geworden, ein innenpolitischer Schlüsselposten, ehe er 1995 Außenminister wurde.

In der Regel ist das nicht die ideale Position zum Griff nach der Macht im Staat. Auch der Weg Tahas, den wohl einzig die Gerüchte um seine Verwicklung in das Attentat gegen Hosni Mubarak 1995 in Addis Abeba hätten stoppen können, führte nicht über die Diplomatie, sondern durch die inneren Kreise der NIF. Schon länger gehörte er deren berüchtigter »Runde der Vierzig« oder »Spezialeinheit« an, wie das höchste Aufsichtsgremium der islamischen Revolution des Sudans mit seinem ominösen arabischen Namen »al-khayan al-khas« heißt. Von dort aus weitete Taha seine Kontrolle über den weitverästelten Sicherheitsapparat aus, zusammen mit seinen Weggefährten Salah Abdallah Gosh, heute höchster Sicherheitschef, und Nafia Ali Nafia, derzeit *Federal Minister*, dem mit den Gouverneuren der 27 Gliedstaaten faktisch die Innenpolitik des Sudans untersteht. Dieses Trio bildet zusammen mit Bashir und dem Erdölminister Awad al Dschaz den fünfköpfigen engsten Kreis der Khartumer Junta.

1998, kurz vor dem Bruch mit Turabi, hatte Bashir, um sich abzusichern, Taha zum Vizepräsidenten ernannt. Zuletzt nun übertrug er ihm die Verantwortung für die Verhandlungen mit dem Rebellenführer John Garang und machte ihn damit zum Architekten des Friedens mit dem Südsudan. Versuche Tahas, sich mit Turabi zu versöhnen, schlugen dagegen fehl. Kein Wunder: Turabis Ziel war die Islamisierung des gesamten multikonfessionellen Vielvölkerreichs Sudan; was dagegen unter dem Tandem Bashir und Taha von diesem Programm übrigblieb, war die eiserne Vorherrschaft einer winzigen Araberminderheit: der drei Clans der Dschaalijin, Shaygia und Danagla im Niltal, die gemeinsam wenig mehr als fünf Prozent der sudanesischen Bevölkerung zusammenbringen, aber genug Personal fürs Finanzministerium. Auf einen angeblichen Putschversuch im Frühjahr hin, unter der Anschuldigung, gemeinsame Sache mit den Darfur-Rebellen zu machen, verschwand Turabi, vier Monate zuvor freigelassen, wieder im Gefängnis, zusammen mit mehreren Dutzend Anhängern und zehn Offizieren. Die Hälfte von diesen waren Angehörige der Luftwaffe, die sich dem Vernehmen nach geweigert hatten, in Darfur zivile Ziele zu bombardieren.

Dafür hatte Taha vor einem Jahr die Freilassung Musa Hilals erwirkt, des berühmtesten Chefs der arabischen Janjaweed-Milizen. Der Gouverneur von Northern Darfur, der ihn vier Monate zuvor festgenommen hatte, wurde entlassen und seinerseits zeitweilig inhaftiert. So geht in den permanenten Säuberungen des Staatsapparats der Machtkampf weiter. Brisant wurde es, als vor drei Monaten in der Islamischen Bewegung, der Geheimgesellschaft, die von der NIF als Partei nach außen vertreten wird, der Vorsitz über die besagte »Runde der Vierzig« umstritten war. Die rund 4000 Anwesenden hatten ihre persönlichen Ausweise in die Urne Tahas und in die seines Gegenspielers einzuwerfen. Taha behielt mit 744 gegen 571 Stimmen die Oberhand. Aber die Verweigerung der Anonymität der Wahl bewog zwei Drittel der Stimmberechtigten zur Enthaltung.

Das im ganzen Land verhaßte Militärregime hat nur einen einzigen Partner: John Garangs Sudanesische Volksbefreiungsarmee (SPLA), seit zwanzig Jahren der Kriegsgegner Khartums, mit dem nun seit zwei Jahren über einen »umfassenden Frieden« verhandelt wird. In nicht sehr viel höherem Ansehen als das Regime steht deshalb das Friedensabkommen mit Garangs südsudanesischen Rebellen, dem nur noch die Unterschriften fehlen. Für die Armee bedeutet Frieden Brotlosigkeit und Verlust eines großen Teils ihrer Macht, auf nationaler Ebene und ganz besonders in den Garnisonsstädten im Süden, wo sie jahrzehntelang das letzte Wort hatte. Sie sieht sich ihrer Jagdgründe beraubt, des lukrativen Geschäfts mit gewilderten Elefantenzähnen, Rhinozeroshörnern und Tropenhölzern, womit sich das Offizierscorps für die Entbehrungen im Kriegsgebiet schadlos hielt.

Von der entmündigten Bevölkerung wird das Friedensabkommen mit der angestammten staatlichen Repression identifiziert. Der »bilaterale Schacher zwischen den beiden Diktatoren Bashir und Garang«, so die vorherrschende Sicht der Araber im Norden, gestehe außerdem dem Süden zuviel zu. Die Kräfte der zivilen und bewaffneten Opposition im Norden, Westen und Osten eint indessen nichts außer der gemeinsamen Enttäuschung darüber, daß das Abkommen sie nicht einbezieht, sondern mehr denn je an Bashirs Diktatur ausliefert: nicht nur die Rebellen in Darfur, sondern ebenso die aufständischen Bedscha im Osten, entlang der Grenze zu Eritrea. Die Umma-Partei und die DUP begrüßen zwar das Ende der Feindseligkeiten im Süden, erklären jedoch ausdrücklich, daß die Vereinbarungen des Abkommens im einzelnen für sie nicht bindend seien. Sie selber, an der Macht bis 1989, fanden keinen Weg zum Frieden mit dem Süden. Von der Scharia nämlich, den noch von Numeiri erlassenen islamischen Gesetzen von 1983, glaubten sie sich ebenso wenig lossagen zu können wie nach ihnen Bashir und die NIF. Dieser Scharia-Staat aber bleibt das Hauptproblem im Sudan.

Die Bereitschaft des Regimes zum Friedensschluß ist das Ergebnis massiven amerikanischen Drucks und umfangreicher westlicher Hilfsversprechungen. Was den Sudan bis zur Stunde mit der internationalen Gemeinschaft verbindet, sind eine Staatsverschuldung in der Höhe von 20 bis 25 Milliarden Dollar und der Wunsch, der Erdölsegen, der vor allem im Süden auf Ausbeutung wartet, möge dereinst doch von westlichen Ölgesellschaften eingebracht werden, denen dies ihre Regierungen bisher versagt haben.

Der Preis des Friedens mit dem Südsudan ist allerdings das Selbstbestimmungsrecht, das dieser nach sechsjähriger Übergangsfrist in einem Referendum über Sezession oder Verbleib im bisherigen Staat wahrzunehmen haben wird. Aber nach wie vor mag sich im Nordsudan kaum jemand mit der Perspektive einer Sezession so richtig anfreunden. Allein die NIF dagegen doch? Deren fundamentalistisches Islamisierungsprogramm war einst für das gesamte Vielvölkerreich Sudan gedacht gewesen. In Darfur sah man es nun auf eine Aggression des primitivsten arabischen Rassismus reduziert. Ein gutes Omen ist das nicht für Afrikas größtes Land.

Auf der Suche nach Verstärkung für die bedrängten Araber hat kürzlich die aus ernannten Abgeordneten bestehende Nationalversammlung den ägyptischen Nachbarn im Sudan vier Rechte eingeräumt: freie Einreise und Bewegung im ganzen Land, freies Siedlungsrecht, Recht auf Arbeit und Recht auf Landbesitz. Im Südsudan kann man sich nur wundern über ein derartiges Geschenk. Der Geist des Panarabismus, der es inspiriert haben muß, teilt das Schicksal der sudanesischen Eisenbahn, mit der ich 1980 zum erstenmal in Khartum eintraf. Dort dinierte man in einem rund hundertjährigen englischen Speisewagen, getäfelt in Mahagoni, mit schweren weinroten Samtvorhängen und drei großen runden Tischen. Ich trank zwei unvergeßliche Dosen Bier. Als ich einer Mitarbeiterin der Tageszeitung *Khartoum Monitor* davon erzähle, meint sie: Oh, die Eisenbahn, die sei inzwischen doch »sehr alt« geworden, mit ihr würde kaum noch jemand fahren wollen.

Bis 1969 war im ganzen Sudan, auch im arabischen Norden, an allen Schulen die Unterrichtssprache Englisch. Wäre es dabei geblieben, so läßt sich mit grimmiger Ironie behaupten, wären die sudanesischen Araber heute in der arabischen Welt eine Elite. Doch seit den siebziger Jahren, als in Ägypten die letzten medizinischen und naturwissenschaftlichen Dissertationen in arabischer Sprache geschrieben wurden, befindet sich dieser arabisch-islamische Außenposten Afrikas mit Volldampf auf Kurs in eine fundamentalistisch neu erfundene Vergangenheit. Es ist ein Jammer, gehören doch die Sudanesen im persönlichen Umgang unter allen Arabern zu den liebenswertesten. Zu ihnen zähle ich auch jenen Pampelmusensaftverkäufer vor dem Hotel Al-Nilein (»Die beiden Nile«), dem ich, damals bei meinem ersten Besuch dem Zug entstiegen, eine ungepreßte Frucht abkaufen wollte. Das gehe heute leider nicht, beschied er, er habe zu wenige davon für seinen Saft. Als ich beharrte und ihm schließlich einen wesentlich höheren Preis anbot, als er mit seinem Saftmixer von Braun dafür erzielen konnte, wurde er aufrecht wütend und sagte mir, ich solle gefälligst machen, daß ich fortkäme.

Khartum, al-Fasher, Rumbek, Nairobi,
Juli 2004 bis März 2005

21 ▪ LÉVE LÉVE …

São Tomé y Príncipe oder 1 Million Dollar pro Kopf

F*ebruar 2005.* – In Afrika gehen der Kleinste und der Größte zusammen: Hand aufs Herz, wenn das nur gutgehen kann. São Tomé y Príncipe, der kleine Inselstaat vor der Küste Gabuns, und Nigeria haben diese Woche einem amerikanisch dominierten Konsortium erste Prospektionsrechte in ihrer gemeinsamen Offshore-Entwicklungszone im Golf von Guinea verkauft. Ihre Unterschrift bringt den beiden Staaten einen Vorschuß von 123 Millionen Dollar, wovon 60 Prozent an Nigeria und 40 Prozent an São Tomé gehen. Den Deal, der am Dienstag in São Tomé begossen wurde, teilen sich Chevron Texaco (51 Prozent), Exxon Mobil (40 Prozent) und die kleinere nigerianisch-norwegische Dangote Energy Equity Resources (9 Prozent).

Der mausarme Archipel São Tomé y Príncipe hatte sich etliche Jahre in Geduld zu üben, während Präsident Fradique de Menezes standhaft nigerianischen Bemächtigungsversuchen trotzte. Seit 2001 im Amt, bestand er auf der Neuverhandlung älterer Lizenzverträge, die vor allem darauf angelegt waren, investitionsfreudige Drittparteien fernzuhalten. Dabei suchte der Kakaohändler auch in Washington Rat, wo ihn Bush 2002 ausführlich empfing. Nach gegenwärtigen Trendrechnungen werden die USA in zehn Jahren 25 Prozent ihrer Ölimporte aus dem Golf von Guinea beziehen, derzeit sind es 14 Prozent. Die Vorkommen in der nigerianisch-saotomensischen Zone werden auf mindestens sechs Milliarden Faß geschätzt.

Den Erwartungen gemäß dürfte erstmals 2006 der Hahn aufgedreht werden. Aber bereits die knapp fünfzig Millionen Dollar Vorschuß, die der Vertrag São Tomé einträgt, übersteigt das Bruttosozialprodukt eines Jahres und kommt den gesamten Exporteinnahmen der letzten zwanzig Jahre nahe.

Aufgrund der geschätzten Ölvorkommen bewerten aufgeräumte Prognosen die Bankkundschaft der 160 000 Bewohner des kleinsten Landes Afrikas (wenn man ausnahmsweise einmal die Seychellen vergessen darf) mit bald einer Million Dollar pro Kopf.

So wird das kleine Land nochmals über sich hinauswachsen und seiner wiederholten historischen Rolle in der Weltwirtschaft ein Denkmal setzen können. Die älteste europäische Besitzung in Afrika war bei der Entdeckung durch die Portugiesen 1470 unbewohnt und wurde in der Folge vor allem mit weißen Sträflingen, deportierten Juden und Sklaven aus dem Kongo besiedelt. Für eine kurze Zeit beherrschte sie den Zuckerweltmarkt. Bald aber folgten auf die Pflanzer die Frachten der Menschenhändler, die während der nächsten dreihundert Jahre auf dem Weg nach Brasilien gerne in São Tomé Station machten. Zu Beginn des zwanzigsten Jahrhunderts war die Kolonie der weltgrößte Produzent von Kakao. Vor der Unabhängigkeit 1975 bis 1989 wurde dieser vor allem noch im sozialistischen Bruderland DDR getrunken, 1990 wurde dann allerdings im Kakaoländchen São Tomé erstmals in Afrika ein sozialistischer Präsident abgewählt.

Ölgeld spielte schon bisher eine bedeutende Rolle auf dem Archipel: Schule und Gesundheitswesen subventioniert die Calouste-Gulbenkian-Stiftung, die in Lissabon eines der größten Ölmagnatenvermögen verwaltet. Nahrung kann teils von Bananenstauden geschnitten und aus dem Meer gezogen werden, doch Exporten von zuletzt vielleicht drei Millionen Dollar jährlich stehen Importe von 25 Millionen gegenüber.

Das kann sich nun gründlich ändern: »Que nóva saodji?« lautet der fürsorgliche Gruß in São Tomés portugiesischem Kreol: »Was gibt's Neues bei der Gesundheit?«, oder: »Wie geht's denn so?« – »Léve léve«, – *easy easy* oder heute vielleicht *cool* heißt die Standardantwort, und das von nun an mehr und mehr. Wenn nur die Frage nicht wiederkehrt, wie sich 160 000 Saotomenser gegen 120 Millionen Nigerianer wehren.

22 ■ AFRIKA FÜR DICH!

Ein Gotteshaus in Yamoussoukro

Zentrum des religiösen Tourismus«, hatte auf der Homepage der Basilique Notre-Dame de la Paix gestanden. Werde ich für religiösen Tourismus bezahlt? Keine Fragen bitte, ich muß mich ins Pilgerbuch eintragen, ich ganz allein, und noch nehme ich an, ich sei es, kein anderer. Sogar Ouattara, der Fahrer, hat mich im Stich gelassen; er sei schon mehrmals hier gewesen, entschuldigt er sich. Unter der unbarmherzigen Tropensonne wird der Weg vom Pförtnerhaus zur Basilika sich dehnen.

Als ich vorhin aus dem Wagen stieg, trat ein afrikanisches Paar mit einem kleinen Mädchen aus dem weitläufigen Pförtnerhaus auf den Parkplatz hinaus. Seitdem bewegt sich nebst mir selber nur mein offizieller Führer Maurice. Ich wundere mich ein wenig, daß Maurice kaum Atem zu schöpfen braucht in seinen Erläuterungen zur Baugeschichte, zu den Materialien und ihrer Herkunft, zu den Gewichten und Maßen des Baus. Tut er es doch einmal, höre ich deutlich, wie in seinem Kopf die CD aufsummt, fast wie die *Britannica* (Edition 2002), die sonst immer, wenn ich alleine und so weit fort bin von zu Hause, im CD-Laufwerk meines Notebooks alles weiß. Nicht nur über Marmor aus Carrara.

Projekte wie die Basilika von Yamoussoukro haben schließlich weltweit Tradition. Auch in Westafrika ließ der Sultan von Timbuktu schon im fünfzehnten Jahrhundert Grabsteine aus iberischen Steinbrüchen übers Mittelmeer und durch die Sahara nach Mali transportieren.

80 000 Sitzplätze gibt es, hat Maurice gesagt, alle frei, auch der mit Namen versehene von Félix Houphouët-Boigny, dem Bauherrn der Basilika und Staatsoberhaupt der Elfenbeinküste von 1960 bis 1993. Ein Gotteshaus, so schwebte ihm vor, für sein Heimatdorf Yamoussoukro, das er zur neuen

Landeshauptstadt erklärt hatte, und in Auftrag gab er eine Kopie des Petersdoms in Rom, Maßstab 1:1. In einer der Säulen fahren wir nun – der Aufzug läßt davon fast gar nichts spüren – himmelwärts. Es wird berichtet, die Notre-Dame de la Paix in Yamoussoukro sei zuerst einige Meter höher gewesen als der Römer Petersdom. Diese Überhöhe mußte jedoch wieder abgetragen werden, ehe im September 1990 Papst Johannes Paul II. die Basilika weihen kam.

Die Doppeltür des Aufzugs öffnet sich, und im Inneren des Doms fällt der Blick in einen Abgrund, beinahe wie der Blick von Reisenden, die beim Zwischenhalt der Jungfraubahn durch das Stollenfenster in der Eigernordwand schauen. Wir treten ins Freie, und von der Terrasse aus – bewegen sie sich nicht doch? – werden jetzt einige Pünktchen erkennbar. Sechzig Gärtner, hat Maurice gesagt. Das Grundstück mißt eineinhalb auf einen Kilometer.

Das gesamte feste Personal der Notre-Dame de la Paix zählt 130 Personen, inklusive Madame Véronique, die im Pförtnerhaus einen leicht alkoholhaltigen Aperitif auf Ananasbasis ausschenken wird. Außer ihr und Maurice wird mir bei diesem Besuch der Basilique Notre-Dame de la Paix kein Mensch so nahe treten, daß ich ein Gesicht erfassen und später einmal wiedererkennen könnte.

Was tun in dieser ausgefallenen Lage? Einzig Swisscom Mobile beweist, daß ich auf der Welt bin. Oder jedenfalls nicht außerhalb ihres Roaming Network. »Bin der einzige Besucher hier«, melde ich einigen Freunden in der Schweiz per SMS. »Bekehren sie wenigstens dich?« fragt einer von ihnen spitz zurück. Und etwas heiterer ein anderer: »Das, mein Lieber, ist Afrika für dich!« Maßstab 1:1, hätte ich hinzugefügt. Kofi dagegen, mein Kollege von AFP (Agence France Presse) in Abidjan, spricht nicht von mir, als ich ihm am Tag darauf von meinen nicht so recht zu fassenden Gefühlen in der Notre-Dame de la Paix von Yamoussoukro berichte. »Ein einziger Besucher! Oui, Monsieur, vielleicht verstehen Sie jetzt, das ist unsere aktuelle Lage in Côte d'Ivoire.«

Yamoussoukro, Juni 2004

23 ■ REICH VON DIESER WELT

Bei Baron Samedi in Haiti

P*ort-au-Prince / Jacmel, Oktober 1997.* – Man meint, die Äste müßten sich biegen unter der Last. Es sind viele, prangend rot, so viele, wie sich an einem Apfelbaum Äpfel anbringen lassen. Aber es ist ein starker haitianischer Baum, auf dem Höhepunkt seiner Kraft, und die Äste finden alle ihren eigenen Weg, so daß sie mit ihren Früchten das Bild ausfüllen. Links vom schlanken Stamm kniet, als erwarte er einen Schuldspruch, Adam, der kleinere und schmächtigere des biblischen Paares. Rechts steht Eva, die ihm mit ihrer rechten Hand den Apfel hinstreckt. In ihrer Linken, auf ihrem festen Oberschenkel, wartet bereits das Feigenblatt und zeigt mit der Spitze auf Adam. Den Blick hat sie nicht auf ihn gerichtet. Sie weiß um die Gegenwart des Zuschauers, schaut zum Bild heraus und erwidert dessen Blick. In ihrem Antlitz ist nichts von Scham. Das Bewußtsein ihrer Unwiderstehlichkeit – oder bloß Unentbehrlichkeit? – scheint sie weniger mit Stolz zu erfüllen als mit einer gewissen Geringschätzung für den Gefährten. Ohne ihr das Vergnügen aus dem Gesicht zu vertreiben, zuckt in ihren Mundwinkeln unverkennbarer Spott.

Ob Eva es ist, die aus diesem Gemälde blickt, oder der Maler – auch »der allerboshafteste Mann wird niemals über die Frauen so viel Gutes und Böses sagen, wie sie selber von sich denken«, schrieb Balzac. Doch ausnahmsweise einmal ist dieser gängige Gesichtspunkt von untergeordneter Bedeutung, und man sollte sich nicht ablenken lassen. Das Gemälde hängt im Hotelzimmer genau wie in den Wohnzimmern von Pétionville, in den Häusern der Oberschicht, die sich in den etwas kühleren Hügeln über der haitianischen Hauptstadt Port-au-Prince niedergelassen hat. Unten in der brütenden Stadt findet sich der Apfelbaum ebenfalls, bestimmt auch in Büroräumen. Er ist Teil der berühmten Fresken in der Cathédrale Ste Trinité, wo Adam und Eva die Feigenblätter schon tragen, ehe sie zugelangt haben. Zwar gibt es Apfelbäume in Haiti nur auf Gemälden, was übrigens auch für das Eichhörnchen, den Löwen und die meisten anderen Tiere gilt, die sich im haitianischen Paradies harmonisch um Eva und Adam scharen. Aus dem Bild und seiner variantenreichen Allgegenwart zu schließen, muß es sich bei der dargestellten Szene aber dennoch um einen Vorfall handeln, der sich nur wiederholen kann.

Im Dunstkreis der Karibik war schon von allerhand Paradiesen die Rede. Dort, in dem warmen Meer, liegt Hispaniola, Kubas Nachbarinsel und die zweitgrößte der Großen Antillen, zu denen außerdem Jamaica und Puerto Rico zählen. Warum wäre nicht einst, bevor Kolumbus am 6. Dezember 1492 dort landete, auf Hispaniola der biblische Garten Eden mitsamt seinen Apfelbäumen untergebracht gewesen? Die Frage wird bald genug wieder zur Stelle sein. Bereits mit dem Sündenfall jedoch kommt der Erdboden, der verfluchte, ins Spiel, und ist es erst einmal soweit, führen Sündenfälle bekanntlich, besonders im Wiederholungsfall, unter diesen hinab, in die Hölle. Das Paradies aber sollte im Gedächtnis behalten, wer sich in Haitis Höllen umsieht. Denn nicht immer beginnt die Geschichte einer Hölle in einem Paradies, und es kann sein, daß in diesem Unterschied ein besonderes Verhängnis liegt.

Ein Besucher Haitis ist in der Regel vorgewarnt. Entsprechend einprägsame Bilder empfangen ihn, noch ehe er den Fuß auf den Boden des Landes setzt. Wer im Düsenjet über der Karibik unterwegs ist, dem soll, so habe ich gelesen, die Insel mit ihren gestaffelten Kordillerenzügen, die sich schroff auf Höhen von bis zu 2600 Meter erheben, wie ein zerknülltes Stück Papier erscheinen, das auf dem Ozean treibt. Aus der geringen Flughöhe der Zwölfsitzer-Propellermaschine von Bavaro Sunflight betrachtet, die täglich zwischen Santo Domingo im Südosten der Insel und Port-au-Prince im Westen verkehrt, zeigen die Verhältnisse bereits die Komplexität des menschlichen Daseins. Bei der Ankunft wird sofort sichtbar sein, daß die Menschen nicht die gleichen sind: In der Dominikanischen Republik sind sie zu drei Vierteln recht helle Mulatten, in Haiti zu drei Vierteln Schwarze. Aber schon aus der Luft ist mit bloßem Auge zu erkennen, daß Hispaniola in zwei Staaten geteilt ist und wann genau das Flugzug die Dominikanische Republik verläßt und in Haitis Luftraum eintritt. Von Horizont zu Horizont zieht sich die Grenze über die zerschründete Landschaft, eine Linie buchstäblich, wie man sie sonst nur von Landkarten mit ihren verschiedenfarbigen Ländern kennt. Die Grenze verläuft zwischen einem verwaschenen Grün und einem fleckigen Graubraun.

Im grünen östlichen Nachbarland sind, Weiden eingeschlossen, über achtzig Prozent der Fläche landwirtschaftlich nutzbar. Im graubraunen Haiti, wo die Bevölkerungsdichte um gut die Hälfte höher ist, sind es nur rund fünfzig Prozent. Hispaniola, etwas kleiner als die Insel Irland oder als Österreich, war bis in unser Jahrhundert von tropischem Urwald bedeckt. Von den fünf Achteln der Insel, welche die Dominikanische Republik belegt, sind heute nur noch zwölf Prozent Wald. Von Haitis Fläche sind es weniger als zwei Prozent. Die Folge ist eine Erosion, durch die in entwaldeten Hanglagen jährlich 10000 bis 15000 Hektar Agrarland verlorengehen.

Es muß mit der erbarmungslosen Beschaffenheit des Landes zu tun haben, daß die Elendsviertel nördlich des Hafens von Port-au-Prince förmlich ins Meer hinausschwimmen. Die Hauptader von Cité Soleil verläuft in der Verlängerung der Startbahn des internationalen Flughafens, und eine kurze Strecke lang folgen die Hüttenreihen den donnernden Maschinen über den Köpfen hinaus in die Karibische See, wohl in Richtung Miami, ehe sie zwischen einigen grauen Segelbooten mit geknickten Masten im Wasser versinken. In Wirklichkeit folgen Cité Soleil und Cité La Saline dem Müll, dessen dampfende Haufen sich aus den Hauptstraßen der Hauptstadt in die Bucht von Port-au-Prince hinausschieben. Haiti ist ein ökologisches Desaster, die Verschmutzung der Umwelt ist nicht nur ein Problem der Kapitale. Während in Port-au-Prince zehn Prozent der Bevölkerung Zugang zu sauberem Trinkwasser haben, sind es außerhalb der Hauptstadt nur mehr drei Prozent.

Schon zu Beginn der neunziger Jahre lebten noch höchstens zwei Drittel der sieben bis acht Millionen Haitianer auf dem Land. Mindestens eine Million wohnt im Ausland, ungefähr 0,7 Millionen in den USA und 0,3 Millionen in der Dominikanischen Republik. Die Bevölkerung von Port-au-Prince ist auf ungefähr zwei Millionen angewachsen. In den drei Jahren der Militärherrschaft nach dem Putsch vom September 1991, während Haitis gesamtes Wirtschaftsvolumen um rund ein Viertel schrumpfte, ist die Agrarproduktion des Landes um an die vierzig Prozent zurückgegangen. Das mittlere Jahreseinkommen, das 1990 auf 325 Dollar geschätzt wurde, ist auf 200 Dollar gesunken. Auf dem Land, wo die ärmere Bevölkerungshälfte weniger als ein Prozent des Bodens besitzt, beläuft es sich auf weniger als 100 Dollar. Haiti, mit Abstand das ärmste Land westlich des Atlantiks, ist heute wohl eines der zwanzig ärmsten Ländern der Welt – 150 Kilometer vor der Küste der USA.

Nachdem 20 000 US-amerikanische Soldaten die mörderische Herrschaft der haitianischen Militärs über das ausgeblutete Land gebrochen haben, wird Haiti seit dem 15. Oktober 1994 wieder von gewählten Politikern regiert, falls man denn sagen kann, es werde regiert. Die Rückkehr unter eine zivile Staatsführung hat bis heute keine Anzeichen einer wirtschaftlichen Erholung gebracht – was die Moral auf einen zuvor unbekannten Tiefpunkt gebracht hat –, im Gegenteil: Seit der amerikanischen Intervention hat Haiti das, wofür die schwarze Nation in Westindien zwei Jahrhunderte lang gekämpft und gelitten hat, nämlich Demokratie. Gebracht hat sie nichts, die Verelendung schreitet voran. Für die fünf Jahre von 1995 bis 1999 hat die internationale Gebergemeinschaft dem Land Hilfe im Umfang von 2,5 Milliarden Dollar zugesagt, mehr als die schwache Wirtschaft zu absorbieren vermag. Doch die haitianischen Politiker paralysieren mit ihren unentwegten Intrigen die

Institutionen und blockieren damit auch die Ausschüttung der Hilfe. Der Inselstaat, im achtzehnten Jahrhundert einst die reichste Überseebesitzung des vorrevolutionären Frankreich und von ganz Europa, muß heute achtzig Prozent seiner Nahrungsmittel importieren, seit 1977 sogar Zucker, einst die Basis seines Reichtums.

Könnte es sein, daß diese haitianische Art von Hölle nur dadurch erklärbar wird, daß sie gewollt ist? Man trifft Entwicklungshelfer, die mit ihren Illusionen, falls sie solche hegten, aufgeräumt haben. Es gibt, sagt einer von ihnen, in Haiti keine relevante politische Kraft, die eine Entwicklung dieses Landes wünscht. Im Gegenteil, es gibt nur Kräfte, die ebendies nicht wünschen. Bis Jean-Bertrand Aristide 1994 ihre Abschaffung durchsetzte, gab es eine Armee, die den Sinn ihrer Existenz in der Bereicherung ihrer selbst erblickte und vor allem das ungesetzliche Geschäft, den Schmuggel und den Drogenhandel, monopolisiert hatte. Die tödliche Gewalt der Militärs ist vorläufig aus der Politik verschwunden und in der gemeinen Kriminalität aufgegangen, die in jüngster Zeit sprunghaft anstieg. Aber in einer Hinsicht scheint das Vorbild der Armee für das Selbstverständnis des Politikerstandes maßgebend geblieben zu sein: Macht bedeutet vor allem rasche Mehrung des persönlichen Wohlstandes. Während der öffentliche Haushalt zu siebzig Prozent mit Hilfsgeldern bestritten wird, liegt die merkantile Macht bei einem halben Dutzend Familien, die im Außenhandel traditionsreiche Monopole behaupten und auf diese Weise an jedem eingeführten Sack Reis und an jeder ausgeführten Kokosnuß verdienen. Ganz alleine könnten sich diese Familien auch in Haiti nicht halten, und so bewacht an den Hängen von Pétionville privat angeheuertes Sicherheitspersonal mit automatischen Gewehren den Luxus einer Oberschicht von etwa einem Prozent der Bevölkerung, in deren Besitz sich rund die Hälfte aller Vermögenswerte im Land befinden. Diese Oberschicht ist Haiti, soweit das Land sich politisch Ausdruck verschafft und einen Willen artikuliert.

Das Böse ist nicht wegzudenken aus der Welt, versichert André Pierre, der große Maler, Vaudou-Priester, Theologe und Philosoph. »Sans le mal il n'y a pas le jugement«, sagt er, ohne das Böse gibt es kein Gericht. Ohne das Gute allerdings auch nicht, wäre anzufügen, und Haitis Oberschicht prägt ein Bewußtsein, nach dem eine Emanzipation der breiten haitianischen Bevölkerung sich keinesfalls mit dem Fortbestand ihres eigenen Paradieses vereinbaren läßt. Die politische Reaktion und Repression bediente sich stets derselben Propagandaformel, nach der die ungebildeten Massen, wenn erst einmal die Zügel gelockert würden, sich nur unverzüglich gegen die Elite wenden und diese im Blut ertränken könnten. Bei der breiten Bevölkerung auf der anderen Seite bleibt die Idee einer vollen Rechtsgleichheit aller Staatsbürger abstrakt, auch nachdem sie in der Verfassung von 1987 verankert worden ist.

Erklärungen dafür müssen in den vergangenen drei Jahrhunderten zu suchen sein. Was wir in der Rückschau mehrmals antreffen werden, ist ein Paradies, und dies nicht in Gestalt bloßer Verheißungen, sondern einer Wirklichkeit, welche über die Geschicke auf der Erde bestimmen sollte, ähnlich wie der fatale Baum im Garten Eden. Haiti kann uns davon überzeugen, daß ein Paradies nur zu einem Zweck geschaffen sein kann, zum Zweck des Sündenfalls. Und im Falle der haitianischen Wirklichkeit, die Anschauungsmaterial für mehr als nur ein Inferno bietet, hat die Hölle vielleicht tatsächlich etwas von einer Zufluchtsstätte, wie George Bernard Shaw sagte: von einem »Ort des Unwirklichen und der Glücksucher«, der Vaudou-Priester, der Phantasten und Revolutionäre, der Dichter und Maler – einer »Zufluchtsstätte für diejenigen«, so Shaw, »die aus dem Himmel flüchten, der Heimat für die Herren der Wirklichkeit, und für diejenigen, die von der Erde flüchten, der Heimat für die Sklaven der Wirklichkeit.«

6. Dezember 1492 – das Datum wurde schon erwähnt: An der nördlichen Küste landet Kolumbus, in einer Bucht, die er zur Feier des Tages Santo Nicolas tauft. Der Insel, in der

Sprache der Eingeborenen Ayti, »Bergiges Land«, gibt er den Namen Hispaniola, »die Spanische«, und er erklärt sie zum Besitz der Krone Isabellas der Katholischen von Kastilien. Zur Bevölkerung um 1492 finden sich in der Literatur Zahlen von einer Viertelmillion bis zu einer ganzen Million und noch mehr. Die friedfertigen Arrawak, die Fremde zu fürchten gewohnt waren, setzten aus ebendiesem Grund anfangs gewisse Hoffnungen in den neuen, ihnen ganz unbekannten Zuzug. Verbündete wären ihnen willkommen gewesen, sie litten unter den Raubzügen der kriegerischen Kariben von den kleinen Antillen. Diese werden zu den Menschenfressern gezählt und im folgenden Jahrhundert von Montaigne mit Verweis auf europäische Barbareien verteidigt werden.

Der Eintritt der Karibik in die Geschichte der Neuzeit begann mit den folgenreichen Schilderungen eines Paradieses, mit denen Kolumbus in den fünfzehn auf seine Entdeckung folgenden Jahren rund 10000 Spanier zum Aufbruch über den Atlantik bewog. Nur etwa doppelt so lange allerdings sollte dieses erste lateinamerikanische Dorado dauern, ehe die Minen erschöpft, die Landwirtschaft über dem Goldrausch vollständig vernachlässigt und die spanischen Kolonen den Konquistadoren nachgereist waren – ab 1511 nach Kuba, ab 1515 nach Mexiko, 1531 Peru, 1535 Argentinien, 1540 Chile und so fort. Vielleicht muß man daran erinnern, daß um 1600 die zweitgrößte Stadt der Welt nach London Potosi war, das spanische Silberminenzentrum in Bolivien. Von den Arrawak Hispaniolas, welche eingeschleppte Krankheiten und die mörderischen Bedingungen im Bergbau zu Hunderttausenden dahinrafften, waren schon fünfzig Jahre nach der spanischen Entdeckung gerade noch einige hundert übrig. Auf Betreiben der missionierenden Orden fanden sich diese nunmehr so raren Exoten in den Stand freier Spanier erhoben, während Karl V. 1519 die erste Lizenz zur Einfuhr afrikanischer Sklaven erteilte. Von der ersten spanischen Kolonie blieb eine unbedeutende Besitzung von einigen tausend Pflanzern, denen Kolumbus das von den Kanaren mitgebrachte Zuckerrohr hinterlassen hatte. Doch noch 1600 kamen neunzig Prozent des in Europa konsumierten Zuckers aus Brasilien.

Es dauerte annähernd zwei Jahrhunderte, bis Hispaniola wieder zu Weltrang aufstieg. In der Zwischenzeit hatte sich auf dem weniger wirtlichen Westteil der Insel eine neue Spezies von Einwanderern niedergelassen. »Ein mit dem Blut der Tiere, die sie auf der Jagd erlegten, gefärbtes Hemd, eine noch schmutzigere Leinwandhose, die wie ein Brauerschurz gemacht war, statt eines Gürtels ein Riemen, an welchem ein sehr kurzer Säbel nebst einigen Messern hing, ein Hut ohne andern Rand als vorne einen heruntergeschlagenen Zipfel, um ihn anfassen zu können, Schuhe ohne Strümpfe, so war der Anzug dieser Barbaren beschaffen. Ihr Ehrgeiz bestand darin, Flinten zu haben, die zwei Lot schwere Kugeln schossen, und eine Koppel von fünfundzwanzig bis dreißig Hunden.« So beschreibt sie im späten 18. Jahrhundert Abbé Raynal in seiner *Histoire des deux Indes,* dem im vorrevolutionären Frankreich streng zensierten Bestseller, dessen sechs- bis zehnbändige, in Genf, Amsterdam und Den Haag verlegte Ausgaben in enzyklopädischer Breite die unerschöpfliche Vielfalt der Verbrechen des Abendlandes in Afrika und in der neuen Welt anprangern. Diese neuen Bewohner Hispaniolas hießen die Bukaniere, und ihre Aufgabe bestand im Unterhalt logistischer Basen für die Flibustiere, die französischen Piraten der Karibik. Dazu jagten sie die entlaufene Nachkommenschaft der Rinder, welche die Spanier einst auf die Insel gebracht hatten. Von Seefahrern, denen sie auch die Häute verkauften, wurden die Bukaniere mit Personal versorgt: »Leute, die sich in Europa verkauften, um drei Jahre lang als Sklaven in den Kolonien zu dienen, und die man Engagierte nannte ...«

Frankreich erkannte die Seßhaften unter diesen Freibeutern 1665 als Untertanen an und sandte ihnen einen Gouverneur. »Es reiseten«, so Raynal, »Frauensleute mit ihm ab, die, wie die meisten unter denjenigen, die man zu verschiedenen Zeiten nach der neuen Welt geschickt hat, bloß durch ihre Unzucht bekannt waren. Die Bukaniere beleidigten diese Fehler nicht.« Im Frieden von Rijswijk schließlich trat

Spanien 1697 den Westteil der Insel an Frankreich ab, und damit war in den Grenzen des heutigen Haiti die französische Kolonie Saint-Domingue formell ins Dasein getreten.

Mit ihrem Territorium von zwei Dritteln der Fläche der Schweiz sollte die Heimat der Bukaniere binnen fünfzig Jahren zur produktivsten und einträglichsten europäischen Überseebesitzung aller Zeiten werden. Am Vorabend der Revolution entfallen vom gesamten Außenhandel Frankreichs zwei Drittel auf Saint-Domingue. Die Besitzung erbringt die Hälfte der globalen Kaffeeproduktion, und ihre Zuckerproduktion gibt Frankreich ebenfalls Kontrolle über den Weltmarkt. Vor diesem Hintergrund wird begreiflich, daß Frankreich 1763, nach seiner Niederlage im Siebenjährigen Krieg, zugunsten seiner karibischen Besitzungen Kanada an England abtritt. Im transatlantischen Verkehr zwischen der Kolonie und den französischen Atlantikhäfen Bordeaux, Nantes und La Rochelle sind auf 750 Schiffen 80000 Seeleute beschäftigt.

Die Bevölkerung von Saint-Domingue umfaßte 1789 etwas mehr als 30000 Weiße, eine etwas kleinere Zahl von freien Mulatten (sogenannte *affranchis*) und fast eine halbe Million schwarze Sklaven. Die Differenz zwischen Mulatten und Schwarzen ist eine soziale Größe geblieben. *Nèg rich sé mulât, mulât pov sé nèg.* – Ein reicher Neger ist ein Mulatte, ein armer Mulatte ist ein Neger, sagt ein Spruch in der haitianischen Kreolsprache. Bis zu 30000 Afrikaner pro Jahr wurden seit Mitte des 18. Jahrhunderts nach Haiti gebracht, bereits bis 1770 etwa 800000, insgesamt wohl deutlich über eine Million. Die galoppierende Sterblichkeit, die in keinem Verhältnis zur Geburtenrate stand, sorgte für den hohen Nachschubbedarf und für ein äußerst lukratives Geschäft der Menschenhändler.

So alt wie die Sklaverei ist der Widerstand gegen sie. Die Behandlung der Afrikaner spottete jeder Beschreibung. Das Register der Körperstrafen umfaßte Verstümmelungen aller Art, und Todesurteile wurden auf grausamste Weise vollstreckt; Sklaven wurden ertränkt, bei lebendigem Leib verbrannt, mit gebrochenen Knochen auf Räder geflochten, lebendig begraben. Als Mittel der Abschreckung gegen Suizid wurden auch die Leichen von Selbstmördern verstümmelt, was seine Wirkung tat, da im Glauben vieler Afrikaner die Toten zu ihrem Stamm zurückkehrten. Die einzige praktikable Form des Widerstandes war die Flucht, und schon im 16. Jahrhundert bildeten sich erste Gemeinschaften von *marrons,* wie man die entlaufenen Sklaven nannte. Haitis unwegsame Bergwelt bot ihnen Unterschlupf. Die informellen Gemeinschaften der *marrons* waren auch die Heimat des Vaudou, dieser Kreuzung von Naturreligion afrikanischer Abkunft und politischem Geheimbund, die den Sklavenaufständen im Zug der Französischen Revolution den Boden bereitete und im politischen Leben Haitis bis in die neueste Zeit der Tyrannei François Duvaliers eine prominente Rolle spielte.

1789: Auf der Karibikinsel eröffnete das Datum des großen Umbruchs im Mutterland Frankreich die endlose Ära einer besonderen Kontinuität, die sich einzig durch ihr Gegenteil auszeichnete. Nichts sollte nach 1789 noch währen als jene Kräfte des Wandels, die stets dasselbe Resultat zeitigten: den permanenten Zusammenbruch einer unhaltbaren Ordnung. Es ist zu fürchten, daß auf die ersten zwei Jahrhunderte dieser haitianischen Moderne ein drittes folgt. In seinem *Manuel d'histoire d'Haïti,* welches das historische Wissen der Nation kanonisiert hat, schreibt J.-C. Dorsainvil, das Datum markiere »den Beginn einer Revolution, die noch andauert«.

Die Revolution, die bis heute zu keinem Ende gekommen ist, nahm in Haiti ihren Anfang mit einer sehr empfindlichen Autoritätseinbuße der Pariser Kolonialbehörde gegenüber den weißen Pflanzern. Deren Sinn stand seit längerem nach erweiterter Autonomie und insbesondere einer Befreiung des Handels von den französischen Staatsmonopolen. Die Unabhängigkeitsbestrebungen unter den Grundbesitzern erhielten Auftrieb dadurch, daß die revolutionären Kräfte im französischen Nationalkonvent schon bald nach dem Sturm auf die Bastille das Schreckgespenst nicht nur der Abschaffung der Sklaverei, sondern obendrein einer Gleichstellung der Rassen an die Wand zu malen begannen. Es schien, als könnten Haitis reiche Weiße nur in eigener Regie solchen Aussichten vorbauen, und erwartungsgemäß bezogen sie Stellung gegen die Konstituante in Paris, als diese im Mai 1791 die Gleichberechtigung der *affranchis,* der freien Farbigen, proklamierte.

Den Mulatten ihrerseits wie auch einigen angehenden Führern der Sklaven waren die einschneidenden Veränderungen in der politischen Großwetterlage nicht entgangen. Im August 1791 kam es in der Plaine du Nord zum offenen Aufstand der Sklaven, während zugleich die Mulatten von Port-au-Prince rebellierten. Die Pflanzer, die so hart als möglich zurückschlugen, brachten die Situation nicht mehr unter Kontrolle, und im folgenden Jahr wandten sich die Truppen des nunmehr republikanischen Mutterlandes gegen die abtrünnigen *colons* und Konterrevolutionäre statt gegen die revoltierenden Mulatten und Schwarzen, deren Unterstützung sie teils genossen. Nach der französischen Kriegserklärung an England und Spanien von 1793 traten auf Hispaniola aufständische und entlaufene Sklaven in großen Scharen in den Dienst der spanischen Nachbarn, wodurch die jakobinischen Kommissare in Saint-Domingue sich genötigt fanden, die Sklaverei abzuschaffen. Man schrieb den 29. August 1793.

In den folgenden Jahren der kriegerischen Auseinandersetzungen mit den Spaniern und Engländern und des Bürgerkriegs zwischen Mulatten und Schwarzen tat sich ein Mann hervor, als dessen Vermächtnis die erste befreite Kolonie der modernen Geschichte – von den USA abgesehen – betrachtet wird: François Dominique Toussaint Louverture. Der ehemalige Sklave, der von den Franzosen zum höchsten Heerführer und schließlich zum Gouverneur gemacht worden war, trat Napoleon als ein charismatischer Volksführer gegenüber, der zwar auf die französische Fahne schwor, 1801 aber eigenmächtig eine Verfassung für Saint-Domingue in Kraft gesetzt hatte, die Frankreich lediglich eine formale Oberhoheit ließ. Toussaint war mächtig: die Franzosen hatten an seine Soldaten 30000 Gewehre verteilt.

Zum Jahresbeginn 1802 näherten sich auf 86 Schiffen 22 000 französische Soldaten der Kolonie. Sie wurden von verheerenden Feuersbrünsten empfangen, die über die Zuckerrohrfelder fegten und die preisgegebenen Städte in Asche legten. Der Expeditionsarmee unter Napoleons Schwager Charles-Victor-Emmanuel Leclerc gelang es, Toussaint Louverture gefangenzusetzen und nach seiner Deportation die Macht in Saint-Domingue für kurze Zeit zurückzuerobern. Doch die so zahlenstarken Invasoren, die mit dem Auftrag gekommen waren, die Sklaverei wieder einzuführen, fanden sich in der Folge durch eine unbezwingbare Guerilla im Verein mit einer Gelbfieberepidemie schwer dezimiert, so daß sie im November 1803, zu alledem auch noch von einer britischen Flotteneinheit am Horizont bedroht, das Weite suchten. Die schwarzen Generäle unter Führung Dessalines riefen am 1. Januar 1804 die Unabhängigkeit aus und gaben dem Land den alten Namen Haïti zurück. Die meisten der zurückgebliebenen Franzosen wurden in den folgenden Monaten massakriert.

Die Nachkommen der *marrons,* der entlaufenen Sklaven, in ihren autarken Lebensformen in den Bergen lange genug geschult, hatten die Oberhand behalten. Der *marronage,* der Ausbruch aus einer Welt, die nicht verändert, sondern nur aufgegeben werden kann, blieb in der Geschichte Haitis das bestimmende Modell. Insbesondere alles, was das Land jemals an Reichtümern hergeben sollte, suchte bis heute das Weite. *Marronage,* so könnte man mit etwas Zynismus sagen, ist auch der wichtigste Zweig von Haitis gegenwärtiger Wirtschaft: Die Überweisungen der Exilhaitianer bilden die einzige legale Devisenquelle von Gewicht.

Doch es geht nicht nur um Jahrhunderte der Absetzung ins äußere Exil, die in den neunziger Jahren des zwanzigsten Jahrhunderts mit den Aufbrüchen Zehntausender *boat people* in Richtung Florida neue Höhepunkte erreichte. In Haiti kommt ein prägendes Element hinzu: Inseln fördern bei ihren Bewohnern, wie Aubert de la Rüe in seiner Monographie *L'homme et les îles* schreibt, »ein sehr lebhaftes Gefühl von Freiheit«, vielleicht als Reaktion auf klaustrophobische Anwandlungen der Insulaner, die auf ihrem wohlumgrenzten Stück Land festsitzen. In ihrer besonderen Immobilität, so de la Rüe weiter, bilden sie ein mißtrauisches, reserviertes Naturell aus und einen Geist, der in seiner Eigenheit und seinen markanten Empfindlichkeiten gern auch Chimären gebärt. So zwingen Inseln, indem sie die Flucht erschweren, zum Erfindertum, zur Flucht nicht nur nach draußen, sondern zu allerhand Fluchten nach oben und unten, empor in hochgewölbte Überwelten und hinab in abgründig verwinkelte Unterwelten. Sie zwingen zur Flucht nach innen zu den Quellen der Inspiration und hinaus in die weiten Räume der Fiktion, des Phantastischen.

In übertragener Bedeutung wurde *marron* in unserer Zeit zum Titel desjenigen, der einem nicht exakt bezeichneten Metier nachgeht, einem unrechtmäßigen meistens, dem weitere zweideutige Attribute verliehen werden. Ebenso klingt im Wort *marronage* immer etwas mit von einem Ausbruch aus der wirklichen, offiziell sanktionierten Welt in eine zweite, andersgeartete, mit eigenen Regeln, die einst die gemeinsame Heimstätte aller war. Auch die haitianischen Chimären mögen Fabelgestalten sein, aber sie sind mehr als bloße Gespinste, sie sind mit Sicherheit mächtiger. Die spirituelle Welt des Vaudou, der im Maquis der *marrons* die französische Kolonisation überdauert hat, sorgt für durchlässigere Grenzen der materiellen Welt, und seine Geister ergreifen Besitz nicht nur von den Seelen der praktizierenden Anhänger des Kults. Wo die Wirklichkeit nicht genügen kann, wo der Erdboden – ganz nach dem Wortlaut der Bibel – verflucht ist, entsteht Kultur, entsteht in Haiti das *wirklich Wunderbare.* Es ist nicht nur das Reich der haitianischen Literatur und Kunst, es ist das Reich jenes in jedem Sinn überwältigenden Erdendaseins, welches die karibische Sinnlichkeit beschert. Es ist, mit dem wunderbaren Wort des Kubaners Alejo Carpentier, das *Reich von dieser Welt.*

Für eine Erholung Haitis allerdings war, trotz der Befreiung, dieses Reich nicht eingerichtet. Der Preis dieser Unabhängigkeit war so hoch, der Kampf darum dermaßen blutig verlaufen, daß das Exempel bei den Nachbarn im karibischen Raum nicht als Vorbild, sondern als Abschreckung wirkte. Gemäß den Schätzungen hat das Land in den Kriegsjahren von 1791 bis 1804 rund ein Drittel seiner Bevölkerung verloren, von den Eliten einen noch wesentlich größeren Anteil. Für den Fremdkörper in einer Umgebung sklavenhaltender Gesellschaften war Unabhängigkeit, deren internationale Anerkennung noch in weiter Ferne lag, bis auf weiteres gleichbedeutend mit Isolation. Frankreich, wo man die Pläne einer Wiedergewinnung des Kolonialbesitzes nicht aufgegeben hatte, stellte 1825 gegen eine Abfindung von 150 Millionen Francs Frieden in Aussicht, und obschon dieser Betrag später auf 60 Millionen herabgesetzt wurde, trug Haiti bis spät ins letzte Jahrhundert an dieser Schuld.

Kurz nach den Kolonisten waren die produktiven Plantagen verschwunden. Die schwarzen Nachfolger der weißen Grundbesitzer wirtschafteten ineffizient. 1818 stand die Zuckerproduktion bei fünf Prozent des Ausstoßes von 1791. Soweit der Boden verteilt worden war, stagnierte er in kleinbäuerlicher Subsistenzwirtschaft, und dies bis heute. Nachdem in den Blütezeiten die Wirtschaft vollständig auf den Export ausgerichtet war, blieb die Idee einer infrastrukturellen Erschließung des Hinterlandes als Bedingung von Entwicklung bis heute fremd. Der Kontakt zur Außenwelt beschränkte sich weitgehend auf einen Handel, dessen Vertreter wie auch die Güter sich nie weit von den Hafenmolen entfernten.

Drei Jahre nach der Unabhängigkeitserklärung stand Haiti unter zwei rivalisierenden Herrschern und weitere drei Jahre später unter deren drei, bis das Land 1820 wieder vereint war. Bis zur ersten amerikanischen Invasion von 1915 wurden von fünfundzwanzig Regierungen siebzehn gewaltsam aus dem Amt entfernt, und auch die US-Okkupation, die bis 1934 andauerte, hinterließ keine Stabilität. In Verhältnissen, in denen Reichtum nirgendwo auf produktivem Weg, sondern stets nur durch Plünderung zustande kam, blieb das herausragende Vollzugsorgan der Staat.

Ansätze politischer Stabilität konnten in Haitis Geschichte nur Friedhofsruhe bedeuten, und »Baron Samedi«, der Herr über die Friedhöfe, ist der prominenteste nicht nur unter den Gottheiten des Vaudou, sondern auch im Kreis von Haitis 41 ehemaligen Staatsoberhäuptern. Den Titel trug Doktor François Duvalier, »Papa Doc«, der das *Vaterunser* auf seine Person umschrieb und, belehrt durch eineinhalb Jahrhunderte der Militärdiktatoren, in einer einzigen Nacht achthundert Offiziere füsilieren ließ. Seine politische Sonderpolizei der *Tonton Macoutes* – der »Onkel mit den Säcken«, welche die unfolgsamen Kinder mitnehmen – ermordete von seinem Amtsantritt im September 1957 bis zu seinem Tod im April 1971 zwischen 30000 und 60000 »politische Gegner«, schätzt Walther Bernecker in seinem Abriß *Kleine Geschichte Haitis.* Bei dreizehneinhalb Amtsjahren ergibt dies einen Tagesdurchschnitt von sechs bis zwölf.

Tout moun sé moun. – Wir alle sind Menschen, war Jean-Bertrand Aristides Versprechen im Wahlkampf von 1990, den der Armenpriester so überlegen dominierte. Seit dem Februar 1996, der Trennung von seinem Amt, das gemäß der Verfassung keine zweite direkt auf die erste folgende Amtszeit erlaubt, hat sich der erste frei und fair gewählte Präsident auf Sabotage verlegt. Mit der Macht, die ihm hinter den Kulissen blieb, versucht er sein Volk und die Welt davon zu überzeugen, daß allein er Haiti zu regieren imstande ist. Der Heiland, der schon 1991, nach seinem ersten Antritt, Ansätze zu einem überzeugenden Zukunftsprojekt vermissen ließ, hat sich damit an die Spitze der Kräfte gestellt, deren höchstes Anliegen in dem Beweis besteht, daß in Haiti Aspirationen auf Rechtsstaat und Demokratie Flausen sind. Haiti wollte oder mußte stets höher hinaus: Wieder und wieder geriet das Land unter den durchschlagenden Einfluß von Leuten, die das Land zu ihrem Paradies auserkoren, um auf der Stelle von sämtlichen Bäumen die verbotenen Früchte zu brechen. Frankétienne, der Dramatiker, Schriftsteller und Maler, muß wissen, wovon er spricht. Unweit von Aristides riesigem Anwesen hat er vor einigen Jahren zuerst eine hohe, mit Scherben und Stacheldraht garnierte Mauer um sein Grundstück gebaut und dann dahinter sein Haus. »Haiti«, so sagt er, »hat sich des Feuers der Freiheit bemächtigt, indem die Sklaverei und das damalige Kolonialsystem gestürzt wurden. Die siegreiche Erhebung der Neger von Saint-Domingue wurde von der westlichen weißen Welt als unvergeßlicher Schlag ins Gesicht empfunden.« Frankétienne sieht in dieser Überschreitung den Kern eines wahrhaften Prometheus-Epos, und tatsächlich wurde die Unabhängigkeit Haitis von den Mächten jener Zeit als eine Anomalie, als eine Art Geschwür, als Abszeß, betrachtet. »Man hat uns«, fährt Frankétienne fort, »für unsere Freiheit teuer bezahlen lassen, natürlich mit der Beihilfe einheimischer Eliten. Das haitianische Volk zahlt noch immer. Wie Prometheus ist es dazu verdammt worden, sich von einem Adler die Eingeweide zerfetzen zu lassen. Die Geschichte steht unter dem Gesetz der griechischen Tragödie. Was hier« – im Reich von dieser Welt – »am Werk ist, ist das antike Verhängnis, jenes Schicksal, dessen Siegel seine Unerbittlichkeit ist, und so wissen immer alle Beteiligten im voraus, daß alles nur im Blut enden kann.«

24 ■ AMERIKA UND DIE UNSCHULD ERFINDEN

Mit Philip Roth in Newark und anderswo

»Meine Autobiographie bestünde fast gänzlich aus Kapiteln darüber, wie ich allein in einem Zimmer sitze und vor mir auf eine Schreibmaschine starre. Angesichts der Ereignislosigkeit dieser Autobiographie läse sich Becketts *Der Namenlose* schon fast wie Dickens.« So Philip Roth 1981 zu Alain Finkielkraut, und in dieser Sache hat sich seither nichts geändert, außer daß jenes Gespräch bestimmt nicht Roths einzige Gelegenheit blieb, darauf hinzuweisen. Mit dem oben beschriebenen Lebensalltag macht ja auch sein Romanwerk wiederholt vertraut – der Schriftsteller Lonoff in *The Ghost Writer* (1979; *Der Ghostwriter*), ausführlicher *Deception* (1990; *Täuschung*) und dort, ja, wer wohl, wenn nicht Roth höchstpersönlich! »Täuschung«: Der Titel ist exakt der richtige zu diesem Zweck, und in Roths Büchern ist ja ohnehin alles autobiographisch, nicht wahr, jedes Wort, wie er bei einem Interview zu seinem Siebzigsten im vergangenen März bekräftigt hat, »und haben Sie jetzt noch eine andere Frage?« Genüßlich zitierte Roth schon in dem Gespräch mit Finkielkraut *The Voyage Out (Die Fahrt hinaus)* von Virginia Woolf, worin eine Figur, die ein Buch schreiben möchte, sagt: »Einen Roman liest man ausschließlich, um herauszufinden, was für ein Mensch der Verfasser ist und, falls man ihn kennt, welche Freunde er darin vorkommen läßt. Was den Roman als solchen angeht, die ganze Konzeption, die ganze Betrachtungsweise, von welcher Einstellung man geleitet war, in welche Beziehung zu anderen Dingen man ihn gestellt hat – das kümmert nicht einmal einen unter einer Million Menschen.«

Roth ist Schwerarbeiter und lebt in einem Landhaus, irgendwo im Westen von Connecticut, ein Mönchsdasein. Seit 1991 hat er sieben Romane veröffentlicht, und wenn er an einem schreibt, wie selbstverständlich auch in diesem Augenblick, dann läßt er ihn niemals auch nur eine Woche im Stich. Das würde ihn sonst, sagt er, einen oder zwei Monate kosten. Nicht weniger konzentriert erledigt er das übrige, Medienarbeit beispielsweise, und hat er einmal zugesagt, so hieß es sehr bestimmt aus seiner näheren Umgebung, dann ist Roth nicht nur halb dabei, dann macht er es ganz. Von Fragen zu seinen beiden geschiedenen Ehen wird abgeraten; aber wen, normalerweise, fragt man schon beim ersten, zweiten oder dritten Treffen über seine geschiedenen Ehen aus? Über manches spricht er lieber als über sich selbst, und wie sich bald erhärten wird, gilt das sogar für sein Werk. Zugeknöpfter als andere Menschen wirkt er, was alles übrige angeht, keineswegs. Im Gegenteil, und bei unserem Ausflug nach Newark tritt er ganz und gar nicht als ein Mann des Protokolls auf. An der Chancellor Avenue School, wo er lesen und schreiben lernte, beschwert sich die Schulleiterin, daß wir so ganz unangemeldet aufgekreuzt sind. Sie hätten sonst etwas vorbereitet im großen Theatersaal, wo Roth vor demnächst sechzig Jahren als Kolumbus auf der Bühne stand.

Das war erst ein Anfang, wenn auch ein verpflichtender vielleicht, das Thema jedenfalls, und nehmen wir's vorweg: Roth ist ein amerikanischer Patriot, also – mit einem erinnernswerten Wort von Chinua Achebe – ein Mensch, der sein Land liebt, und nicht ein Mensch, der sagt, er liebt sein Land. Was Roth angeht, so scheut er keine Mühe, Amerika zu erklären, nicht einmal an diesem Junitag auf dem glühendheißen Asphalt Newarks – alles deutet darauf hin, daß ihn sein Lebenswerk an keinem Eßtisch ganz in Ruhe läßt.

An der Summit Avenue Nummer 81, einen Steinwurf von der Schule entfernt, steht das Haus, in dem er im damals überwiegend jüdischen Außenbezirk Weequahic seine ersten neun Lebensjahre verbrachte. Sein Name ist hier unbekannt, und nur daß den einen dieser fünf Besucher drei der vier übrigen photographieren, zeugt von einem Ausflug aus besonderem Anlaß. Die *landlady,* eine schwarze Dame seines Alters, führt ihn gerne in die Räume seiner frühen Kindheit, wo er sich zum erstenmal wiederfindet, seit er sie vor 61 Jahren verlassen hat. Doch ab der Haustür ohne Begleitung. Wortführer der Gruppe ist nicht etwa Charles Cummings, ein Freund Roths und offizieller Stadthistoriker, der, seit vierzig Jahren in Newark, den Weg noch heute findet. Auf seine Vorsprache hin war das Amt des *Mayor* bereit, außerdienstlichen Polizeischutz abzustellen, nicht ohne die nötigen Bewilligungen erteilt und Versicherungsfragen abgeklärt zu haben, wonach jede Haftung für unser Wohlergehen seitens der Stadt ausgeschlossen ist. Stets geht der Meister selbst voraus. Auch mit dem alten Afro-Amerikaner mit dem lahmem Bein, der, auf eine Krücke gestützt, den Rasenmäher schiebt, hat er, als er wieder aus dem Haus kommt, mehr zu reden als seine Begleiter, während sie draußen vor der Tür auf ihn gewartet haben.

»Hobby's Delicatessen« schaut immer noch auf Branford Place hinaus wie bereits zur letzten Jahrhundertmitte, und nun doch: »No! Philip Roth!« – welche Überraschung für Ronni Brummer, der den Feinkostladen führt! Auch hier, *downtown,* noch eine Gestalt aus der Schulzeit, und das wiedererkannte Gesicht ruft Roth den einen und anderen Namen ins Gedächtnis, der es nach dem Abgang von der Weequahic Highschool in Newarks Unterwelt zu Berühmtheit brachte. Aber nein, lacht Ronni Brummer, davon hat er nie und nimmer gehört, daß ihr gemeinsamer Banknachbar von damals in der Zwischenzeit zahlreiche Männer um die Ecke gebracht haben soll. Lange ist's her, auch für ihn, der hier ausgeharrt hat, vielleicht länger als für seinen unverhofften Gast.

Bei unserem ersten Treffen vier Monate zuvor, noch vor dem amerikanischen Einmarsch in den Irak, erteilte Roth mir eine Privatlektion zu der Anomalie, die ihm zufolge gegenwärtig das politische Leben seines Landes prägt: »Ein konservativer Präsident aus dem Süden, das gab es nicht mehr seit John Tyler in den 1840er Jahren«, der zwar als Kandidat der *Whigs* ins Amt kam, aber dann als früher Verfechter der *States'-Rights*-Bewegung und damit als reaktionärer Vorläufer der Sezessionisten in die Geschichte einging. Präsidenten aus dem Süden waren immer Demokraten, während Konservative aus dem Norden und Osten oder allenfalls noch, wie Reagan, aus Kalifornien kamen. Gewiß, auch die Bush-Familie hat ihre neuenglischen Wurzeln in Connecticut, an der Ostküste, doch nicht mehr dieser junge Bush, »und wenn der vielleicht kein richtiger Texaner ist«, sagt Roth, »dann jedenfalls auch sonst nichts«. Die europäische Schulmeisterei mag er dennoch nicht. »Wenn Sie an Europas Anomalien im vergangenen Jahrhundert denken, nicht wahr. Schauen Sie in diesem Land herum! Nirgendwo werden Sie ein Denkmal von McCarthy finden. Noch jedesmal bis jetzt hat das amerikanische Volk aus seinen politischen Verirrungen zurückgefunden, und zwar aus eigener Kraft, auch wenn es einige Zeit dauern konnte und diesmal vielleicht wieder dauern wird.« Roth ist Amerikaner, und darum, Amerikaner zu sein und auch sein zu wollen, darum dreht sich sein ganzes Werk von *Goodbye, Columbus* (1959; *Goodbye, Columbus*) bis zu *The Human Stain* (2000; *Der menschliche Makel*).

Aber auch jetzt in Newark spricht er kaum von sich, sondern von dieser Stadt, und ich erhalte, sechzehn Bahnminuten von Manhattan, einen weiteren Schnell- und Intensivkurs in amerikanischer Geschichte. Rund eine halbe Million Einwohner hatte die Stadt, als der achtzehnjährige Roth sie 1951 verließ. Hundert Jahre zuvor hatte sich der Staat New Jersey zur Basis der amerikanischen Industrialisierung entwickelt, mit dem Zentrum Newark, ehe das große Abenteuer seine Schwergewichte westwärts, nach Chicago und in den Staat Illinois, verlagerte. Hier in Newark lieferten sich alle Immigrantengenerationen ihre Kämpfe um die wirtschaftliche Vorherrschaft, Engländer, deutsche Juden, Italiener, Juden aus Europas Osten, bis die Stadt in unmittelbarer Folge der Bürgerrechtsunruhen von 1967, den schwersten im Osten der Vereinigten Staaten, auf einen Schlag über ein Viertel ihrer Bevölkerung verlor. Zehn Jahre lag sie wirtschaftlich im Koma, die Innenstadt so gut wie tot, und unzählige Ruinen aus jenen Tagen sind bis heute nicht abgetragen. Da wäre auch Levovs Handschuhfabrik in *American Pastoral* (1997; *Amerikanisches Idyll*) wahlweise in zahlreichen niemals wiederbelebten Baulichkeiten unterzubringen. Heute hat Newark noch rund eine Viertelmillion Einwohner, davon 80–85 Prozent afro-amerikanisch, in Weequahic 98 Prozent. Ich bin zum erstenmal im schwarzen Nordamerika, fühle mich zu Hause fast wie in der Hauptstadt Kenias, meinem Domizil in den frühen neunziger Jahren, und »yes, you must be right«, sagt Roth, »it all looks pretty much Nairobic«. Vorstadt ist hier auch zwischen den historischen Bauten im Zentrum, was die *supermarkets*, *sportsware shops* und Bijouterien angeht, viele geführt von denselben Indern wie in Ostafrika. Nur haben dort die jungen Männer weder alle die Statur Arnold Schwarzeneggers oder verwenden darauf immerhin viel Zeit, noch ist bis heute ein vergleichbarer Anteil von ihnen im Drogenhandel aktiv. »Der Staat hat diese Leute aufgegeben«, sagt Roth, »vor allem natürlich diese Regierung jetzt.« An die 50000 Studenten sind an den fünf Universitäten und anderen akademischen Lehrstätten eingeschrieben, doch die meisten von ihnen pendeln.

Eine Stadt, die gewissermaßen über Nacht ein Viertel der Bevölkerung verliert – selbst in einem Krieg ist das ein außerordentliches Vorkommnis, und »vergessen Sie nicht«, sagt Roth, »bei einem Krieg normalisiert sich die Lage nach dem Ende gewöhnlich binnen wenigen Jahren«. Der Koloß USA walzte noch in seiner jüngsten Geschichte über tiefgreifende innere Umbrüche hinweg, von denen Europäer in aller Regel denkbar wenig Kenntnis genommen haben.

Wenn Roth in seiner amerikanischen Trilogie zur Jahrhundertwende nach Newark zurückgekehrt ist, dann, wie er sagt, weil die Stadt selber nie mehr zu sich und in ihre Geschichte zurückgefunden hat. »Was hätte ich da verloren, wenn die Stadt sich dem Weltlauf konform fortentwickelt hätte?« In den Brüchen der Zeit hat Roth seinen Stoff gefunden, die amerikanische Zeitgeschichte nämlich, nachdem er lange Zeit hindurch doch näher bei sich selber verweilt hatte. In seiner amerikanischen Trilogie haben ihn seine

Hauptfiguren nach Newark zurückgebracht: 1997 in *American Pastoral* in die vierziger Jahre und in die Zeit der Bürgerrechtsunruhen und des Vietnamkriegs; 1998 in *I Married a Communist (Mein Mann, der Kommunist)* in die Depression der dreißiger Jahre sowie die folgenden beiden Jahrzehnte des Kriegs und der antikommunistischen Inquisition McCarthys; und in *The Human Stain* mit dem halbwüchsigen Coleman Silk wiederum vor allem in die Zeit der eigenen Adoleszenz in den vierziger Jahren.

Schon der Autor seines mittleren Werks, in dessen Zentrum die Zuckerman-Trilogie (1979 bis 1985) steht, braucht nicht auf jener Anklagebank auszuharren, auf der viele diesen immer wieder festzubinden versuchten. Sein Erzähler und Wiedergänger Zuckerman als großer »sexueller Abenteurer ...« Wer die Trilogie in einem Zug liest, behält Zuckerman nicht in erster Linie als solchen in Erinnerung, sondern als jungen Mann, der für den Konformismus seiner Herkunftswelt nicht geschaffen ist und sich dabei mit mehr und ernsteren Problemen schlägt. Wennschon: »Roth – dieser jüdisch-amerikanische Autor, endlos mit sich selbst beschäftigt ...« Gewiß, in Roths mittlerem Werk nehmen gleich mehrere Schriftsteller breiten Raum ein, und einer davon, in *Facts* (1988; *Tatsachen),* in *Deception,* in *Patrimony* (1991; *Mein Leben als Sohn*) und in *Operation Shylock* (1993; *Operation Shylock*) tritt sogar unter dem Namen Philip Roth auf. Nur bleibt die Frage, inwiefern er selber das sein sollte (oder nicht), noch in diesem Fall die unergiebigste, mit der die Romane sich traktieren lassen. Nicht um die Rückschlüsse, die aus dem Werk auf sein privates Leben zu ziehen sind (oder nicht), geht es. Es geht um Beruf und Berufung eines amerikanischen Schriftstellers in der amerikanischen Gesellschaft, wobei der prominenteste von Roths Schriftstellerprotagonisten, von 1979 bis heute am Werk, eben Nathan Zuckerman heißt und nebenbei in der Tat Jude ist.

Schon *Portnoy's Complaint* (1969; *Portnoys Beschwerden*), der Roman vom Onanisten auf der Psychoanalytikercouch, mobilisierte unvermeidlich ein Literaturverständnis, das die Beschwerden des Protagonisten Alexander Portnoy einzig als eine Krankheit des Verfassers lesen konnte. Das Böse ist im Auge des Betrachters und läßt nichts anderes zu. Doch der hochpräzise Erfolg eines Buches, das in den USA Rang 1 der Bestsellerliste erklomm, in Australien mit einem Einfuhrverbot belegt und dessen Titel seitdem immer wieder von amerikanischen Senatoren als die endgültige Metapher für Anstößigkeit und Obszönität im Mund geführt wurde, ist nicht dadurch befriedigend erklärt, daß ein Schriftsteller die eigene Unterhose auszieht. Offenbar war Roth mit Portnoys Obsessionen nicht allein, obschon er sich in den Jahren darauf zu einer Wegbereiterrolle bekannte – und etwas gerührt dürfte man durch seine ironisch kriegerische Rhetorik in einem Interview der *American Poetry Review* von 1974 schon sein: »Der massive Angriff der späten sechziger Jahre auf das sexuelle Brauchtum kam, fast zwanzig Jahre nachdem ich selbst am Strand den Boden unter den Füßen gespürt und den Kampf aufgenommen hatte um einen ersten Brückenkopf auf dem erotischen Heimatland, das von Feindeshand niedergehalten wurde. Ich sehe manchmal meine Generation von Männern als die erste Welle entschlossener D-Day-Invasoren, über deren wund und blutig getretene Gerippe später dann die Blumenkinder an Land schritten und triumphal auf das libidinöse Paris vorrückten, von dessen Eroberung wir nur träumten, als wir auf unseren Bäuchen landeinwärts robbten und ins Dunkle schossen. ›Daddy‹, fragt die Jungmannschaft, ›was hast du während dem Krieg gemacht?‹ Ergebenst rege ich an, sie könnten Dümmeres tun, als *Portnoy's Complaint* zu lesen, um das herauszufinden.«

Seitdem ist einige Zeit ins große Land gegangen, und bereits im Puppenspieler Mickey Sabbath in *Sabbath's Theater* (1995; *Sabbaths Theater*), einem zwischen den Beinen außerordentlich bestückten Picaro, der wahrhaft über allerhand Zivilisationsschranken hinweg die Bruchstücke seiner Existenz einsammelt, pflegte man keinen maskierten Roth mehr zu erblicken, der sich ganz seinen narzißtischen Obsessionen ergeben hätte. »Ein Mann mit steifem Schwanz«, so sagte de Sade, »ist weit davon entfernt, anderen nützlich sein zu wollen.« Weder brauchen wir das ganz zu vergessen, noch geht es dabei um Roth persönlich. Doch räumen wir einmal nur die Möglichkeit ein, daß es Roth als dem »Professor der Begierde«, wie es der Titel eines weiteren seiner unterleibszentrierten Romane sagt *(The Professor of Desire,* 1977), noch weniger um sich selber ging als dem mittlerweile seiner Prostata und Potenz verlustig gegangenen, inkontinenten Nathan Zuckerman der Amerikanischen Trilogie. Diesem geht es ab 1997 nun doch mit aller Entschiedenheit um seine Welt, nämlich eben die USA der zweiten Hälfte des 20. Jahrhunderts (wo doch auch die sexuelle Revolution offenkundig eine gewisse Rolle gespielt und Spuren hinterlassen hat, da ja, wie man in der Zeitung liest, über neunzig Prozent der gegenwärtigen amerikanischen Videoproduktion durch die Pornographie okkupiert ist).

Noch und noch hat Roth schlicht und faßlich genug wiederholt, wovon sein Werk von Anfang an gehandelt hat und bis zum Ende handeln wird: nämlich von *people in trouble,* von Menschen in Schwierigkeiten. Politisch korrekt ist er dabei niemals vorgegangen. Hat man ihm nicht vorgeworfen, in der Gestaltung eines Charakters wie der Lucy Nelson von *When She Was Good* (1966; *Lucy Nelson oder Die Moral*) trete seine ganze Feindseligkeit dem weiblichen Geschlecht gegenüber an den Tag? »Ich hasse es«, erklärte er 1984 der Kritikerin Hermione Lee, »daß ich das selber sagen muß, aber ein solches Porträt ist nicht frei von Bitterkeit. Mit Bitterkeit meine ich nicht, was mitfühlende Buchrezensenten ›Mitgefühl‹ nennen. Ich meine, es geht um das, was wirkliche Wut ist, nämlich Leiden.« Leiden entstellt bekanntlich Menschen. *People in trouble:* daß er in mehreren Lebensabschnitten selber dazugehörte, macht sein Werk gewiß nicht ärmer. Aber um Nabelschau handelt es sich nicht, wenn sein Erzähler Nathan Zuckerman in *The Anatomy Lesson* (1983; *Die Anatomiestunde)* über zweihundert Seiten den pharmazeutisch hervorgerufenen Fall einer neurologischen Totalhavarie ausbreitet, auf dem Rücken liegend, außer Gefecht und dies umfassend, obschon sich dieser verzweifelte Bericht aus der lebenslänglichen Erfahrung eines geschädigten Rückens speist und dem Leser eine Erfahrung weitergibt, mit der man weit besser nur aus zweiter Hand konfrontiert wird.

Um Nabelschau handelt es sich nämlich nicht einmal dann, wenn Zuckerman mit einem Kritiker wie Milton Appel seine Schlacht schlägt, in dem jedermann Irving Howe erkennt: »Milton Appel ist nicht in diesem Buch, weil Irving Howe mich einmal in einem Artikel demoliert hat«, erklärte Roth 1985 dem Kritiker Ian Hamilton. »Milton Appel ist in diesem Buch, weil Schriftsteller zu sein zur Hälfte bedeutet, aufgebracht zu sein. Und recht zu haben. Wenn Sie bloß eine Ahnung davon hätten, wie recht wir haben! Zeigen Sie mir einen Schriftsteller, den nicht die Wut packt, wenn er falsch wiedergegeben, falsch gelesen oder nicht gelesen wird und der nicht sicher ist, daß er recht hat.« Literatur ist kein Hobbygärtnern, und in einem Romanwerk von zwei Dutzend Büchern ist also nicht einmal ein Kritiker tabu.

Seit über vierzig Jahren war er sich nie zu gut, um über sein Werk Rede und Antwort zu stehen. Die Interviews mit ihm füllen mittlerweile Bände, selbst von seinen fünf Jahren Psychoanalyse war oft genug die Rede, und man kann auch da nachlesen, statt ihm dieselben Fragen immer wieder aufs neue zu stellen. Tatsächlich spürt man, wie sich etwas spannt in ihm, wenn er selbst zum Thema wird, auch wenn es nur die Charaktere in seinen Büchern sind – und sein Verhältnis zu ihnen. »I am a captive audience«, sagt er, in der Tat ein angeschnallter Zuhörer, als ich im Wagen, auf unserer Rückfahrt nach Manhattan, darauf zu sprechen komme, und ich denke an die äthiopischen Bettler, die sich in Addis Abeba immer beim Rotlicht ans Taxi heranmachen. Nein, emotional sei dieses Verhältnis nicht, sagt er mit großer Bestimmtheit. Tatsächlich nicht? Was hatte doch beim letzten Treffen noch sein enger Freund, Nachbar und Bordmechaniker Ross Miller gesagt, der Literaturprofessor, der seit zwanzig Jahren alle seine entstehenden Texte als erster liest (und der jetzt auf unserer Rückfahrt nach Manhattan den Wagen steuert)? Eine zuweilen bis ins Pathologische gehende Empathie für seine Charaktere sei es, so Miller, was den großen Romancier ausmacht. Wie sie, ja, da haben Sie recht, zum Beispiel bei Graham Greene zu beobachten sei, wogegen etwa bei V. S. Naipaul von Empathie so gut wie gar nichts auszumachen sei. Ob er denn nicht mit Mickey Sabbath für Drenka fühle, insistiere ich. »Ach, die Gefühle kennt man schon mit zehn!« sagt er, etwas ungeduldig.

Statt dessen habe er, sagt er, alle Hände voll mit allem möglichen anderen zu tun. Eine Stimme habe er ihnen allen zu geben, und das sei noch das wenigste (was man ihm nach allem glauben mag). »Meine einzige Autorität ist eine ästhetische«, sagt er. Dabei tritt er im selben Roman als Strafverteidiger, Ankläger und Richter auf, und dies meist in einer ganzen Reihe von Fällen gleichzeitig. Rein – ja, »pure« – hat Roth sein Verhältnis zu seinen Charakteren eben genannt. »Pure? – Und das erlauben Sie sich?« Das ist in der Tat ein starkes Stück, ist es doch nichts anderes als diese Reinheit, eine Menschheitsgeißel von ungeahnter Hinterhältigkeit, die Roths gesamtes Werk zu einem eigentlichen Weltgericht geraten läßt. »Pure!« verfolge ich ihn tags darauf schonungslos, obschon er bereits tropfnaß zum Porträtphototermin in seiner Agentur eingetroffen ist. Immerhin 22 Blocks, rund zwei Kilometer, sind es von seinem Apartment an der 79th Street bis zur Agentur an der 57th Street; doch seinesgleichen, und mit siebzig Jahren erst recht, geht auch bei 38 Grad Celsius zu Fuß. »Objective«, sagt er beschwichtigend und behauptet immer noch, er sei kein Philosoph. Ich bin nicht überzeugt und sage es ihm, doch es bleibt dabei: Seine einzige Autorität sei eine ästhetische.

So läßt er mich mit seinem Werk allein. Ich erinnere mich an einen Essay des jungen Borges, auf deutsch »Die abergläubische Ethik des Lesers«: »Menschen, die von diesem Aberglauben befallen sind, verstehen unter Stil nicht die Wirksamkeit oder Unwirksamkeit einer Seite, sondern die augenfälligen Fertigkeiten des Autors: seine Vergleiche, seine Akustik, die Beiläufigkeiten seiner Interpunktion und seiner Syntax.« Sie »nennen eine Seite schlecht geschrieben, wenn sie nicht mit Überraschungen hinsichtlich der Verbindung von Adjektiv und Substantiv aufwartet, auch wenn sie im großen und ganzen ihre Aufgabe erfüllt.« Als Beispiel dieses Aberglaubens knöpft sich Borges seinen Landsmann Paul Groussac vor, und man verzeihe die etwas ausführliche Wiedergabe, aber die Sache ist elementar und den Mißverständnissen kaum beizukommen. Das Lehrstück ist der *Don Quijote* von Cervantes: »Wenn die Dinge so geschildert werden sollen, wie sie sind, müssen wir uns eingestehen«, so Groussac, »daß gut die Hälfte des Werks auf die Form hin betrachtet klapperig und reizlos ist, weshalb die Rivalen von Cervantes mit ihrem Hinweis auf die ›dürftige Sprache‹ in vollem Maße recht behalten. Ich beziehe mich hier ... auf die im großen und ganzen kraftlose Struktur dieser Nachttischprosa.« Borges dagegen: »Nachttischprosa, Konversations-, nicht Deklamationsprosa schreibt Cervantes, und eine andere hat er nicht nötig. Ich möchte meinen, dasselbe lasse sich von Dostojewski, Montaigne und Samuel Butler behaupten.« Etwas griffiger noch: »Es ist sträflich, auch nur eine der von Góngora fabrizierten Zeilen abzuändern (versichern die Herausgeber, die den Originaltext wiederherstellen); dagegen gewinnt der *Don Quijote* im Kampf mit seinen Übersetzern postume Schlachten und überlebt jede verwahrloste Textausgabe.« Noch im »hindostanischen Geist des Quijote steckt mehr Leben als in den ängstlich beflissenen Wortklaubereien der Stilisten.«

Nur durch solche Überlegungen wird mir erklärlich, weshalb *The Human Stain* auch in französischer Sprache lesbar ist. Ein Buch, das außerdem den *Prix Médicis* für das beste Buch des Jahres 2002 erhalten hat. (Plötzlich erscheint der französische Antiamerikanismus nicht mehr ganz so unerweichlich, scheint – wie andere kollektive Hirngeburten – Schwachstellen aufzuweisen, obschon in Frankreich, um genau zu sein, der *Prix Médicis* nicht für das beste Buch, sondern für das beste ausländische Buch des Jahres vergeben wird. Beim Porträttermin in seiner Agentur wird er mir ein Exemplar geben, schlicht *La tâche* heißt es, »Der Fleck«, und unaufgefordert will er das Exemplar signieren, vergißt das aber mangels eines Kugelschreibers sogleich wieder, und schließlich fehlt darin auch die Widmung des Originals: »An R. M.« – Ross Miller.)

So dürfte man sich eigentlich nicht zu sehr wundern, wenn Roth vom Stil ebenso abschätzig spräche wie Julien Green, der sagte, Stil sei etwas, was er hasse, ein Kunstgriff nämlich, dazu ersonnen, dem Ärmlichen, Banalen der Erfahrung und des Gedankens aufzuhelfen, und auch Roth traut man einen wahrhaft spartanischen Satz wie den Greens zu: »Was für Gedanken bewegte diese Frau in ihrem Inneren?« Um als nächsten Satz anzuschließen: »Sie schien weder glücklich noch unglücklich zu sein.« Wie Charlie Parker, sagt der Bordmechaniker Ross Miller, beherrsche Roth mittlerweile jede Melodie, was immer er auch höre. Ja, gewiß, doch eben nicht an seiner Akustik liegt das, sondern an dem, was er und seine Charaktere zu sagen haben. Das heißt nicht, daß man deshalb in die gängigen Klagen über Roths sprachliche Nachlässigkeiten einzustimmen noch gar ihnen großes Gewicht beizumessen hätte. »Keine Frau, keine Geliebte, kein Geld, keine Beschäftigung, kein Zuhause ... und jetzt auch noch, zur Krönung des Ganzen, auf der Flucht.« Das ist, inklusive der drei Punkte in Roths Satz, kein Ausrutscher, sondern nur noch einmal ein Gruß an Dos Passos. Oder: »... wenn es alles das nicht gäbe: Krieg, Wahnsinn, Perversität, Krankheit, Idiotie, Selbstmord und Tod, dann wäre er jetzt wahrscheinlich sehr viel besser dran« – das ist auch nur, was Voltaire zufolge Pangloss, der Philosoph und Hauslehrer, hie und da zu Candide sagte.

Doch tatsächlich finden Roths Charaktere in der Hitze der Gefechte über weite Strecken nie die Muße, sich eine kohärente, sie als Charaktere prägende Sprache zurechtzulegen. Bei Roth kommt es vor, daß eine seiner Gestalten etwas sagt, der Erzähler anfügt, wie sie es sagt, und dann ausführlich erklärt, was sie damit genauer meint und meinen sollte. Der Leser hat nicht die Zeit und Luft, sich darüber aufzuhalten. Vor allem bei seinen Frauengestalten, bei Drenka oder Faunia, bei Mickey Sabbaths Ehefrau Roseanna sind kaum Ansätze einer ihnen eigenen Sprache zu entdecken, und die Sprache seiner männlichen Protagonisten – ein schönes Beispiel ist Coleman Silk in *The Human Stain* – gewinnt in manchem Fall an Wirkung, je mehr sie der des Erzählers gleicht, der allerdings (Charlie Parker) viele Tonlagen und Register beherrscht. In ihren inneren Monologen geben Roth die Charaktere, die er ausheckt, sich einbrockt und dann auszubaden hat, mehr als genug zu denken und bedenken, doch es bleibt unüberhörbar des Erzählers eigenes Gehirn, das all ihre Gedanken ausgestaltet und ordnet. Allemal wird der Leser auf Trab gehalten, und gewiß kann es nicht in erster Linie der Glanz des Ausdrucks sein, was dem Text den treibenden Rhythmus, den absorbierenden Fluß und die traumwandlerische Sicherheit gibt. Es ist der muskulöse Griff und die Agilität des Gedankens – nein, nicht des geistreichen, sondern des geistesgegenwärtigen. Immer war der große Romancier ein Meisterpsychologe, und wenn Roth sagt, er habe die Gefühle schon mit zehn gekannt, dann ist auch das kein Indiz dagegen. Seinem Werk aber gebührt jenes hohe Kompliment, das Evelyn Waugh einmal Graham Greene zugedacht hat: Einen Roman von Greene könnte man gelesen und darin alles aufs deutlichste im Gedächtnis behalten haben, jedoch ohne noch zu wissen, in welcher Sprache man ihn gelesen hat.

Zur Architektur von Roths Romanen ist vollständigkeitshalber nur zu erwähnen, daß sie – der beste Beweis ist *I Married a Communist* – eine solche nicht nötig haben. Die Geschichte des kommunistischen Rundfunkstars Iron Rinn alias Ira Ringold, gestürzt durch die McCarthy-Inquisition und moralisch vernichtet von seiner Ehefrau, einer *celebrity* vom Broadway, erzählt Nathan Zuckerman einfach so, wie er sie zu hören kriegt: auf seiner Terrasse an sechs Abenden, von Iron Rinns Bruder und seinem, Zuckermans, ehemaligen Lehrer Murray Ringold, mittlerweile neunzigjährig und seinerseits ein Erzählvirtuose beinahe vom Format der Scheherezade aus *Tausendundeiner Nacht.* Die Hauptfigur Coleman Silk erscheint wenigstens in der ersten Hälfte von *The Human Stain* nicht nur als erinnerte Gestalt, sondern, wenn auch als Zweiundsiebzigjähriger, in Fleisch und Blut, doch wiederum nur, um uns in der Folge den Toten näher als zuvor den Lebendigen zu bringen; und die Erzählung folgt sicher nicht den Windungen des Plots, dessen Tragik die Grundstimmung abgibt. Worauf Ross Miller immer wieder seinen Finger hält, ist die entscheidende Bedeutung der Orte, an denen sich eine Geschichte sedimentiert hat und ausgraben läßt. Roths Romane sind Recherchen, und vielleicht hätte er nichts dagegen einzuwenden, wenn man seine Arbeit mit der des Archäologen vergliche, für den die historische Wissenschaft stets mit der Geographie zu beginnen hat?

Das schafft Gelegenheit, und man sollte sie nicht versäumen, sich vor den Archäologen zu verbeugen. Mir ist einer unvergeßlich, in einer universitären Stipendienkommission, der sagte, als er hörte, der Kandidat sei eben ein Jahr in Ägypten unterwegs gewesen, und das nicht als Gräber, sondern als Journalist: »Na, dann ist das ja«, und freudig hob sich seine Stimme, »endlich einmal ein Praktiker! Der darf keinen Korb bekommen!« Romanarchitektur oben oder unten, um das abzuschließen, Roth ist ein begnadeter Organisator, dem keine Lage anspruchsvoll genug sein kann, ein Bauleiter, wenn man will, oder Generalunternehmer, man spürt es, wenn man mit ihm in Newarks Straßen unterwegs ist, vielleicht auch, wenn es denn gar nicht anders ginge, geradezu ein Opernhausdirektor, und hat er sich nicht als Ehemann Claire Blooms jahrzehntelang intensiv in Inszenierungs- und andere Broadway-Fragen vertieft? Organisator – ist nicht das der wahre Job des Romanciers? Dieses einzig wahren Betriebspsychologen ... Wen denn auf der Welt, außer einem Romancier, könnte seine Funktion tatsächlich zu dieser größten aller bekannten Berufsleistungen verpflichten: aus seinem Personal, wenn nicht das Beste, so immerhin das Maximum zu machen? Außer in längst vergangenen Schlachten, wo noch alle Mann zu Fuß unterwegs waren, kommt dergleichen nur im Sport noch vor.

Ebensowenig jedenfalls wie ein Philosoph, der seine Gestalten existentiellen Lehrgängen unterzieht und sie damit volltrichtert, mag Roth ein Theologe sein, auch wenn er und der

Puppenspieler Mickey Sabbath es nicht lassen können, »aber doch in einer mehr spielerischen Weise, nicht wahr«, setzt sich Roth zur Wehr, Gott persönlich mit dem einen oder anderen Farbtupfer auszuschmücken. In den USA ist Gott gegenwärtig, und geben sich die letzten Dinge nicht immer wieder von einer höchst wundersamen Seite? Und, da ja oben von Don Quijote die Rede war: Gibt es in den USA nicht am Ende gar noch Ritter, und war nicht auch der Hidalgo dem Philosophieren ebensowenig abhold wie der Theologie? Ganz ähnlich wie der hart und erbarmungslos bestückte Mickey Sabbath und ohne daß Cervantes' Werk dadurch abstrakter oder auf irgendeine andere Weise anämischer wurde. Aber handeln Theologen nicht vor allen anderen Dingen von Menschlichem: nämlich von Moral? Und handelt nicht Roths ganzes Werk durchweg von einem: nämlich von Schuld? Fast denkt man zuweilen, bei Roth fände sich nur noch ein zweites großes Thema: nämlich die Unschuld – und der ihr eigene Wahnsinn und die Bomben, die sie baut.

Sie führen ins Zentrum seiner Welt: »In Amerika war es der Sommer, in dem der Brechreiz zurückkehrte, in dem das Witzemachen, die Spekulationen, die Theorien, die sich überbietenden Weisheiten des Volksmunds kein Ende nahmen, in dem man die moralische Verpflichtung, seine Kinder über die Tatsachen des Erwachsenenlebens aufzuklären, zugunsten des Wunsches aufgab, ihnen alle Illusionen zu lassen, es war der Sommer, in dem die Kleinlichkeit der Leute schlichtweg überwältigend war, in dem eine Art von Dämon auf die Nation losgelassen wurde und die Leute sich in beiden Lagern fragten: ›Warum nur sind wir so verrückt?‹ … Es war der Sommer, in dem sich das Chaos, die Verwirrung, die Sauerei zum millionsten Mal als soviel raffinierter erwies als diese Ideologie oder jene Moral.«

In ebendiesem Sommer erhält Zuckerman Besuch von seinem Nachbarn Coleman Silk, aller Welt bekannt als der jüdische Gräzist, der es als Dekan am neuenglischen College von Athena zu hohem Ansehen gebracht hatte und schon entsprechenden Ehrungen entgegensehen konnte, ehe ihn vor einigen Jahren eine angebliche Anspielung auf die ihm unbekannte Hautfarbe zweier in seinem Seminar zwar eingeschriebener, aber dort nie erschienener Studenten schließlich alle seine Ämter kostete. Ob es sich bei den beiden um »spooks« handelt, hatte er sich erkundigt, was mit einer laut Wörterbuch veralteten Nebenbedeutung auch Schwarze meinen konnte, und die beiden waren schwarz und klagten gegen den Professor. Den Romancier Zuckerman will nun Silk dafür gewinnen, die Geschichte zu schreiben, wie dieser Skandal in seinen Nachwirkungen seine Ehefrau unter die Erde gebracht haben soll.

Die Geschichte stellt sich allerdings als eine ganz andere heraus, wie nämlich der »lilienweiße« Silk einst als Zwanzigjähriger, beim Eintritt in die U. S. Navy, mit seiner Familie und Herkunftswelt in East Orange bei Newark gebrochen hatte, um mit seinen außerordentlichen Talenten in der Folge dem von der amerikanischen Gesellschaft als ihre demokratische Erfindung verordneten *pursuit of happiness* nachzuleben – dies als selbst von seiner eigenen Ehefrau und Familie unerkannter Afro-Amerikaner und mit allem beruflichen und persönlichen Erfolg, von dem ihm seine Laufbahn zu träumen erlaubte. Und zu Fall gebracht hat ihn nicht etwa die paranoide *political correctness* ebendieser Gesellschaft; im Gegenteil ist es deren selbstgerechte Arg- und Ahnungslosigkeit, die ihm keinen Ausweg ließ und die ihn, nachdem er schließlich einem Mord zum Opfer gefallen ist, postum noch einmal moralisch erledigt – unwissend nach wie vor. Weil er, ohne einen weiteren Gedanken daran zu verlieren, »spooks« gesagt hat … Und weil er später, nach seinem erzwungenen Abgang und dem Tod seiner Frau, eine Affäre mit einer ungebildeten Frau von der Hälfte seines Alters eingegangen ist. Er, der einst seine Mutter verleugnet hat, die sich davon nicht mehr erholte und deren früher Tod für den Rest des Lebens auf ihm lastete. »Spooks« – welch monströse Banalität in diesem Schlußakt des einsamsten aller existentiellen Meisterstücke.

Seine schaurige Lehre erhält auch Seymour Irving Levov, der »Schwede« in *American Pastoral.* »Er hatte gedacht,

Ordnung sei der vorherrschende Zustand und Unordnung gebe es nur am Rande. Er hatte es falsch herum verstanden.« Und für sein amerikanisch mustergültiges Leben erntet er kaum einen besseren Lohn als Coleman Silk, obschon er zwar nicht selber ermordet wird, dafür aber mit aller einem einzelnen Menschen möglichen Liebe, Pflege und Vorbildlichkeit – und nicht mit Eitelkeit – das Monster einer mordenden Tochter großgezogen hat, die zwar nicht wie Ira Ringolds Alptraum einer Stieftochter öffentlich Harfe spielt, dafür in ihrer Geistesverfassung aber nur mit Theodore Kaczynski, dem Unabomber, und Timothy McVeigh, dem Attentäter von Oklahoma City, zu vergleichen ist. Außer Seymour Levovs Bruder Jerry weiß es keiner in seiner Familie; ebensowenig in der Abendgesellschaft in seinem alten englischen Landhaus, wo der moralische Ruin – in dieser amerikanischen Mittelstandsgesellschaft allgegenwärtig – einen seiner trivialen Alltagserfolge feiert. Wie wäre die ästhetische Autorität die letzte Instanz in einer solchen Art von Konfrontation? Oder angesichts der Niedertracht und des mörderischen Ehrgeizes einer akademischen Kollegin wie Delphine Roux, deren (beinahe unschuldiges) Komplott in *The Human Stain* sich nicht gegen das Individuum Coleman Silk richtet, sondern gegen das, was einmal für die kulturelle und moralische Substanz einer höchstangesehenen Gesellschaftselite gehalten wurde.

Die Ambivalenz einer Tugend, die frei von Skrupeln groß geworden ist und die wir exemplarisch von Graham Greene – man denke an *The Quiet American (Der stille Amerikaner)* – kennen, hat früh als ein zentrales Motiv in Roths Werk Eingang gefunden: schon in *When She Was Good,* 1966, Lucy Nelson – wahrhaft, wie man so sagt, »ein armes, unschuldiges junges ...« Der Seufzer Querrys, des Protagonisten in Greenes *A Burnt-Out Case (Ein ausgebrannter Fall),* könnte von Roth (oder wenigstens Zuckerman) sein: »Oh, unschuldig ... Da haben Sie wohl recht. Gott schütze uns vor aller Unschuld. Die Schuldigen wissen wenigstens, was sie tun.« Doch nicht erst die Blindheit, mit der die kompromißlose Tugend ihre Vollstrecker schlägt, richtet das Unheil an, wie Coleman Silk erfahren muß, der an dieser Schwäche gewiß nicht krankt. Schon die Rezepte ihrer moralischen Vortrefflichkeit selber führen eine Gesellschaft ins Desaster, die der eigenen Unvollkommenheit nicht innewerden mag. »Das ist der menschliche Makel«, sagt Coleman Silks Geliebte Faunia in *The Human Stain,* und sie sagt es »weder angewidert noch verächtlich, noch verurteilend. *So ist es eben* – das ist es, was Faunia auf ihre eigentümliche lakonische Weise sagen wollte.« Und deshalb findet Faunias geliebter Vogel, die Krähe Prince, aus der Voliere des Vogelschutzbundes nicht mehr unter ihre freilebenden Artgenossen in den Berkshires hinaus. »Die Berührung durch uns Menschen hinterläßt einen Makel«, der »mit dem Dasein untrennbar verbunden« bleibt, erklärt der Erzähler Zuckerman, und ist hier seine Autorität einzig die ästhetische von Roth? Der so viele Geschichtsbücher liest ...

Wie dem auch sei: Der Makel »hat nichts mit Ungehorsam zu tun. Er hat nichts mit Gnade oder Rettung oder Erlösung zu tun. Er ist in jedem. Eingeboren. Innewohnend. Prägend. Der Makel, der schon da ist, bevor irgendeine Spur davon zu erkennen ist. Der Makel, der so wesenseigen ist, daß er kein Zeichen braucht. Der Makel, der dem Ungehorsam vorausgeht, der den Ungehorsam schon in sich trägt und jedes Erklären und Begreifen übersteigt. Darum sind alle diese Reinwaschungen ein Witz. Ein barbarischer Witz noch dazu. Die Phantasie der Reinheit ist ekelhaft. Sie ist Wahnsinn. Was ist denn das Streben nach Reinheit anderes als eine weitere Unreinheit? Alles, was sie über den Makel sagte, war nur, daß er unvermeidlich sei. Genau das natürlich war Faunias Lehre aus dem Ganzen: aus den unvermeidlich mit dem Makel behafteten Geschöpfen, die wir sind.« (Mit Professor Silk will der Erzähler es dem Leser erklärt haben, diese griechisch-tragische Unentrinnbarkeit, und schreitet unverzüglich zum olympischen Götterhimmel fort; und man kommt nicht umhin, sich zu erinnern: Auch Roth gab Kurse an Universitäten, bis er sechzig war. »Wo kann man besser über Bücher diskutieren?« sagt er, und es klingt nicht einmal entschuldigend.)

Philosoph, Theologe, Psychologe, Archäologe – Welt, Gott, Seele und unsere Behausungen und Werkstätten: Jenes große, historische Experiment USA, wo das Leben und der berühmte Traum noch immer neu erfunden werden, ist mit ganzer Kraft und erbarmungslos im Gang. Daraus bezieht Roth, der Romancier, seinen unerschöpflichen Stoff. Kritiker streiten sich darüber, ob er nun zu den größten Sprachartisten zu zählen sei: Sicher hat er weit mehr und anderes zu tun, er sagt es selber, denn in seiner Gesellschaft herrscht Mangel weder an Vielfalt der Teilhaber noch an unvorhergesehenen Wendungen in ihrem Schicksal. Plot und Handlung seien die Baumaterialien, liest man irgendwo bei Graham Greene; während das Werk – die literarische Konstruktion – die Charaktere seien. Diese aber seien nichts Geringeres als Gestalten, die verdammt und erlöst werden könnten. Sehen wir Greene doch das Katholische in seinen Werken endlich nach, da es ja auch ihm um Seelen und nicht um spitze gotische Fensterbogen geht; und bei Roth lernt man an einem Beispiel wie *The Human Stain,* daß das große Werk die Geschichte ist, in der die Menschen sich mit vereinter Anstrengung fortbewegen und die sie ohne zuviel Gotteshilfe machen, die vergänglicheren Gärten und endgültigeren Höllen, die sie sich eigenhändig ausstaffieren. Jüngstes Gericht ist immer und überall auf Erden und im Leben, das eines in Gesellschaft ist. Amerika ist vieles, aber immer das Moralland – *anytime and all the time,* wie die atemlose Animation von CNN uns einbläut –, und nicht weniger ist Roths Autorität – zu jeder Zeit und die ganze Zeit – eine durch und durch moralische, wir brauchen nämlich nicht nur seine ästhetische. Was täten wir in unserer jüngeren und schnelleren Welt ohne die Siebzigjährigen und Älteren, ohne den neunzigjährigen Murray Ringold. »Irgendwann treten alle Irrtümer einmal zutage«, sagt er, »nicht wahr?«

New York City, Juli 2003

25 ■ GOING ANTIPODEAN

Dienst nach Vorschrift in Neuseeland

A*uckland/Christchurch, April 1996.* – In Neuseeland sind wir nicht schon jetzt, am Anfang der Geschichte. Wir müssen da erst ankommen, in diesem Fall ist der Weg nicht geschenkt. Der Weg ist weit, weiter als zum Südpol, er führt ans Ende der Welt. Er führt zu den Antipoden. Zwar soll es Gerüchte geben, es seien im Südpazifik Reisende aus der alten Welt gesehen worden, die an Antipoden und dergleichen weder Zeit noch Gedanken verschwendet hätten. Wie es hieß, sollen sie sich nur einfach auf Suche nach abermals einem schönen Land befunden haben, da es davon ja nicht genug geben kann. Aber das sind wahrscheinlich nur Gerüchte. Dagegen steht fest, daß all die anderen, die weit reisen, es tun, weil dem Reisenden einst die Sirenen Wissen verheißen haben, Wissen von allem, was irgend geschah auf der vielernährenden Erde, und so führt eine Reise in den Südpazifik nicht irgendwohin, sondern zu den Antipoden.

Für einmal bleibt nichts, als am Thema festzuhalten, denn noch sind wir nicht in Neuseeland eingetroffen. Wir haben die chinesische Grenze überflogen und kaum die Hälfte der Strecke hinter uns, von Hongkong nach Auckland fliegt man noch einmal so lange wie von Zürich nach Johannesburg. Antipoden – da ist offenbar von einem Gegensatz die Rede, »Gegenfüßer« oder »Gegenfüßler« heißen die Antipoden in Grimms *Deutschem Wörterbuch.* Aber sogar ein Wort wie »Gegensatz« hat wohl noch niemals einen Gegensatz ganz allein auch hervorzubringen, zu erschaffen vermocht, und bis jetzt, auf unserem nächtlichen Flug zu den Antipoden, bleibt ihr Name so leer wie eine Kugel rund, und die Kugelgestalt scheint über die Erde in der Tat nicht so viel zu besagen, gehört nicht zu den Merkmalen, die uns an der Welt besonders oft ins Auge springen. Diese äußerliche Gestalt der Erde mag zuweilen praktische, verkehrstechnische Vorteile aufweisen, etwa indem die so zahlreichen Wege nach Rom manchmal echte Alternativen bieten oder indem man westwärts wie ostwärts nach Indien gelangt und so fort und wieder zurück. Doch ihr Unzufälliges, ihren Sinn und ihre Berechtigung, erhält diese Kugelgestalt der Erde nicht schon auf der Erde selber, das heißt nicht schon auf ihrer Oberfläche, sondern erst in einer Perspektive, die über den Planeten hinausgreift und eine Himmelsmechanik mit einbezieht, wie es bereits die Alten – Platon und Aristoteles – taten, als sie die Frage beantworteten, weshalb die Antipoden nicht von der Erde ins All hinabfielen. Nicht einmal ihr Rugbyball.

Solange wir in Neuseeland nicht eingetroffen sind, haben die Antipoden uns einstweilen von der Unentbehrlichkeit und den großen Vorzügen der Metaphern und der übertragenen Bedeutung wieder einmal ein Beispiel gegeben. Aber die Erde vom All aus gesehen ist nur eines von vielen weiteren Themen auf dem blinden Luftweg zu ihnen. Nehmen wir an dieser Stelle zur Kenntnis, daß für extraterrestrische Nachbarn die Unterteilung der Erdbewohner in die gewöhnlichen versus die Antipoden durchaus einen weiteren Aspekt aufweisen könnte, bei Umständen etwa, wie sie das Verhältnis unseres Trabanten zur Erde prägen, insofern dieser uns stets nur das eine, gleiche Mondgesicht zukehrt, niemals dagegen die Hinterseite, von der wir daher lange Zeit entsprechend wenig wußten. Haben wir es uns nicht vielleicht doch vor allem deswegen so große Mühe kosten lassen, zum Mond hinaufzufliegen? Zu James Cooks Zeiten einst mag auch Neuseeland ein Gegenstand purer Neugierde gewesen sein.

In sphärischer Geometrie sind Neuseeländer besser bewandert als wir; zumindest was ihre eigene Lage betrifft, brauchen sie nicht im Atlas nachzuschlagen. Durch den Erdmittelpunkt auf die Nordhemisphäre projiziert, kommt die Nordspitze Neuseelands, das weiß dort jeder, vor der marokkanischen Küste, etwas nördlich von Rabat, zu liegen.

Von da schwingt sich das Land über die Iberische Halbinsel hinaus in den Nordatlantik, Invercargill an der Südspitze liegt einige hundert Kilometer vor dem galizischen Kap Finisterre. Die Chatham Islands, Neuseelands östlicher Außenposten, wären in der Gegend von Montpellier anzupeilen. Wer in Auckland, der Metropole der Antipoden, senkrecht zu Boden und durch die Erdkugel hindurchblickt, sieht genaugenommen den Andalusierinnen in die Röcke. Trotzdem aber – verursacht durch irgendeine Anomalie in der Erdbewegung – sieht er in Wirklichkeit eher Engländerinnen. Damit hängt es vielleicht zusammen, wenn bisher niemand auf den Gedanken kam, von Indonesiern als den Antipoden der Ecuadorianer zu sprechen oder von den Argentiniern als Antipoden von Chinesen. Wir dürfen die Möglichkeit nicht aus den Augen verlieren, daß die Neuseeländer womöglich auf Erden überhaupt die einzigen Antipoden sind.

Inzwischen sind wir bei ihnen offenbar angekommen, in gewisser Weise jedenfalls. Zum Empfang einiger Mitreisender hat sich auf dem weichen und dezent bunten Spannteppich der Flughafenhalle von Auckland ein Ensemble von Blechmusikanten in Fastnachtsmontur eingefunden, und dem Ortsunkundigen stellt sich die Frage, ob das bei den Antipoden der Regelfall sei.

Die Antipoden sind wir mit der Ankunft nicht losgeworden. Unter den Antipoden beginnt man den Tag mit den Antipoden; mit ihnen ist man in Neuseeland aufgewacht. Das heißt, dazu bedarf es ihrer, der Engländer, gar nicht mehr eigentlich, es bedarf nicht der Satellitenantenne und der Fernsehsendung aus Übersee. Das eigene, neuseeländische Radio reicht dazu. »Einen schönen guten Morgen, neuseeländische Zeit!« – sagt der Moderator. »Einen schönen guten Abend, Londoner Zeit!« – sagt der Korrespondent. Es ist sieben Uhr, gleich viel Uhr hier und dort, dort *p. m.,* hier *a. m.* – Abkürzungen, die man jetzt endlich etwas besser versteht, etwas anschaulicher jedenfalls, wenn man so sagen kann; und es ist sieben Uhr hier schon heute, dort noch gestern, obwohl sich der *Royal Correspondent* von *Radio New Zealand* bemüht, diese Zeitverhältnisse beiläufig etwas zurechtzurücken. So schickt er den Neuigkeiten von Prince Andrew und Fergie den Hinweis voraus, die Begebenheiten am britischen Hof, am Hof des Staatsoberhauptes auch von Neuseeland, seien in London natürlich längst nicht mehr so brandaktuell und vom selben großen Gewicht, das ihnen zu Hause in Neuseeland noch zugemessen werde.

Diese Form des Humors kann nichts daran ändern, daß es an Nachrichten von heute in Neuseeland fast nur das Hausgemachte gibt. Sieht man von Australien ab, was man in Neuseeland immer gerne tut, wird das übrige auch heute abend noch gestrig sein. In Peking ist es erst zwei Stunden nach Mitternacht, und in New York, wo *Radio New Zealand* bei Sotheby's Auktion der Kennedy-Devotionalien dabei ist, ist es anders als in London nicht gestern abend, sondern erst gestern mittag zwei Uhr. Eine gleiche oder doch wenigstens ähnliche Zeit wie hier gibt es nur in der Südsee und weiter nördlich in Honolulu auf Hawaii, wo es statt sieben bereits neun Uhr ist und die Sonne um soviel höher steht, nun aber vollends gestern, und so liegen, von hier aus gesehen, die Polynesier auf Tahiti nicht einige wenige Stunden der Sonne entgegen im Osten, sondern weit, weit, ein- oder zweiundzwanzig Stunden zurück, der Sonne hinterher, im Westen. Neuseeland bleibt unaufholbar, und bei den Neuseeländern kann es sich nur um eine Avantgarde handeln.

Neuseeländer haben ein Faible für Statistiken und fast mehr noch für die charakteristischen Superlative dieser Statistiken. Neuseelands Behörden stellen pro Kopf der Bevölkerung weltweit die meisten Pässe aus. Neuseeland hat die meisten Telefaxanschlüsse pro Kopf der Bevölkerung weltweit. Man ahnt die Zielrichtung, ohne alles davon überprüft haben zu wollen. So viel Abwesenheit der restlichen Welt, so viel Abgeschiedenheit muß ihre Art von Weltzugewandtheit hervorbringen, muß der Welt eine Dauerpräsenz besonderer Art verleihen. Dadurch kann die Welt etwas an Übersichtlichkeit gewinnen, und im daran nicht gewöhnten europäischen Auge erscheint sie, als hätte sie sich mit einemmal enger zusammengezogen, als hätte sie etwas von der Natur eines Geschlossenen, Einen, worauf sich mit dem Finger zeigen ließe – ein Effekt von der Art des Bildes im verkehrt gehaltenen Fernglas. Zum Beispiel tritt einem dieses Bildchen der Welt aus dem Schaufenster eines jeden Reiseanbieters entgegen. Sehen wir noch einmal von Australien ab, so gibt es eigentlich keine erheblichen Preisunterschiede; die Destinationen rund um die Welt sind annähernd gleich teuer, so daß man in Neuseeland fast die Einführung eines Einheitspreises für Flüge zur Welt erwägen könnte. »Wir und die Welt« – dieser Unterton, der um die Schwelle des Hörbaren pendelt, liegt so oft darüber, daß ihn der Besucher in dem so weltgängigen Neuseeland ständig zu hören glaubt.

Umgekehrt ist die Welt lange nicht auf Neuseeland aufmerksam geworden, kein Mensch in der übrigen Welt hat gesagt »wir und Neuseeland«, und wo also liegt Neuseeland? Die meistgelernte Fremdsprache in Neuseeland ist heute das Japanische, aber greifen wir nicht zu weit vor! Nach der europäischen Entdeckung Neuseelands durch Abel Tasman im Jahr 1642 verstrichen nochmals rund zwei Jahrhunderte, ehe mit einer Ansiedlung von etwa 3000 britischen Auswanderern die fragile Basis der Staatsgründung unter der Krone Victorias von 1840 gegeben war. Ein vorausgegangenes knappes Jahrhundert der Besuche von Walfängern und der Beutezüge von Robbenjägern hatte die Inseln nicht aus der Steinzeit hinausbefördert, und die ansässige Bevölkerung von 100000 Maori, deren Vorfahren während der vorausgegangenen tausend Jahren, in mehreren Wellen aus dem Pazifik zugezogen waren, zeigte kaum Spuren äußerer Einflüsse.

Etwas Statisches, eine Ruhe in sich selber, strahlt auch das Stereotyp des frühen Siedlerdaseins der britischen Wahlantipoden aus: »Es war ein eintöniges Leben, aber sehr gesund«, liest man in Samuel Butlers *Erewhon,* der vielleicht frühesten literarischen Schilderung; »die Landschaft war denkbar großartig.« – »Endlich kam die Zeit der Schafschur...« Noch heute entfällt auf einen Neuseeländer eine

Population von vierzehn Schafen, rund fünfzig Millionen Tiere auf etwas über dreieinhalb Millionen Menschen, ein Bestand, der – pro Kopf der Bevölkerung gerechnet – beim Siebzigtausendfachen des japanischen Schafbestandes liegt.

Die Natur ist keine Abstraktion in Neuseeland, wo man die Menschen nach Tieren benannt hat, nach den Kiwis, den neuseeländischen Miniaturstraußen, flugunfähigen Laufvögeln, graubraun mit kräftigen Beinen und langem geradem Schnabel. Man wird es sich bestimmt schon vorgestellt haben, unter den Kiwis findet ein Großteil des Lebens *outdoors* – im Freien – statt, und dies noch in Zeiten, da nur mehr wenige ans Hirtenleben denken. Unter den Kiwis gilt als ein *freak,* wer sich nicht wenigstens in einigen der Sportarten engagiert, von denen es in Neuseeland alles zwischen Erde und Himmel Denkbare gibt und manches mehr, wovon die alte Welt sich nichts träumen läßt. Dazu trägt bei, daß Neuseelands gewichtigster Wirtschaftszweig heutzutage der Tourismus ist, in dieser Zeit, da der Tourismus bereits ein Siebtel der Weltbevölkerung jährlich zum Konsum des Planeten mobilisiert. Hier, wo man den Planeten als ganzen vor Augen hat, sieht man davon etwas. Zwar ist Neuseelands jährliche Besucherzahl noch nicht die höchste pro Kopf der Bevölkerung weltweit, aber sie erreicht mit mehr als 1,5 Millionen demnächst die Hälfte der letzteren, und nach zwei Tagen im Land wagte es wohl niemand zu bestreiten, wenn er in Neuseelands Statistik Zahlen finden sollte, nach denen das Land die meisten Ansichtskarten pro Kopf der Bevölkerung weltweit produziert.

Denn die Landschaft ist denkbar großartig. Vor zehn Jahren endlich wurden Reste des Urwalds unter Schutz gestellt. Er hatte einst beinahe die gesamten Inseln bedeckt. Eineinhalb Jahrhunderte des kommerziellen Kahlschlags haben nicht viel davon übriggelassen. Eines steht außer Zweifel, nämlich daß in Neuseeland die meisten Prospekte und überhaupt das meiste Tourismuswerbematerial pro Kopf der Bevölkerung weltweit gedruckt werden. Nebst der Schönheit des Landes kommt dabei eine neuseeländische Gründlichkeit, eine Abneigung gegen das Schlampige zum Tragen, die anderswo ebenfalls anzutreffen sein wird, und der Fremdenverkehr will in geordneten Bahnen verlaufen, es an Komfort auch bei der Information nicht fehlen lassen.

Unter den zahllosen Sportarten aber findet sich eine, bei der es um mehr als nur um das Vergnügen geht; es geht um die Ehre. Neuseeland liegt nicht umsonst im Pazifik mit seiner herausragenden nautischen Geschichte, und die Rede ist vom Segeln. Es steckt eben doch mehr als nur die Konvention einer Redeweise dahinter, wenn Neuseeländer »ganz unten auf der Welt« zu Hause sind. Im physischen Vergleich der beiden Hemisphären macht der erste Blick klar, daß die Zahl der Erdbewohner auf der Südhalbkugel verschwindend gering ist, daß der Norden bereits an der Landmasse des Planeten den so viel größeren Anteil hat. Antipoden sind am weitesten weg von da, wo die gewöhnlichen Menschen leben, und geht nicht schon von ihrer fremdländischen Bezeichnung ein Hauch von Seltenheit aus? Falls es so etwas wie Antipoden tatsächlich gibt, dann sind sie zu suchen gewiß nur in jenem schwer zugänglichen, tiefen Süden, wo es fast nichts als Wasser gibt, Abertausende von Kilometern nur Wasser, wie rund um Neuseeland. Bis auf die Ausnahmen lebt alles am Meer, und als Lage der Metropole kommt nur Auckland in Frage: jene Stelle, wo die meisten Häfen beisammenliegen, eine im Norden und Süden von Buchten gesäumte Landbrücke, die von allen Seiten mit viel Naß eingedeckt wird.

Vergessen wir Neuseelands Statistik nicht. Obschon die Überprüfung wiederum ausbleibt: In Neuseeland werden pro Kopf der Bevölkerung weltweit die meisten Bücher verkauft, und in Erhebungen sollen mehr als 80 Prozent aller Neuseeländer als ihre erste Freizeitbeschäftigung das Lesen anführen, das damit über allen tausend Sportarten rangiert. Das läßt vermuten, Neuseeländer müßten doch auch *indoors* anzutreffen sei, wie das in mehr ländlichen Gegenden überall zu erwarten ist, weil es dort außer der Natur und dem Sonnenschein, dem Wind und dem Regen nur noch die gute Stube gibt. Aber mit der Landbevölkerung hat sich ein

Klischee eingeschlichen, denn 85 Prozent der Neuseeländer leben heute in Siedlungseinheiten von über tausend Einwohnern, und rund die Hälfte des Landes lebt in einer einzigen Stadt, im Großraum von Auckland mit seinen Satelliten.

Dennoch ist diese Verstädterung nicht umstandslos mit Urbanität gleichzusetzen, und wäre es nur, weil die neuseeländische Weltzugewandtheit sich doch in weiter Distanz zur Welt und daher selbst unter eifrigsten Lesern vorwiegend zu Hause in Neuseeland und insofern in überschaubarem Rahmen abspielt; und wäre es nur, weil dieser Rahmen es nahelegen muß, desto ausführlicher bei sich selber und den eigenen Gegebenheiten zu verweilen. Die Zeit ist vorbei, als ein jeder Neuseeländer einmal im Leben zu seiner großen Reise aufbrach. Die kostümierten Blechmusikanten waren vielleicht dennoch ein Anzeichen dafür, daß am Flughafen von Auckland noch bis zum heutigen Tag nicht jede Reisebewegung als Selbstverständlichkeit empfunden wird. Die Randlage muß Land und Leute prägen. Neuseeland hat die meisten Internetbenutzer pro Kopf der Bevölkerung weltweit. Aber die *New York Times*, die sich im Botschaftsviertel von Wellington endlich doch findet, kostet fast vierzig Mark und ist zehn Tage alt, bei der *Frankfurter Allgemeinen Zeitung* daneben handelt es sich Ende April um eine Nummer vom März. Neuseeländern bleibt kaum eine Wahl, als sich selber und einander zu kennen, sich und einander auf den Grund zu gehen; da muß es ratsam erscheinen, dies auch zu wollen.

Das Land kennt kaum mehr als zwei Jahrhunderte Geschichte im engeren Wortsinn. Die Frage nach der Identität der Gesellschaft Neuseelands läßt sich so täglich neu und von Grund auf stellen, gewissermaßen in der integralen Perspektive einer Biographie. Beim jugendlichen Alter des Landes wissen Neuseeländer von sich tatsächlich mehr als wir; die Geschichte ihrer Ankunft erscheint gleichsam erinnerlich mit der Kenntnis, in wievielter, dritter oder vierter Generation Mutter und Vater bereits hier waren. Zu Beginn des zwanzigsten Jahrhunderts hatte das Land 800000 Einwohner, weniger als ein Viertel der heutigen Bevölkerung. Der

Zuwachs kam zu einem guten Teil von außen. Es ist eher die Regel als die Ausnahme, wenn es sich bei einem Elternteil um einen Immigranten handelt, und so kann es nicht befremdlich wirken, wenn im Sprachgebrauch der Vätergeneration, noch bis mindestens in die fünfziger Jahre, ein Besuch der Britischen Inseln als eine Reise *home*, als ein Heimatbesuch galt. Im gesamten Weltreich sprach man als Brite so.

Die Geschichte Neuseelands ist weitgehend eine angelsächsische Geschichte geblieben. Mit dem Namen Neuseeland in seiner deutschen Version verbinden sich vermutlich wenig Erinnerungen an Kriege. Anders im Gedächtnis der Pazifik-Nation, die es gewohnt war, von gefallenen Verwandten nichts wiederzusehen. Dafür hat Neuseeland Gedenkstätten achtzehntausend Kilometer von der Heimat, im Zentrum der alten Welt. Der Werdegang Neuseelands in seinen angelsächsischen Schicksalsgemeinschaften ist vor allem von drei tiefen Zäsuren geprägt. Der erste Schritt der Trennung vom Mutterland setzte am 26. April 1915 ein und wird bis heute mit dem *Anzac Day*, dem Tag des Australia New Zealand Army Corps, als ein Geburtstag des neuseeländischen Nationalbewußtseins begangen. Am 26. April 1915 hatte London seine australischen und neuseeländischen Freiwilligen nach Gallipoli an die Dardanellen geschickt mit der Aufgabe, als Vorhut der britischen Krone auf türkischem Feindesgebiet eine Verbindung ins Schwarze Meer zum verbündeten Rußland freizukämpfen. Das Unterfangen erwies sich als Fehlschlag, und das Expeditionskorps, von den britischen Streitkräften abgeschnitten und im Stich gelassen, wurde während Monaten des heroischen Widerstands fürchterlich dezimiert.

Dem britischen Dominion Neuseeland blieb im Gedächtnis, daß Treue zur Krone nicht automatisch Treue der Krone zu bedeuten hatte, daß Antipoden für sich selber zu schauen haben. Im Zweiten Weltkrieg schuldete das britische Neuseeland seine Dankbarkeit wiederum nicht der Krone des britischen Weltreiches, sondern den Vereinigten Staaten von Amerika, die allein den Pazifik vor den Japanern zu retten vermochten. Die große Ernüchterung über die USA als den neuen Schirmherrn folgte mit dem Krieg in Vietnam, wohin Neuseeland gemäß der Tradition Freiwillige entsandte, nur um desto schneller die Überzeugung für die Sache zu verlieren. Neuseelands vollständige Unabhängigkeit, welche von der Krone 1947 verbrieft worden war, gab nach dieser neuen Entzweiung mit der amerikanischen Großmacht im Pazifik ein neues Gesicht zu erkennen, bescherte den Angelsachsen der Südsee ein neues Gefühl von Einsamkeit. Die Franzosen und Greenpeace haben auf dem europäischen Kontinent die Antinuklearbewegung besser bekannt gemacht, welche Neuseeland zuvor zu seinem amerikanischen Schutzpatron auf Distanz, ja an den Rand westlicher Bündnisfähigkeit gebracht hatte. Sogar für die Beziehungen zu Australien erwies sich dies zeitweilig als Belastung.

Neuseeland pflegt allerhand Perfektionismus, in Neuseeland grassiert nicht nur das sprichwörtliche *neat, clean and tidy:* Wörter, von denen jedes – nett, reinlich und ordentlich – stets auch die anderen zwei in sich trägt. In ihren vielen Varianten stammen die Einfamilienhäuschen allesamt aus dem Modellbaukasten, und nicht erst aus größerer Distanz, aus einem tief fliegenden Flugzeug oder von einem nahen Hügel aus betrachtet, erinnern die ausgedehnten einstöckigen Wohnviertel der Gartenstädte an Spielzeug. Man erkennt schon von der gegenüberliegenden Straßenseite aus, wie da die styroporgeschützten Teile ausgepackt wurden und anschließend zusammengesteckt. Konsequenz gilt nicht nur in der Ordnungsliebe. Der Taxifahrer verfügt über ein beeindruckendes Arsenal von Schrauben, Nägeln, Platten und Spangen, die der Nationalsport Rugby in seinen Schultern, Knien und Ellbogen zurückgelassen hat. Außer von der kulturellen Differenz, welche die Antipoden von ihren Ahnen trennt, sprechen Neuseeländer gern von einer athletischen Differenz; und so wie der Taxifahrer sich seiner prothetischen Innereien rühmt, ist klar, daß es selbst dem pazifistischsten aller Kiwis in jedem Ernstfall als Selbstverständlichkeit gälte, den besten Soldaten der Welt zu stellen.

Anders als die australische – die Kiwis erwähnen das gelegentlich gutmütig – ist Neuseelands Gesellschaft nicht aus einer Sträflingskolonie hervorgegangen, und ob britisch oder nicht, es handelte sich um *reliable stock* – verläßliche Elemente. In Christchurch in Canterbury auf der Südinsel, einst Neuseelands erste größere Siedlung, ehrt das Heldendenkmal Robert Falcon Scott, der laut seinen letzten Tagebucheintragungen im antarktischen Eis sein Leben nicht der Wissenschaft, sondern der Krone geopfert hat. Genau dies aber trennt die Neuseeländer von Scott, die mit dem Denkmal den großen schottischen Polarforscher ehren, und eben nicht die Krone. Eines Tages wird Neuseeland eine Republik sein, die Frage erhitzt die Gemüter nicht über Gebühr und ist daher nur eine Frage der Zeit. Eine Voraussetzung ist unzweifelhaft gegeben, nämlich das, was hier *republican temper* heißt – eine Haltung, für die es nicht akzeptabel ist, daß über die Karriere eines Menschen die Geburt entscheidet. Es zählt, was ein Mensch geleistet hat. Die Neuseeländer sind Antipoden der englischen Aristokratie. Sie halten es mit dem Egalitarismus, und dies in einer Geschlossenheit, die in einer ansonsten recht freien Gesellschaft in diesem Punkt wohl bis heute keinen Raum für Dissens läßt. 1893 erhielten unter den Siedlern die Frauen das allgemeine Wahlrecht, früher als irgendwo in Europa.

Gesinnung und Habitus des *republican temper* sind gemeinsames Merkmal von kolonialen Gesellschaften, das heißt von Kolonistengesellschaften. Zunächst, bis die Unterschiede sich eingestellt haben, bewegen Siedler sich unter ihresgleichen. In den sechziger Jahren gab es in Neuseeland nur ein Brot, Weißbrot, den einen quaderförmigen Laib, es gab Neuseelands einen Käse, es gab einheimische Hemden und Hosen, so daß keine importiert werden mußten. Der Staat hatte alle Einfuhren zu bewilligen, und wenn es ein Gut im Lande nicht gab, galt dies dem Staat noch lange nicht als ein Grund, es einzuführen, wenn es nicht unzweifelhaft auch gebraucht wurde. Koloniale Verwaltungen, die stets nur nach oben, der Metropole verantwortlich sind, verstärken die egalitäre Idee um den ihnen eigenen bürokratischen Apparat.

Gleich ob von *Labour* oder von der Rechten regiert, solange das Modell taugte, hielt sich Neuseeland an den Protektor Staat und seine Kommandowirtschaft. Die Generation der Weltkriegsveteranen hatte in der Unabhängigkeit nie das große Anliegen des Landes erblickt und es deshalb nicht recht zur Kenntnis genommen, als Großbritannien in Richtung Europa und Europäische Wirtschaftsgemeinschaft aufbrach und den Relikten des Weltreichs den Rücken kehrte.

Es scheint, die neuseeländische Wachablösung habe nicht nur auf eine neue Generation noch echterer Pioniere, ganz selbständiger Kiwis gewartet. Eine zweite Voraussetzung war die Aussicht auf den Kollaps, auf den die gelenkte Wirtschaft hintrieb. Die Pioniere, die ihm mit waghalsigen Taten zuvorkamen, handelten nicht aus jugendlichem Abenteuerdurst, sondern unter dem Diktat der Probleme, die sie rechtzeitig erkannt hatten. »Das Ende des Wohlfahrtskonsens« ist ein häufig gehörtes Stichwort zum Einschnitt von 1984. 1984 ist Neuseeland in eine neue Epoche eingetreten. Die einen nennen es »stille Revolution«, andere sehen darin eine verspätete Normalisierung, die Ankunft Neuseelands in der Gegenwart. Es handelt sich um das, was in jüngster Zeit allenthalben den Titel der liberalen Reformen trägt, um den Rückzug des Staats aus der Wirtschaft, um die Freigabe der Bahn für die Urgewalten des Kapitalismus. Kosten minimieren, privatisieren, Gewinn maximieren. Vergrößerte Einkommensunterschiede, erhöhte Arbeitslosigkeit, abnehmende soziale Sicherheit. Während in der Folge eine ausgeprägte soziale Polarisierung der neuseeländischen Gesellschaft festgestellt wurde, waltete unter den führenden Politikern beider Lager das unausgesprochene Einvernehmen, daß es im Grundsätzlichen keine Alternative gab.

Er ist höchst kontrovers geblieben, derselbe Prozeß, der so unterschiedliche Namen hat, so kontrovers wie die Frage nach seinen Erfolgen und Mißerfolgen. Doch wie er 1984 bezeichnenderweise von *Labour* begonnen wurde, so wird er seit 1990 von der rechten Regierung der *National Party* fortgesetzt. Politiker sind auch in Neuseeland Politiker. Um ihnen dennoch nicht zuviel Unrecht widerfahren zu lassen: In Anbetracht der Taten erscheint es fragwürdig, Neuseelands zwei politische Lager in einem Verhältnis von Widersachern wie andernorts üblich zu sehen. Neuseeländer sind nicht von der Art etwa der Italo-Iren auf Malta, wo die Parteilokale bis zur dritten Etage hinter Wällen von Sandsäcken geschützt sind und es dennoch in jedem Wahlkampf Tote gibt. Es gab in Neuseeland nie sozialistische Regierungschefs, die von der katholischen Kirche exkommuniziert waren. Falls unter Kiwis nicht stets nur Fair play herrscht, so immerhin eine hohe Meinung davon, und statt wie Opponenten wirken Neuseelands so zivile Parteien weitgehend komplementär: *Labour* hat vordringlich andere Anliegen, hat aber nichts gegen Wachstum, die *National Party* hat vordringlich andere Anliegen, aber nichts gegen die Gebote von Umweltschutz, und während so in Neuseeland alle Vertreter ihre Anliegen und alle Anliegen ihre Vertreter haben, braucht keinem Anliegen sein Recht abgesprochen zu werden. Das wird damit zu tun haben, daß die neuen kapitalistischen Härten in Neuseeland weniger hart als anderswo und nicht ganz so schmerzhaft sind, wie es der Chor der Klagen vermuten ließe. Bei einem Niveau von Einkommen und Kosten, das dem Irlands oder Spaniens vergleichbar ist, hat die neue Kiwi-Generation der Wirtschaft einen robusten, anhaltenden Aufwärtstrend verpaßt.

Was sich seit der Wende von 1984 in Neuseeland auf dem Vormarsch befindet, ist ein gesellschaftlicher Pluralismus, und dies in mehrfacher Hinsicht. Mit dem sozialen Wandel einhergegangen sind Entwicklungen, die teils mit dem Abschied vom ehedem weitgehend verwirklichten Egalitarismus, teils mehr mit Veränderungen im pazifischen Großraum zusammenhängen. 1951 waren von den Neuseeländern 92 Prozent britischstämmig; 1981 hielten die Europäer noch einen Anteil von 86 Prozent. Bis 1995 hat sich ihr Anteil auf 73,8 Prozent verringert. Sie teilen sich das Land mit 12,9 Prozent Maori, weiter mit 3,5 Prozent Polynesiern sowie mit 13 Prozent »anderen«, das sind Asiaten. (Diese

Zahlen der jüngsten einschlägigen Publikation des amtlichen *Department of Statistics* summieren sich zu einem Gesamt von 103,2 Prozent, ein vielleicht nicht so erheblicher Fehler pro Kopf der Bevölkerung weltweit, aber doch ein willkommener Anlaß zu einer Klammerbemerkung über die oben mehrmals erwähnte neuseeländische Beflissenheit in Statistik.)

Man sieht, es sind demographisch erhebliche Veränderungen im Gange. Besonders drastisch führt dies das himmelstürmende Erscheinungsbild Aucklands vor Augen. Eine Kreuzung von Bristol und Hongkong ungefähr, nur daß in Auckland alles ganz jung und neu ist? Wer aus dem Westen kommt, von Europa über Ostasien, der übersieht in der Skyline der kosmopolitischen Wolkenkratzer von Auckland anfangs vielleicht ein Element, auf das er im ländlichen Neuseeland mit seiner Western-Architektur wieder stoßen wird: San Francisco und die amerikanische Pazifikküste. Daran ist ausnahmsweise einmal nichts antipodeisch, denn *antipodean* heißt in Neuseelands Architektur immer nur das, was sich vom britischen Vorbild nicht unterscheidet, sondern zu seiner Zeit nur etwas sparsamer daherkam; so handelt es sich bei einer hundertjährigen Fassade mit Rundbogen um *Antipodean Gothics,* und in analoger Weise gibt es in Neuseeland eine antipodeische Klassik.

Neuseelands angelsächsische Immigranten kamen auf mehreren Wegen. Während das für die Jüngeren gar keine Frage mehr ist, bestätigen es heute auch die Fünfzigjährigen, daß auf Neuseeland von keinem Land so nachhaltige Einflüsse ausgingen wie von den USA. Das ist in diesem Fall gleichbedeutend mit Kalifornien. Von dort wanderten in den sechziger Jahren des neunzehnten Jahrhunderts Zehntausende von mittellosen Goldgräbern zu. Heute kommt aus Kalifornien der neueste weltanschauliche Chic, weniger von politischer Art als in Form von Musik, Mode, Psychomoden und Gesundbeterwellen, und von dort kommen Aucklands giganteskes Casino und, nicht zu vergessen, die riesigen Spielsalons mit den sogenannten Geschicklichkeitsspielen.

Da sitzt, ganze Straßenzüge lang, die Stadtjugend vor übermannshohen Videodisplays, und vom Pilotensitz aus mit schwerer Waffe, sich von Haus zu Haus vorkämpfend, mäht sie unzählbare Heere von Feinden nieder.

Während schon solche Straßenschlachten ein bißchen außerhalb oder wenigstens eher am Rand von Europa liegen, sind es seit einiger Zeit nicht nur mehr die Angelsachsen, die in Neuseeland Aufmerksamkeit wecken. Von den Maori war einst weniger die Rede als in jüngster Zeit. Nachdem in den fünfziger Jahren eine starke Abwanderung aus den Maori-Gebieten in die Städte eingesetzt hatte, schien die Losung Integration nur dem sozusagen natürlichen, jedenfalls unaufhaltsamen Gang der Dinge Rechnung tragen zu wollen. Auch darin brachten die achtziger Jahre eine Kehrtwende. Der Vertrag von Waitangi von 1840, der – lange Zeit nur dem Buchstaben nach – das Verhältnis der ansässigen Maori zur britischen Krone regelte, hat seit Mitte der achtziger Jahre den Status einer Verfassung. Gewiß zeitigt das alte Rezept der Integration weiterhin seine Folgen, an erster Stelle natürlich, was die Maori-Sprache betrifft. So waren von rund 60000 *native speakers* um 1970 zehn Jahre später rund 45000 übrig, 1995 aber nur noch etwa 10000. An erziehungspolitischen Bemühungen um die Sprache fehlt es nicht, doch ein Urteil über ihre Wirkungen wäre verfrüht.

Aber seit Mitte der achtziger Jahre heißt Neuseelands Staats- und Gesellschaftsphilosophie Bikulturalismus. Der Anteil der Maori – 1951 weniger als sieben Prozent – hat sich fast verdoppelt, und die Ursache liegt nicht nur in einer höheren Geburtenrate. Seitdem der Minderheit und ihren Ansprüchen die Anerkennung nicht länger verweigert und Wiedergutmachung in Aussicht gestellt wird, haben sich manche Neuseeländer auf verdrängte pazifische Zweige in ihren Stammbäumen besonnen. Die Konzilianz der Mehrheit kann sich nur auszahlen, denn die Touristen und die Prospekte wollen wie überall auf der Welt zweierlei: nicht nur Natur, sondern zudem Kultur, und in Neuseelands Fall ist das erstens Landschaft und zweitens Maori-Kunsthandwerk.

Wozu aber Bikulturalismus und warum nicht, mit Blick in die Zukunft, gleich ohne Umwege zum Multikulturalismus? Weil der Ruf nach Multikulturalismus, so lautet Neuseelands politisch korrekte Antwort, nur zu Lasten des Bikulturalismus gehen kann und nur geeignet wäre, die Maori-Frage wiederum herunterzuspielen, nachdem die Minderheit im langen Kampf um ihre Rechte soeben endlich die ersten Erfolge verbucht hat. Bikulturalismus also, und damit zwei Lager nur: eine Minderheit der Maori und eine Mehrheit aller anderen? So einfach läßt sich das Thema nicht erledigen. Die meisten Neuseeländer haben angelsächsische Vorfahren, zur Hauptsache Emigranten von den Britischen Inseln. Mittlerweile sind sie Neuseeländer, und neuerdings sagen sie, daß Neuseeländer sein – und dabei nicht Maori sein – sich nicht in den zwei Eigenheiten erschöpft, europäische Vorfahren zu haben, aber selber kein Europäer mehr zu sein. Europäische Vorfahren haben: das braucht keine Probleme aufzugeben; aber kein Europäer mehr sein: dem, was man nicht ist, entnimmt man noch nicht, was man ist, das negative Attribut bedarf einer positiven Ergänzung.

Solche Fragen, wer wir seien, sind bekanntermaßen vertrackt. Schlimmer wird es, wenn es in den betreffenden Nachforschungen nicht nur darum geht, eine bereits bestehende Größe präziser zu bestimmen, sondern wenn die Frage das, wonach sie fragt, zuerst herzustellen, diese fragliche Identität erst herauszubilden hat. Zwar müßte Neuseelands Situation auch etwas Entlastendes haben, etwas von einer Jugend, die noch nicht ganz unverbesserlich sein kann. »Wir sind ein Volk im Werden«, sagen die Neuseeländer, und beileibe nicht alle Völker können von sich dasselbe behaupten. Aber die Frage wird mit einem Paradox auflauern, denn mit der gefragten Identität ist etwas Eigenständiges, etwas nicht auf Altes reduzierbares Neues gefragt. Die verordnete Identitätssuche hingegen droht stets wieder nur nach den alten Wurzeln zu graben, und so wird in Tradition und Vergangenheit unweigerlich das reaktiviert, wovon es sich ja gerade zu lösen galt. »Eine junge Nation mit alten Wurzeln«, seufzen Neuseeländer manchmal gern.

Könnte es ihnen darum gehen, endlich doch nicht auf ewig Briten zu bleiben? Jene Briten, die einst als Kolonisatoren ins Land kamen und die Kultur der Autochthonen zerstörten, nur um die mitgebrachte eigene Kultur obendrein zu verlieren? Eine Diskussion solcher Angelegenheiten, welche die Bezeichnung verdient, ist seit bald fünfzehn Jahren zu beobachten. Sie ist damit jünger noch als das Land, nur ein Zehntel so alt wie dieses, und entsprechend offen müßte sie sein, denn schließlich findet sich Neuseeland auf keinen Kontinent festgelegt, gehört nicht einmal einem Kontinent an.

Die Neuseeländer, die keine Maori sind, haben in diesen fünfzehn Jahren immerhin zu einem Namen für sich gefunden. Und der Name hätte, so erwartet man doch, etwas von der positiven Bestimmung zu enthalten, die den negativen Merkmalen »kein Europäer« und »kein Maori« abgeht. Sie haben sich dabei mit einer Sprache beholfen, von denen die erdrückende Mehrheit dieser Neuseeländer denkbar wenig versteht, nämlich mit dem *te reo Maori. Wiki* heißt *week, hipi* heißt *sheep, moni* heißt *money,* und die *Queen* ist die *Kuini.* Der Neuseeländer indessen, der kein Maori ist, ist ein *Pakeha.* Die Etymologie ist dunkel und ungeklärt. Für existentielle Fragen, Fragen der Existenz eines Pakeha, gibt es Workshops und Selbsterfahrungsgruppen. Ein Fremder ist ein Pakeha nicht, sonst müßte er ein *tauiwi* geheißen werden. Man hat sich darauf geeinigt, daß mit der Bezeichnung »die Pakeha« soviel wie »die anderen« gemeint sind. Aber Vorsicht mit dieser Identität des »anderen«! Nicht alle »anderen«, sondern nur die Angelsachsen und Europäer; der Chinese und der Inder dagegen sind keine Pakeha, sondern bleiben in Neuseeland, anders als die Engländer, ein Chinese und ein Inder. Auckland wird zudem nebenbei die wahre Hauptstadt der Polynesier genannt, beherbergt deren größte Gemeinde, und diese sind keine Pakeha, sondern noch in der fünften Generation Polynesier.

Das muß mit Neuseelands Bikulturalismus zusammenhängen und damit, daß der Ruf nach dem Multikulturalismus in größerer, aber nur zu realer Perspektive doch nicht nur zu Lasten der Minderheit der Maori geht, sondern durchaus zu Lasten auch der Neuseeländer mit angelsächsischen Vorfahren, sprich: der Pakeha. In Umfragen kürzlich äußerte eine große Mehrheit der Australier die Meinung, sie und ihr Land gehörten zu Asien. Die Neuseeländer teilten diese Auffassung nicht, und ebenso wie die Bewohner anderer Weltgegenden haben Neuseeländer immerhin Identität genug, um Xenophobien zu entwickeln, bis heute allerdings in recht milder Ausprägung. Neuseelands Wirtschaft ist auf auswärtige Investoren angewiesen, und so gehen Menschen und Geld durcheinander. In den achtziger Jahren stellten die Polynesier den größten Anteil der Einwanderer, ganz knapp vor den Briten. In den neunziger Jahren sind die Immigranten aus Asien weit in Führung gegangen, ihr Zahl übertrifft um die Hälfte jene der Polynesier und Briten zusammen. Die Einwanderer kommen aus Asien, soviel trifft zu, aber keineswegs, wie es immer heißt, auch die große Mehrheit des fremden Geldes, von dem ja dann nichts im Land bleibe, sondern sowieso alles zurück in die asiatischen Herkunftsländer fließe. Entgegen solcher Hetzpropaganda kommt das auswärtige Geld nach wie vor zu achtzig Prozent aus den USA, Europa und Australien. Bis heute wäre im Finanzzufluß weniger der Vorbote einer gelben Gefahr zu fürchten als vielmehr ein Bollwerk dagegen zu begrüßen.

Das Trugbild mag daher rühren, daß Japaner und Taiwaner ihren neuen Reichtum ungehemmter zur Schau tragen als etwa Schotten und Iren, und an diesem Anblick stößt sich der egalitäre Geist. In diesem Punkt kann sich der Bikulturalismus der Pakeha und der Maori fester zusammenkitten bis fast zu einem Monokulturalismus. Neuseelands neuer Pluralismus fand einen Niederschlag auch in der Abkehr vom Zweiparteiensystem, und am meisten Zulauf von den neuen Parteien findet derzeit die, welche sich den Kampf gegen den Ausverkauf der Heimat aufs Banner geschrieben hat. Ihr Führer ist ein Maori.

Godzone – Gottes eigenes Land – lautete ein klingender, ruhmvoller Name Neuseelands. Im Paradies sind die Verhältnisse komplizierter geworden, und bald gibt es in Auckland und anderswo in Neuseeland Kriminalität wie in allen Teilen der hochentwickelten westlichen Welt. Aber Neuseeland zieht weiterhin Zuzügler an, und die Kiwis dürfen es zu einem guten Teil sich selber zugute halten. Denn sie sind alle – Maori, Pakeha, Polynesier und andere – sehr liebenswürdige und höfliche Leute. *Lovely* gehört, wennschon, als viertes Wort zum *neat, clean and tidy:* »Lovely«, sagt in Neuseeland der Kassierer, wenn der Hotelgast zahlen möchte, »lovely«, sagt die Kellnerin, die die Bestellung aufnimmt, und so, wie sie das sagen, ist es tatsächlich *lovely,* und das Wort, das ja selber recht *lovely* klingt, trifft also zu.

Es ist, als hätte Neuseeland auch für die Einheimischen noch immer etwas von einem Gastland, von einem Land, welches sie verpflichtet: zu Anstand und zu einem unkomplizierten, warmen Menschenverstand, zu einem *common sense,* wie man sagt. Es ist, als verpflichte ihr Land sie, dafür Sorge zu tragen. Gewiß kommt es daher, daß sie angesichts eines jeden Problems immer rasch etwas alarmiert erscheinen, rascher als die Vettern in der alten Welt, und in der Tat ist nichts einfacher geworden, seit Neuseeland nicht mehr nur eine große Schaffarm der Britischen Inseln ist. Es wird nicht einfacher dadurch, daß dem Land eine große Zukunft einzig mit dem Tourismus in Aussicht steht – mit seiner großartigen Natur, wo im asiatischen Wirtschaftswunder nach den Japanern, Taiwanern, Malaysiern demnächst auch die Kapitalisten der Volksrepublik China Erfrischung suchen dürften. Neuseeland ist nur ein klein wenig größer als Italien ohne die Inseln Sardinien und Sizilien, viel kleiner als Australien, wo deshalb die ökologischen Sorgen, die den Tourismus begleiten, weniger bekannt sind.

Die achtziger Jahre haben die Neuseeländer neu auf die Füße gestellt, den Kopf hoch erhoben wie schon zuvor, aber mit Ausblick auf eine neue Vergangenheit. Wie bisher wird diese eine besondere sein: von jetzt an nämlich die Vergangenheit der Antipoden. Wenn Neuseeland der Welt – oder eher die Welt Neuseeland – etwas näher gerückt ist, so müssen sich die Neuseeländer weiter von uns entfernen, in Richtung der Erdbewohner, die ihnen geographisch näher sind. Es liegen so viele Welten dazwischen – zwischen dem europäischen Mutterland und Neuseeland: Skipetaren und Kurden, syrische Aramäer und omanische Kharidjiten, Kalkutta und die Bengalen, Mon-Völker und Siamesen, Steinzeiten auf Papua-Neuguinea und Borneo. Am gegenüberliegenden Ende der Welt treffen wir noch einmal auf dieselben Menschen, die wir aus unserer Heimat zu kennen glauben. Nicht vollends exakt die gleichen sind es, natürlich nicht, aber die Unterschiede eignen sich mehr zur Hervorhebung der Gemeinsamkeit. Es besteht kein Grund, sich darüber zu wundern, denn die Neuseeländer gehören zu jenen, die auszogen, den ganzen Planeten zu erobern. Als erste erreichten sie das andere Ende der Welt, wo diese Pioniere nun also kopfüber standen. Wie gewohnt nahmen sie dieses Land in Besitz und markieren bis heute die äußerste Grenze im letzten Projekt eines Weltreiches, das von Seefahrerverbänden erobert und zu Land und zu Wasser regiert werden sollte. Antipoden: Endstation Abendland. Und noch residiert gegenüber die Queen. Welcher Umstand sonst hätte die eigentümliche Vokabel alter Griechen am Leben erhalten?

Die Neuseeländer, die Antipoden, werden dazu beigetragen haben. Vielleicht gab es bei ihnen seit längerem einen besseren, vernünftigeren Schlag von Europäern als die alten, zu Hause gebliebenen. Vielleicht sind die Neuseeländer Europäer der Art geblieben, wie einst ein älterer europäischer Geist die Europäer ausgedacht und entworfen hatte, weniger mißratene Bürger als auf dieser Seite des Globus, wo in der Ausführung alles stark von den Plänen der neuzeitlichen Aufklärung abwich und wo der Europäer nicht vom Pazifik, sondern von den Realitäten europäischen Lebens seine Prägung erhielt. Daß Europa auf unserer Seite des Globus zeitweilig bessere Absichten gehegt haben muß, als es sich hinterher an den Früchten ablesen ließ, davon kann das Emigrantenland Neuseeland Zeugnis ablegen. Anders aber als die Vergangenheit unserer Antipoden kann Neuseelands Zukunft nicht zurück nach Europa weisen. Sie weist durchaus in die eigene Hemisphäre, und von Auckland aus betrachtet, wo diese Zukunft bereits angebrochen ist, scheint die Gegenwart des übrigen Landes bereits der Vergangenheit anzugehören.

Bis vor tausend Jahren noch war Neuseeland auf dem Planeten das letzte größere Stück Land, das keine Spur einer Berührung mit Menschen trug. »Ich will es Ihnen sagen, was Neuseeland ist!« sagt ein Neuseeländer. »Neuseeland ist das Land, wo die Schöpfung am fünften Tag zu Ende war.« Neuseeländer haben nicht nur die Schöpfungsgeschichte im Kopf präsent, sondern nehmen überdies an, uns gehe es ebenso. Neuseeländer sehen die Welt auch unter diesem Blickwinkel als Ganzes. In der Bibel steht es geschrieben, daß Gott am sechsten Tag seines Werkes nicht nur den Menschen erschuf, sondern – so das 1. Buch Mose – »alle die verschiedenen Arten des Wildes und des Viehs«. Bis zur Einwanderung des Homo sapiens, in dessen Gefolge sie eintrafen, gab es in Neuseeland außer den Robben keine Säugetiere. Es war ein grünes Land, gekleidet in seinen südlichen Urwald. Mit einer Zahl von dreieinhalb Millionen auf einem Gebiet von der Größe des Festlandes Italiens sind die Antipoden rar geblieben, und Neuseelands Südinsel mit ihrer Weite und Tiefe hat bis heute stets jeden Ehrfurcht und Demut vor der Erhabenheit der großen Natur und der Werke Gottes gelehrt. Doch Pelzzüchter aus Australien und Tasmanien haben das Opossum eingeschleppt, ein kleines energisches Beuteltier, eine Spezies von Ratte. Nachdem die Holzindustrie den Raubbau am Wald eingestellt hat, frißt eine Population von etwa 70 Millionen Opossums weiter, und bis jetzt ist kein Mittel dagegen gefunden. Aber in erster Linie waren die Kiwis stets Pioniere, und noch lebt in jedem Kiwi etwas davon. Pionieren und Neuseeländern, nicht zu vergessen besonders den Pakeha, wartet die Zukunft mit Unbekanntem auf.

DIE SONNE: EIN ERFOLGSMODELL

Anstelle eines Nachworts

> The sun came up upon the left,
> Out of the sea came he!
> And he shone bright, and on the right
> Went down into the sea.
> *Samuel T. Coleridge*

Mit eigenen Augen haben wir uns überzeugt, da ist Raum für manchen Sonnenaufunduntergang, das Meer ist grenzenlos und der Durchmesser der Sonne nur 109mal größer als der äquatoriale Erddurchmesser. Wer im Auto mit 100 Stundenkilometern einmal um die Sonne fahren wollte und dies könnte, wenn die Oberfläche trüge und darauf nicht Temperaturen um 5500 Grad Celsius herrschten, der schaffte es; nicht wie auf der Erde in 407 Stunden oder sechzehn Tagen und 23 Stunden, sondern in 44459 Stunden oder fünf Jahren und 27 Tagen; aber doch. Unser Auto bewegt sich, etwas vereinfacht gesprochen, erst in einer von drei Dimensionen, nämlich geradeaus. Die zweite Dimension läßt die Größenunterschiede wachsen, und auf der Sonnenoberfläche, 11908mal die Erdoberfläche, wäre Platz für mindestens zwei Millionen Erdenländer (mit ein- bis zweihunderttausend Kriegen). Angesichts ihres Volumens von rund 1,3 Millionen Erdvolumen nimmt sich die Masse der Sonne schon wieder relativ bescheiden aus: 333000 Erdmassen. Die safrangelbe Sonne ist, wir meinen es zu sehen, aus leichterem Stoff gemacht als die Erde, zu etwa 75 Prozent aus Wasserstoff und zu rund 23 Prozent aus Helium, nur zu zwei Prozent aus schwererem Stoff. Bei einer Masse wie der Sonne komprimiert die Schwerkraft diese beiden leichtesten unter den chemischen Elementen und erhitzt sie im Kern der Kugel auf ungefähr 15000000 Grad Celsius; trotzdem wiegt ein Kubikmeter dieses Gasballs im Durchschnitt nur ein Viertel eines mittleren Kubikmeters des Planeten Erde.

Doch wir sollten uns nicht täuschen lassen. Zwar gibt es in unserem Sonnensystem erheblich größere Planeten als die Erde. Der Saturn hat 95 Erdmassen, der Jupiter gar deren 318. Aber der Pluto zum Beispiel mit knapp zwei Dritteln Monddurchmesser und seiner geringen Dichte verfügt über nur 0,2 Prozent unserer Erdmasse, und alle neun Planeten mit ihren insgesamt gut sechzig Monden, zuzüglich mehrerer tausend Planetoiden und einiger Milliarden Kometen, bringen es zusammen auf nicht mehr als 450 Erdmassen, woraus sich errechnen läßt, daß der Anteil der Sonne an der Gesamtmasse unseres Sonnensystems etwa 99,86 Prozent beträgt.

Die Erde ist halt doch ein Raumschiff, wenn man denkt. Und Wasser, wie wir es verwenden, fließt nur unter 100 Grad Celsius, und unter 0 Grad Celsius auch nicht, weshalb es auf dem Neptunmond Triton mit seiner Außentemperatur von –236 Grad Celsius kein fließendes Wasser gibt. Auf der Erde findet sich Wasser in allen drei Aggregatszuständen zur selben Zeit und unter natürlichen Bedingungen, das einzige Material, von dem sich dies behaupten läßt, das universalste Lösungsmittel im Kosmos, der leistungsfähigste natürliche Wärmespeicher, ein seltsames Material, das in festem Zustand weniger dicht und deshalb leichter ist als in flüssigem und gefroren auf sich selber schwimmt, so daß wir alle darauf spazierengehen können und Schlittschuh laufen – eine Anomalie auch das, wenn nicht vielleicht ganz einzigartig, wie übrigens der Gefrierpunkt des Wassers, den Physiker und Chemiker aufgrund seiner anderen Eigenschaften viel tiefer vermuten müßten – und den Siedepunkt genauso.

Das organische Leben hängt von diesen Besonderheiten ab, wie auch von dem Umstand, daß das Wasser Tropfen bildet, die obendrein haftenbleiben. Ganz verstanden ist das alles nicht, bis heute, und es ist fast, als täte es das Wasser uns zuliebe, was als ein eigentliches Wunder zu bewerten ist, obschon man sich vor Wundern in acht nehmen sollte, verstoßen sie doch gegen alle Regeln und sind darin dem Verbrechen verwandt. Besser erfinden können hätte das Wasser trotzdem niemand, und ungefähr 1400 Trillionen oder Milliarden Milliarden Liter haben wir davon im Raumschiff Erde, wenn auch nicht immer da, wo man es finden möchte.

Sonne dagegen gibt es überall, am meisten auf der Venus und dem Merkur, wo auf der sonnenzugewandten Seite die Temperatur gut über 400 Grad Celsius beträgt. Wir halten etwas mehr Distanz zum Leitgestirn, im Durchschnitt 149,6 Millionen Kilometer, etwas über sieben Lichtminuten oder 21 Jahre und gut vier Monate im Düsenflugzeug. Eine blaue Murmel von einem Zentimeter Durchmesser bewegt sich im Abstand von 117 Metern um einen Ball von 1,09 Meter Durchmesser. So hat man sich das vorzustellen, etwas über 600 Meter von ihr dreht Jupiter, 11 Zentimeter dick, eine Pampelmuse, in etwas weniger als 12 Jahren seine Runde und fünf Kilometer weiter draußen, mit einer Umlaufzeit von 248 Jahren, ein unterkühlter Stecknadelkopf von 1,8 Millimeter Durchmesser, der Pluto, nicht zu vergessen sein Trabant Charon. Ein Tag, das heißt eine volle Drehung um die eigene Achse, dauert auf dem Pluto 6387 Erdentage oder 17 Jahre und 6 Monate. Die mittlere Geschwindigkeit der Erde aber, auf ihrer rund 940 Millionen Kilometer langen Jahresreise, beträgt 107 280 Stundenkilometer. Dreieinhalb Stunden hätten wir bei derselben Geschwindigkeit zum Mond.

In gewisser Weise ist sie tatsächlich eine Scheibe und keine Kugel, die Welt, wenn wir damit unser Sonnensystem meinen. Die Umlaufbahnen der übrigen Planeten weichen nur um wenige Grad von der Ebene ab, die die Umlaufbahn der Erde bildet – 1,85 Grad der Mars, 1,30 Grad der Jupiter, 3,39 Grad die Venus, 7,00 Grad der Merkur, nur 0,77 Grad der Uranus, 17,14 Grad Pluto. Dennoch ist in dieser Welt eine Vielzahl von Bewegungen möglich. Während der Komet Halley sich alle 76 Jahre wieder uns und der Sonne nähert, tun typische Kometen das nur alle paar Millionen Jahre und legen in der Zwischenzeit Strecken zurück, die sie bei geradliniger Flugbahn zum nächstgelegenen Fixstern Alpha Centauri bringen könnten, der 4,3 Lichtjahre von uns entfernt ist.

Ja, Sonnen gab und gibt es viele. Manche davon sind größer, bis zu 2000mal im Durchmesser, das heißt achtmilliardenmal im Volumen, manche messen nur einige Kilometer im Durchmesser und sind etwa zehnmillionenmal dichter als unsere Sonne, mit nur einem Hundertstel von deren Masse, so daß dort ein Kubikdezimeter Masse 10 000 Tonnen wiegen würde, wenn man einmal so sagen darf. Doch unsere Sonne – oder ist sie nicht unsere? – gilt unter Astronomen als durchschnittliches Geschöpf. Sonnen gibt es in unserer Galaxie, der Milchstraße, wie sie heißt, rund hundert Milliarden, und Galaxien gibt es im beobachtbaren Teil des Universums mindestens ebenso viele.

Vielen Menschen seien solche Zahlen fremd und unanschaulich, und man weiß nicht recht, warum. Auf der Erde haben wir doch zwischen 200 und 400 Milliarden Vögel, von den 10 000 000 000 000 000 Ameisen ganz zu schweigen und den Bienen, das sind vielleicht fünfzig Vögel – nebst fünfhundert Bäumen – pro Kopf der Weltbevölkerung, die sechs Milliarden zählt, und jährlich werden in den USA etwa acht Milliarden Tiere zum Verzehr geschlachtet, mehr als 250 pro Sekunde, rund eine Million pro Stunde. Selbst, wenn es da draußen also, wo viel Raum ist, etwa 10 000 Milliarden Milliarden Sonnen gibt, 10 000 Trillionen könnte man auch sagen, so sind das nicht mehr als 10 000 Sonnen pro Tier auf unserer Erde, wo es etwa eine Trillion oder eine Milliarde Milliarden Tiere gibt, etwa 167 Millionen (die Einwohnerzahl Brasiliens) pro Kopf der menschlichen Bevölkerung. Zuviel kann das nicht sein, denn die gesamte Biomasse auf der Erde wiegt nur etwa sechsmal so viel wie der Mount Everest mit seinen 300 Milliarden Tonnen, 99 Prozent davon pflanzlicher Natur, das Schwerste darunter tropische Regenwälder.

Von vielem gibt es eine große Stückzahl, das dürfte uns nicht erstaunen, sehen wir doch viele Vögel an sehr vielen Orten, und seit wann verhielte sich das ausgerechnet mit den Sternen anders, die schon im Orient der tausendundein Nächte als geradezu unzählig galten. »Wie der stellvertretende Parlamentsvorsitzende Ileo in Kinshasa erklärt, sollen sich in Mobutus Staatsschatz mindestens 8800 Milliarden Zaïres in alten Noten finden …« – wohl über zwanzig Millionen Noten müssen das gewesen sein, damals, 1993, obschon die Summe von 8800 Milliarden Zaïres nur rund vier Millionen Dollar wert war und ein Zaïre damit 0,000045 oder viereinhalb Hunderttausendstel – nein, nicht Dollar, sondern Cent. Nicht nur beim Geld: Viel größer als das Große kann das Kleine sein. Zehntausend Trillionen Sterne? Meine Freundin D. D., wie ein jeder unter uns, besteht aus deutlich mehr als zehn Milliarden Trillionen Atomen, ein wahrhafter Kosmos, und ersichtlich ist die Zahl der Sterne im Universum ein geringer Bruchteil dieser Zahl, nämlich 0,000001 oder ein Millionstel. Auf der Haut hat sie, wie ein jeder von uns, über 300 Millionen Bakterien, im Dickdarm 70000 Milliarden, so viele wie in 700000 Mündern, wo auch sie rund hundert Millionen von dreihundert Arten hat, so viele wie Mexiko (oder Deutschland, Österreich und die Schweiz zusammen) Einwohner. Es gibt entschieden mehr im All als nur die Sterne dieses einen Universums. Schließlich sind die Bakterien der Kollegin D. D. ein geringer Bruchteil aller, von denen es auf der Erde so viele gibt wie Sterne in 600 Millionen Universen vom Format des unseren. Aber da kommen wir vom Hundertsten ins Tausendste.

Und die Sonne – ja, auch sie – bewegt sich doch, obwohl man öfter hörte, sie stehe in besonderen Momenten still. Über fünf Milliarden Jahre ist sie alt, doch was ist das, solange nur die Zeit, wie wir gewöhnlich denken, für sich allein unendlich lange dauert. Zunächst rotiert sie um die eigene Achse, einer Schallplatte oder CD vergleichbar, aber wie es sich für sie als Gasball schickt, tut sie es am schnellsten – eine Umdrehung in 24 Tagen – am Äquator; in Polnähe braucht sie dazu mehr Zeit, 36 Tage. Nein, sie ist kein fester Körper, und außerdem pulsiert sie, alle zwei Stunden und vierzig Minuten hebt und senkt sich ihre Oberfläche um etwa vier Kilometer. Manchmal, sagen sie in Böhmen, zeigt sie sich da, wo sie nicht ist. Bayern kommt sie nicht zu nahe, sonst wird sie in den Stall gesperrt, daß der schön warm bleibt rund ums Jahr. In Franken schlägt der Bauer mit der Schaufel nach ihr, *caramba!* – und das schon Stunden vor der Mittagsglut. Ein ganz klein wenig, man sieht es nicht mit bloßem Auge, wackelt sie, da aus der Ferne die Planeten an ihr rütteln. Fünf Millionen Tonnen Materie verwandelt sie in Energie pro Sekunde, in 17 Stunden mehr als den Mount Everest. Ein Misthaufen, scheint sie auf ihn, tut, was er kann, und antwortet mit Gestank, sogar in Griechenland, wo sie ein Gott war, reich mit Pfeilen ausgestattet, und – wie im Süden meistenteils – ein Mann, man denke doch, Helios, der alles sah und hörte und bei Eiden gern als Zeuge aufgerufen wurde. Noch heute wissen wir, wie er einst ausgesehen hat, dank seiner eifersüchtigen Geliebten Klytia, der Sonnenblume, die ihn überall verpetzte.

Tönt sie? Was hört, wer ihr sich nähert? Summt sie erst, die interkontinentale Biene? Und brummt dann? Ehe sie ihren Abstieg fortsetzt in die Unterwelt, grüßt sie uns flammend – und manchmal etwas exaltiert – am Horizont, läßt sich kurz darauf in ihrem goldnen Nachen nieder und fährt heim. Ist die Nacht zu ungeheuer tief, dann streckt sie gern (»Mehr Licht! Mehr Licht!«) den Mond zum Himmel – ein Teddybär der Marke Steiff, der sie vor Gespenstern und anderen zu langen Schatten schützt und durch das Nordmeer unversehrt gen Morgen bringt, wo sie wie alle Tage neu geboren wird. Gesagt, getan!

Und sie kam zum Schluß, die Sonne,
Gewiß sei es am besten,
Sie rolle jetzt nach Westen,
War zu allein, die alte Nonne.

Nackt stieg sie aus der finstren Tonne,
Ganz unverschämt vor Wonne,
Küßte den Tag und trug ihn aus dem Osten,
Auf daß wir alle, alle, alle von ihm kosten.

POSTSKRIPTUM UND DANK

»We recognize that magazine writing has never been better«, verkündete George E. Curry, Präsident der American Society of Magazine Editors, in seiner Einleitung zum Sammelband *The Best American Magazine Writing 2000.*

Hierzulande läßt sich das nicht behaupten. Der Reportage geht es nicht gut im deutschen Sprachraum. Weder in Deutschland noch in Österreich oder der Schweiz ist der *Reporter at Large* eine Institution. Man kennt ihn aus amerikanischen und britischen Zeitschriften wie *The New Yorker, The Atlantic Monthly, Harper's Magazine, Granta.* Ginge es nach dem ständig wachsenden deutschen Buchmarkt, dessen jährlicher Ausstoß an Neuerscheinungen allein in den drei Jahren von 1998 bis 2001 um 56 Prozent zulegte, müßte es sich bei Zeitgenossen deutscher Sprache um unersättliche Leser handeln. Allerdings scheint das Vertrauen darauf unseren kurzatmigen Printmedien abzugehen. Für den Reporter mit Auslauf haben sie in aller Regel keinen Platz und noch weniger Geld. Sein Metier ist ohne Aus- und Unterkommen, fast wie das seiner Kollegen Lyriker, und nach einer Zunft oder einem Milieu von Weggefährten wird er vergebens Umschau halten. Aber an einem fehlt es dem Autor längerer Magazinstücke in der deutschen Nonfiction-Literatur keineswegs: an großen Vorbildern, von Heine und Börne über Koeppen und Kisch bis zu W. G. Sebald und Marie-Luise Scherer. Und während die Überragenden der Kunst nicht auf allzu viel Geselligkeit hoffen dürfen, wäre auf tieferer Etage doch von ihnen noch mehr zu lernen als in den jährlichen Sammelbänden der American Society of Magazine Editors.

Es gilt, ein Terrain zu behaupten. Die so verdienstvolle Vierteljahreszeitschrift *Lettre International* kann das nicht ganz allein. Manchmal findet die Reportage auf dem Umweg über den Buchhandel in die Heimat zurück, die wie schon ihr Geburtsort die Zeitschrift war. Seitens der Medien ist man auf manches, auch auf allerhand Schlaufen gefaßt. Ich erinnere mich, wie wenig Glück ich mit meinen allerersten Reportagen bei der Redaktion des Samstag-Magazins einer großen Zürcher Tageszeitung hatte, bis diese im belletristischen Programm von Rowohlt angekündigt waren – und im selben Magazin eine zuvor abgelehnte Geschichte jetzt als Vorabdruck erscheinen durfte.

So geht an Peter Frey mein erster Dank, den ich leider nur an seinem Grab hinterlegen kann. Gegen seine Redaktionskollegen verhalf er mir einst zu meinen ersten Einbrüchen in die Zeitschriftenwelt, deren Pforten von wenigen exklusiven Hütern, jedoch desto zäher verteidigt werden. Frey ist mir als liebenswerter väterlicher Komplize in Erinnerung. Danken möchte ich sodann Dieter Bachmann, Marco Meier und Christian Seiler, den drei Chefredakteuren von *du,* die mich für die Zürcher Monatszeitschrift in Länder wie Vietnam, Haiti und Neuseeland reisen ließen, mitten auf die Welt also. Ich hatte freie Hand, mich nicht nur in geographischen, sondern außerdem in mentalen Fremdgebieten und fernen Zeiten umzuschauen. Die Ideen der Ahnen verbleichen erst nach uns; noch arbeiten sie an unserer Zukunft mit, der wir ins Auge blicken wollten. Einen späten Dank schulde ich Michael Naumann, der einst vor zwanzig Jahren den Verlagsvertrag für meinen ersten Reportageband unterzeichnete und mich als neuer Herausgeber des *Kursbuch* nicht vergessen hat (siehe »Charlie Foxtrott oder ein Krankheitsbild«, S. 216–239). Das Portrait von Peter Gottfried Stocker (»Der Welt zu Hilfe eilen«, S. 182–205) verdanke ich einem Auftrag von Hans Magnus Enzensberger, der mir bei früheren waghalsigen Versuchen unverdrossen Gastrecht in der *Anderen Bibliothek* gewährt hat. Danken möchte ich auch Mzee Wahome sowie ungezählten Freunden und flüchtigeren Bekannten von meinen Streifzügen.

Nairobi, Februar 2006

EDITORISCHE NOTIZ

Der Brief an den vietnamesischen Kaiser Le Hoan auf Seite 33 wurde zitiert nach Nayan Chanda, *Brother Enemy,* New York 1986. Die Übersetzung besorgte Georg Brunold.

Das Zitat aus *L'Indochine enchaînée* auf Seite 38–39 findet sich in dem Band von André Malraux, *La politique, la culture. Discours, articles, entretiens (1925–1975),* Paris 1996. Die Übersetzung des Textauszugs stammt von Georg Brunold.

Die Erzählung *Ein Held,* zitiert auf den Seiten 46 und 47, entstammt dem Buch von Pham Thi Hoai, *Sonntagsmenü,* aus dem Vietnamesischen von Dietmar Erdmann, Zürich 1995.

Das Herodot-Zitat auf Seite 70 wurde folgender Ausgabe entnommen: Herodot, *Historien,* herausgegeben und übersetzt von Josef Feix, Düsseldorf/Zürich 2004.

Die Auszüge aus Vicos *Scienza nuova* auf den Seiten 129, 133 und 135 entstammen dem ersten Band von Giovanni Battista Vico, *Prinzipien einer neuen Wissenschaft über die gemeinsame Natur der Völker,* herausgegeben und übersetzt von Vittorio Hösle und Christoph Jermann, Hamburg 1992.

Das Zitat von Berlin auf Seite 130–131 findet sich in Isaiah Berlin, *Wider das Geläufige. Aufsätze zur Ideengeschichte,* herausgegeben von Henry Hardy, aus dem Englischen von Roger Hausheer, Frankfurt am Main 1994.

Merleau-Ponty auf den Seiten 135 und 136 wurde zitiert nach Maurice Merleau-Ponty, *Phänomenologie der Wahrnehmung,* übersetzt und mit einem Vorwort versehen von Rudolf Böhm, Berlin 1966.

Das Zitat aus *Candide oder Der Optimismus* auf Seite 136–137 findet sich in der Ausgabe: Voltaire, *Sämtliche Romane und Erzählungen,* aus dem Französischen von Liselotte Ronte und Walter Widmer, München 1971.

Die Zitate von Max Weber auf den Seiten 141, 142 und 143 entstammen dem Band: Max Weber, *Die protestantische Ethik I. Eine Aufsatzsammlung,* herausgegeben von Johannes Winckelmann, 8. Auflage, Gütersloh 1991.

Herbert Marcuse auf Seite 145 wurde zitiert nach seinem Werk: *Der eindimensionale Mensch. Studien zur Ideologie der fortgeschrittenen*

Industriegesellschaft, aus dem Amerikanischen von Alfred Schmidt, Neuwied/Berlin 1967.

Die Zitate von Hannah Arendt auf den Seiten 146 und 147 entstammen der Ausgabe: Hannah Arendt, *Vita activa oder Vom tätigen Leben,* München/Zürich 1981.

Das Zitat von Wolfgang Koeppen auf Seite 169 findet sich in: Wolfgang Koeppen, *Nach Rußland und anderswohin. Empfindsame Reisen*, Frankfurt am Main 1973.

Bei dem auf Seite 206 erwähnten Buch handelt es sich um den in der *Anderen Bibliothek* erschienenen Band *Fernstenliebe. Ehen zwischen den Kontinenten,* Georg Brunold, Klaus Hart & R. Kyle Hörst, Frankfurt am Main 1999.

Die Auszüge von Hannah Arendt auf den Seiten 218 und 219 entstammen ihrem Werk: *Elemente und Ursprünge totaler Herrschaft,* aus dem Englischen von der Verfasserin, München 1986.

Die Conrad-Zitate auf den Seiten 218 und 232 finden sich in der von Urs Widmer übersetzten Ausgabe von Joseph Conrad, *Herz der Finsternis,* Zürich 1992.

Die auf Seite 221 angeführte Passage aus *Die Umwelt* entstammt der Ausgabe: Hippokrates, *Von der heiligen Krankheit und andere ausgewählte Schriften*, eingeleitet und neu übertragen von Wilhelm Capelle, Zürich 1955.

Das Zitat auf Seite 224 findet sich in: Richard Preston, *The Hot Zone,* New York 1995. Es wurde übersetzt von Georg Brunold.

Die Zitate Raynals auf Seite 290 stammen aus dem in der *Anderen Bibliothek* verlegten Band: Guillaume Raynal und Denis Diderot, *Die Geschichte beider Indien,* übersetzt von Johann Martin Abele, ausgewählt von Hans-Jürgen Lüsebrink, Nördlingen 1988.

Das Zitat von Virginia Woolf auf Seite 299 ist aus ihrem Roman *Die Fahrt hinaus,* herausgegeben von Klaus Reichert, aus dem Englischen von Karin Kersten, Frankfurt am Main 1991.

Die Zitate von Borges auf den Seiten 308 und 309 finden sich in Jorge Luis Borges, *Gesammelte Werke,* Band 5/I. Essays 1932–1936, aus dem Spanischen von Karl A. Horst, Curt Meyer-Clason und Melanie Walz, München/Wien 1981.

Die Roth-Zitate auf den Seiten 313 und 316 entstammen der Ausgabe: Philip Roth, *Der menschliche Makel,* aus dem Amerikanischen von Dirk van Gunsteren, München/Wien 2002.

Dank auch an Michael Gleich, Dirk Maxeiner, Michael Miersch, Fabian Nicolay, *Life Counts. Eine globale Bilanz des Lebens,* Berlin 2000.

QUELLENVERZEICHNIS

1 Mzee Wahome (1996). Erstveröffentlichung.

2 Phönix aus der Asche (1996). Erstdruck in *du. Die Zeitschrift der Kultur,* Nr. 674, Juli 1997.

3 Der Feind Japans ist das Bessere (2000). In: *du,* Nr. 705, April 2000.

4 Kokosnüsse, Cyberspace, Bomben und Außenwelt (2002 bis 2005). Erstveröffentlichung.

5 Einige nennen es Dschihad (2001). In: *Die Zeit,* 11. Oktober 2001.

6 Ein Reich in den Sand setzen (2002). In: *du,* Nr. 732, Dezember 2002.

7 An der Grenze zur Barbarei (2005). In: *du,* Nr. 761, November 2005.

8 Schützengräben der »nationalen Frage« (1991). In: *Neue Zürcher Zeitung*, 12. März 1991.

9 Maschinenraum der Ideen (1998). In: *du,* Nr. 692, Februar 1999.

10 Vom Sinn des Lebens (1997). In: *du,* Nr. 672, Mai 1997.

11 Ein Haus bauen (2001). In: *du,* Nr. 722, Dezember 2001.

12 Toreros, Pistoleras und die Mutter (2002). In: *du,* Nr. 729, September 2002.

13 Aus echtem Schrot und tiefster Seele (1999). In: *du*, Nr. 697, Juli 1999.

14 Spaghetti auf dem letzten Stand (2000). In: *du,* Nr. 709, September 2000.

15 Der Welt zu Hilfe eilen (2000). In: *Krieger ohne Waffen. Das Internationale Komitee vom Roten Kreuz,* zusammengestellt von Hans Magnus Enzensberger, *Die Andere Bibliothek,* Frankfurt am Main 2001.

16 Auf dem Hochseil des Kitzels (2000). Erstveröffentlichung.

17 Charlie Foxtrott oder ein Krankheitsbild (2005). In: *Kursbuch,* Nr. 162, Dezember 2005.

18 Feindschaftsbande knüpfen (2004). In: *Lettre International,* Nr. 68, Frühjahr 2005.

19 Wo Affen Menschen Frieden bringen (2005). In: *Tages-Anzeiger,* 5. Februar 2005.

20 Wo Teufel Gott gefangenhalten (2004/2005). In: *Die Zeit,* 5. August 2004, sowie diverse Beiträge in: *Tages-Anzeiger,* Juli 2004 bis März 2005.

21 Léve léve ... (2005). In: *Tages-Anzeiger,* 8. Februar 2005.

22 Afrika für dich! (2004). In: *Tages-Anzeiger,* 22. Juli 2004.

23 Reich von dieser Welt (1997). In: *du,* Nr. 680, Februar 1998.

24 Amerika und die Unschuld erfinden (2003). In: in *du,* Nr. 740, Oktober 2003.

25 Going Antipodean (1996). In: *du,* Nr. 665, Oktober 1996.

Die Sonne: ein Erfolgsmodell (2001). In: *du,* Nr. 714, März 2001.

Sämtliche Texte wurden für die Neuveröffentlichung vom Autor durchgesehen.

GEORG BRUNOLD

Geboren 1953 in Arosa/Graubünden, Journalist, Schriftsteller und Übersetzer. Von 1988 bis 1991 Mitglied der Auslandsredaktion der *Neuen Zürcher Zeitung* und von 1991 bis 1995 deren Afrika-Korrespondent mit Sitz in Nairobi. 1996 bis 2003 Stellvertretender Chefredakteur der Kulturzeitschrift *du* in Zürich. Brunold lebt mit seiner Familie seit 2004 wieder in Nairobi.

In der **Anderen Bibliothek** sind von ihm erschienen: *Nilfieber. Der Wettlauf zu den Quellen* (1993), *Afrika gibt es nicht. Korrespondenzen aus drei Dutzend Ländern* (1994), zusammen mit Klaus Hart und R. Kyle Hörst, *Fernstenliebe. Ehen zwischen den Kontinenten* (1999) und in seiner Übersetzung, gemeinsam mit Victor Kocher: Mohamed Choukri, *Das nackte Brot* (1986). Weitere Publikationen: *Sandrosen. Orientalische Reportagen* (Reinbek 1987), *Ruanda. Nichts getan, nichts gesehen, nicht darüber reden. Zehn Jahre seit dem Genozid,* herausgegeben mit Andrea König (Köln 2004).

EIN HAUS BAUEN. BESUCHE AUF FÜNF KONTINENTEN. Die Reportagensammlung von Georg Brunold ist im Mai 2006 als zweihundertsiebenundfünfzigster Band der **Anderen Bibliothek** im Eichborn Verlag, Frankfurt/Main, erschienen. Das Lektorat lag in den Händen von Anette Selg.

Dieses Buch wurde in der Korpus Garamond und **Humanist Condensed** von Wilfried Schmidberger in Nördlingen gesetzt und bei der Fuldaer Verlagsanstalt auf 100 g/m² holz- und säurefreies mattgeglättetes Bücherpapier der Papierfabrik Schleipen gedruckt. Den Einband besorgte die Buchbinderei G. Lachenmaier, Reutlingen. Ausstattung und Typographie von franz.greno@libero.it

1. bis 7. Tausend, Mai 2006. Von diesem Band der **Anderen Bibliothek** gibt es eine handgebundene Lederausgabe mit den Nummern 1 bis 999; die folgenden Exemplare der limitierten Erstausgabe werden ab 1001 numeriert. Dieses Buch trägt die Nummer:

* 4715